NOMOSSTUDIUM

Ino Augsberg | Steffen Augsberg
Thomas Schwabenbauer

Klausurtraining Verfassungsrecht

Grundstrukturen | Prüfungsschemata
Formulierungsvorschläge

4. Auflage

Prof. Dr. Dr. Ino Augsberg, Christian-Albrechts-Universität zu Kiel
Prof. Dr. Steffen Augsberg, Justus-Liebig-Universität Gießen
Dr. Thomas Schwabenbauer, Richter am Bayerischen Verwaltungsgericht München

Die Deutsche Nationalbibliothek verzeichnet diese Publikation in
der Deutschen Nationalbibliografie; detaillierte bibliografische
Daten sind im Internet über http://dnb.d-nb.de abrufbar.

ISBN 978-3-8487-6191-3 (Print)
ISBN 978-3-7489-0310-9 (ePDF)

4. Auflage 2021
© Nomos Verlagsgesellschaft, Baden-Baden 2021. Gesamtverantwortung für Druck
und Herstellung bei der Nomos Verlagsgesellschaft mbH & Co. KG. Alle Rechte, auch die
des Nachdrucks von Auszügen, der fotomechanischen Wiedergabe und der Übersetzung,
vorbehalten.

Vorwort zur vierten Auflage

Erfreulicherweise hat die dritte Auflage unseres „Klausurtrainings" erneut eine so positive Aufnahme erfahren, dass wir hiermit eine weitere, überarbeitete und aktualisierte Auflage vorlegen können. Für Hinweise und Anregungen zur Überarbeitung danken wir den Teilnehmerinnen und Teilnehmern in unseren Lehrveranstaltungen sowie insbesondere Maximilian Petras, Anette Purucker (Kiel), Jule Becker, Rabea Benner, Jonas Geck, Lukas Korn und Nele Müller (Gießen). Weitere Hinweise aus dem Kreis der Leserinnen und Leser würden uns freuen; sie werden unter augsberg@law.uni-kiel.de dankbar entgegengenommen.

Kiel, Gießen und München, im November 2020
Ino Augsberg
Steffen Augsberg
Thomas Schwabenbauer

Vorwort zur ersten Auflage

Nach den Erfahrungen, die wir in unseren Lehrveranstaltungen gewonnen haben, bildet der Übergang vom abstrakten Wissen zur konkreten Anwendung die typische Schwierigkeit der Klausurbearbeitung. Dieser Schwierigkeit widmet sich das vorliegende Buch, das damit eine Lücke in der bestehenden Ausbildungsliteratur schließt.

Für die kritische Durchsicht des Manuskripts gilt unser Dank Florian Erdle. Aus studentischer Perspektive haben Michael W. Müller, Philipp Eckel, Gerrit Müller-Eiselt und Kristina Schönfeldt den Text gelesen und kommentiert, auch dafür danken wir herzlich. Hinweise und Kritik nehmen wir gerne entgegen unter ino.augsberg@jura.uni-muenchen.de.

München und Hamburg, im November 2011　　　　　　　　　　Ino Augsberg
　　　　　　　　　　　　　　　　　　　　　　　　　　　Steffen Augsberg
　　　　　　　　　　　　　　　　　　　　　　　　Thomas Schwabenbauer

Inhaltsübersicht

Vorwort zur vierten Auflage	5
Vorwort zur ersten Auflage	6
Einleitung	21

KAPITEL 1: GRUNDSTRUKTUREN UND PRÜFUNGSSCHEMATA

I. Allgemeine Grundlagen	23
II. Staatsorganisationsrecht	36
III. Grundrechte	54

KAPITEL 2: METHODIK DER FALLBEARBEITUNG IM STAATSRECHT

I. Vorbereitende Überlegungen für die Falllösung	103
II. Die gutachterliche Umsetzung der Falllösung	111
III. Einzelfragen der gutachterlichen Darstellung	118
IV. Technische Hinweise für die Anfertigung von Klausuren	125

KAPITEL 3: ÜBUNGSFÄLLE

Fall 1: Krankenhausförderung	128
(Kompetenzkontrollverfahren, Gesetzgebungskompetenz)	
A. Zulässigkeit	131
B. Begründetheit	134
C. Gesamtergebnis	140
Fall 2: Personenbeförderung	141
(Gesetzgebungsverfahren, Art. 80 GG (Rechtsverordnung), Art. 103 Abs. 2 GG (Bestimmtheitsgrundsatz))	
A. Formelle Verfassungsmäßigkeit	142
B. Materielle Verfassungsmäßigkeit des GVP	147
C. Gesamtergebnis	154
Fall 3: Weisungsbefugnisse	155
(Bund-Länder-Streit, Bundesauftragsverwaltung, Weisungsrecht, Grundsatz der Bundestreue)	
A. Zulässigkeit	156
B. Begründetheit	159
C. Gesamtergebnis	166

Inhaltsübersicht

Fall 4:	**Selbstauflösung des Bundestags**	167
	(Organstreitverfahren, Selbstauflösungsrecht des Bundestags)	
A.	Zulässigkeit	168
B.	Begründetheit	170
C.	Gesamtergebnis	174
Fall 5:	**Der Sitzungsausschluss**	175
	(Organstreitverfahren (insbes. Aufbau der Begründetheitsprüfung), Abgeordnetenstatus)	
A.	Verletzung verfassungsmäßiger Rechte des A durch die Rüge	176
B.	Verletzung verfassungsmäßiger Rechte des A durch die Verweisung aus dem Sitzungssaal	179
C.	Ergebnis	185
Fall 6:	**Hufbeschlag**	186
	(Verfassungsbeschwerde, Gesetzgebungsverfahren, Einschätzungsprärogative des Gesetzgebers, Berufsfreiheit (Art. 12 Abs. 1 GG), Drei-Stufen-Lehre)	
A.	Zulässigkeit	187
B.	Begründetheit	190
C.	Gesamtergebnis	199
Fall 7:	**Das verunglimpfte Staatssymbol**	200
	(Verfassungsbeschwerde, Rechtfertigung bei Eingriff in vorbehaltlos gewährte Grundrechte, Kunst- und Meinungsfreiheit, Wechselwirkungslehre, Staatssymbole)	
A.	Zulässigkeit	201
B.	Begründetheit	206
C.	Gesamtergebnis	222
Fall 8:	**Blutentnahme**	224
	(Verfassungsbeschwerde, Grundrecht der körperlichen Unversehrtheit und der Freiheit der Person (Art. 2 Abs. 2 GG), Bestimmtheitsgrundsatz, verfassungsrechtliche Grenzen der Auslegung von einfachen Gesetzen, Grundrechtsschutz durch Verfahren)	
A.	Zulässigkeit	226
B.	Begründetheit	228
C.	Gesamtergebnis	242
Fall 9:	**Widerstand gegen den „Business Improvement District"**	244
	(Formerfordernis bei der Verfassungsbeschwerde, Grundrechtsbindung Privater, einstufiger Aufbau der Begründetheitsprüfung in Drittwirkungskonstellation, Versammlungsfreiheit)	
A.	Zulässigkeit	245
B.	Begründetheit	249
C.	Gesamtergebnis	257
Stichwortverzeichnis		259

Inhalt

Vorwort zur vierten Auflage — 5

Vorwort zur ersten Auflage — 6

Einleitung — 21

Kapitel 1: Grundstrukturen und Prüfungsschemata

I. Allgemeine Grundlagen — 23
  1. Grundsätzliche Probleme der Fallbearbeitung im Verfassungsrecht — 23
  2. Das Verhältnis der Rechtsnormen zueinander („Normenpyramide") — 24
  3. Ausgangssituation in der Klausur — 26
     a) Zwei mögliche Fragestellungen — 26
     b) Zwei denkbare prozessuale Ausgangssituationen — 27
     c) Zwei inhaltliche Ausgangssituationen — 29
  4. Allgemeines Prüfungsschema zur Zulässigkeit eines Rechtsbehelfs — 29
     a) Zur Funktion der Zulässigkeitsprüfung — 29
     b) Die Verfahrenstypen vor dem Bundesverfassungsgericht — 30
     c) Gemeinsamkeiten der Verfahren — 32
  5. Allgemeines Prüfungsschema zur Begründetheit eines Rechtsbehelfs — 32
     a) Aufbau bei objektiven Beanstandungsverfahren — 33
     b) Aufbau bei kontradiktorischen Verfahren — 33
        aa) Ausgangspunkt beim subjektiven Recht
            („Verfassungsbeschwerde-Aufbau") — 34
        bb) „Verwaltungsrechtlicher" Aufbau — 35
        cc) Besonderheit bei der Überprüfung von Unterlassen:
            Anspruchsaufbau — 35
     c) Aufbauschemata für Freiheits- und Gleichheitsbeeinträchtigungen — 36

II. Staatsorganisationsrecht — 36
  1. (Kurz-)Schemata zur Zulässigkeitsprüfung — 36
     a) Organstreitverfahren — 36
        aa) Zuständigkeit des Bundesverfassungsgerichts — 36
        bb) Parteifähigkeit von Antragsteller und Antragsgegner — 37
        cc) Streitgegenstand — 37
        dd) Antragsbefugnis — 37
        ee) Rechtsschutzbedürfnis — 38
        ff) Form und Frist — 38
     b) Bund-Länder-Streit — 38
        aa) Zuständigkeit des Bundesverfassungsgerichts — 38
        bb) Parteifähigkeit — 38
        cc) Streitgegenstand — 39
        dd) Antragsbefugnis — 39
        ee) Rechtsschutzbedürfnis — 39
        ff) Form und Frist — 40

		c) Abstrakte Normenkontrolle	40
		aa) Zuständigkeit des Bundesverfassungsgerichts	40
		bb) Antragsberechtigung	40
		cc) Antragsgegenstand	40
		dd) Antragsgrund	40
		ee) Objektives Klarstellungsinteresse (nicht: Rechtsschutzinteresse)	40
		ff) Form und Frist	41
	2.	Typische Zulässigkeitsprobleme	41
		a) Organstreitverfahren	41
		aa) Parteifähigkeit von Antragsteller und Antragsgegner	41
		bb) Streitgegenstand	42
		cc) Antragsbefugnis	43
		b) Bund-Länder-Streit	44
		c) Abstrakte Normenkontrolle	45
		aa) Antragsberechtigung	46
		bb) Antragsgrund	46
	3.	Zur Begründetheit eines Rechtsbehelfs im Staatsorganisationsrecht	47
		a) Allgemeines	47
		b) Sonderprobleme der Begründetheitsprüfung	48
		aa) Prüfungsmaßstab und Prüfungsumfang des Bundesverfassungsgerichts im Staatsorganisationsrecht	48
		bb) Einschätzungsprärogative des Gesetzgebers	48
		cc) Rechtsfolge eines Verfassungsverstoßes	50
		dd) Modifikationen des Grundschemas: Der Begründetheitsaufbau des Organstreitverfahrens und des Bund-Länder-Streitverfahrens	51
III.	**Grundrechte**		**54**
	1.	Grundrechte – Funktion und Bedeutung in der Fallbearbeitung	54
		a) Multifunktionalität der Grundrechte	54
		b) Begriffliche Differenzierungen	54
		c) Grundrechte in der Fallbearbeitung	55
	2.	Allgemeines Schema zur Prüfung einer Verfassungsbeschwerde	55
		a) Zulässigkeit	55
		aa) Zuständigkeit des Bundesverfassungsgerichts	55
		bb) Beschwerdefähigkeit	55
		(1) Ausländische Beschwerdeführer	56
		(2) Amtsträger	56
		(3) Minderjährige und Geisteskranke	56
		(4) Juristische Personen	56
		cc) Prozessfähigkeit	58
		dd) Postulationsfähigkeit	59
		ee) Beschwerdegegenstand	59
		ff) Beschwerdebefugnis	59
		gg) Rechtsschutzbedürfnis	61
		(1) Rechtswegerschöpfung (formelle Subsidiarität)	61
		(2) (Materielle) Subsidiarität	62
		(3) Ausnahmen	62
		(4) Rechtsschutzbedürfnis im Übrigen	63

	hh) Beschwerdehindernis der Rechtskraft	63
	ii) Form und Frist	63
b)	Begründetheit	64
	aa) Einstieg in die Prüfung	64
	bb) Allgemeines zu Struktur und Sinn der gestuften Grundrechtsprüfung	64
3. Schemata und Aufbauhinweise zur Begründetheitsprüfung		65
a)	Im Überblick: Kurzschemata	65
	aa) Begründetheitsprüfung bei Freiheitsrechten	65
	bb) Begründetheitsprüfung beim allgemeinen Gleichheitsgrundsatz	66
b)	Rechtssatz- und Urteilsverfassungsbeschwerden	66
	aa) Rechtssatzverfassungsbeschwerde	66
	bb) Urteilsverfassungsbeschwerde	66
c)	Zur Prüfung von Freiheitsgrundrechten	67
	aa) Vorbemerkung	67
	bb) Zum klassischen Schema im Einzelnen	68
	(1) Schutzbereich	68
	(2) Eingriff	68
	(3) Rechtfertigung	69
	cc) Insbesondere: Verhältnismäßigkeitsprüfung bei Freiheitsgrundrechten	70
	(1) Prüfungsstandort	71
	(2) Aspekte der Verhältnismäßigkeit	71
	(a) Vorliegen eines legitimen Zwecks	71
	(b) Geeignetheit	72
	(c) Erforderlichkeit	72
	(d) Angemessenheit	72
d)	Prüfung von Gleichheitsgrundrechten	73
	aa) Prüfung der Verletzung	74
	bb) Rechtsfolge	75
4. Sonderprobleme in der Begründetheitsprüfung		75
a)	Die zweistufige Rechtfertigungsprüfung bei der Kontrolle von Gerichtsentscheidungen	75
	aa) Der allgemeine Aufbau	76
	bb) Prüfungsmaßstab und Prüfungsumfang bei der Urteilsverfassungsbeschwerde	78
b)	Die Schutzdimension der Grundrechte – Anspruchsaufbau im Verfassungsrecht?	81
	aa) Abgrenzung von Schutzdimension und abwehrrechtlicher Dimension	82
	bb) Aufbau analog zu Freiheitsrechten	82
	cc) Anspruchsaufbau	82
	(1) Konstruktion	83
	(2) Bestehen des Anspruchs	84
	(3) (Nicht-)Erfüllung des Anspruchs	84
c)	Grundrechtsschutz durch Organisation und Verfahren: Problemskizze und Konsequenzen für den Klausuraufbau	85

		d) Die sog. mittelbare Drittwirkung der Grundrechte	88
		aa) Das Grundproblem	88
		(1) Grundrechtsbindung des Privatrechtsgesetzgebers	88
		(2) Grundrechtsbindung des Gerichts bei der Anwendung des Privatrechts	89
		bb) Aufbaufragen	91
		(1) Erste (knappe) Thematisierung in der Beschwerdebefugnis	91
		(2) Zweite (ausführlichere) Thematisierung in der Begründetheitsprüfung	91
		(3) Auswirkungen auf die Begründetheitsprüfung im Übrigen	93
		(a) Klassisch dreistufig: Schutzbereich – Eingriff – Rechtfertigung	93
		(b) Zweistufig: Schutzpflicht – Unterlassen des Schutzes	94
		(c) Einstufig: Verfassungsmäßigkeit des Urteils	95
		(d) Fazit	95
		e) Die Drei-Stufen-Lehre des Bundesverfassungsgerichts in der Fallbearbeitung	95
		aa) Einleitung	96
		bb) Die Stufentheorie des Bundesverfassungsgerichts	96
		(1) Benennung und Typisierung der drei Eingriffsstufen	96
		(a) Eingriffe in den Wahlaspekt der Berufsfreiheit	96
		(b) Berufsausübungsregelungen	97
		(2) Typisierung der Rechtfertigungsanforderungen	97
		(a) Berufswahlregelungen	98
		(aa) Objektive Zulassungsregelungen	98
		(bb) Subjektive Zulassungsvoraussetzungen	99
		(b) Anforderungen an Berufsausübungsregelungen	99
		cc) Die Anwendung der Drei-Stufen-Lehre im Rahmen der Prüfung des Verhältnismäßigkeitsgrundsatzes – ein Prüfungsvorschlag für die Fallbearbeitung	100
		(1) Legitimer Zweck	100
		(2) Geeignetheit	100
		(3) Erforderlichkeit	101
		(4) Angemessenheit	101

Kapitel 2: Methodik der Fallbearbeitung im Staatsrecht

I.	**Vorbereitende Überlegungen für die Falllösung**	103
	1. Aufgabe der Klausurtechnik	103
	2. Zur Bedeutung der Fallfrage und des Bearbeitervermerks	103
	3. Richtiges und vollständiges Erfassen des Sachverhalts	104
	4. Schwerpunktsetzung und Argumentationstechnik	105
	5. Systematik und die Suche nach den in Betracht kommenden Normen	106
	6. Gewinnung des regelgerechten Aufbaus	107
	a) Vorrang der Zulässigkeit	108
	b) Vorrang der formell-rechtlichen Prüfung	108
	c) Vorrang der Tatbestandsmerkmalprüfung	108

		d) Auflösung von Normenkonkurrenzen	109
		aa) Entscheidung über Kumulation oder Konsumtion	109
		bb) Vorgehensweise im Lex-specialis-Fall	109
		cc) Besondere Vorrangregeln bei Grundrechtsprüfungen	110
		dd) Sonstige Aufbauregeln	110
	7.	Der Sinn einer Lösungsskizze	111

II. Die gutachterliche Umsetzung der Falllösung — 111

1. Der Obersatz — 112
2. Die Inhaltsbestimmung von Tatbestandsmerkmalen — 113
   a) Zur Bedeutung der Definition von Tatbestandsmerkmalen — 113
   b) Die Erarbeitung und Verknüpfung der Tatbestandsmerkmale im Gutachtenstil — 113
   c) Das gutachterliche Vorgehen im Schema — 114
3. Subsumtions- und Abwägungslogik — 115
   a) Subsumtion — 116
   b) Abwägung — 116
4. Der Ergebnissatz — 118

III. Einzelfragen der gutachterlichen Darstellung — 118

1. Die Auslegung von Tatbestandsmerkmalen — 118
   a) Methoden der Auslegung — 119
      aa) Wortlautauslegung (grammatikalische Auslegung) — 119
      bb) Systematische Auslegung — 120
      cc) Teleologische Auslegung — 120
      dd) Historische und genetische Auslegung — 120
      ee) Das Interpretationsprinzip der verfassungskonformen Auslegung — 121
   b) Die Rangfolge und das Verhältnis der Auslegungsmethoden zueinander — 121
2. Typische juristische Argumentationsformen, insbesondere bei der Rechtsanwendung im Bereich von Gesetzeslücken — 122
   a) Gleichheitsschluss (argumentum e simile) — 122
   b) Ungleichheits- bzw. Umkehrschluss (argumentum e contrario) — 123
   c) Erst-recht-Schluss (argumentum a fortiori) — 123
   d) Argument des Regel-Ausnahme-Verhältnisses — 123
   e) Argument aus den Folgen (argumentum ad absurdum) — 123
3. Die Darstellung von Meinungsstreitigkeiten — 124
4. Zur Problematik von Hilfsgutachten — 124

IV. Technische Hinweise für die Anfertigung von Klausuren — 125

1. Allgemeines — 125
2. Zeiteinteilung — 126
3. Äußere Form — 126
4. Sprachstil — 126

Kapitel 3: Übungsfälle

Fall 1:	**Krankenhausförderung**	**128**
	(Kompetenzkontrollverfahren, Gesetzgebungskompetenz)	
A.	**Zulässigkeit**	**131**
I.	Zuständigkeit des Bundesverfassungsgerichts	131
II.	Antragsberechtigung	131
III.	Antragsgegenstand	131
IV.	Antragsgrund	131
V.	Objektives Klarstellungsinteresse	133
VI.	Form des Antrags	133
VII.	Frist für die Einlegung	133
VIII.	Ergebnis zur Zulässigkeit	133
B.	**Begründetheit**	**134**
I.	Prüfungsumfang des Verfahrens nach Art. 93 Abs. 1 Nr. 2a GG	134
II.	Formelle Verfassungsmäßigkeit	134
	1. Gesetzgebungskompetenz des Bundes	135
	a) Ausgangspunkt: Prinzipielle Zuständigkeit der Länder	135
	b) Ausschließliche Gesetzgebungskompetenz	135
	c) Konkurrierende Gesetzgebungskompetenz	135
	aa) Einschlägiger Kompetenztitel	136
	bb) Erforderlichkeit einer bundeseinheitlichen Regelung (Art. 72 Abs. 2 GG)	136
	(1) Auslegungsmaßstab	137
	(2) Wahrung der Wirtschaftseinheit im gesamtstaatlichen Interesse	137
	(3) Wahrung der Rechtseinheit im gesamtstaatlichen Interesse	137
	(4) Herstellung gleichwertiger Lebensverhältnisse	138
	2. Zwischenergebnis	140
III.	Ergebnis zur Begründetheit	140
C.	**Gesamtergebnis**	**140**
Fall 2:	**Personenbeförderung**	**141**
	(Gesetzgebungsverfahren, Art. 80 GG (Rechtsverordnung), Art. 103 Abs. 2 GG (Bestimmtheitsgrundsatz))	
A.	**Formelle Verfassungsmäßigkeit**	**142**
I.	Gesetzgebungskompetenz	142
II.	Verfahren	142
	1. Gesetzesinitiative	142
	2. Beschlussverfahren (zwei Beratungen)	145
III.	Form	147
IV.	Zwischenergebnis	147
B.	**Materielle Verfassungsmäßigkeit des GVP**	**147**
I.	Materielle Verfassungskonformität gemäß Art. 80 Abs. 1 GG	148
	1. Zulässiger Ermächtigungsadressat gemäß Art. 80 Abs. 1 S. 1 GG	148
	2. Hinreichende Bestimmtheit gemäß Art. 80 Abs. 1 S. 2 GG	148
	a) Inhalt des Art. 80 Abs. 1 S. 2 GG	148
	b) Anwendung der Maßstäbe auf den konkreten Fall	149

	II. Art. 103 Abs. 2 GG	150
	1. Schutzbereich des Art. 103 Abs. 2 GG	151
	2. Beeinträchtigung des Art. 103 Abs. 2 GG durch § 3 GVP	152
	III. Zwischenergebnis	153
C.	Gesamtergebnis	154

Fall 3: Weisungsbefugnisse 155
(Bund-Länder-Streit, Bundesauftragsverwaltung, Weisungsrecht, Grundsatz der Bundestreue)

A.	Zulässigkeit	156
	I. Zuständigkeit des Bundesverfassungsgerichts	156
	II. Parteifähigkeit	156
	III. Streitgegenstand	156
	IV. Antragsbefugnis	157
	V. Rechtsschutzbedürfnis	158
	VI. Form	158
	VII. Frist	158
	VIII. Ergebnis zur Zulässigkeit	159
B.	Begründetheit	159
	I. Ermächtigungsgrundlage/Vorliegen einer Bundesauftragsverwaltung	159
	II. Formelle Verfassungsmäßigkeit	160
	1. Zuständigkeit für die Weisung	160
	2. Weisungsadressat	160
	3. Verfahrensrechtliche Anforderungen	160
	a) Herleitung aus dem Grundsatz der Bundestreue	160
	b) Beachtung im konkreten Fall	161
	III. Inhaltliche Schranken des Weisungsrechts	161
	1. Gegenstand und Reichweite des Weisungsrechts	161
	2. Bestimmtheitsgrundsatz	162
	3. Einzelfallbezogenheit	163
	4. Rechtmäßigkeit des Weisungsinhalts	163
	5. Zwischenergebnis	166
	IV. Ergebnis zur Begründetheit	166
C.	Gesamtergebnis	166

Fall 4: Selbstauflösung des Bundestags 167
(Organstreitverfahren, Selbstauflösungsrecht des Bundestags)

A.	Zulässigkeit	168
	I. Zuständigkeit des Bundesverfassungsgerichts	168
	II. Parteifähigkeit	168
	III. Streitgegenstand	168
	IV. Antragsbefugnis	169
	V. Rechtsschutzbedürfnis	169
	VI. Form und Frist	169
	VII. Ergebnis zur Zulässigkeit	170
B.	Begründetheit	170
	I. Verfassungskonformität der Parlamentsauflösung	170
	1. Recht zur Parlamentsauflösung?	170

	2. Formelle und materielle Verfassungskonformität im Übrigen?	173
	3. Zwischenergebnis	173
II.	Verletzung einer Rechtsposition der Antragsteller	173
III.	Ergebnis zur Begründetheit	174
C. Gesamtergebnis	174

Fall 5: Der Sitzungsausschluss   175
(Organstreitverfahren (insbes. Aufbau der Begründetheitsprüfung), Abgeordnetenstatus)

- A. Verletzung verfassungsmäßiger Rechte des A durch die Rüge   176
  - I. Bestehen einer verfassungsrechtlichen Rechtsposition   176
    1. Art. 5 Abs. 1 GG   176
    2. Art. 38 Abs. 1 S. 2 GG   176
  - II. Beeinträchtigung des Rechts durch die Maßnahme des Antragsgegners   177
  - III. Zwischenergebnis   178
- B. Verletzung verfassungsmäßiger Rechte des A durch die Verweisung aus dem Sitzungssaal   179
  - I. Bestehen einer verfassungsmäßigen Rechtsposition des A   179
  - II. Beeinträchtigung des Rechts durch die Maßnahme des Antragsgegners   179
  - III. Rechtfertigung der Beeinträchtigung   179
    1. Einschränkbarkeit – keine absolute Rechtsstellung des Abgeordneten   179
    2. Grenzen der Einschränkbarkeit   180
       - a) Verfassungskonformität der Rechtsgrundlage   180
         - aa) Formelle Verfassungskonformität   181
         - bb) Materielle Verfassungskonformität   181
       - b) Rechtmäßige Anwendung der Rechtsgrundlage   182
         - aa) Tatbestandsvoraussetzungen   182
         - bb) Verhältnismäßigkeit   183
    3. Zwischenergebnis   185
- C. Ergebnis   185

Fall 6: Hufbeschlag   186
(Verfassungsbeschwerde, Gesetzgebungsverfahren, Einschätzungsprärogative des Gesetzgebers, Berufsfreiheit (Art. 12 Abs. 1 GG), Drei-Stufen-Lehre)

- A. Zulässigkeit   187
  - I. Zuständigkeit des Bundesverfassungsgerichts   187
  - II. Beschwerdefähigkeit   187
  - III. Beschwerdegegenstand   187
  - IV. Beschwerdebefugnis   187
    1. Möglichkeit einer Grundrechtsverletzung   187
    2. Eigene, gegenwärtige und unmittelbare Beschwer   188
  - V. Form und Frist   189
  - VI. Rechtswegerschöpfung/Subsidiarität der Verfassungsbeschwerde   189
  - VII. Ergebnis zur Zulässigkeit   190
- B. Begründetheit   190
  - I. Schutzbereich   190
    1. Eröffnung des persönlichen Schutzbereichs   190
    2. Eröffnung des sachlichen Schutzbereichs   191

II.	Eingriff	192
III.	Verfassungsrechtliche Rechtfertigung	193
	1. Gesetzesvorbehalt	193
	2. Formelle Verfassungsmäßigkeit des Gesetzes	193
	3. Materielle Verfassungsmäßigkeit des Gesetzes	193
	a) Legitimer Zweck	194
	b) Geeignetheit	194
	c) Erforderlichkeit	195
	d) Angemessenheit	198
IV.	Ergebnis zur Begründetheit	199
C. Gesamtergebnis		199

Fall 7: Das verunglimpfte Staatssymbol   200
(Verfassungsbeschwerde, Rechtfertigung bei Eingriff in vorbehaltlos gewährte Grundrechte, Kunst- und Meinungsfreiheit, Wechselwirkungslehre, Staatssymbole)

A. Zulässigkeit		201
I.	Zuständigkeit des Bundesverfassungsgerichts	201
II.	Beschwerdefähigkeit	201
III.	Beschwerdegegenstand	203
IV.	Beschwerdebefugnis	203
	1. Möglichkeit der Grundrechtsverletzung	203
	2. Eigene, gegenwärtige und unmittelbare Beschwer	205
	3. Zwischenergebnis	205
V.	Rechtswegerschöpfung und Subsidiarität	205
VI.	Form und Frist	206
VII.	Ergebnis zur Zulässigkeit	206
B. Begründetheit		206
I.	Kunstfreiheit	206
	1. Schutzbereich	207
	a) Sachlicher Schutzbereich	207
	b) Persönlicher Schutzbereich	209
	2. Eingriff	209
	3. Verfassungsrechtliche Rechtfertigung	210
	a) Gesetzesvorbehalt	210
	b) Verfassungsmäßigkeit des Gesetzes	212
	c) Verfassungsmäßigkeit der Entscheidung	214
	aa) Prüfungsmaßstab des Bundesverfassungsgerichts	214
	bb) Die Kontrolle der angegriffenen Gerichtsentscheidung	215
	cc) Entscheidungserheblichkeit der Abwägungsentscheidung	219
	4. Zwischenergebnis	219
II.	Meinungsfreiheit	219
	1. Schutzbereich	220
	2. Eingriff	220
	3. Verfassungsrechtliche Rechtfertigung	220
	a) § 90a StGB als allgemeines Gesetz iSd Art. 5 Abs. 2 GG?	220
	b) Meinungsfreiheitskonforme Gesetzesanwendung	222
	4. Zwischenergebnis	222

III. Ergebnis zur Begründetheit		222
C. Gesamtergebnis		222

Fall 8: Blutentnahme 224
(Verfassungsbeschwerde, Grundrecht der körperlichen Unversehrtheit und der Freiheit der Person (Art. 2 Abs. 2 GG), Bestimmtheitsgrundsatz, verfassungsrechtliche Grenzen der Auslegung von einfachen Gesetzen, Grundrechtsschutz durch Verfahren)

A. Zulässigkeit		226
I. Zuständigkeit des Bundesverfassungsgerichts		226
II. Beschwerdefähigkeit		226
III. Beschwerdegegenstand		226
IV. Beschwerdebefugnis		226
1. Möglichkeit einer Grundrechtsverletzung		227
2. Eigene, gegenwärtige und unmittelbare Beschwer		227
3. Zwischenergebnis		227
V. Rechtswegerschöpfung und Subsidiarität		227
VI. Form und Frist		228
VII. Ergebnis zur Zulässigkeit		228
B. Begründetheit		228
I. Art. 2 Abs. 2 S. 1 Alt. 2 GG		228
1. Eingriff in den Schutzbereich		228
2. Rechtfertigung		229
a) Gesetzesvorbehalt		229
b) Verfassungsmäßigkeit des Gesetzes		230
aa) Formelle Verfassungsmäßigkeit		230
bb) Materielle Verfassungsmäßigkeit		230
(1) Bestimmtheitsgrundsatz nach Art. 20 Abs. 3 GG		230
(a) Verhältnis zu Art. 103 Abs. 2 GG		230
(b) Inhalt des Bestimmtheitsgrundsatzes		231
(c) Anwendung auf § 81a StPO		231
(2) Übermaßverbot		232
(a) Legitimes Ziel		232
(b) Geeignetheit		232
(c) Erforderlichkeit		233
(d) Verhältnismäßigkeit im engeren Sinne		233
cc) Zwischenergebnis		235
c) Verfassungsmäßigkeit der Entscheidung		235
aa) Prüfungsmaßstab des Bundesverfassungsgerichts		235
bb) Die Kontrolle der angegriffenen Gerichtsentscheidung		237
(1) Tatverdacht und Schwere der Tat (Verhältnismäßigkeit)		237
(2) Verfassungsrechtliche Grenzen der Auslegung von einfachen Gesetzen		238
(a) Wortlautgrenze		238
(b) Auslegungsergebnis: Grundrechtsschutz durch Verfahren		239
cc) Zwischenergebnis		240

	II.	Art. 2 Abs. 2 S. 2 GG	240
		1. Eingriff in den Schutzbereich	240
		2. Rechtfertigung	240
		a) Gesetzesvorbehalt	241
		b) Verfassungsmäßigkeit der Schranke	242
		aa) Formelle Verfassungsmäßigkeit	242
		bb) Materielle Verfassungsmäßigkeit	242
		(1) Bestimmtheitsgrundsatz	242
		(2) Verhältnismäßigkeitsprinzip	242
		c) Verfassungsmäßigkeit der Normanwendung	242
		d) Zwischenergebnis	242
	III.	Ergebnis zur Begründetheit	242
C.		Gesamtergebnis	242

Fall 9: Widerstand gegen den „Business Improvement District"   244
(Formerfordernis bei der Verfassungsbeschwerde, Grundrechtsbindung Privater, einstufiger Aufbau der Begründetheitsprüfung in Drittwirkungskonstellation, Versammlungsfreiheit)

A.		**Zulässigkeit**	245
	I.	**Zuständigkeit des Bundesverfassungsgerichts**	245
	II.	**Beschwerdefähigkeit**	245
	III.	**Beschwerdegegenstand**	245
	IV.	**Beschwerdebefugnis**	245
		1. Einschlägige Grundrechte	246
		2. Möglichkeit einer Grundrechtsverletzung	246
		3. Eigene, gegenwärtige und unmittelbare Beschwer	247
		4. Zwischenergebnis	247
	V.	**Rechtswegerschöpfung und Subsidiarität**	247
	VI.	**Frist**	248
	VII.	**Form**	248
	VIII.	**Ergebnis zur Zulässigkeit**	249
B.		**Begründetheit**	249
	I.	**Überprüfbarkeit der Entscheidung**	249
		1. Drittwirkung der Grundrechte	249
		2. Prüfungsumfang des Bundesverfassungsgerichts	250
	II.	**Verfassungsmäßigkeit des Urteils**	251
		1. Gewährleistungsgehalt der Versammlungsfreiheit	251
		a) Einschlägigkeit der Versammlungsfreiheit	252
		b) Die Grundrechtsbindung des Beklagten	253
		aa) Unmittelbare Grundrechtsverpflichtung des Trägervereins?	253
		bb) Mittelbare Drittwirkung	254
		2. Verfassungsrechtliche Kontrolle des Urteils	256
	III.	**Ergebnis zur Begründetheit**	257
C.		**Gesamtergebnis**	257

Stichwortverzeichnis   259

Einleitung

Das öffentliche Recht besitzt in der Regel bei Studenten keinen guten Ruf: Es gilt als kompliziert, unübersichtlich, lebensfremd, für die spätere berufliche Praxis wenig relevant. In der Tat haben gerade die Lehrveranstaltungen zum Verfassungs- bzw. Staatsrecht, die typischerweise in den ersten beiden Studiensemestern durchgeführt werden, mit zwei besonderen Schwierigkeiten zu kämpfen. Einerseits müssen bereits auf der Ebene des Sachverhalts (insbesondere im Staatsorganisationsrecht) komplexe Problemkonstellationen vermittelt werden, für deren Verständnis die Alltagserfahrung kaum Anknüpfungspunkte bietet. Ob und wenn ja welche Rechte etwa ein Untersuchungsausschuss gegenüber der Bundesregierung besitzt, ist eine Fragestellung, die selbst für interessierte Beobachter des politischen Geschehens nicht einfach nachzuvollziehen ist. Andererseits wird für die genuin juristische Problembewältigung nur wenig unmittelbare Hilfestellung in Form von konkreten, klar formulierten gesetzlichen Grundlagen gegeben. Die regelmäßig knapp gefassten Verfassungsnormen sind vielmehr ohne genauere Kenntnis der dazu ergangenen Rechtsprechung häufig schwer verständlich oder jedenfalls nicht innerhalb des in einer Klausur zur Verfügung stehenden Zeitrahmens erfolgreich anwendbar. Hinzu kommt die innerhalb des Studiums zumeist nur im Öffentlichen Recht auftretende Problematik der prozessualen Fragestellung. Die Vielfalt der möglichen Rechtsbehelfe und die ihren Zulässigkeitsprüfungen zuzuordnenden Prüfungsschemata bedeuten für die Studenten zusätzliche Anforderungen, die es in dieser Form in Straf- und Zivilrecht (noch) nicht gibt.

Die besonderen Schwierigkeiten der verfassungsrechtlichen Klausur sind also nicht zu leugnen. Sie lassen sich jedoch deutlich reduzieren, wenn man die Grundzüge versteht, die dem Verfassungsrecht in seiner grundrechtlichen wie in seiner staatsorganisationsrechtlichen Gestalt eigen sind. Auf eben dieses Verständnis zielt das vorliegende Buch. Unser „Klausurtraining Verfassungsrecht" will diese gemeinsamen Strukturen aufzeigen und damit sowohl allgemein das Verständnis für das Staatsrecht fördern als auch konkret das Lösen von Klausuren erleichtern.

Um dieses Ziel zu erreichen, gehen wir in drei Schritten vor:

1. Zunächst können sowohl mit Blick auf die Zulässigkeits- wie die Begründetheitsprüfung allgemeine Schemata erarbeitet werden. Diese sollen aber zugleich verdeutlichen, dass derartige Vorstrukturierungen keinen Selbstzweck darstellen, sondern mit Blick auf das jeweils zu bewältigende Sachproblem konstruiert und ggf. spezifiziert werden müssen (1. Kapitel). Die schematische Fallstrukturierung – insbesondere, aber nicht nur der Zulässigkeitsprüfung – erleichtert so einerseits den Einstieg in die Klausur, bietet andererseits aber auch erst die Basis für den hierauf aufbauenden konkret fallbezogenen und insoweit originellen Lösungsvorschlag.

2. Entscheidend für eine gelungene Klausur sind dabei nicht nur die materiellen Rechtskenntnisse des Bearbeiters, sondern zumal die methodisch saubere Erarbeitung und Darstellung der Falllösung. Das juristische „Handwerkszeug" der klaren Argumentation und der gelungenen Schwerpunktsetzung, die sich auch stilistisch im sicheren, dh je nach Erfordernis wechselnden Gebrauch des Gutachten- wie des Urteilsstils zeigt, ist unabdingbare Voraussetzung einer erfolgreichen Klausurbearbeitung (2. Kapitel).

Einleitung

3. Diese Fertigkeiten sollten nicht nur theoretisch verstanden werden. Um sie wirklich zu erwerben, müssen sie anhand von Übungsfällen praktisch angewendet und trainiert werden (3. Kapitel).

Dieses Buch kann und will nicht die gängigen Lehrbücher zum Verfassungsrecht ersetzen. Der von diesen Büchern vermittelte materielle Stoff wird vielmehr vorausgesetzt. Was wir liefern möchten, ist etwas anderes: Wir möchten erläutern, wie der Übergang von dem abstrakten Lehrbuchwissen zu der konkreten Anwendung in Übungsfällen gelingen kann. Das setzt voraus, jenes Wissen nicht bloß separat für sich zu sehen und die Anwendung nicht als punktuelle Kasuistik zu verstehen, sondern als Leser die Verbindungslinien und Gemeinsamkeiten zu erkennen. Materielles Wissen wird daher nur insoweit wiederholt, als es erforderlich ist, um reflektierte Aufbauschemata zu entwickeln. Die auf diese Weise erzielte Vertrautheit mit typischen Klausurstrukturen ermöglicht es, auch neue, unbekannte Fallkonstellationen erfolgreich zu bewältigen.

Das Buch richtet sich daher sowohl an Studenten in den Anfangssemestern wie an Examenskandidaten. Die einen soll es möglichst ideal auf eine erfolgreiche Zwischenprüfung vorbereiten, indem es den Übergang zwischen der meist etwas abstrakteren Wissensvermittlung in den Vorlesungen „Staatsrecht I" und „Staatsrecht II" und der praktischen Übung in den Arbeitsgemeinschaften erläutert. Den anderen bietet es die Möglichkeit, sich noch einmal in kompakter Form mit den speziellen Herausforderungen einer Klausur im Verfassungsrecht auseinanderzusetzen. Gerade weil das öffentliche Recht im Allgemeinen und das Verfassungsrecht im Besonderen von vielen Studenten in der Examensvorbereitung etwas vernachlässigt wird, bietet es die Chance, sich mit einer sauber strukturierten, argumentativ stimmigen Lösung positiv abzuheben und eine sehr erfolgreiche Klausur zu schreiben.

Kapitel 1: Grundstrukturen und Prüfungsschemata

I. Allgemeine Grundlagen

1. Grundsätzliche Probleme der Fallbearbeitung im Verfassungsrecht

Es sind vor allem drei typische Schwierigkeiten, die die Bearbeitung von staats- bzw. verfassungsrechtlichen Sachverhalten erschweren:

1. fällt der Umgang mit den unsere Rechtsordnung kennzeichnenden unterschiedlichen Normenebenen und -hierarchien – das heißt vor allem: der Unterschied bzw. das Verhältnis von einfachem Recht und Verfassungsrecht – schwer;
2. werden die Gemeinsamkeiten der relevanten Problemkonstellationen übersehen;
3. schließlich erscheinen die einschlägigen Vorschriften besonders abstrakt.

Zu diesen Schwierigkeiten zunächst einige allgemeine Anmerkungen:

Sowohl in Zivil- wie in Strafrechtsklausuren geht es bekanntlich darum, ein bestimmtes menschliches Verhalten auf seine Rechtmäßigkeit hin zu überprüfen. Den Maßstab für diese Prüfung bildet dabei das einfache Gesetz, also v.a. BGB und StGB. Grundsätzlich gilt auch für die Klausuren im Verfassungsrecht Entsprechendes. Auch hier besteht die zentrale Aufgabe darin, ein konkretes staatliches Handeln oder Unterlassen auf dessen Rechtmäßigkeit zu untersuchen. Das Erkenntnisinteresse, das die Klausurlösung anleitet, ist in öffentlich-rechtlichen Klausuren also kein besonderes. Die erste Besonderheit und auch besondere Schwierigkeit des Verfassungsrechts betrifft einen anderen Punkt: Im Unterschied zum Zivilrecht oder Strafrecht sind die einschlägigen Vorschriften typischerweise auf verschiedenen Normebenen angesiedelt. Gefragt wird meist nicht nur nach der Recht-, sondern nach der Verfassungsmäßigkeit des fraglichen Verhaltens. Eine angemessene Lösung setzt daher voraus, dass das Zusammenspiel dieser unterschiedlichen Normebenen, insbesondere von Verfassungsrecht und einfachem Gesetzesrecht beherrscht wird.

Auch die Menge der möglichen Fragestellungen hebt das Verfassungsrecht zunächst weder vom Zivil- noch vom Strafrecht grundlegend ab. Hier wie dort sind angesichts einer komplexen Lebenswirklichkeit die möglichen Sachverhaltskonstellationen nahezu unbegrenzt. Dieser Vielfalt korrespondiert allerdings eine jeweils relativ begrenzte Anzahl normativer Probleme. Insoweit lassen sich in allen drei Rechtsgebieten trotz unterschiedlichster Lebenssachverhalte typische juristische Fragestellungen herausschälen und spezifischen Prüfprogrammen zuordnen. So wie im Zivilrecht jeder (irgendwann) die Prüfungspunkte und Prüfungsreihenfolge beherrscht, die es ungeachtet des konkreten Sachverhalts abzuarbeiten gilt, wenn die Wirksamkeit eines Kaufvertrages infrage steht, so können auch im Verfassungsrecht Gemeinsamkeiten herausgearbeitet werden, die die Komplexität der einschlägigen Rechtsfragen deutlich reduzieren. Die unterschiedlichsten Konstellationen lassen sich auf beherrschbare Grundfragen und -schemata zurückführen.

Schließlich kann nicht abgestritten werden, dass die Vorschriften des formellen Verfassungsrechts oft eine besondere Abstraktheit auszeichnet. Das gilt zwar nicht ausnahmslos, weil etwa die Vorschriften zum Gesetzgebungsverfahren oder zur Wahl des Bundeskanzlers präzise formuliert und vergleichsweise einfach zu subsumieren sind. In der Regel enthält der Verfassungstext aber nur knappe, stark interpretationsbedürftige

Aussagen. An dieser Stelle kommt es daher besonders darauf an, die für die entsprechende Auslegung wegweisende Rechtsprechung des Bundesverfassungsgerichts zu kennen und für die Falllösung nutzbar zu machen. Das gilt erst recht dort, wo diese Judikatur nicht nur – wie etwa im Kontext der sog. unechten Vertrauensfrage oder der Beschränkung der Meinungsfreiheit durch „allgemeine" Gesetze – den Wortlaut der Verfassungsnormen ergänzt, sondern teilweise – etwa im Rahmen der sog. Drei-Stufen-Lehre bei der Berufsfreiheit oder bei der prinzipiellen Anmeldepflichtigkeit von Versammlungen – sogar gegen den Normtext spezielle Bereichsdogmatiken entwickelt hat.

Der Bewältigung dieser skizzierten Schwierigkeiten soll die folgende Darstellung dienen. Dafür werden im Folgenden zunächst gemeinsame Strukturen der staatsorganisationsrechtlichen wie grundrechtlichen Fragestellungen herausgearbeitet (dazu 2.–4.). Auf dieser Basis und in Abgrenzung hierzu sind dann, schon etwas konkreter, bezüglich der beiden Themenschwerpunkte des Staatsrechts: *Staatsorganisationsrecht* (dazu II.) und *Grundrechte* (dazu III.) die jeweils typischen Grundstrukturen zu benennen. Diese können dabei jeweils zu für die Fallbearbeitung sinnvollen Prüfungsschemata verarbeitet werden.

2. Das Verhältnis der Rechtsnormen zueinander („Normenpyramide")

Für die in verfassungsrechtlichen Klausuren zentrale Fragestellung, ob ein konkretes staatliches Handeln verfassungsmäßig ist, kommt dem Zusammenspiel der unterschiedlichen Normenebenen oder -schichten fundamentale Bedeutung zu. Dieses Zusammenspiel lässt sich am besten graphisch in Form einer sog. Normenpyramide darstellen. Für das Verfassungsrecht ist v. a. das innerstaatliche Verhältnis der Verfassungsnormen zueinander sowie die wechselseitige Beeinflussung und Konkretisierung mit dem einfachen Gesetzesrecht von Bedeutung. Das nachfolgende Schaubild lässt deshalb zunächst die zunehmende Beeinflussung und Überlagerung des nationalen Rechts durch supranationale Vorschriften – insbesondere, aber nicht nur des europäischen Unionsrechts – außen vor.[1]

Die Normenpyramide soll veranschaulichen, dass die jeweils „höhere" (näher zur Spitze angesiedelte) Normebene nicht nur die Entstehungsbedingungen der niederrangigeren Normen bestimmt, sondern sich im Konfliktfall auch gegenüber diesen durchsetzt. Ganz allgemein lässt sich formulieren, dass hoheitliches Handeln nur recht- und verfassungsmäßig ist, wenn es nicht in Widerspruch zu höherrangigen Rechtsvorschriften steht. Der jeweilige Rang der Normen lässt sich dabei nur der Rechtsordnung selbst entnehmen. Das Verhältnis der Rechtsebenen zueinander bestimmen sog. „Kollisionsnormen", deren Regelungsgehalt nicht immer eindeutig ist, sondern teilweise durch Auslegung gewonnen werden muss. Ausdrücklich und unmissverständlich enthält eine solche Kollisionsregelung etwa Art. 31 GG, der kurz und bündig bestimmt: „Bundesrecht bricht Landesrecht" und damit das Rangverhältnis festlegt. Auch der höhere Rang der Verfassung gegenüber dem einfachen Gesetzesrecht ist dem Grundgesetz zu entnehmen; er ergibt sich insbesondere aus der in Art. 1 Abs. 3 und Art. 20 Abs. 3 GG statuierten Verfassungsbindung (auch) der (Bundes- wie Landes-)Gesetzgebung. Etwas komplizierter ist dagegen die sog. „Ewigkeitsklausel" des Art. 79 Abs. 3 GG, die besagt, dass einige Normen des Grundgesetzes schlechthin unabänderlich und damit

---

[1] Beachte: Gemäß Art. 25 GG sind die allgemeinen Regeln des Völkerrechts Bestandteil des Bundesrechts, gehen aber den Gesetzen vor.

I. Allgemeine Grundlagen

auch dem Zugriff des verfassungsändernden Gesetzgebers entzogen sind. Damit wird implizit ein Rangverhältnis zwischen den veränderungsfähigen und den veränderungsresistenten Verfassungsnormen bestimmt. Die Beschränkung auf „Grundsätze" verdeutlicht hier aber, dass eine klare und eindeutige innerverfassungsrechtliche Hierarchisierung nicht vorgenommen werden kann. Schließlich trifft noch Art. 80 Abs. 1 GG eine eindeutige Bestimmung über das Verhältnis von (nur) materiellem und (auch) formellem Gesetzesrecht, das heißt von abstrakt-generellen Regelungen der Exekutive einerseits und von durch das Parlament verabschiedeten Normen andererseits. Letztere gehen – aus demokratischen Gründen – vor. Exekutivische Rechtsetzung ist sogar nur dann zulässig, wenn ein Parlamentsgesetz die Exekutive dazu ermächtigt und dabei Inhalt, Zweck und Ausmaß der erteilten Ermächtigung hinreichend genau bestimmt.[2]

Aus der Normenhierarchie lassen sich auch die Rechtsfolgen einer Normenkollision ableiten: Eine *Norm* (dh eine abstrakt-generelle rechtliche Regelung) ist rechtswidrig (und damit in aller Regel nichtig – sog. **Nichtigkeitsdogma**[3]), wenn sie im Widerspruch zu den Regelungen von Normen steht, die ihr gegenüber höherrangig sind. Ein *Parlamentsgesetz des Bundes* ist etwa demnach nur verfassungsmäßig, wenn es mit den inhaltlichen Vorgaben des *Grundgesetzes* übereinstimmt. Recht- und Verfassungsmäßigkeit fallen somit hier in eins. Der *Landesgesetzgeber* muss hingegen die Vorgaben des *Grundgesetzes* und der jeweiligen *Landesverfassung*, aber auch die – gemäß Art. 31

---

2 Vgl. dazu als Beispiel unten Kap. 3, Fall 2: Personenbeförderung.
3 Es handelt sich um ein Grundprinzip des Verfassungs- und Gesetzesvorbehalts und -vorrangs. Die Regelung des § 44 VwVfG, derzufolge rechtswidrige Verwaltungsakte nur unter besonderen Voraussetzungen nichtig, im Übrigen aber wirksam sind, bedeutet insoweit eine aus Gründen der Rechtssicherheit bereichsspezifisch gesetzlich festgelegte Ausnahme, die gerade durch ihre ausdrückliche Festlegung die Grundregel des Nichtigkeitsdogmas bestätigt.

GG – höherrangiger (formeller oder materieller) *Bundesgesetze* beachten. Diese Vorgaben betreffen jeweils einerseits die formellen (Entstehungs-)Voraussetzungen (sog. formelle Rechtmäßigkeit), andererseits die materielle Frage, ob der Inhalt des Gesetzes mit den höherrangigen Vorgaben (etwa den Grundrechten) vereinbar ist (sog. materielle Rechtmäßigkeit). Selbst wenn das Landesgesetz in Übereinstimmung mit den Vorschriften der Verfassung(en) steht, kann es dennoch wegen eines Widerspruchs zu bundesgesetzlichen Vorgaben rechtswidrig sein.

Wird daher nach der Verfassungsmäßigkeit oder Rechtmäßigkeit eines bestimmten Rechtsakts gefragt, muss folglich der (sowohl formelle wie materielle Aspekte umfassende) Aussagegehalt der höherrangigen Vorgaben ermittelt und untersucht werden, ob die fragliche Bestimmung in Widerspruch zu höherrangigen Rechtsvorschriften steht. Anders als im Zivil- und Strafrecht geht es deshalb nicht (nur) um die Subsumtion eines Sachverhalts unter eine bestimmte Norm, sondern (zusätzlich) um eine vergleichende Bewertung unterschiedlicher normativer Anforderungen.

Im Rang noch unter den im Schaubild abgebildeten Normen (iSv *abstrakt*-generell gefassten Bestimmungen) stehen die einzelnen *konkreten* Normanwendungsakte, also im Verwaltungsrecht typischerweise Verwaltungsakte (etwa Anweisungen, Platzverweise), aber auch gerichtliche Entscheidungen (Urteile, Beschlüsse etc). Die Rechtmäßigkeit derartiger Anwendungsakte beruht ebenfalls auf ihrer Widerspruchslosigkeit gegenüber sämtlichen höherrangigen Rechtsvorschriften; hierzu zählen nun aber sämtliche abstrakt-generellen Regelungen. Umgekehrt formuliert, kann die Rechtswidrigkeit eines solchen Anwendungsakts sowohl aus einem Verstoß gegen einfaches Gesetzesrecht wie gegen Verfassungsrecht resultieren.

Das hat Folgen für den Prüfungsaufbau: Steht die Rechtmäßigkeit eines solchen Anwendungsakts in Frage, muss typischerweise doppelt geprüft werden:

1. die Übereinstimmung mit den Vorgaben des einfachen Rechts – das seinerseits verfassungskonform sein muss –;
2. zum anderen die unmittelbare Verfassungskonformität der Gesetzesanwendung.

Mit dieser zweifachen Prüfungsperspektive ist allerdings noch nichts darüber ausgesagt, wer sie unter welchen Voraussetzungen einnimmt. Typischerweise muss (und darf) zur Übereinstimmung des Prüfungsgegenstandes mit dem einfachen Recht in verfassungsrechtlichen Klausuren nicht Stellung genommen werden.[4]

3. Ausgangssituation in der Klausur

Das leitet über zu der Frage nach der typischen Ausgangssituation in einer staatsrechtlichen Klausur. In ganz grundsätzlicher (a) wie in prozessualer (b) und in inhaltlicher Hinsicht (c) kann man hier jeweils zwei Grundmöglichkeiten unterscheiden.

a) Zwei mögliche Fragestellungen

In einer staatsrechtlichen Klausur sind zwei unterschiedliche Fragestellungen üblich:

- Entweder wird nach der *Rechtmäßigkeit* eines bestimmten *Handelns* gefragt
- oder nach den *Erfolgsaussichten* eines *Rechtsbehelfs*.

---

[4] Vgl. genauer zum Prüfungsumfang/-maßstab des Bundesverfassungsgerichts im Rahmen der Urteilsverfassungsbeschwerde unten III. 4. a) bb).

I. Allgemeine Grundlagen

Die Frage nach der Rechtmäßigkeit entspricht der soeben beschriebenen Einordnung eines staatlichen Handelns in die (stufenförmig strukturierte) Rechtsordnung. Sie verlangt also eine (formelle und materielle Aspekte berücksichtigende) Überprüfung anhand höherrangiger Rechtsnormen, insbesondere des Grundgesetzes.

Die zweite Frage reicht über die erste hinaus. Zwar ist ebenfalls die Prüfung der Rechtmäßigkeit des in Frage stehenden Handelns erforderlich. Zuvor jedoch sind in der Klausur bestimmte *prozessuale* Fragen zu klären: Zu prüfen ist die *Zulässigkeit* des eingelegten Rechtsbehelfs. Diese fragt danach, ob sich das angerufene Gericht überhaupt mit der Sachfrage auseinandersetzen muss oder bereits formelle Hindernisse bestehen, die dazu führen, dass eine Sachauseinandersetzung nicht stattfindet (beispielsweise, weil der Kläger nicht berechtigt ist, das Anliegen vorzutragen). Statt von der Prüfung der Zulässigkeitsvoraussetzungen ist daher auch (genauer) von der Prüfung der erforderlichen Sachurteilsvoraussetzungen (noch genauer: Sach*entscheidungs*voraussetzungen)[5] die Rede. Fehlen diese Voraussetzungen, ergeht in der gerichtlichen Praxis ein sog. Prozessurteil, in dem auf die Sachfragen nicht eingegangen wird. (Im Gutachten allerdings muss auch in einem solchen Fall sowohl hinsichtlich der Zulässigkeit wie anschließend auch der Begründetheit hilfsweise weitergeprüft werden.[6])

Im Verfassungsrecht wird dabei typischerweise von dem Klausurbearbeiter gefordert, sich in die Position des Bundesverfassungsgerichts zu versetzen und aus dessen Sicht heraus die vorgelegte Frage zu beantworten. Dabei ist die Stellung und Aufgabe des Verfassungsgerichts im Gesamtzusammenhang der unterschiedlichen Gerichtszweige zu beachten. Während die sog. „einfache" Gerichtsbarkeit (dh die Instanzgerichte; etwa Amts- oder Landgericht, Verwaltungs- oder Oberverwaltungsgericht/Verwaltungsgerichtshof) vorrangig mit der Anwendung des einfachen Gesetzesrechts befasst ist, ist die Verfassungsgerichtsbarkeit für die Auslegung der Verfassung zuständig. Für das Bundesverfassungsgericht bilden insofern nur die Vorschriften des Grundgesetzes den relevanten Prüfungsmaßstab, Fragen der möglichen Verletzung einfachen Rechts spielen dagegen nur insoweit eine Rolle, wie darin *zugleich* ein Verstoß gegen verfassungsrechtliche Gebote gesehen werden kann.[7]

Ist die Zulässigkeit des eingelegten Rechtsbehelfs geklärt, so sind die formellen und materiellen Rechtmäßigkeitsfragen zu beantworten. Die erste und zweite Ausgangsfrage unterscheiden sich insoweit nicht. Mit anderen Worten: Die erste Frage ist in der zweiten mitenthalten; die Rechtmäßigkeitsprüfung entspricht (prozessual formuliert) der Begründetheitsprüfung (wenngleich Elemente der Rechtmäßigkeitsprüfung schon in der Zulässigkeit auftauchen können).

b) Zwei denkbare prozessuale Ausgangssituationen

Diese Möglichkeit der vorgeschalteten Prüfung der Zulässigkeit eines gerichtlichen Verfahrens unterscheidet (im Rahmen des Studiums) das Öffentliche Recht von der üblichen Prüfungsschematik im Straf- und im Zivilrecht, die typischerweise die verfahrensrechtlichen Fragestellungen ausklammern bzw. allenfalls in Form von Zusatzfragen thematisieren. In der Sache bestehen allerdings einige Gemeinsamkeiten des Prozessrechts, weshalb die Vertrautheit mit dem Verfassungsprozessrecht ungeachtet der

---

5 Sach*entscheidung*svoraussetzungen umfassen nicht nur die gerichtliche Entscheidungsform *Urteil*, sondern auch andere Formen gerichtlichen Handelns wie den *Beschluss*.
6 Zum Hilfsgutachten näher unten Kap. 2, III. 4.
7 Vgl. zu diesem Problem näher unten III. 4 a) bb).

insoweit zu beachtenden Besonderheiten jedenfalls ansatzweise auch auf verwaltungs-, zivil- und strafprozessrechtliche Fragestellungen vorbereitet.

Im Verfassungsrecht sind prozessual zwei Ausgangskonstellationen möglich:

- Entweder es streiten in einem Verfahren zwei Prozessparteien miteinander. Dann liegt ein sog. *kontradiktorisches Verfahren* vor, in dem eine, möglicherweise auch beide Seiten subjektive Rechte bzw. Zuständigkeiten[8] geltend machen (dh Rechte als verletzt rügen, die einer der Parteien von der Rechtsordnung als eigene zugewiesen sind). Die klagende Partei muss behaupten, dass die ihr zugewiesene Rechtsposition durch die andere Partei negativ beeinträchtigt wurde und dass diese Beeinträchtigung von der Rechtsordnung nicht geduldet wird.
- Oder aber es liegt ein sog. *objektives Beanstandungsverfahren* vor, in dem unabhängig von der subjektiven Betroffenheit irgendeines Prozessbeteiligten abstrakt nach der Rechtmäßigkeit einer bestimmten rechtlichen Maßnahme (bspw. eines vom Bundestag beschlossenen Gesetzes) gefragt wird.

Die unterschiedlichen Ausgangssituationen schließen es dabei aber nicht aus, dass ein subjektives Verfahren zugleich auch der objektiven Rechtskontrolle dient. Insbesondere bei der Verfassungsbeschwerde wird dies deutlich. So erstreckt etwa das Bundesverfassungsgericht, wenn es die subjektiven Voraussetzungen im Rahmen der Zulässigkeit einer Verfassungsbeschwerde für erfüllt sieht, im Rahmen der Begründetheitsprüfung seine Prüfungskompetenz auch auf Rechtspositionen, die nicht dem Beschwerdeführer als eigene subjektive Rechte zugewiesen sind. Auch wenn beispielsweise der Beschwerdeführer während des Verfahrens verstirbt, kann aus objektiven Gründen das Verfahren fortgeführt werden. Gleiches gilt für Organstreitverfahren, wenn der antragstellende Abgeordnete etwa im Laufe des Verfahrens aus dem Parlament ausscheidet.

Umgekehrt lässt sich das klassische Beispiel für ein objektives Beanstandungsverfahren, die abstrakte Normenkontrolle, durchaus auch im Sinne eines kontradiktorischen Verfahrens deuten, wenn man das zu prüfende Gesetz als Maßnahme einer bestimmten Partei, nämlich des obersten Bundesorgans Bundestag, begreift. Konsequenterweise ist es daher durchaus möglich, die Frage der Verfassungsmäßigkeit eines Gesetzes auch in Form eines kontradiktorischen Verfahrens wie dem Organstreit dem Verfassungsgericht zur Prüfung vorzulegen. Das setzt aber voraus, dass der gerügte Fehler seinerseits nicht rein objektiv ist, sondern eine Rechtsposition des Antragstellers betrifft (so etwa, wenn das Zustimmungserfordernis des Bundesrates umgangen wurde).

Die Frage nach dem entsprechenden Charakter eines Verfahrens ist damit aber nicht irrelevant. Sie hat vielmehr entscheidende Konsequenzen für den Aufbau einer Falllösung.[9] Gleichwohl fällt es schwer, sämtlich Verfahrensarten genau einer der beiden Klassifikationen zuzuordnen. Holzschnittartig kann wie folgt unterteilt werden:

- Kontradiktorische Streitigkeiten stellen v. a. der Organstreit (Art. 93 Abs. 1 Nr. 1 GG) und der Bund-Länder-Streit (Art. 93 Abs. 1 Nr. 3 GG) dar.

---

8 Um subjektive Rechte im engeren Sinne handelt es sich nur bei Individualrechten der Bürger. Staatsorgane dagegen haben keine subjektiven Rechte in diesem Sinne, da sie keine eigenständigen Rechtssubjekte sind. Als bloße Organe der juristischen Person „Staat" besitzen sie lediglich ihnen durch die Verfassung zugewiesene Zuständigkeiten (synonym verwendet: Kompetenzen). Im Streit mit anderen Organen gleichen diese Kompetenzen funktional aber den subjektiven Rechten so weitgehend, dass im Folgenden der Einfachheit halber meist nur von subjektiven Rechten die Rede sein wird.

9 Vgl. dazu sogleich, unter 5.

I. Allgemeine Grundlagen

- Objektive Beanstandungsverfahren sind die abstrakte (Art. 93 Abs. 1 Nr. 2, 2a GG) und die konkrete Normenkontrolle (Art. 100 Abs. 1 GG).
- Die Verfassungsbeschwerde (Art. 93 Abs. 1 Nr. 4a GG) steht aus den genannten Gründen quer zu diesem Schema, lässt sich wegen des dominierenden Charakters des Individualrechtsschutzgedankens aber als kontradiktorisches Verfahren begreifen.

c) Zwei inhaltliche Ausgangssituationen

In inhaltlicher Hinsicht sind wiederum zwei Grundkonstellationen typisch für das Verfassungsrecht. Sowohl in kontradiktorischen Verfahren wie in objektiven Beanstandungsverfahren kann der Vorwurf der Verfassungswidrigkeit eines bestimmten Verhaltens oder Unterlassens sich auf die Behauptung der Verletzung eines (im weitesten Sinne) *Freiheitsrechts* stützen, das auf die Gewährleistung einer bestimmten Handlungssphäre bezogen ist, oder aber eine verfassungsrechtlich unzulässige *Ungleichbehandlung* rügen. Zu unterscheiden ist also:

- Entweder geht es um den Streit zwischen zwei Parteien, bei denen die eine Seite behauptet, die andere Seite habe in unzulässiger Weise in einen ihr verfassungsrechtlich zugewiesenen Bereich (Grundrechte bzw. Kompetenzen) interveniert. Ziel ist mithin die Abwehr eines bestimmten Verhaltens. Ganz ähnlich verhält es sich, wenn ein Unterlassen gerügt wird. Auch in diesem Fall steht eine mögliche Beeinträchtigung eines einem bestimmten Subjekt zugeschriebenen Freiheitsrechts im weitesten Sinne in Rede – nur eben nicht in Gestalt eines Abwehrrechts, sondern eines Leistungsanspruchs.
- Oder es geht um eine Ungleichbehandlung, bei der zwei wesentlich gleich gelagerte Sachverhalte ungleich oder zwei wesentlich ungleich gelagerte Sachverhalte gleich behandelt werden und bestritten wird, dass hierfür rechtfertigende Gründe bestehen.

4. Allgemeines Prüfungsschema zur Zulässigkeit eines Rechtsbehelfs

Diesen wenigen Grundkonstellationen entsprechend können für die Prüfung im Verfassungsrecht allgemeine Grundschemata vorgegeben werden, die mit Blick auf die konkreten Fallkonstellationen und jeweils einschlägigen Klagearten dann nur noch an die Besonderheiten der konkreten Rechtsfrage angepasst werden müssen.

Dabei sind zunächst allgemeine Fragen bezüglich der Zulässigkeit eines Rechtsbehelfs zu klären und in die Form eines allgemeinen Schemas zu bringen, ehe anschließend (unter 5.) ein entsprechendes allgemeines Schema für die Begründetheitsprüfung erörtert werden kann.

a) Zur Funktion der Zulässigkeitsprüfung

Zulässigkeitsvoraussetzungen bezeichnen bestimmte formale Erfordernisse, die vorliegen müssen, damit das Gericht in der Sache eine Entscheidung trifft, dh eine Prüfung der Rechtslage in der Sache vornimmt. Daher werden sie auch als *Sachentscheidungs*voraussetzungen bezeichnet. Die strikte Trennung zwischen Zulässigkeit und Begründetheit ist vor allem historisch bedingt,[10] erfüllt aber auch heute noch eine Funktion. Sie zielt primär auf eine Entlastung der Gerichte. Nicht jeder soll für oder gegen jedermann ohne weitere Voraussetzungen die Gerichte mit rechtlichen Anliegen befassen dürfen. Für das Staatsorganisationsrecht lässt sich dieser Ausgangspunkt auch spezifischer formulieren: Die Verfahren vor dem Bundesverfassungsgericht dienen nicht „einer allgemeinen Verfassungsaufsicht".[11] Es drohte andernfalls eine erhebliche und – so die rechtspolitische Bewertung des Gesetzgebers – überflüssige Inanspruchnahme des Gerichts. Was die regelmäßig erforderliche Beschwerde- oder Antragsbefugnis betrifft, sollen vor allem Popular- und Interessentenklagen ausgeschlossen werden. Es soll sich nicht jedermann zum Sachwalter fremder Interessen aufschwingen können. Im staatsorganisationsrechtlichen Kontext kommt ein weiterer Aspekt hinzu: Die Zulässigkeitsanforderungen lassen sich hier auch als Ausprägung der Gewaltenteilung begreifen. Die strengen Anforderungen an die verfassungsgerichtlichen Verfahren tragen insoweit dem erforderlichen Respekt vor dem parlamentarischen Gesetzgeber Rechnung. Um den gravierenden Vorwurf eines verfassungswidrigen Verhaltens von dem Verfassungsgericht überprüfen zu lassen, müssen bestimmte formale Anforderungen erfüllt sein.

Diese begrenzende Funktion erfüllen die Zulässigkeits-/Sachentscheidungsvoraussetzungen, indem sie mit Blick auf 1. das zuständige Gericht (Zuständigkeit), 2. die verfahrensbeteiligten Personen oder Organ(teil)e (Parteifähigkeit, Geltendmachung der Verletzung in eigenen Rechten) und 3. den Gegenstand (statthafter Streitgegenstand aus dem Bereich des Verfassungsrechts, Rechtsschutzbedürfnis) bestimmte Anforderungen postulieren.

b) Die Verfahrenstypen vor dem Bundesverfassungsgericht

Die Erfordernisse im Einzelnen bemessen sich dabei nach der konkreten Verfahrensart. Welche Verfahren vor dem Bundesverfassungsgericht zulässig sind, folgt (weitgehend) unmittelbar aus dem Grundgesetz. Anders als etwa § 40 VwGO, dessen Generalklausel eine vertiefte Auslegungsarbeit mit Blick auf die Sachkonstellation im Einzelfall erforderlich macht, gilt für Verfahren vor dem Bundesverfassungsgericht insoweit eine *enumerative Auflistung* der Verfahrensarten in Art. 93 Abs. 1 GG. Das heißt, dass das Bundesverfassungsgericht grds. ausschließlich für die dort – explizit bereits in der Norm selbst oder, vermittelt über die Verweisungstechnik des Art. 93 Abs. 1 Nr. 5 GG, in der Zusammenschau mit den weiteren Bestimmungen des Grundgesetzes – aufgeführten Verfahren zuständig ist. Gemäß Art. 93 Abs. 3 GG kann das Gericht allerdings auch in weiteren ihm durch Bundesgesetz zugewiesenen Fällen tätigwerden.

---

10 Siehe für den Zivilprozess knapp *Hau*, Was versteht man unter Zulässigkeit und Begründetheit, und wie verhält sich das eine zum anderen?, ZJS 2008, 33 (33) mwN: „Die klare Trennung in eine Zulässigkeits- und eine Begründetheitskontrolle mag uns heute selbstverständlich (...) erscheinen. Kaum noch beachtet wird freilich der historische Hintergrund dieses Trennungsdenkens: nämlich ein enger, heute allgemein als überwunden erachteter Begriff des Prozesses, der nur den Streit in der Sache selbst meint (das *judicium*), nicht etwa die dem vorgeschaltete Auseinandersetzung darüber, ob sich das Gericht überhaupt mit der Sache zu befassen hat; das ‚Zulassen' der Klage bedeutete früher also, sie erst in den eigentlichen Prozess vordringen zu lassen."
11 So das Bundesverfassungsgericht für den Organstreit: BVerfGE 118, 277 (319) – Abgeordnetengesetz; 117, 359 (370) – Tornadoeinsatz Afghanistan. Sehr deutlich nun v.a. BVerfGE 150, 194 – Organstreitverfahren, wo bereits der Leitsatz statuiert: „Der Organstreit eröffnet nicht die Möglichkeit einer objektiven Beanstandungsklage."

I. Allgemeine Grundlagen

Möglich sind damit insbesondere folgende Verfahren:
- *Organstreitverfahren*, Art. 93 Abs. 1 Nr. 1 GG, §§ 13 Nr. 5, 63 ff. BVerfGG;
- *Bund-Länder-Streit*, Art. 93 Abs. 1 Nr. 3 GG, §§ 13 Nr. 7, 68 ff. BVerfGG;
- *(Individual-)Verfassungsbeschwerde*, Art. 93 Abs. 1 Nr. 4a GG, §§ 13 Nr. 8a, 90 ff. BVerfGG;
- *abstrakte Normenkontrolle*, Art. 93 Abs. 1 Nr. 2, 2a GG, §§ 13 Nr. 6 und 6a, 76 ff. BVerfGG;
- *Verfassungsbeschwerden von Gemeinden*, Art. 93 Abs. 1 Nr. 4b GG, §§ 13 Nr. 8a, 91 BVerfGG;
- Art. 93 Abs. 1 Nr. 5 GG: „in den übrigen in diesem Grundgesetz vorgesehenen Fällen". Die wichtigste hiervon erfasste Verfahrensart ist die konkrete Normenkontrolle gemäß Art. 100 Abs. 1 GG, §§ 13 Nr. 11, 80 ff. BVerfGG. **Weitere Fälle:** Art. 18 GG, §§ 13 Nr. 1, 36 ff. BVerfGG (Verwirkung von Grundrechten), Art. 21 Abs. 2 GG, §§ 13 Nr. 2, 43 ff. BVerfGG (Parteienverbot), Art. 41 Abs. 2 GG, §§ 13 Nr. 3, 48 BVerfGG (Wahlprüfung), Art. 61 GG, §§ 13 Nr. 4, 49 ff. BVerfGG (Präsidentenanklage), Art. 93 Abs. 2 GG, §§ 13 Nr. 6a, 97 BVerfGG (Kompetenzfreigabeverfahren) – dieses Verfahren ist das jüngste im Grundgesetz; es wurde durch die Föderalismusreform 2006 eingeführt –, Art. 98 Abs. 2 GG, §§ 13 Nr. 9, 58 ff. BVerfGG ([Bundes-]Richteranklage), Art. 99 GG (Übertragung der Verfassungsgerichtsbarkeit eines Landes)[12] und Art. 126 GG, §§ 13 Nr. 14, 86 ff. BVerfGG (Streitentscheidung über Fortgeltung alten Bundesrechts).

In Klausuren ist es daher – soweit der Sachverhalt keine entsprechenden Angaben enthält – unvermeidlich, bereits im ersten Prüfungsschritt der Zulässigkeit (Zuständigkeit)[13] das zum Fall passende Verfahren zu nennen. In aller Regel ist an dieser Stelle schlicht die zur „richtigen" Verfahrensart passende Zuständigkeitsnorm zu zitieren. Eine Formulierung im Gutachtenstil ist dabei nicht angebracht.[14] Ist die richtige Verfahrensart unklar, so sollte dies dennoch nicht im Rahmen der Zuständigkeit diskutiert werden, denn dies liefe unweigerlich auf eine Inzidentprüfung spezifisch verfahrensbezogener Elemente hinaus. Vorzugswürdig ist stattdessen (auf Basis einer nicht offengelegten gedanklichen Vorabprüfung) eine knappe Festlegung auf das am ehesten „passende" Verfahren.[15] Sollte sich im Verlauf der weiteren Zulässigkeitsprüfung herausstellen, dass selbst bei diesem einzig vorstellbaren Verfahren bestimmte Sachentscheidungsvoraussetzungen fehlen, ist die Prüfung hilfsweise fortzusetzen.[16]

---

12 Bis zum Jahr 2006 verwies Art. 44 der Verfassung von Schleswig-Holstein auf Art. 99 Alt. 1 GG. Art. 44 Abs. 1 LV S-H sieht nun ebenfalls die Errichtung eines Landesverfassungsgerichts vor. Dieses hat am 1.5.2008 seine Arbeit aufgenommen.
13 *Schlaich/Korioth*, Das Bundesverfassungsgericht, 11. Aufl. 2018, Rn. 77, vertreten aus guten Gründen, dass die Zuständigkeit des Bundesverfassungsgerichts mangels Generalklausel überhaupt nicht zu prüfen sei; die Zuständigkeit ergebe sich vielmehr aus dem Vorliegen der Voraussetzungen selbst. Allerdings hat sich die knappe Darstellung der Zuständigkeit zu Beginn der Zulässigkeitsprüfung durchgesetzt, so dass hiergegen Widerstand jedenfalls in einer Klausur nicht sinnvoll ist. In Klausuren sollte daher ohne weitere Diskussion so verfahren werden wie hier vorgeschlagen.
14 Vgl. zu der Unterscheidung von Gutachten- und Urteilsstil und der Möglichkeit eines bestimmte „Stilmixes" in der Klausur näher die Ausführungen unten, Kap. 2.
15 Vgl. dazu näher unten Kap. 3, Fall 1: Krankenhausförderung (im Rahmen der „Vorüberlegung").
16 Vgl. zur besonderen Problematik von Hilfsgutachten unten Kap. 2 III. 4.

Für die Zuordnung zu einem bestimmten Verfahren ist dabei vor allem auf den Beschwerdeführer und dessen Antrag (Beschwerdegegenstand im weiteren Sinne) zu achten. Im Verfassungsrecht bestehen insoweit *drei mögliche Grundkonstellationen*:

- Entscheidung von *Konflikten zwischen Verfassungsorganen* (Organstreit, Bund-Länder-Streit, abstrakte Normenkontrolle);
- *Schutz des Bürgers* in seinen verfassungsmäßigen Rechten (Verfassungsbeschwerde, konkrete Normenkontrolle);
- *Verfassungsschutz im engeren Sinn* (Anklageverfahren, Entscheidung über Verwirkung von Grundrechten, Parteiverbotsverfahren).

c) Gemeinsamkeiten der Verfahren

Jedes Verfahren weist besondere Zulässigkeitsanforderungen auf, die es gerade von den anderen Verfahren unterscheiden. Allen Verfahren liegen jedoch auch gemeinsame Überlegungen und funktionale Notwendigkeiten zugrunde, die eine überblicksartige Zusammenschau etwaiger Voraussetzungen ermöglichen. Wer diese Gemeinsamkeiten verstanden hat, dürfte daher die einzelnen Schemata für die verschiedenen Verfahrensarten[17] sehr viel leichter verstehen:

- *Zuständigkeit/Verfahrensart* – antwortet auf die Frage: *Worüber* (und dh zugleich: in welchen Verfahren) darf das Bundesverfassungsgericht überhaupt entscheiden?
- *Antrags- oder Beschwerdefähigkeit* – antwortet auf die Frage: *Wer* darf grundsätzlich das entsprechende Verfahren vor dem Bundesverfassungsgericht betreiben? Bei kontradiktorischen Verfahren ist zusätzlich zu fragen: *Gegen wen* darf sich das Verfahren richten?
- *Streitgegenstand* – antwortet auf die Frage: *Wogegen* wendet sich der Antragsteller/Beschwerdeführer mit seinem Verfahren?
- *Antrags- oder Beschwerdebefugnis* – antwortet auf die Frage: Besteht zumindest die *Möglichkeit*, dass eine *Verletzung subjektiver (und dem Antragsteller oder Beschwerdeführer zukommender) Rechte* vorliegt? (Bei objektivierten Beanstandungsverfahren wie der abstrakten Normenkontrolle ist funktional äquivalent zumindest zu fragen, *aus welchen Gründen* der Antragsteller vorstellig wird.)
- *Rechtsschutzbedürfnis* – antwortet auf die Frage: Gibt es einen *leichteren* Weg für den Antragsteller/Beschwerdeführer, sein Rechtsschutzziel zu erreichen? (Im objektiven Beanstandungsverfahren der abstrakten Normenkontrolle reduziert sich diese subjektive Sicht auf die Frage nach einem *objektiven Klarstellungsinteresse*: Gibt es Anzeichen, die eine Klärung der Verfassungsmäßigkeit des Gesetzes als entbehrlich erscheinen lassen?)
- *Form und Frist* – antwortet auf die Frage: *Bis wann* und *in welcher Form* muss der Antrag/die Beschwerde beim Bundesverfassungsgericht eingereicht werden?

5. Allgemeines Prüfungsschema zur Begründetheit eines Rechtsbehelfs

Die Entwicklung eines allgemeinen Prüfungsschemas für die Begründetheitsprüfung kann an die vorherigen Ausführungen zu den grundlegenden inhaltlichen Fragen anknüpfen.

---

17 Vgl. dazu sogleich unten II. 1.

I. Allgemeine Grundlagen

a) Aufbau bei objektiven Beanstandungsverfahren

Generell – also im Verfassungs- wie auch im Verwaltungsrecht – gilt, dass in objektiven Beanstandungsverfahren schlicht nach der Rechtmäßigkeit einer bestimmten Maßnahme gefragt wird. Rechtmäßigkeit ist dabei im oben bestimmten Sinne als Übereinstimmung mit höherrangigem Recht zu verstehen. Lässt sich die Rechtmäßigkeit nicht bejahen, hat der Rechtsbehelf Erfolg. Einer zusätzlich festzustellenden Verletzung subjektiver Rechte bedarf es nicht. Zur Prüfung der Rechtmäßigkeit muss zunächst der Rang der jeweils gerügten Maßnahme festgestellt werden – einfache Gesetzesanwendung, Landes- oder Bundesgesetz, Verfassungsrecht? Sodann ist zu fragen, ob die inhaltlichen Aussagen dieser Maßnahme im Widerspruch zu denen der höherrangigen Normen stehen. Je niedriger die zu prüfende Maßnahme im pyramidenförmigen Aufbau der Rechtsordnung angesetzt ist, desto mehr übergeordnete Rechtsebenen fungieren dabei als Prüfungsmaßstab. Verfassungsänderungen bemessen sich in ihrer Rechtmäßigkeit insofern lediglich nach den Vorgaben des Art. 79 GG. Gesetzliche Bestimmungen sind dagegen am Maßstab der gesamten Verfassung zu überprüfen. Die umfangreichste Prüfung ist prinzipiell bei der Beanstandung von einfachen Rechtsanwendungsakten durchzuführen. Denn hier müssen alle Normebenen berücksichtigt werden.

Das hierfür geltende Schema sieht wie folgt aus:

(1) Ermächtigungsgrundlage – formell oder materiell gesetzliche Norm (vor allem einfaches Gesetz oder Rechtsverordnung), auf die der Handelnde sein Handeln stützen kann (aus rechtsstaatlichen und demokratischen Gründen typischerweise erforderlich);

(2) formelle Rechtmäßigkeit der Ermächtigungsgrundlage:
   – Zuständigkeit oder Kompetenz,[18]
   – Verfahren (häufig Gesetzgebungsverfahren),[19]
   – Form (Ausfertigung, Verkündung);

(3) materielle Rechtmäßigkeit der Ermächtigungsgrundlage: Übereinstimmung mit höherrangigem materiellem Recht (d. i. bei Parlamentsgesetzen: Verfassungsrecht);

(4) Rechtmäßigkeit der Normanwendung, insbesondere – aber nicht nur – hinreichende Beachtung von Grundrechten.

Werden „höherrangige" Maßnahmen beanstandet, so ist das Schema entsprechend zu vereinfachen. Das betrifft namentlich die beiden im Grundgesetz vorgesehenen objektiven Beanstandungsverfahren, die abstrakte und die konkrete Normenkontrolle (Art. 93 Abs. 1 Nr. 2, 2a GG und Art. 100 Abs. 1 GG). Bei beiden wird nur die Rechtmäßigkeit der Norm geprüft, es entfallen also die Punkte 1 und 4. Die Norm muss nicht zwingend eine Ermächtigungsgrundlage im Sinne von einer die Verwaltung zum Handeln ermächtigenden Norm sein.

b) Aufbau bei kontradiktorischen Verfahren

Sog. kontradiktorische Verfahren sind, wie bereits gesagt, Verfahren zwischen zwei Parteien, bei denen die eine Partei die Verletzung ihr zustehender Rechtspositionen (echte subjektive Rechte oder Zuständigkeiten/Kompetenzen) durch die andere Partei

---

18 Vgl. zur Gesetzgebungskompetenz näher unten Kap. 3, Fall 1: Krankenhausförderung.
19 Vgl. hierzu unten Kap. 3, Fall 1: Krankenhausförderung und Fall 2: Personenbeförderung.

rügt. Eine entsprechende Konstellation liegt namentlich bei Verfassungsbeschwerden vor, weil mit diesem prozessualen Instrument der Bürger eine Beeinträchtigung seiner Grundrechte durch den Staat rügt. Im staatsorganisationsrechtlichen Bereich bildet das Standardbeispiel der Organstreit,[20] wenn also etwa Bundesrat und Bundestag um die Abgrenzung ihrer jeweiligen Kompetenzen streiten.

Ein entsprechender Rechtsbehelf ist begründet, wenn die behauptete Rechts*verletzung* tatsächlich erfolgt ist. Erforderlich ist damit zweierlei: 1. dass die angegriffene Handlung (zum Unterlassen sogleich) *objektiv rechtswidrig* ist, also im Widerspruch zu höherrangigem Recht steht und 2., dass die Norm, gegen die verstoßen wird, zudem ein *subjektives Recht* des Antragstellers begründet.

Diese doppelte Fragestellung kann in verschiedener Weise in einem Prüfungsschema abgebildet werden.

aa) Ausgangspunkt beim subjektiven Recht („Verfassungsbeschwerde-Aufbau")

Man kann zum einen prüfen,

(1) ob die als verletzt gerügte subjektive Rechtsposition des Antragstellers überhaupt besteht und wie weit sie reicht,

(2) ob sie als solche auch tatsächlich durch das Verhalten des Antragsgegners beeinträchtigt ist (Prüfung der *subjektiven Rechtsbeeinträchtigung*), und sodann,

(3) ob diese Beeinträchtigung sich *rechtfertigen* lässt. Das setzt voraus, dass

    (a) eine Rechtsgrundlage für das gerügte Handeln besteht, die

    (b) ihrerseits

        (aa) formell und

        (bb) materiell

verfassungskonform ist. (Dieser Prüfungspunkt entfällt naturgemäß, wenn die Rechtsgrundlage bereits selbst in einer Verfassungsnorm besteht.) Zudem muss

    (c) das Verhalten

        (aa) sich in formeller und materieller Hinsicht auf die Ermächtigungsgrundlage stützen können (Anwendung der Ermächtigungsgrundlage) und darüber hinaus

        (bb) (sowohl formell wie insbesondere) materiell verfassungsmäßig sein.

Dieser Aufbau nimmt also das subjektive Recht des Antragstellers in den Blick. Er prüft eine *Verletzung* gerade dieses Rechts durch die gegnerische Partei. Dem Aufbau liegt dabei die Differenzierung zwischen einer Rechtsbeeinträchtigung und einer Verletzung zugrunde. Eine festgestellte Beeinträchtigung eines Rechts (des Antragstellers) führt (nur) dann nicht zu einer Rechtsverletzung, wenn sie von der Rechtsordnung aus höherstehenden Gründen gebilligt wird, wenn sie also gerechtfertigt ist. Dieses Aufbauschema entspricht dem typischen Vorgehen bei der Prüfung von Grundrechten

---

20 Zur Frage, ob § 67 BVerfGG Auswirkungen auf die Rechtsnatur (und damit den Obersatz) hat, siehe noch unten II. 3. b) dd).

I. Allgemeine Grundlagen

(Verfassungsbeschwerde),[21] hat aber auch im Bereich des Staatsorganisationsrechts – vor allem beim Organstreit – einen Anwendungsbereich.[22]

bb) „Verwaltungsrechtlicher" Aufbau

Möglich ist es aber zum anderen auch, umgekehrt vorzugehen und zunächst (wie im objektiven Beanstandungsverfahren) die objektive Rechts- bzw. Verfassungskonformität der Maßnahme zu prüfen, indem wie oben unter 2), aber nun als erster Schritt,

(1) nach der Ermächtigungsgrundlage etc gefragt wird.

Erst in einem zweiten Schritt ist sodann

(2) zu fragen, ob ein etwaig festzustellender Verfassungsverstoß auch Rechtspositionen betrifft, die von der Rechtsordnung gerade dem Antragsteller zugeordnet sind.

Dieses zweite Aufbauschema kommt regelhaft bei verwaltungsrechtlichen Prüfungen zum Tragen, kann aber auch im Staatsorganisationsrecht – wiederum beim Organstreit – zum Einsatz kommen; insoweit stehen beide Aufbauvarianten gleichwertig nebeneinander.[23]

cc) Besonderheit bei der Überprüfung von Unterlassen: Anspruchsaufbau

Geringfügige Änderungen im Aufbau und bei den zugehörigen Formulierungen ergeben sich, wenn ein Tätigwerden beansprucht, also ein **Unterlassen** gerügt wird. Relevant ist dies beispielsweise, wenn Abgeordnete Auskunfts- oder Akteneinsichtsrechte (im Rahmen einer parlamentarischen Anfrage oder eines Untersuchungsausschusses) gegenüber der (naturgemäß geheimniskrämerischen) Regierung geltend machen.[24] Die entscheidende Rechtsfrage ist – wie oben – auch in diesen Fällen, ob das gerügte Unterlassen 1. objektiv rechtswidrig ist, also im Widerspruch zu höherrangigem Recht steht, und ob 2. die Norm, gegen die verstoßen wird, zudem ein subjektives Recht des Antragstellers begründet. Diese beiden Fragen lassen sich – prägnanter – auch anders formulieren: Besteht ein bislang nicht erfüllter *Anspruch* (gerade) des Antragstellers auf Auskunftserteilung/Aktenherausgabe? Näher aufgeschlüsselt bedeutet das wiederum die dreifache Frage danach, ob 1. eine Anspruchsgrundlage besteht, ob 2. deren Voraussetzungen vorliegen und ob 3. der Anspruch noch nicht erfüllt wurde:

(1) Anspruchsgrundlage des Anspruchstellers

Es ist zu prüfen, ob – generell – eine Rechtsposition des Antragstellers auf Vornahme der gewünschten Maßnahme (etwa: Auskunftserteilung) besteht.

(2) Zu klären ist sodann, ob die

(a) formellen und

(b) materiellen

Voraussetzungen der Anspruchsgrundlage vorliegen und ob

(3) schließlich der Anspruch nicht schon erfüllt wurde.

---

21 Vgl. dazu unten Kap. 3, Fall 6: Hufbeschlag, Fall 7: Das verunglimpfte Staatssymbol und Fall 8: Blutentnahme.
22 Vgl. für ein Beispiel unten Kap. 3, Fall 5: Der Sitzungsausschluss.
23 Vgl. für ein Beispiel unten Kap. 3, Fall 4: Selbstauflösung des Bundestags.
24 Vgl. bspw. BVerfGE 147, 50 (126 ff.) – Parlamentarisches Auskunftsrecht – bzw. JuS 2019, 308 ff. mAnm *Sachs*.

c) Aufbauschemata für Freiheits- und Gleichheitsbeeinträchtigungen

Sowohl in objektiven Beanstandungsverfahren wie in kontradiktorischen Auseinandersetzungen kann der Vorwurf der Verfassungswidrigkeit entweder auf einen Gleichheitsverstoß oder auf eine sonstige (im weitesten Sinne) Freiheitsbeeinträchtigung gestützt werden. Auch insofern ergeben sich Konsequenzen für den Fallaufbau:

Im Fall der Gleichheitsbeeinträchtigung wird *zweistufig* gefragt, ob

(1) eine Gleich- bzw. Ungleichbehandlung stattgefunden hat und, wenn ja, dann,

(2) ob sich für diese rechtfertigende Gründe benennen lassen.

Dabei können die zugrunde liegenden Gleichheitsgebote sowohl dem Bereich des Staatsorganisationsrechts – exemplarisch hierfür vor allem: die Gleichheit der Wahl gemäß Art. 38 Abs. 1 S. 1 GG – oder der Grundrechte – grundlegend hier: der allgemeine Gleichheitssatz gemäß Art. 3 Abs. 1 GG – entstammen.

Im Fall der Freiheitsbeeinträchtigung wird dagegen *dreistufig* danach gefragt ob

(1) ein subjektives, dh einem individuellen Rechtsträger zugewiesenes Freiheitsrecht (im weitesten Sinne, der auch Kompetenzen uÄ umfasst), besteht, dh ob es überhaupt existiert und wie weit es in concreto reicht,

(2) ob und inwieweit es im konkreten Fall (im kontradiktorischen Verfahren: durch die andere Partei) tatsächlich beeinträchtigt worden ist, und schließlich

(3) ob sich für diese Beeinträchtigung möglicherweise rechtfertigende Gründe finden lassen.

II. Staatsorganisationsrecht

1. (Kurz-)Schemata zur Zulässigkeitsprüfung

Im Folgenden werden zunächst die Zulässigkeitsschemata der drei wichtigsten Verfahrensarten vorgestellt. Die bewusst überblicksartige Darstellung beschränkt sich dabei auf die wichtigsten Aspekte und verzichtet auf Detailprobleme. Letztere werden im darauffolgenden Abschnitt (2.) insoweit dargestellt, als es sich um typische Problemstellungen handelt. Das zweistufige Vorgehen soll sicherstellen, dass die wesentlichen Grundstrukturen – und Gemeinsamkeiten – aller Verfahrensarten nicht aus dem Blick geraten.

a) Organstreitverfahren[25]

aa) Zuständigkeit des Bundesverfassungsgerichts

▶ **FORMULIERUNGSVORSCHLAG FÜR DEN REGELFALL:** „Vorliegend streiten sich .... Als einschlägiges Verfahren kommt daher das Organstreitverfahren in Betracht, für das das Bundesverfassungsgericht nach Art. 93 Abs. 1 Nr. 1 GG, §§ 13 Nr. 5, 63 ff. BVerfGG zuständig ist." Ebenso möglich ist eine noch knappere Formulierung, die das einschlägige Verfahren bereits als bekannt voraussetzt: „Die Zuständigkeit des Bundesverfassungsgerichts für das Verfahren des Organstreits folgt aus Art. 93 Abs. 1 Nr. 1 GG, §§ 13 Nr. 5, 63 ff. BVerfGG." ◀

---

25 Vgl. *Geis/Meier*, Grundfälle zum Organstreitverfahren, Art. 93 I Nr. 1 GG, §§ 13 Nr. 5, 63 ff. BVerfGG, JuS 2011, 699 ff.

II. Staatsorganisationsrecht

bb) Parteifähigkeit von Antragsteller und Antragsgegner

Nach Art. 93 Abs. 1 Nr. 1 GG iVm § 63 BVerfGG müssen der Antragsteller und der Antragsgegner parteifähig[26] sein. Parteifähig sind nach dem Wortlaut des § 63 BVerfGG:

- die *obersten Bundesorgane*: Bundestag, Bundesrat, Bundespräsident, Bundesregierung, Gemeinsamer Ausschuss nach Art. 53a GG;
- *Teile dieser Organe*, die in den Geschäftsordnungen dieser Organe oder dem Grundgesetz selbst mit eigenen Rechten ausgestattet sind. Das sind insbesondere: Fraktionen im Bundestag (eigene Rechte aus §§ 6 Abs. 1 S. 1, 57 Abs. 2 S. 1, 76 Abs. 1 GOBT); Ausschüsse im Bundestag; der Bundestagspräsident (vgl. Art. 39 Abs. 3 S. 2 und 3 GG, Art. 40 Abs. 2 GG); einzelne Bundesminister. Demgegenüber sind weder einzelne Bundesländer als Teil des Bundesorgans Bundesrat anzusehen noch einzelne Abgeordnete als Teil des Bundestages (strittig ist Letzteres allerdings, soweit die Mitglieder des Bundestages nicht eigene, sondern Rechte des Bundestages als Gesamtorgan geltend machen).[27]
- Wegen des Vorrangs der Verfassung sind auch „*andere Beteiligte*, die durch das Grundgesetz oder in der Geschäftsordnung eines obersten Bundesorgans mit eigenen Rechten ausgestattet sind" (Art. 93 Abs. 1 Nr. 1 GG), parteifähig. Erfasst sind – nach der allerdings umstrittenen Rechtsprechung des Bundesverfassungsgerichts – vor allem politische Parteien, soweit sie in ihrer Stellung als Beteiligte am Verfassungsleben betroffen sind, sowie grundsätzlich auch einzelne Abgeordnete, soweit ihre eigenen Statusrechte betroffen sind.[28]

cc) Streitgegenstand

Streitgegenstand des Organstreitverfahrens ist jede Maßnahme oder Unterlassung des Antragsgegners, die rechtserheblich ist. Eine Unterlassung hat rechtlich nur Bedeutung, wenn eine Pflicht zum Tätigwerden besteht.

dd) Antragsbefugnis

Aus § 64 Abs. 1 BVerfGG wird das Erfordernis einer *plausiblen Geltendmachung* der Verletzung oder unmittelbaren Gefährdung eigener, verfassungsrechtlich begründeter (nicht: nur aus der Geschäftsordnung stammender), den Antragsteller gerade in seiner Stellung als Organ oder Teil eines Organes zukommender Rechte abgeleitet. Ob dies der Fall ist, wird durch eine **Negativprüfung** festgestellt: Es darf die *Möglichkeit* einer derartigen Verletzung *nicht ausgeschlossen* sein. Aus dem Wortlaut ergibt sich, dass grundsätzlich eine Verletzung *eigener* subjektiver Rechte erforderlich ist.

Nach § 64 Abs. 1 Alt. 2 BVerfGG sind ferner die in § 63 BVerfGG qualifizierten Organteile – also Fraktionen und Gruppen, nicht aber Abgeordnete – befugt, auch die (für sie fremden) Rechte des Organs, dem sie angehören, **prozessstandschaftlich** geltend zu machen.[29]

---

[26] Da es sich um ein kontradiktorisches Verfahren handelt, wird hier – wie auch bei den anderen kontradiktorischen Verfahren – der Begriff der Parteifähigkeit verwendet. Verbreitet ist aber auch die Bezeichnung Beteiligtenfähigkeit.
[27] Vgl. dazu näher sogleich unter 2. a) cc).
[28] Vgl. dazu genauer sogleich unter 2. a) aa).
[29] *Hillgruber/Goos*, Verfassungsprozessrecht, 5. Aufl. 2020, Rn. 509.

ee) Rechtsschutzbedürfnis

Das Rechtsschutzbedürfnis ist durch die Geltendmachung der Verletzung (Antragsbefugnis) indiziert. Es fehlt nur dann, wenn ein einfacherer Weg zur Lösung der Streitfrage nicht genutzt wurde, insbesondere, wenn der Antragsteller die gerügte Verletzung durch eigenes Handeln hätte vermeiden können.

▶ **Beispiel für einen solchen (Ausnahme-)Fall:** Eine Fraktion rügt im Organstreitverfahren eine Maßnahme der Bundesregierung, anstatt einen diese Maßnahme untersagenden mehrheitsfähigen Gesetzentwurf in den Bundestag einzubringen.[30] ◀

In Klausuren ist eine ausführliche Prüfung nur dort erforderlich, wo Anzeichen für derartige Ausnahmefälle gegeben sind, im Übrigen genügt ein knapper Verweis auf die regelhafte Indizwirkung durch das Vorliegen der Antragsbefugnis.

▶ **Formulierungsvorschlag für den Regelfall:** Das Rechtsschutzbedürfnis wird durch das Vorliegen der Antragsbefugnis indiziert. Mangels anderweitiger Anhaltspunkte ist das Rechtsschutzbedürfnis somit zu bejahen. ◀

ff) Form und Frist

§ 23 Abs. 1 BVerfGG verlangt einen *begründeten* Antrag in *Schriftform*, in dem das (möglicherweise) verletzte Recht bezeichnet werden muss (§ 64 Abs. 2 BVerfGG).

Zu wahren ist eine Sechsmonatsfrist (§ 64 Abs. 3 BVerfGG), für deren Berechnung die Vorschriften der ZPO und des BGB analog gelten.[31]

b) Bund-Länder-Streit

Da es sich beim Bund-Länder-Streit wie beim Organstreitverfahren um ein kontradiktorisches Verfahren handelt, bestehen in struktureller Hinsicht einige Gemeinsamkeiten. § 69 BVerfGG trägt dem Rechnung, indem er hinsichtlich der prozessualen Anforderungen des Bund-Länder-Streits auf die für den Organstreit einschlägigen Vorschriften verweist.

aa) Zuständigkeit des Bundesverfassungsgerichts

Die Zuständigkeit des Bundesverfassungsgerichts für das Verfahren des Bund-Länder-Streits folgt aus Art. 93 Abs. 1 Nr. 3 GG, §§ 13 Nr. 7, 68 ff. BVerfGG.

bb) Parteifähigkeit

Gemäß der abschließenden Aufzählung in § 68 BVerfGG sind nur der Bund und die Länder parteifähig. Gesetzlich vertreten werden diese durch die Bundesregierung bzw. die entsprechende Landesregierung, § 68 BVerfGG. Gegner kann nur jeweils der Bund oder ein Land sein; besteht zwischen zwei Ländern eine verfassungsrechtliche Streitigkeit, liegt eine sog. Länderstreitigkeit nach Art. 93 Abs. 1 Nr. 4 Var. 2 GG vor (da soweit kein anderer Rechtsweg gegeben ist).

---

30 So die Überlegungen in BVerfGE 68, 1 (77 f.) – Atomwaffenstationierung.
31 *Benda/Klein*, Verfassungsprozessrecht, 3. Aufl. 2012, Rn. 208. *Lechner/Zuck*, BVerfGG, 8. Aufl. 2019, Vor § 17 Rn. 44 ff.

II. Staatsorganisationsrecht

cc) Streitgegenstand

Der Wortlaut der grundgesetzlichen Bestimmung zum Bund-Länder-Streit (Art. 93 Abs. 1 Nr. 3 GG) ist weiter als derjenige der §§ 69, 64 Abs. 1 BVerfGG. Die einfachgesetzliche Regelung wird jedoch nach ständiger Rechtsprechung als verfassungskonforme Konkretisierung verstanden.[32] Gegenstand des verfassungsrechtlichen Streits muss demnach eine rechtserhebliche Maßnahme oder Unterlassung des Antragsgegners sein.[33]

dd) Antragsbefugnis

Nach § 69 iVm § 64 Abs. 1 BVerfGG muss der Antragsteller geltend machen, durch eine Maßnahme oder ein Unterlassen des Antragsgegners in seinen ihm grundgesetzlich übertragenen, aus dem Bundesstaatsverhältnis stammenden Rechten – gemeint sind Befugnisse, Kompetenzen/Zuständigkeiten – verletzt bzw. unmittelbar gefährdet zu sein. Auch hier wird die im Rahmen des Organstreitverfahrens bereits vorgestellte Negativprüfung vorgenommen. Eine Geltendmachung fremder Rechte in Prozessstandschaft ist – anders als beim Organstreitverfahren – nicht möglich.[34]

Beispiele für taugliche Verfahrensgegenstände, in denen eine Antragsbefugnis grundsätzlich in Betracht kommt:

- in den Fällen des Vollzugs von Bundesgesetzen (Art. 83 ff. GG; vgl. den Wortlaut des Art. 93 Abs. 1 Nr. 3 GG);
- Gesetzgebungskompetenzen (Art. 70 ff. GG);
- Eigenstaatlichkeit der Länder (Art. 20 Abs. 1 GG);
- Maßnahmen des Bundeszwangs (Art. 37 GG);
- finanzverfassungsrechtliche Streitigkeiten (Art. 104a GG);
- allgemein ferner der (ungeschriebene, aus dem Bundesstaatsprinzip abgeleitete) Grundsatz der Bundestreue – allerdings gilt hier eine Besonderheit: „Der Grundsatz bundesfreundlichen Verhaltens ist (…) akzessorischer Natur (…). Er konstituiert oder begrenzt Rechte innerhalb eines bestehenden Rechtsverhältnisses, begründet aber nicht selbstständig ein Rechtsverhältnis zwischen Bund und Ländern." Er kann daher „nur innerhalb eines anderweitig begründeten Verfassungsrechtsverhältnisses zur Geltung kommen".[35]

Insbesondere Grundrechte oder die aus dem Rechtsstaatsprinzip folgende Gesetzesbindung können die Antragsbefugnis nicht begründen.[36]

ee) Rechtsschutzbedürfnis

Das Rechtsschutzbedürfnis ist durch die Geltendmachung der Verletzung (Antragsbefugnis) indiziert. Es ist daher nur dann näher zu thematisieren, wenn Anzeichen dafür vorliegen, dass es – ausnahmsweise – fehlt.

---

32 Vgl. BVerfGE 13, 54, 72 – Neugliederung Hessen; *Benda/Klein*, Verfassungsprozessrecht, 3. Aufl. 2012, Rn. 1067 ff.; *Pestalozza*, Verfassungsprozeßrecht, 3. Aufl. 1991, § 9 Rn. 5.
33 *Hillgruber/Goos*, Verfassungsprozessrecht, 5. Aufl. 2020, Rn. 572 ff.
34 *Hillgruber/Goos*, Verfassungsprozessrecht, 5. Aufl. 2020, Rn. 604.
35 BVerfGE 104, 238 (247 f.) – Moratorium Gorleben.
36 BVerfGE 104, 238 (245 f.) – Moratorium Gorleben.

ff) Form und Frist

Wegen § 69 iVm § 64 BVerfGG gelten die gleichen Anforderungen wie beim Organstreitverfahren (siehe dort).

c) Abstrakte Normenkontrolle

aa) Zuständigkeit des Bundesverfassungsgerichts

Die Zuständigkeit des Bundesverfassungsgericht für das Verfahren der abstrakten Normenkontrolle folgt aus Art. 93 Abs. 1 Nr. 2 GG, §§ 13 Nr. 6, 76 ff. BVerfGG.

bb) Antragsberechtigung[37]

Die Antragsberechtigten sind in Art. 93 Abs. 1 Nr. 2 GG abschließend aufgezählt. Antragsberechtigt sind danach die Bundesregierung (als Kollegialorgan iSv Art. 62 GG), jede Landesregierung sowie ein Viertel der Mitglieder des Bundestags. Da es sich um ein objektives Beanstandungsverfahren handelt, gibt es keinen Antragsgegner.

cc) Antragsgegenstand

Antragsgegenstand – und damit Gegenstand der bundesverfassungsgerichtlichen Prüfung – kann nach dem Wortlaut des Art. 93 Abs. 1 Nr. 2 GG „Bundesrecht oder Landesrecht" sein. Hierunter fallen insbesondere Bundes- und Landesgesetze (dh grundsätzlich auch verfassungsändernde Gesetze), aber auch untergesetzliches Recht, also Rechtsverordnungen oder Satzungen. „Recht" idS liegt allerdings nur vor, wenn die Norm bereits verkündet wurde und noch nicht außer Kraft getreten ist (anders verhält es sich nur bei Zustimmungsgesetzen zu völkerrechtlichen Verträgen).[38]

dd) Antragsgrund

Das Normenkontrollverfahren ist ein objektives Beanstandungsverfahren, so dass eine Geltendmachung der Verletzung eigener Rechte (Antragsbefugnis) nicht erforderlich ist. Um dennoch eine gewisse Beziehung zwischen Antragsteller und Antragsgegenstand zu gewährleisten und rein querulatorische Vorbringen auszuschließen, verlangt das Grundgesetz jedoch, dass der Antragsteller zumindest einen Grund für seinen Antrag vorträgt. Art. 93 Abs. 1 Nr. 3 GG ist daher so zu verstehen, dass der Antragsteller nicht ohne jede weitere Begründung seinen Normenkontrollantrag vorbringen darf, sondern als sog. „Antragsgrund" auf bestehende „Meinungsverschiedenheiten oder Zweifel über die förmliche oder sachliche Vereinbarkeit [des Antragsgegenstandes] mit diesem Grundgesetz" verweisen muss.[39]

ee) Objektives Klarstellungsinteresse (nicht: Rechtsschutzinteresse)

Aufgrund seines Charakters als objektives Beanstandungsverfahren ist im Rahmen der abstrakten Normenkontrolle auch ein (subjektiv geprägtes) Rechtsschutzbedürfnis

---

37 Da die Normenkontrolle kein kontradiktorisches Verfahren ist, sollte der Begriff der Parteifähigkeit vermieden werden. Der Terminus Antragsbefugnis sollte ebenfalls nicht verwendet werden, da hiermit üblicherweise die Befugnis zur Geltendmachung eigener Rechte bezeichnet wird.
38 BVerfGE 1, 396 (413 f.) – Deutschlandvertrag.
39 Vgl. zu dem Meinungsstreit mit Blick auf den unterschiedlichen Wortlaut von Art. 93 Abs. 1 Nr. 2 GG und § 76 Abs. 1 BVerfGG sogleich unter 2. c) bb).

II. Staatsorganisationsrecht

nicht erforderlich. Notwendig ist lediglich das Bestehen eines objektiven Klarstellungsinteresses. Aus diesem Grund ist es beispielsweise unschädlich, wenn eine Landesregierung Antragstellerin in einem Normenkontrollverfahren ist, die dem streitgegenständlichen Gesetz zuvor im Bundesrat noch zugestimmt hat.[40] Wegen des objektiven Charakters des Verfahrens kann eine Landesregierung auch Landesrecht eines anderen Bundeslandes zum Gegenstand des Verfahrens machen.

Das objektive Klarstellungsinteresse ist – insoweit besteht eine Parallele zum Rechtsschutzbedürfnis – bei Vorliegen der übrigen Zulässigkeitsvoraussetzungen regelmäßig gegeben. Für sein Fehlen müssen daher besondere Anzeichen vorliegen, was etwa dann anzunehmen ist, wenn die streitgegenständliche Norm keinerlei Rechtswirkungen mehr entfaltet oder wenn zu der entsprechenden Fragestellung bereits eine verfassungsgerichtliche Entscheidung vorliegt.

ff) Form und Frist

§ 23 Abs. 1 BVerfGG verlangt einen *begründeten* Antrag in *Schriftform*. Eine Frist ist nicht zu wahren.

2. Typische Zulässigkeitsprobleme

Im Folgenden werden die oben genannten knappen Schemata vertieft und für ausgewählte Prüfungsstufen typische Probleme hervorgehoben, die beherrscht werden sollten.

a) Organstreitverfahren, Art. 93 Abs. 1 Nr. 1 GG; §§ 13 Nr. 5, 63 ff. BVerfGG

▶ **BEISPIELSFALL:** § Y des vom Bundestag neu verabschiedeten ParteienG enthält ua folgende Regelung: Zusätzlich zu einer pauschalierten Erstattungssumme, die sich nach der Zahl der für die Partei abgegebenen Wählerstimmen richtet, erhalten Parteien, die mehr als 2 % der abgegebenen gültigen Zweitstimmen auf sich vereinen konnten, einen Sockelbetrag in Höhe von 6 % des Gesamtbetrages der Pauschale. Die X-Partei hält eine solche „erfolgsunabhängige Basisfinanzierung" für verfassungswidrig. Drei Monate nach Verkündung des Gesetzes reicht sie gegen das Gesetz eine „Klage" beim Bundesverfassungsgericht ein. Ist die Klage als Organstreitverfahren zulässig? ◀

aa) Parteifähigkeit von Antragsteller und Antragsgegner

Zu problematisieren ist die Parteifähigkeit v. a. bei politischen Parteien und Abgeordneten.

Das Bundesverfassungsgericht hält (entgegen beträchtlichen Teilen der Literatur)[41] Parteien für parteifähig, soweit sie in ihrer Stellung als Beteiligte am Verfassungsleben betroffen sind – also eine Verletzung ihrer Rechtsposition aus Art. 21 Abs. 1 GG in Rede steht – und sie mit dem (tauglichen) Antragsgegner in einem verfassungsrechtlichen Rechtsverhältnis stehen. Das Gericht geht davon aus, dass aufgrund des besonderen Status der Parteien in Art. 21 GG diese in das Verfassungsleben derart integriert sind, dass sie prozessual auch im Organstreitverfahren Antragsteller sein können. Typische

---

40 BVerfGE 101, 158 (213) – Finanzausgleich III.
41 Vgl. zur Kritik nur *Schlaich/Korioth*, Das Bundesverfassungsgericht, 11. Aufl. 2018, Rn. 92.

Streitkonstellationen entstehen bei Fragen der Parteienfinanzierung, Reformen des Wahlrechts oder bei (behaupteten) Beeinträchtigungen der Öffentlichkeitsarbeit von Parteien durch einen tauglichen Antragsgegner, etwa die Bundesregierung. Soweit demgegenüber die Parteien nicht in einem engeren staatsrechtlichen Zusammenhang betroffen sind, ist auch nach der Rechtsprechung die Verfassungsbeschwerde statthafter Rechtsbehelf. Das betrifft namentlich Konstellationen, in denen eine Verletzung des Grundsatzes der (Chancen-)Gleichheit der politischen Parteien durch staatliche Instanzen geltend gemacht wird (beispielsweise bei der Zuteilung von Sendezeit für Wahlwerbespots im öffentlich-rechtlichen Fernsehen). Aber auch der Streit über die Erwähnung einer Partei im Verfassungsschutzbericht kann nicht im Organstreit-, sondern nur im Verfassungsbeschwerdeverfahren geführt werden.

Verfassungsbeschwerden von Parteien können allerdings mangels einer Erwähnung des Art. 21 GG im Katalog des Art. 93 Abs. 1 Nr. 4a GG nur auf eine Verletzung von Art. 3 Abs. 1 GG (iVm Art. 21 GG) gestützt werden.

Die Gegenauffassung hält eine solche Verfassungsbeschwerde für das einzig einschlägige Verfahren. Sie lehnt die Parteifähigkeit von Parteien im Organstreit mit dem Hinweis ab, dass diese einem dem Staat gegenüberstehenden Bereich der Gesellschaft zuzuordnen sind und gerade nicht Teil der staatlichen Ämterorganisation seien. Unabhängig von der konkreten Konstellation ist demnach stets allein die Verfassungsbeschwerde der richtige Rechtsbehelf.

Einzelne Abgeordnete sind nach der Rechtsprechung des Bundesverfassungsgerichts als „andere Beteiligte" iSv Art. 93 Abs. 1 Nr. 1 GG parteifähig, „soweit sie mit ihrem verfassungsrechtlichen Status verbundene Rechte geltend machen".[42] Hingegen sind sie nicht als Teil des Bundestags iSv § 63 Abs. 1 BVerfGG parteifähig, weil hiermit nur die dauerhaften organisatorisch verfestigten Untergliederungen (insbesondere Fraktionen und Gruppen) gemeint sind.

bb) Streitgegenstand

Relativ wenige Probleme bereitet die Bestimmung des Streitgegenstands beim Organstreitverfahren. Schon aus dem Sachverhalt, nämlich dem Vortrag des Antragstellers, wird sich in der Regel deutlich ergeben, gegen welche konkrete Maßnahme oder Unterlassung des Antragsgegners er sich zur Wehr setzen will. Vereinzelt können jedoch vertiefte Erläuterungen zur Rechtserheblichkeit notwendig sein. Dann ist auszuführen, dass (und warum) eine Maßnahme oder Unterlassung des Antragsgegners sich nicht in einem lediglich vorbereitenden Charakter erschöpft, sie also weder eines selbstständigen Umsetzungsaktes bedarf, bevor sie rechtliche Bedeutung erlangt, noch sich lediglich in einem Vollzugsakt erschöpft. Bei der Beurteilung der Rechtserheblichkeit ist jedoch grundsätzlich großzügig zu verfahren.[43]

Außerdem ist zu beachten, dass es sich um ein verfassungsrechtliches Verfahren handelt, also die Streitigkeit eine öffentlich-rechtliche Streitigkeit verfassungsrechtlicher Art sein muss. Das kann problematisch sein bei einem Ausschluss eines Abgeordneten aus seiner Fraktion. Hier stellt sich die Frage, ob der Ausschluss verfassungsrechtlicher Natur ist. Dabei ist zu beachten, dass zwar § 46 Abs. 3 AbgG die Fraktionen dem Privatrecht zuordnet. Allerdings sind sie auch unmittelbar im Verfassungstext selbst er-

---

42 BVerfGE 114, 121 (146) – Bundestagsauflösung II.
43 *Degenhart*, Staatsrecht I – Staatsorganisationsrecht, 35. Aufl. 2019, Rn. 842.

II. Staatsorganisationsrecht

wähnt (wenn auch an etwas versteckter Stelle in Art. 53a GG); das Grundgesetz erkennt damit ihre für die parlamentarische Arbeit unerlässliche Aufgabe als **Untergliederung des Parlaments** an.[44]

Begehrt werden kann nur die Feststellung der Rechtswidrigkeit der angegriffenen Maßnahme, nicht dagegen eine rechtsgestaltende Entscheidung, insbesondere in Gestalt einer Nichtigkeitserklärung. Ein auf eine solche Erklärung gerichteter Antrag ist aus Sicht des Bundesverfassungsgerichts im Rahmen eines Organstreits nicht statthaft.[45]

cc) Antragsbefugnis

Im Regelfall verlangt die Antragsbefugnis das Geltendmachen von *eigenen* Rechten (sollte strittig sein, ob das Recht ein eigenes ist, so wird dies meist in der Zulässigkeit geklärt; ob es tatsächlich verletzt ist, ist hingegen eine Frage der Begründetheit).

Macht der Antragsteller gerade kein eigenes, sondern ein fremdes Recht geltend, ist nach diesen Regeln der Antrag unzulässig. Hiervon macht die prozessuale Figur der **Prozessstandschaft** eine Ausnahme – so auch § 64 Abs. 1 BVerfGG, der einen der wenigen Fälle einer **gesetzlichen Prozessstandschaft** normiert. Diese Vorschrift hat zur Folge, dass jemand als Partei des Rechtsstreits berechtigt ist, *fremde* Rechte im *eigenen* Namen zu verteidigen.[46] Er ist also nicht bloßer Vertreter, der ein fremdes Recht in fremdem Namen geltend macht. Dies gilt jedoch ausdrücklich nur für Teile der Organe, die in § 63 BVerfGG genannt sind („… das Organ, dem er angehört, …"). Die Geltendmachung der Rechte wird nicht dadurch gehindert, dass das Organ, dessen Rechte geltend gemacht werden, mehrheitlich der Auffassung ist, dass sein Recht *nicht* verletzt wurde. Hieran wird deutlich, dass das Organstreitverfahren (auch) dem Minderheitenschutz dient.

Fraglich ist, ob auch diejenigen Antragsteller, deren Parteifähigkeit nur durch Art. 93 Abs. 1 Nr. 1 GG begründet ist (andere Beteiligte), ebenfalls in Prozessstandschaft Anträge stellen können. § 64 Abs. 1 Alt. 2 BVerfGG wäre bejahendenfalls analog anzuwenden. Relevant ist das vor allem für Abgeordnete: Können sie auch die Rechte des Bundestags geltend machen? Das Bundesverfassungsgericht verneint das. Zum einen sei der einzelne Abgeordnete gerade kein *Teil* des Bundestages, sondern ein eigenständiger Funktionsträger (*Mitglied* des Bundestags). Zum anderen habe der Verfassunggeber durch das Organstreitverfahren dem parlamentarischen Gegenspieler der Regierungsmehrheit den Rechtsweg zum Bundesverfassungsgericht eröffnen wollen – und Gegenspieler in diesem Sinne ist primär die oppositionelle Fraktion, nicht aber der einzelne Abgeordnete.[47] Ein einzelner Abgeordneter ist hiernach im Organstreitverfahren nur antragsbefugt, soweit er eine (eigene) Verletzung oder Gefährdung jedes Rechts, das mit seinem Status verfassungsrechtlich verbunden ist, geltend macht.[48]

Weil es allerdings jedenfalls nicht zwingend erscheint, aus der besonderen Position des Abgeordneten auf eine reduzierte Kontrollkompetenz des Verfassungsgerichts zu schließen, ist hier auch die Gegenposition vertretbar.

---

[44] Vgl. BVerfGE 10, 4, (14) – Redezeit; 70, 324 (350 f.) – Haushaltskontrolle der Nachrichtendienste.
[45] Vgl. BVerfG, Beschl. v. 2.7.2019 – 2 BvE 4/19; NVwZ 2019, 1196 bzw. JuS 2019, 1228 mAnm *Sachs*.
[46] *Hillgruber/Goos*, Verfassungsprozessrecht, 5. Aufl. 2020, Rn. 509.
[47] BVerfGE 90, 286 (343 f.) – Out-of-area-Einsätze; 117, 359 (366 ff.) – Tornadoeinsatz Afghanistan. AA *Schlaich/Korioth*, Das Bundesverfassungsgericht, 11. Aufl. 2018, Rn. 94.
[48] S. BVerfGE 112, 363 (365) – Terminierung.

▶ **Lösung:** Für den Organstreit ist das Bundesverfassungsgericht nach Art. 93 Abs. 1 Nr. 1 GG, §§ 13 Nr. 5, 63 ff. BVerfGG zuständig. Zweifelhaft ist allerdings bereits, ob die X-Partei parteifähig ist. Dem könnte entgegenstehen, dass Parteien grundsätzlich im gesellschaftlichen Bereich wurzeln und nicht in die staatliche Ämterorganisation eingegliedert sind. Indes wird durch Art. 21 GG zugleich ihre besondere Bedeutung für die demokratische Willensbildung und Entscheidungsfindung anerkannt. Hieraus lässt sich folgern, dass Parteien als Antragsteller des Organstreits in Betracht kommen, wenn sie gerade in ihrer Stellung als Beteiligte am Verfassungsleben betroffen sind. So liegt es hier, denn die Neuregelung der Parteienfinanzierung wirkt sich unmittelbar auf die Möglichkeiten der Parteien aus, an der demokratischen Willensbildung mitzuwirken. X ist daher parteifähig. Der Bundestag gehört zu den in § 63 BVerfGG aufgeführten Institutionen und ist daher tauglicher Antragsgegner. Streitgegenstand ist das Gesetz; sein Erlass ist eine rechtserhebliche Maßnahme des Antragsgegners. Die X-Partei müsste ferner antragsbefugt sein. Das setzt gemäß § 64 BVerfGG voraus, dass sie eine eigene Rechtsverletzung plausibel geltend macht. Vorliegend werden durch die gesetzliche Neuregelung Parteien unterschiedlich behandelt; mithin ist möglicherweise die durch Art. 21 Abs. 1 GG (iVm Art. 3 Abs. 1 GG) gewährleistete Chancengleichheit der Parteien verletzt. Mangels gegenteiliger Anhaltspunkte ist das Rechtsschutzbedürfnis gegeben. Die Frist (§ 64 Abs. 3 BVerfGG) wurde gewahrt; eine Rechtsnorm gilt mit der Verkündung als bekannt gemacht, so dass mit diesem Zeitpunkt die Frist zu laufen beginnt. Der Antrag ist somit zulässig. ◀

b) **Bund-Länder-Streit, Art. 93 Abs. 1 Nr. 3 GG, §§ 13 Nr. 7, 68 ff. BVerfGG**

▶ **Beispielsfall:** Die Bundesregierung hat Gemeinden, die unter überdurchschnittlicher Arbeitslosigkeit leiden, mittels eines Finanzhilfeprogramms für örtliche Wirtschaftsprojekte unterstützt. Die Länder wurden bei der Entwicklung des Programms und seiner Durchführung nicht beteiligt. Hiergegen wendet sich nachträglich das Land L. Es beanstandet einen Verstoß gegen Art. 104b GG, weil zur Regelung der Förderungsmaßnahmen weder ein Bundesgesetz noch eine Verwaltungsvereinbarung vorgesehen sei und es überdies Sache der Länder sei, über einzelne Förderungsprojekte zu entscheiden. Die Bundesregierung hält das Vorgehen zwar für zulässig, möchte in Zukunft aber gleichwohl nicht mehr so verfahren. Ist der Antrag zulässig? ◀

Der Bund-Länder-Streit ist eher selten Gegenstand von Klausuren. Seine Zulässigkeit ist kaum problematisch. Vertiefenswert ist lediglich die Parteifähigkeit. Trotz der missverständlichen Formulierung des § 68 BVerfGG sind die sog. „Prozessrechtsobjekte" der Bund und das jeweilige Land (oder ggf. mehrere Länder), nicht aber deren Organe (Bundes- oder Landesregierung). Hingegen enthält § 68 BVerfGG **keine** Regelung der **Prozessstandschaft.** § 68 BVerfGG benennt die Regierungen gerade nicht als prozessführungsbefugte Partei selbst, sondern die Prozessfähigkeit der protestierenden Verbände (Bund/Land).[49] Dass parteifähig allein Bund und Länder sind, lässt sich zudem mittelbar Art. 93 Abs. 1 Nr. 3 GG entnehmen.

Wer allerdings den Bund oder die Länder im Verfahren vertritt, wird im Grundgesetz nicht ausdrücklich geregelt. § 68 BVerfGG konkretisiert Art. 93 Abs. 1 Nr. 3 GG dahin

---

49 *Bethge*, in: Maunz/Schmidt-Bleibtreu/Klein/Bethge, Bundesverfassungsgerichtsgesetz, § 68 Rn. 4 f. (Stand: April 2020); *Benda/Klein*, Verfassungsprozessrecht, 3. Aufl. 2012, Rn. 1072 ff. (insbes. 1075). AA *Degenhart*, Klausurenkurs im Staatsrecht I, 5. Aufl. 2019, Rn. 37; *ders.*, Staatsrecht I – Staatsorganisationsrecht, 35. Aufl. 2019, Rn. 849.

II. Staatsorganisationsrecht

gehend, dass die Bundesregierung *für den Bund* (Wortlaut!) als den Streitbeteiligten auftritt, genauso wie die Landesregierungen für die Seite des jeweiligen Landes tätig werden. Die Regierungen handeln insoweit kraft **gesetzlicher Vertretungsmacht**. § 68 BVerfGG ist dabei abschließend. Andere Organe, etwa Landtage, sind nicht zur Vertretung berechtigt. Die Konkretisierung durch § 68 BVerfGG ist verfassungskonform, wie jüngst das Bundesverfassungsgericht klarstellte.[50]

▶ **LÖSUNG:**[51] Das Bundesverfassungsgericht ist zuständig nach Art. 93 Abs. 1 Nr. 3 GG, §§ 13 Nr. 7, 68 ff. BVerfGG. Gemäß § 68 BVerfGG sind sowohl die Landesregierung für das Land als Antragsteller wie die Bundesregierung für den Bund als Antragsgegner partei- und prozessfähig. Das Finanzprogramm stellt eine rechtserhebliche Maßnahme iSv §§ 69, 64 Abs. 1 BVerfGG des Antragsgegners dar. Der Streit ist auch verfassungsrechtlicher Natur, weil über die Voraussetzungen des Art. 104b GG Meinungsverschiedenheiten herrschen. Die Antragsbefugnis ist gegeben, weil zwischen Bund, Ländern und Gemeinden Finanzhilfen nur unter bestimmten Voraussetzungen zulässig sind. Es ist daher nicht von vornherein ausgeschlossen, dass das Land in seinen verfassungsrechtlich gewährleisteten Mitwirkungsrechten aus Art. 104b GG verletzt ist. Zweifelhaft ist indes das Rechtsschutzinteresse. Es könnte fehlen, weil das Programm zwischenzeitlich abgeschlossen ist und die Regierung künftige Programme nicht mehr auf diese Art und Weise ausgestalten möchte. Allerdings hindert weder allein der Vergangenheitsbezug der behaupteten Rechtsverletzung noch die Zusicherung die Annahme des Rechtsschutzbedürfnisses. Wurden einmal verfassungsmäßige Rechte eines Landes (möglicherweise) verletzt, so ist das von grundsätzlicher und wegen Wiederholungsgefahr auch von präjudizieller Bedeutung. Die Versicherung der Bundesregierung kann jedenfalls solange die Wiederholungsgefahr nicht ausschließen, wie deren Vorbringen – so hier – die Deutung zulässt, sie halte das eingeschlagene Verfahren „an sich" für zulässig. Mangels näherer Angaben ist von der Beachtung der Form und Frist auszugehen. Der Antrag ist somit zulässig. ◀

c) **Abstrakte Normenkontrolle, Art. 93 Abs. 1 Nr. 2 GG, §§ 13 Nr. 6, 76 ff. BVerfGG**

▶ **BEISPIELSFALL:** Der Bundestag beschloss folgende Änderung des AufenthaltsG, die vom Bundespräsidenten ausgefertigt wurde: „Ausländer, die sich im Geltungsbereich dieses Gesetzes dauerhaft aufhalten, bedürfen einer Aufenthaltserlaubnis. Die Aufenthaltserlaubnis darf erteilt werden, wenn die Anwesenheit des Ausländers Belange der Bundesrepublik Deutschland nicht beeinträchtigt." Die oppositionelle Y-Fraktion, der 150 der 600 Mitglieder des Bundestags angehören, hält dieses Gesetz für verfassungswidrig und damit nichtig, weil es zu unbestimmt sei. Sie möchte diese Verfassungswidrigkeit gerichtlich festgestellt sehen. Wäre ein Normenkontrollantrag zulässig? ◀

---

50 Siehe BVerfGE 129, 108 (116). Der Entscheidung lag ein Antrag des Landes Schleswig-Holstein zugrunde, das durch den Landtag vertreten wurde. Der Antrag war demnach unzulässig. Das Bundesverfassungsgericht sieht in der einfachgesetzlichen Beschränkung der Antragsberechtigung durch § 68 BVerfGG keinen Verstoß gegen das Grundgesetz. Mit § 68 BVerfGG werde weder das Institut des Bund-Länder-Streits unterlaufen noch liege ein Verstoß gegen die Garantie effektiven Rechtsschutzes, das Rechtsstaatsprinzip oder den Grundsatz der Bundesstaatlichkeit vor.
51 Fall nach BVerfGE 41, 291 ff. – Strukturförderung.

aa) Antragsberechtigung

Antragsberechtigt sind nach § 76 Abs. 1 BVerfGG neben der Bundesregierung und einer Landesregierung auch ein Viertel der Mitglieder des Bundestags. An dieser Stelle nimmt also das Grundgesetz gerade einen vorübergehenden Zusammenschluss von Abgeordneten in Bezug. Es muss ein Viertel der Abgeordneten „als Einheit auftreten und identische Ziele verfolgen"[52] – dann bilden sie zusammen das zum Antrag berechtigte Quorum. Da ausdrücklich die Mitglieder des Bundestags antragsberechtigt sind, ist es nicht ausreichend, wenn als Antragsteller eine Fraktion auftritt, selbst wenn diese mindestens ein Viertel der Abgeordneten umfasst. In einem solchen Fall kann der Klausurbearbeiter den Antrag aber regelmäßig so auslegen, dass er als Antrag der Abgeordneten zu verstehen ist.

bb) Antragsgrund

Die Anforderungen an den Antragsgrund sind umstritten. Den Grund hierfür bildet der Wortlaut des § 76 Abs. 1 Nr. 1 BVerfGG. Dieser lässt – anders als die Formulierung in Art. 93 Abs. 1 Nr. 2 GG – nicht „Meinungsverschiedenheiten oder Zweifel" des Antragstellers genügen, sondern verlangt, der Antragsteller müsse das fragliche Gesetz „für nichtig halten". Wie mit dem von der verfassungsrechtlichen Grundlage abweichenden Normtext des § 76 Abs. 1 Nr. 1 BVerfGG umzugehen ist, ist streitig. Einem natürlichen Wortverständnis zufolge wird man das „Für-nichtig-Halten" als Überzeugung von der Verfassungswidrigkeit der Norm verstehen, was offenbar eine schärfere Anforderung als die bloßen Zweifel benennt. Sollte ein Antragsteller – laut Sachverhalt – also lediglich Zweifel an der Verfassungskonformität äußern, aber zu erkennen geben, dass er sich keinesfalls sicher ist, wäre zwar die Anforderung des Art. 93 Abs. 1 Nr. 2 GG, nicht aber die des § 76 Abs. 1 BVerfGG erfüllt. (Nur) in einem solchen Fall ist eine Diskussion des Problems und eine Streitentscheidung erforderlich. Dabei stehen drei Möglichkeiten im Raum:

- Erstens kann der Wortlaut des § 76 Abs. 1 BVerfGG als Verstoß gegen den Wortlaut der höherrangigen Norm des Art. 93 Abs. 1 Nr. 2 GG verstanden werden, mit der Folge, dass die Norm insoweit verfassungswidrig und also nichtig ist. In der Konsequenz reichen damit die bloßen Zweifel aus.
- Zweitens kann die niederrangige Norm verfassungskonform interpretiert werden, also die beiden divergierenden Wortlaute so gelesen werden, dass der entscheidende Wortlaut der Verfassung darüber bestimmt, wie die niederrangige Norm verstanden werden muss. In der Konsequenz müsste das Für-nichtig-Halten also so weit verstanden werden, dass auch bloße Zweifel ausreichen. Dem steht allerdings der insoweit klare Wortlaut des § 76 Abs. 1 BVerfGG entgegen.
- Drittens schließlich kann der Wortlaut des § 76 Abs. 1 BVerfGG als zulässige Konkretisierung des Grundgesetzwortlauts interpretiert werden. Dieser Auffassung zufolge ist die Grundgesetzformulierung so wenig bestimmt, dass sie Spielraum für eine von Art. 94 Abs. 2 S. 1 GG vorgesehene nähere Konkretisierung durch den einfachen Gesetzgeber lässt. Durch § 76 Abs. 1 BVerfGG wird demnach der zunächst unbestimmte Zweifel auf die Überzeugung von der Nichtigkeit hin konkretisiert. Danach reichen bloße Zweifel nicht aus, vielmehr muss eine tatsächliche Überzeugung von der Verfassungswidrigkeit gegeben sein.

---

52 BVerfGE 68, 346 (350) – Verfahrensbeitritt.

II. Staatsorganisationsrecht

Dieser Streit sollte in der Klausur in gebotener Kürze ausgeführt werden, wenn der Antragsteller lediglich Zweifel an der Rechtmäßigkeit erkennen lässt. Ist dagegen – wie zumeist – der Antragsteller ohnehin von der Rechtswidrigkeit überzeugt, dann sollte lediglich in einem Satz beschrieben werden, worin das Problem liegt, im Übrigen der Streit aber offen gelassen werden, da es auf ihn in diesen Fällen nicht ankommt.

▶ **LÖSUNG:** Das Bundesverfassungsgericht ist für das hier vorliegende Verfahren einer abstrakten Normenkontrolle zuständig nach Art. 93 Abs. 1 Nr. 2 GG, §§ 13 Nr. 6, 76 ff. BVerfGG. Antragsberechtigt sind ein Viertel der Abgeordneten des Bundestags, nicht aber Fraktionen. Allerdings lässt sich der von allen Fraktionsmitgliedern getragene Antrag (hiervon ist mangels anderslautender Angaben im Sachverhalt auszugehen) als ein Antrag auch der Abgeordneten selbst auslegen. Da 150 Abgeordnete auch (exakt) das Quorum erfüllen, ist die Antragsberechtigung zu bejahen. Angegriffen wird ein beschlossenes und ausgefertigtes Gesetz; dieses bildet einen tauglichen Antragsgegenstand. Der erforderliche Antragsgrund ist ebenfalls gegeben. Zwar ist problematisch, dass die Anforderungen des Art. 93 Abs. 1 Nr. 1 GG und des § 76 Abs. 1 Nr. 1 BVerfGG divergieren. Während das Grundgesetz bloße Zweifel an der Verfassungskonformität des Gesetzes ausreichen lässt, fordert das einfache Gesetz, offenbar strenger, der Antragsteller müsse den Antragsgegenstand für nichtig halten. Vorliegend haben die Abgeordneten allerdings deutlich gemacht, dass sie das Gesetz für verfassungswidrig, also nichtig halten. Damit ist hier sogar der strengere Maßstab des § 76 Abs. 1 Nr. 1 BVerfGG erfüllt, so dass nach allen in Betracht kommenden Normverständnissen ein Antragsgrund vorliegt. Der Streit, wie mit den unterschiedlichen Anforderungen an den Antragsgrund im Grundgesetz und im BVerfGG umzugehen ist, kann daher offen bleiben. Von einem objektiven Klarstellungsinteresse wie der Erfüllung der Formanforderungen des § 23 Abs. 1 BVerfGG ist mangels anderweitiger Anhaltspunkte im Sachverhalt auszugehen. Eine Frist ist nicht zu wahren. Der Antrag ist somit zulässig. ◀

3. Zur Begründetheit eines Rechtsbehelfs im Staatsorganisationsrecht

a) Allgemeines

Im Staatsorganisationsrecht gelten die bereits vorgestellten allgemeinen Prüfungsschemata, die gegebenenfalls mit Blick auf das jeweils einschlägige konkrete Verfahren modifiziert werden müssen. Dies gilt insbesondere für die abstrakte Normenkontrolle.[53] Entscheidend für die Wahl des Aufbaus im konkreten Klausurfall ist die zu lösende Rechtsfrage: Soll staatliches Handeln abgewehrt werden oder wird ein Unterlassen gerügt? Wird lediglich die Rechtswidrigkeit beanstandet oder ist auch eine subjektive Rechtsverletzung für den Erfolg eines Rechtsbehelfs erforderlich? Die Antwort auf die erste Frage ergibt sich aus dem Sachverhalt der jeweiligen Klausur. Die zweite Frage lässt sich nur nach Beurteilung der Rechtsnatur des jeweiligen Verfahrens beurteilen.[54]

---

53 Vgl. das Schema oben 1. c).
54 Vgl. hierzu die Klassifikation oben unter I. 5.

b) Sonderprobleme der Begründetheitsprüfung

aa) Prüfungsmaßstab und Prüfungsumfang des Bundesverfassungsgerichts im Staatsorganisationsrecht

Grundsätzlich ist, wie bereits erwähnt, ein gerügtes staatliches Verhalten auf seine Übereinstimmung mit dem gesamten höherrangigen Recht zu überprüfen. Hiervon weicht das Verfassungsprozessrecht in einem Punkt erheblich ab: Den vom Bundesverfassungsgericht (und entsprechend vom Klausurbearbeiter) zu beachtenden Prüfungsmaßstab bilden in den wichtigsten Verfahren des Staatsorganisationsrechts ausschließlich Vorschriften des Grundgesetzes – und zudem nicht immer alle seine Vorschriften (dazu sogleich). Zu untersuchen ist also prinzipiell nur, ob das fragliche Verhalten in Übereinstimmung mit der Verfassung steht. Nur ausnahmsweise ist in bestimmten Fällen der Normenkontrolle Maßstab auch das einfache Bundesrecht: Nach dem Wortlaut des Art. 93 Abs. 1 Nr. 2 GG wird, wenn Prüfungsgegenstand eine Norm des Landesrechts ist, deren Vereinbarkeit mit dem Grundgesetz wie auch mit formellem und materiellem Bundesrecht geprüft.

Aus der Beschränkung des Prüfungsmaßstabs auf das Verfassungsrecht folgt, dass auch ein offensichtlicher Verstoß gegen unterverfassungsrechtliche, insbesondere einfachgesetzliche und satzungsrechtliche Vorgaben keine Konsequenzen für die Begründetheit eines verfassungsprozessualen Rechtsbehelfs besitzt. Etwas anderes soll ausnahmsweise nur dann anzunehmen sein, wenn eine unterverfassungsrechtliche Norm sich als Klarstellung einer eigentlich bereits im Verfassungsrecht selbst verlangten Anforderung darstellt. Das heißt: Liegt ein Verstoß gegen eine unterverfassungsrechtliche Norm vor, kann weder unmittelbar auf die Verfassungswidrigkeit des (jedenfalls) rechtswidrigen Handelns geschlossen werden noch kann in der Klausur pauschal der Verstoß gegen das einfache Recht für unbeachtlich erklärt werden. Stattdessen ist danach zu fragen, ob der konkrete Normenverstoß zugleich als Verletzung einer direkten Anforderung des Grundgesetzes zu verstehen ist. Das klassische Beispiel liefert insoweit das Gesetzgebungsverfahren: Während die Geschäftsordnung des Bundestages etwa für Gesetze drei Beratungen (Lesungen) vorschreibt (§ 78 Abs. 1 GOBT), ist dem Grundgesetz keine entsprechende Vorgabe zu entnehmen. Beschließt daher der Bundestag schon nach nur einer Beratung über ein Gesetz, ist wertend zu klären, ob gleichwohl dem demokratischen Gebot einer informierten Entscheidung des Gesetzgebers genügt wurde. Zu klären ist also, ob die drei Beratungen implizit bereits von Verfassungs wegen geboten sind oder aber die entsprechende Vorschrift der Geschäftsordnung eine verfassungsrechtlich nicht vorgegebene Entscheidung des Bundestags zur Regelung seines eigenen Verfahrens darstellt.[55]

bb) Einschätzungsprärogative des Gesetzgebers

Von der Maßstabsfunktion des Grundgesetzes zu unterscheiden ist die Frage, in welchem Umfang das Bundesverfassungsgericht die Auslegung, insbesondere aber die Subsumtion einer grundgesetzlichen Bestimmung oder auch nur einer einfachgesetzlichen Norm selbst bestimmen kann. Grundsätzlich gilt das Bundesverfassungsgericht als „Hüter der Verfassung" in dem Sinne, dass seine Interpretation der Verfassungsnormen verbindlich ist. Das Gericht muss dabei aber zugleich auch darauf achten, nicht den politischen Prozess durch rechtliche Vorgaben zu stark einzuengen. Angesprochen

---

55 Vgl. zum Problem näher unten Kap. 3, Fall 3: Personenbeförderung.

II. Staatsorganisationsrecht

ist damit die Figur der sog. **Einschätzungsprärogative des Gesetzgebers**. Gemeint ist damit, dass es im Konfliktfall primär auf die Auffassung des Parlaments ankommt, dessen Einschätzung durch das Verfassungsgericht nur dann zu korrigieren ist, wenn sie offensichtlich verfehlt ist. Im Hintergrund dieser Figur steht der Grundsatz der Gewaltenteilung; das Bundesverfassungsgericht darf nicht durch seine Rechtsprechung die Aufgaben des Parlaments als des einzigen unmittelbar demokratisch legitimierten Organs ersetzen, sondern nur offensichtliche Verstöße gegen die verfassungsrechtlichen Vorgaben kontrollieren. In Zweifelsfällen ist daher davon auszugehen, dass die Einschätzung des Parlaments zutrifft. Ähnlich nimmt das Bundesverfassungsgericht auch gegenüber anderen Staatsorganen des Bundes häufig Beurteilungsspielräume an, mit der Konsequenz, dass deren *Sachverhaltsermittlung* und *Subsumtion* der Vorschriften lediglich auf **Vertretbarkeit** überprüft werden. Auch hier gründet die Annahme von Beurteilungsspielräumen zugunsten der Exekutive darin, dass das „Grundgesetz nur die Kontrolle politischer Herrschaft", nicht aber „die Verrechtlichung des politischen Prozesses" gewollt hat. Nur durch Zurücknahme des Bundesverfassungsgerichts ist „eine angemessene Teilung der Verantwortung"[56] möglich; auch dies ist Folge der grundgesetzlichen Gewaltenteilung. Es geht damit letztlich um eine Abgrenzung zwischen rechtlich bestimmtem Handeln einerseits und politisch zu vertretendem Handeln andererseits.

▶ **BEISPIELE:** Erteilt der Bundestagspräsident einem im Plenum sprechenden Abgeordneten einen Ordnungsruf, so hängt die Rechtmäßigkeit der Anwendung des § 36 S. 2 GOBT, wonach der Präsident Mitglieder des Bundestages, wenn sie die Ordnung verletzen (Tatbestand), zur Ordnung rufen darf (Rechtsfolge), davon ab, dass tatsächlich ein Verhalten vorliegt, das den Tatbestand der Verletzung der parlamentarischen Ordnung erfüllt. Die Feststellung, dass dies der Fall ist, obliegt jedoch in erster Linie der Beurteilung des Präsidenten. Eine Verletzung von Verfassungsrecht kommt daher – geht man davon aus, dass § 36 S. 2 GOBT selbst verfassungskonform ist – nur in Betracht, wenn der Präsident den ihm zukommenden Beurteilungsspielraum erkennbar überschritten hat, sein Ergebnis etwa wegen Aufklärungs- oder Bewertungsmängeln **nicht mehr vertretbar** ist.

Ähnliches gilt, wenn die Verfassungsmäßigkeit einer Vertrauensfrage zu beurteilen ist. Ob die für Art. 68 GG (ungeschrieben) vorausgesetzte „materielle Auflösungslage" vorliegt, die den Bundeskanzler berechtigt, die Vertrauensfrage zu stellen, hängt nach der Rechtsprechung des Bundesverfassungsgerichts maßgeblich von dessen Einschätzung ab: Der „drohende Verlust politischer Handlungsfähigkeit kann am sachnächsten vom Bundeskanzler selbst beurteilt werden. Das Bundesverfassungsgericht prüft lediglich, ob die Grenzen seines Einschätzungsspielraums eingehalten sind". Erst dann, „wenn es an Anhaltspunkten dafür fehlt, dass der Bundeskanzler für sein Regierungshandeln und seine politische Konzeption die parlamentarische Mehrheitsunterstützung verloren hat oder zu verlieren droht, kann er sich nicht erfolgreich auf seine Einschätzungsprärogative berufen. Seine Entscheidung muss auf Tatsachen gestützt sein." Der Einschätzungsspielraum des Kanzlers ist erst dann überschritten, wenn „eine andere Einschätzung der politischen Lage aufgrund von Tatsachen eindeutig vorzuziehen",[57] mithin seine Position **nicht mehr vertretbar** ist. ◀

---

56 BVerfGE 114, 121 (160) – Vertrauensfrage.
57 BVerfGE 114, 121 (160 f.) – Vertrauensfrage.

Einen wichtigen Bereich für Einschätzungsprärogativen bildet auch die Prüfung der Verhältnismäßigkeit, der allerdings insbesondere im Bereich der Grundrechtsprüfung,[58] weniger aber im Staatsorganisationsrecht Bedeutung zukommt.

Der Vollständigkeit halber sei erwähnt, dass die den meisten Studierenden geläufigen Schlagworte der Verletzung von spezifischem Verfassungsrecht und von der Superrevisionsinstanz im Bereich des Staatsorganisationsrechts keine Rolle spielen. Diese Formeln beschreiben das Verhältnis des Bundesverfassungsgerichts zu den Instanzgerichten und sind daher ausschließlich im Rahmen der *Urteilsverfassungsbeschwerde* zu verorten.[59]

cc) Rechtsfolge eines Verfassungsverstoßes

Im Grundsatz gilt, dass ein Gesetz, das mit der Verfassung nicht vereinbar ist, nichtig ist (sog. **Nichtigkeitsdogma**). Dieses Dogma gilt allerdings nur bei *inhaltlichen* Verstößen eines Gesetzes gegen höherrangiges Verfassungsrecht. Hat eine Vorschrift keinen materiellen Gehalt, sondern stellt sie eine Verfahrensvorschrift dar, so gilt das Nichtigkeitsdogma nicht ohne Weiteres. Zur Nichtigkeit führen Verfahrensverstöße nur, wenn es sich um **zwingendes** Recht handelt und der Gesetzesbeschluss auf diesem Verstoß **beruht**.[60] Teilweise geht das Bundesverfassungsgericht noch weiter und bejaht die Nichtigkeit des Gesetzes nur, wenn der Mangel „evident"[61] oder „grob"[62] ist. Allen Ansätzen liegt die Rücksicht auf die Rechtssicherheit zugrunde.[63] Hierhinter verbirgt sich die Vorstellung, dass Außenstehende Fehler im Verfahren besonders schwer erkennen können und daher (insoweit) von der Verfassungsmäßigkeit des Gesetzes ausgehen (dürfen).[64]

Ist eine Vorschrift, gegen die verstoßen wurde, hingegen nicht zwingend, so handelt es sich um eine **Ordnungsvorschrift**, deren Missachtung nicht die Nichtigkeit des Gesetzes zur Folge hat. Beispielhaft erläutern lässt sich dies an den Vorschriften zum Gesetzgebungsverfahren: Soweit etwa bei einer durch die Bundesregierung in den Bundestag eingebrachten Gesetzesvorlage unmittelbar verfassungsnormativ die vorherige Zuleitung an den Bundesrat verlangt wird (Art. 76 Abs. 1 S. 1 GG), ist bei einem Verstoß gegen diese Vorgabe zu fragen, ob nicht die Tatsache, dass der Bundesrat später – unabhängig davon, ob es sich um ein Einspruchs- oder Zustimmungsgesetz handelt – ohnehin über die Gesetzesvorlage zu entscheiden hat (Art. 77 GG), der Annahme der Verfassungswidrigkeit entgegensteht. Im Sinne einer bloßen Ordnungsvorschrift könnte man dementsprechend die vorherige Zuleitung für prinzipiell entbehrlich halten. Auf der anderen Seite spricht für die Annahme der Verfassungswidrigkeit, dass die (relativ wenigen) unmittelbar vom Grundgesetz vorgesehenen Anforderungen in jedem Fall eingehalten werden müssen, ohne noch einmal auf ihre Rationalität hin überprüft zu

---

58 Vgl. unten III. 3. c) cc).
59 Vgl. dazu näher unten III. 4. a) bb).
60 BVerfGE 44, 308 (313) – Beschlussfähigkeit; *Brosius-Gersdorf*, in: Dreier (Hrsg.), GG, 3. Aufl. 2015, Art. 76 Rn. 6.
61 BVerfGE 34, 9 (25) – Besoldungsvereinheitlichung; 120, 56 (79) – Vermittlungsausschuss.
62 BVerfGE 31, 47 (53) – Kollegialbeschlüsse.
63 BVerfGE 120, 56 (79 f.) – Vermittlungsausschuss: Entscheidend für die Feststellung der Evidenz ist in erster Linie, ob das Bundesverfassungsgericht die Maßstäbe, „an denen gemessen das eingeschlagene Gesetzgebungsverfahren als verfassungswidrig anzusehen ist", bereits „konkretisiert hat" oder ob es in einschlägigen früheren Entscheidungen die Frage „noch offen lassen" konnte.
64 Kritisch zur Privilegierung von Verfahrensverstößen *Bryde*, Geheimgesetzgebung: Zum Zustandekommen des Justizmitteilungsgesetzes, JZ 1998, 115 (119 f.).

II. Staatsorganisationsrecht

werden. Im Übrigen kann jedenfalls der intendierte Zweck einer frühzeitigen Verständigung von Bundesrat und Bundesregierung durch die spätere Befassung mit dem Gesetzentwurf nicht mehr erreicht werden.

dd) Modifikationen des Grundschemas: Der Begründetheitsaufbau des Organstreitverfahrens und des Bund-Länder-Streitverfahrens

Wie bereits erwähnt, richtet sich der Aufbau der Begründetheitsprüfung grundsätzlich nach der Rechtsnatur des jeweiligen Verfahrens: Handelt es sich um ein objektives Beanstandungsverfahren oder um eine kontradiktorische Verfahrensart? Diese idealtypische Gegenüberstellung entspricht allerdings nicht stets der prozessualen Wirklichkeit. Namentlich beim Organstreitverfahren ist umstritten, inwieweit sich Elemente des kontradiktorischen Streitverfahrens mit solchen objektiver Kontrolle vermischen.

Auf eine solche Vermischung deutet bereits der Wortlaut des Art. 93 Abs. 1 Nr. 1 GG hin, der von einer Entscheidung „über die Auslegung des Grundgesetzes aus Anlass von Streitigkeiten über den Umfang der Rechte und Pflichten eines obersten Bundesorgans" spricht. Das könnte so verstanden werden, dass die Kompetenzstreitigkeit zwar den Anstoß zum Verfahren bietet, in dessen Rahmen dann aber eine vollumfängliche Verfassungsmäßigkeitsprüfung bezüglich der angegriffenen Maßnahme erfolgt. Besonders deutlich wird die Problematik in den zumindest partiell widersprüchlichen Formulierungen des BVerfGG: § 64 Abs. 1 BVerfGG verlangt für die Antragsbefugnis noch die Behauptung, *in eigenen Rechten verletzt* zu sein, statuiert also ausdrücklich eine subjektive Komponente. Nach § 67 BVerfGG ist jedoch im Urteilsausspruch nicht etwa eine entsprechende – im kontradiktorischen Verfahren zu erwartende, der Antragsbefugnis korrespondierende – Feststellung vorgesehen. Stattdessen stellt das Bundesverfassungsgericht nur fest, „ob die beanstandete Maßnahme oder Unterlassung des Antragsgegners gegen eine Bestimmung des Grundgesetzes verstößt." Das deutet darauf hin, dass das Organstreitverfahren – jedenfalls hinsichtlich der Begründetheitsprüfung – ein objektives Beanstandungsverfahren ist. Demnach käme es auf eine Rechtsverletzung des Antragstellers für den Erfolg des Antrags nicht an.

Allerdings ist diese Lesart nicht zwingend. Das Bundesverfassungsgericht betont vielmehr den kontradiktorischen Charakter des Verfahrens.[65] Das Grundgesetz beschreibe die Art des Anlasses als Streitigkeit. Dieses Wort mache deutlich, dass „demjenigen, der ein Recht behauptet, sein Recht von einem anderen streitig gemacht wird. (...) Daraus ergibt sich, dass gemäß Art. 93 Abs. 1 Nr. 1 GG nicht einfach eine objektive Frage des Verfassungsrechts zur Erkenntnis des Bundesverfassungsgerichts gestellt werden kann, sondern dass sich ein Prozessrechtsverhältnis mit zwei Beteiligten vor dem Gericht entfalten muss."[66]

Allerdings hat das Bundesverfassungsgericht aus dieser Einordnung nicht stets die Konsequenz gezogen, eine Rechtsverletzung des Antragstellers zu verlangen. Bisweilen hat es daraus lediglich geschlussfolgert, dass es keine vollumfängliche Prüfung iS einer abstrakten Kontrolle durchführen darf, sondern an die Begrenzung des Streitstoffs in

---

65 Vgl. sehr deutlich zuletzt BVerfG, NVwZ 2010, 1091 (1092).
66 BVerfGE 2, 143 (156) – EVG-Vertrag; BVerfG, NVwZ 2010, 1091 (1092). Sehr deutlich diesbzgl. nun auch BVerfGE 150, 194 – Organstreitverfahren.

dem durch den Antrag festgelegten Umfang gebunden ist.[67] Man kann von der „verfahrensdirigierenden Kraft des Antrags"[68] sprechen.

Hieran anknüpfend ziehen einige Stimmen in der Literatur den weiter gehenden Schluss auf eine subjektiven Rechtsschutz und objektive Rechtskontrolle verbindende Prüfungsstruktur: Während auf der Ebene der Zulässigkeit die Möglichkeit der Verletzung eigener Rechte erforderlich sei, weite sich der Prüfungsumfang im Rahmen der Begründetheit auch auf sonstige Verstöße gegen das Verfassungsrecht.[69] Anders als es der grundsätzlich kontradiktorische Charakter des Verfahrens nahe legen würde, wäre es damit im Rahmen der Begründetheit nicht erforderlich, dass ein etwaig festzustellender Verfassungsverstoß zugleich eine Verletzung von Rechtspositionen (Zuständigkeiten) des Antragstellers darstellt. In der Folge wäre ein Organstreitverfahren auch dann begründet, wenn zwar die die Antragsbefugnis begründende subjektive Rechtsbeeinträchtigung gerechtfertigt ist, aber ein weiterer, verfassungsrechtlich nicht legitimierter objektiver Rechtsverstoß vorliegt.[70]

Damit würde der kontradiktorische Charakter des Verfahrens aber weitgehend aufgegeben. Selbst wenn man Konstellationen anerkennen mag, in denen es dem Bundesverfassungsgericht gewissermaßen nicht zugemutet werden kann, sehenden Auges an einem eng mit der gerügten Kompetenzverletzung verbundenen, aber doch objektiven Verfassungsverstoß vorbeizugehen, und deswegen hier eine Erweiterung des Prüfungsprogramms auch auf solche Verfassungsverstöße bejaht werden sollte, müssten diese Fälle jedenfalls die Ausnahme von dem grundsätzlich kontradiktorischen Charakter des Verfahrens bleiben. Das gilt erst recht angesichts der jüngeren Rechtsprechung des Bundesverfassungsgerichts, in der dieses einer solchen Lesart vehement entgegengetreten ist. Es beharrt vielmehr auf dem kontradiktorischen Charakter des Verfahrens und weist mit diesem Argument einen auf eine objektive Kontrolle gerichteten Antrag zurück.[71] Angesichts dieser sehr eindeutigen Rechtsprechung dürfte es sich künftig selbst in Extremfällen kaum noch anbieten, den Obersatz entsprechend offener, nur auf den objektiven Rechtsverstoß bezogen zu formulieren. In aller Regel und natürlich erst recht in Fällen, in denen eindeutig (nur) subjektive Rechtspositionen des Antragstellers betroffen sind, also ein Auseinanderfallen von objektiver Verfassungsmäßigkeit und subjektiver Betroffenheit von vornherein offensichtlich nicht einschlägig ist, ist somit dem allgemeinen kontradiktorischen Charakter des Verfahrens auch im Prüfungsaufbau Rechnung zu tragen. Das geschieht am deutlichsten durch das oben genannte[72] allgemeine dreistufige Schema:

1) Bestimmung der Reichweite einer Rechtsposition des Antragstellers;
2) Feststellung, dass diese Rechtsposition durch ein Handeln oder rechtserhebliches Unterlassen des Antragsgegners beeinträchtigt worden ist;
3) Frage nach der Rechtmäßigkeit dieser Beeinträchtigung.
Letzteres setzt voraus, dass für die Beeinträchtigung

---

67 Vgl. BVerfGE 2, 347 (367 f.) – Kehler Hafen.
68 Formulierung nach *Benda/Klein*, Verfassungsprozessrecht, 3. Aufl. 2011, Rn. 187.
69 Vgl. zur Begründung eines solchen objektivrechtlichen Prüfungsmaßstabs *Barczak/Görisch*, Das Organstreitverfahren als objektives Rechtsschutzverfahren, DVBl. 2011, 332 (338).
70 *Barczak/Görisch*, Das Organstreitverfahren als objektives Rechtsschutzverfahren, DVBl. 2011, 332 (338), mit der einzigen Einschränkung, dass Grundrechtsverletzungen wegen der Dispositionsbefugnis des Grundrechtsträgers nicht Teil des Prüfungsmaßstabs seien.
71 Vgl. BVerfGE 150, 194 (199 ff.) – Organstreitverfahren – bzw. JuS 2019, 731 ff. mAnm *Sachs*.
72 Vgl. dazu näher oben I. 5. b).

II. Staatsorganisationsrecht

a) eine Rechtsgrundlage existiert und die durch diese Rechtsgrundlage sowie durch weitere (geschriebene oder ungeschriebene) Anforderungen der Verfassung bestimmten
b) formellen und
c) materiellen Voraussetzungen erfüllt sind.[73]

Diesem Prüfungsprogramm entsprechend ist dann auch bereits der Obersatz zu formulieren: „Das Organstreitverfahren ist begründet, wenn durch die (konkret zu benennende) Maßnahme des Antragsgegners der Antragsteller in seinen verfassungsmäßig garantierten Rechten verletzt ist."[74]

Um einerseits dem Wortlaut des § 67 BVerfGG Rechnung zu tragen, zugleich aber auch die subjektive Anbindung zu betonen, wird bisweilen auch ein Obersatz vorgeschlagen, der die Formulierung des § 67 BVerfGG um einen Hinweis auf die in der Antragsbefugnis zu thematisierende Existenz eigener Rechte des Antragstellers erweitert: „Der Antrag ist begründet, wenn die angegriffene Maßnahme (oder das Unterlassen) des Antragsgegners gegen die – *vom Antragsteller in zulässiger Weise als missachtet gerügten* – Vorschriften des Grundgesetzes verstößt." In der Sache wird damit aber nichts anderes zum Ausdruck gebracht. Denn die zulässige Rüge setzt die rechtliche Klärung voraus, dass überhaupt ein eigenes Recht des Antragstellers besteht, das durch die angegriffene Maßnahme möglicherweise verletzt worden ist. Wer im Rahmen der Begründetheit die Prüfung auf gerade diese Rechtsposition verengt, bleibt demnach, auch ohne die Rechtsverletzung noch einmal eigens zu thematisieren, im rein subjektiv-rechtlichen Aufbauschema.

Die insoweit skizzierte Problematik des Aufbaus der Begründetheit im Organstreitverfahren gilt wegen des Verweises des § 69 BVerfGG auf die §§ 64–67 BVerfGG im Übrigen entsprechend für das Bund-Länder-Streit-Verfahren: Auch hier impliziert der kontradiktorische Charakter des Verfahrens grundsätzlich, dass der Antrag nur begründet ist, wenn die angegriffene Maßnahme des Antragsgegners eine Verletzung eigener Rechte des Antragstellers darstellt. Allenfalls höchst ausnahmsweise kann es darüber hinaus in Betracht kommen, etwa in einem Verfahren, das sich ursprünglich auf die Einhaltung der grundgesetzlichen Gesetzgebungskompetenzordnung bezieht, auch die Einhaltung der – das antragstellende Land nicht in eigenen Rechten betreffenden – Vorschriften zum Gesetzgebungsverfahren zu überprüfen. Keinesfalls Teil des Prüfungsmaßstabs sind im Bund-Länder-Streit aber die Grundrechte oder das Rechtsstaatsprinzip.[75]

---

73 Vgl. für eine entsprechende beispielhafte Falllösung in diesem Schema unten Kap. 3, Fall 5: Der Sitzungsausschluss. Für eine ebenso mögliche Aufbauvariante – entsprechend dem oben unter I. 5 a) bb) als verwaltungsrechtlich bezeichneten Typus – unten Kap. 3, Fall 4: Selbstauflösung des Bundestags.
74 Vgl. auch die Formulierung bei *Geis/Meier*, Grundfälle zum Organstreitverfahren, Art. 93 I Nr. 1 GG, §§ 13 Nr. 5, 63 ff. BVerfGG, JuS 2011, 699 (703): „Der Antrag ist begründet, wenn die gerügte Maßnahme oder Unterlassung des Antragsgegners die verfassungsmäßigen Rechte und Pflichten des Antragstellers verletzt oder unmittelbar gefährdet."
75 S. *Pünder*, in: Ehlers/Schoch (Hrsg.), Rechtsschutz im Öffentlichen Recht, 2009, S. 440.

III. Grundrechte

1. Grundrechte – Funktion und Bedeutung in der Fallbearbeitung

a) Multifunktionalität der Grundrechte

Grundrechte prägen maßgeblich das Verhältnis von Bürger und (Verfassungs-)Staat. Dieses ist demzufolge kein bloßes Subordinationsverhältnis, in dem dem Bürger seine rechtlich gesicherten Freiräume staatlicherseits allererst zugestanden würden. Vielmehr besitzt jeder Bürger eigenständige, von allen Staatsorganen zu achtende Rechtspositionen. Art. 1 Abs. 1 GG bildet die Fundamentalnorm in der Bestimmung des so verstandenen Verhältnisses.

Die Funktion der Grundrechte besteht dementsprechend zwar grundlegend im Schutz des Bürgers gegenüber Eingriffen des Staates. Sie bleibt aber nicht hierauf beschränkt.[76] Grundrechte können vielmehr auch in Gestalt von Schutz- und Leistungsrechten (originär oder derivativ) des Bürgers gegenüber dem Staat in Erscheinung treten. Grundrechte enthalten aber auch Einrichtungsgarantien und fungieren zudem als Organisations- und Verfahrensvorgaben bzw. allgemein als Ordnungsprinzipien. Vermittelt über ihre Bedeutung als konstitutiver Teil der sog. objektiven Wertordnung des Grundgesetzes besitzen die Grundrechte sogar Bedeutung im Privatrecht (sog. mittelbare Drittwirkung der Grundrechte).[77] Ein derartiges multifunktionales Grundrechtsverständnis hat Auswirkungen auch auf die konkrete Fallbearbeitung: Die Grundrechtsdogmatik und dementsprechend auch die Klausurstruktur sind auf die Eigenarten der jeweiligen Grundrechtsgehalte abzustimmen. Neben der Frage, welche Grundrechte konkret in Betracht kommen, muss deshalb auch stets (vorab) überlegt werden, welche Grundrechtsdimension(en) einschlägig ist/sind.

b) Begriffliche Differenzierungen

Zu unterscheiden ist einerseits zwischen Eingriffsabwehrrechten und Schutz-, Teilhabe- und Leistungsrechten sowie andererseits zwischen Freiheitsrechten und Gleichheitsrechten.[78]

Die Grundrechte ieS sind in dem auch so betitelten ersten Abschnitt des Grundgesetzes, also den Art. 1–19 GG, enthalten. Darüber hinaus kennt das Grundgesetz sog. *grundrechtsgleiche Rechte*, die gemäß Art. 93 Abs. 1 Nr. 4a GG ebenfalls mittels der Verfassungsbeschwerde als verletzt gerügt werden können und damit funktional den ausdrücklich in Abschnitt I des Grundgesetzes benannten Rechten entsprechen (zB Art. 20 Abs. 4, 33 Abs. 5, 38, 101 Abs. 1 S. 2, 103, 104 GG).

---

[76] Vgl. etwa *Dreier*, Subjektiv-rechtliche und objektiv-rechtliche Grundrechtsgehalte, Jura 1994, 505 ff.; ausführlich *ders.*, Dimensionen der Grundrechte: von der Wertordnungsjudikatur zu den objektiv-rechtlichen Grundrechtsgehalten, 1993 (dieses sehr empfehlenswerte kleine Buch ist online frei verfügbar unter https://www.jura.uni-wuerzburg.de/fileadmin/02160100/Elektronische_Texte/Dimensionen_der_Grundrechte.pdf).

[77] Grundlegend BVerfGE 7, 198 (204 f.) – Lüth. Vgl. dazu im Überblick nur *Gostomzyk*, Grundrechte als objektiv-rechtliche Ordnungsidee, JuS 2004, 949 ff.; näher dazu unten II. 4. d).

[78] Vgl. zu weiteren Differenzierungen *v. Kielmansegg*, Grundfälle zu den allgemeinen Grundrechtslehren, JuS 2009, 19 ff.; *Voßkuhle/Kaiser*, Funktionen der Grundrechte, JuS 2011, 411 ff.

c) Grundrechte in der Fallbearbeitung

Explizite Bedeutung besitzt die Grundrechtsprüfung in der Verfassungsbeschwerde gemäß Art. 93 Abs. 1 Nr. 4a GG. Implizit ist sie von möglicher Bedeutung innerhalb aller öffentlich-rechtlichen Streitigkeiten. Insofern kann es etwa um die Begründung eines Gesetzesvorbehalts oder um eine verfassungskonforme im Sinne einer grundrechtskonformen Auslegung des einfachen Rechts gehen. Zudem bilden Grundrechte einen Prüfungsmaßstab im Rahmen der Verhältnismäßigkeitsprüfung. In zivilrechtlichen Streitigkeiten dienen Grundrechte als Auslegungsmaximen in Bezug auf Generalklauseln und unbestimmte Rechtsbegriffe.

2. Allgemeines Schema zur Prüfung einer Verfassungsbeschwerde

Im Folgenden werden die einzelnen Schritte in der Zulässigkeit einer Verfassungsbeschwerde erläutert. Um die Gemeinsamkeiten (und damit dann auch die Unterschiede) zu den staatsorganisationsrechtlichen Verfahrensarten zu verstehen, sei zuvor aber nochmals auf die obigen allgemeinen Erläuterungen zur Funktion der Zulässigkeitsprüfung und zum allgemeinen Prüfungsschema zur Zulässigkeit eines Rechtsbehelfs verwiesen.[79]

a) Zulässigkeit

aa) Zuständigkeit des Bundesverfassungsgerichts

Die Zuständigkeit des Bundesverfassungsgerichts für das Verfahren der Verfassungsbeschwerde folgt aus Art. 93 Abs. 1 Nr. 4a GG, §§ 13 Nr. 8a, 90 ff. BVerfGG.

bb) Beschwerdefähigkeit

Wie gesehen beantwortet die Beschwerdefähigkeit die Frage: *Wer* darf eine Verfassungsbeschwerde hinsichtlich der als verletzt gerügten Grundrechte erheben? Die Beschwerdefähigkeit (oder: Beteiligtenfähigkeit) benennt die Fähigkeit, selbst oder durch einen selbstgewählten Vertreter Verfassungsbeschwerde zu erheben und Beteiligter im Verfahren zu sein. Sie wird in Art. 93 Abs. 1 Nr. 4a GG, § 90 Abs. 1 BVerfGG geregelt. Danach darf „jedermann" Verfassungsbeschwerde erheben. Jedermann bezieht sich auf alle Personen, die – abstrakt – Träger eines der in § 90 Abs. 1 BVerfGG genannten Rechte sein können. Die Beschwerdefähigkeit folgt also der Grundrechtsfähigkeit.[80] Demnach ist jedenfalls jede *natürliche* Person beschwerdefähig. Wird die Verfassungsbeschwerde daher durch eine natürliche Person eingelegt, ist die Beschwerdefähigkeit regelmäßig nur knapp anzusprechen und zu bejahen.

In besonderen Konstellationen kann die Bestimmung der Beschwerdefähigkeit aber Probleme aufwerfen. Das ist namentlich dann der Fall, wenn es sich bei dem Beschwerdeführer um einen ausländischen Staatsbürger, Amtsträger, Minderjährigen, Geisteskranken oder um eine juristische Person handelt. Nur in diesen Fällen ist die Beschwerdefähigkeit nicht lediglich knapp mit einem Satz zu bejahen, sondern begrifflich und prüfungstechnisch weiter aufzugliedern.

---

[79] Vgl. oben I. 4.
[80] *Lechner/Zuck*, BVerfGG, 8.. Aufl. 2019, § 90 Rn. 32.

(1) Ausländische Beschwerdeführer

Die Beschwerdefähigkeit ist prinzipiell nicht an die Staatsbürgerschaft gebunden. Hieran ändert auch die Tatsache nichts, dass bestimmte Grundrechte (v. a. Art. 8, 12 GG) als sog. Deutschengrundrechte ausgestaltet und nur auf Deutsche iSd Art. 116 GG anwendbar sind. Weil ausländische Beschwerdeführer sich nämlich jedenfalls auf das Auffanggrundrecht der allgemeinen Handlungsfreiheit (Art. 2 Abs. 1 GG) berufen können, ist ihre prinzipielle Beschwerdefähigkeit nicht in Zweifel zu ziehen. Sie können sich daher grundsätzlich gegen Grundrechtsbeeinträchtigungen durch deutsche Hoheitsträger zur Wehr setzen; eine ausführliche Auseinandersetzung mit einem bestimmten als verletzt gerügten Grundrecht kann an dieser Stelle in der Klausur regelhaft unterbleiben. Eine entsprechende, knappe Begründung genügt auch für Unionsbürger, also für Personen, die keine deutsche, aber eine Staatsangehörigkeit aus einem anderen Mitgliedstaat der Europäischen Union besitzen.

(2) Amtsträger

Keine Beschwerdefähigkeit in diesem Sinne kommt dagegen Amtsträgern *in dieser Eigenschaft* (etwa als Bundestagsabgeordnete oder Minister) zu, da sie insofern als Organe des Staates und nicht als natürliche Personen handeln. Das bedeutet allerdings nicht, dass sich nicht auch Amtsträger an das Bundesverfassungsgericht wenden können, soweit sie *als Privatpersonen* betroffen sind.[81]

(3) Minderjährige und Geisteskranke

Minderjährige und Geisteskranke sind ohne Weiteres beschwerdefähig. Problematisch ist bei diesen Personen die Prozessfähigkeit (dazu unten III. 2. a) cc)).

(4) Juristische Personen

Gemäß Art. 19 Abs. 3 GG sind prinzipiell nicht nur natürliche, sondern auch juristische Personen grundrechtsfähig; sie können folglich auch Verfassungsbeschwerde erheben. Festgestellt werden muss insofern zunächst, dass eine juristische Person iSd Art. 19 Abs. 3 GG vorliegt (a). Ferner müssen nach Art. 19 Abs. 3 GG die gerügten Grundrechte ihrem Wesen nach auf juristische Personen anwendbar (b) und schließlich bei der konkreten Beschwerdeführerin die Merkmale einer *inländischen* juristischen Person iSd Art. 19 Abs. 3 GG gegeben sein (c).

(a) Für die *verfassungsrechtliche* Bestimmung einer juristischen Person iSd Art. 19 Abs. 3 GG kann schon aus Gründen der Normenhierarchie nicht die einfachgesetzliche Anerkennung maßgeblich sein. Der Begriff der juristischen Person muss vielmehr eigenständig ausgelegt werden. Zu wählen ist insofern eine tendenziell großzügige, grundrechtsfreundliche Auslegung. Danach sind als juristische Person nicht nur die juristischen Personen im Sinne des Privatrechts zu qualifizieren. Entscheidend ist vielmehr eine funktionale Betrachtungsweise, die darauf abstellt, ob die Personenvereinigung eine hinreichende Binnenorganisation aufweist, die ihr eine einheitliche Willensbildung und Vertretung nach außen ermöglicht. Insofern ist

---

81 Vgl. zum Sonderproblem der Verfassungsbeschwerde eines Beamten unten Kap. 3, Fall 7: Das verunglimpfte Staatssymbol. Aus der jüngeren Judikatur zum Problem der Meinungsfreiheit eines Politikers und den Verpflichtungen eines Bundesministers etwa BVerfG, Urt. des Zweiten Senats v. 09. Juni 2020 – 2 BvE 1/19.

bürgerlich-rechtliche Rechtsfähigkeit aber immerhin ein *deutliches Indiz* für die hinreichende Organisation und Fähigkeit zur Willensbildung. Deshalb ist juristischen Personen des Privatrechts im Sinne eines Erst-recht-Schlusses auch die weiter zu verstehende verfassungsrechtliche Qualität einer juristischen Person zuzuerkennen. Darüber hinaus kann aber etwa auch eine (Außen-)GbR im Sinne des Verfassungsrechts als juristische Person qualifiziert werden.

(b) Art. 19 Abs. 3 GG bezweckt, juristischen Personen einen eigenständigen Grundrechtsschutz zu gewähren. Grundrechte sind daher „*ihrem Wesen nach*" auf juristische Personen *des Privatrechts* anwendbar, wenn die Lage der juristischen Person mit der Lage einer natürlichen Person vergleichbar ist. Dies ist dann der Fall, wenn – im konkreten Fall für die gerügten Grundrechte – auch für die juristische Person eine *grundrechtstypische Gefährdungslage* besteht. Von vornherein scheidet die wesensmäßige Anwendung von Grundrechten aus, wenn das in Betracht kommende Grundrecht an *natürliche* Qualitäten anknüpft, denn diese fehlen der juristischen Person (kein Schutz der Menschenwürde, des Lebens oder der Gesundheit).[82]

Für juristische Personen *des öffentlichen Rechts* besteht grundsätzlich keine vergleichbare Gefährdungslage. Sie können sich allerdings auf Prozessgrundrechte berufen und darüber hinaus auf solche Grundrechte, die insbesondere zu ihrem Schutz bestimmt sind. Das betrifft die traditionelle „Ausnahmetrias" der als Körperschaften oder Anstalten des öffentlichen Rechts organisierten Universitäten (im Hinblick auf das Grundrecht der Wissenschaftsfreiheit), Religionsgemeinschaften (v. a., aber nicht nur im Hinblick auf die Religionsfreiheit) sowie Rundfunkanstalten (im Hinblick auf die Rundfunkfreiheit). Bei diesen handelt es sich „durchweg um juristische Personen des öffentlichen Rechts, die den Bürgern auch zur Verwirklichung ihrer individuellen Grundrechte dienen, und die als eigenständige, vom Staat unabhängige oder jedenfalls distanzierte Einrichtungen bestehen".[83]

Die verfassungsgerichtliche Rechtsprechung verlangt jedoch weitere Differenzierungen und ergänzt das formale Kriterium der Organisationsform durch das materielle Kriterium der durch die Organisation konkret erfüllten Funktion. Danach erstreckt sich der Grundrechtsschutz (und folglich die Beschwerdefähigkeit) zwar eindeutig nicht auf juristische Personen des öffentlichen Rechts, soweit diese öffentliche Aufgaben wahrnehmen. Etwas anderes kann aber außerhalb des gesetzlich zugewiesenen Aufgabenkreises gelten. Umgekehrt kann die funktionelle Zuordnung die Grundrechtsfähigkeit auch einer juristischen Person des Privatrechts in Zweifel ziehen, soweit diese (gesetzlich zugewiesene) öffentliche Aufgaben etwa der Daseinsvorsorge zu erfüllen hat. Umstritten ist ferner die Grundrechtsfähigkeit sog. gemischt-wirtschaftlicher Unternehmen, also von Unternehmen in Privatrechtsform mit privaten und öffentlichen Anteilseignern. Hier ist es mit Blick auf die grundrechtliche Schutzwürdigkeit der beteiligten Privaten selbst bei einer staatlichen Mehrheitsbeteiligung problematisch, die Grundrechtssubjektivität abzulehnen.[84]

---

82 *Kingreen/Poscher*, Grundrechte – Staatsrecht II, 35. Aufl. 2019, Rn. 212 ff.
83 BVerfGE 61, 82 (103) – Sasbach. Teilweise wird die Grundrechtsfähigkeit auch für öffentlich-rechtliche Einrichtungen (v. a. Museen und Theater) angenommen, deren überkommener und spezifischer Zweck die Förderung der Kunst iSd Art. 5 Abs. 3 GG ist, s. *Michael/Morlok*, Grundrechte, 7.. Aufl. 2020, Rn. 462.
84 Zur Vertiefung *Schnapp*, in: Merten/Papier, Handbuch der Grundrechte, Bd. II, 2006, § 52 Rn. 8 ff.

(c) Inländisch iSd Art. 19 Abs. 3 GG ist eine juristische Person, wenn ihr Sitz – im Sinne ihres tatsächlichen Tätigkeitsmittelpunkts – im Gebiet der Bundesrepublik liegt.[85]

Nach der Rechtsprechung des Bundesverfassungsgerichts können sich trotz der Beschränkung des Art. 19 Abs. 3 GG auf inländische juristische Personen auch juristische Personen aus der Europäischen Union auf die wesensmäßig anwendbaren Grundrechte berufen, jedenfalls soweit das einschlägige Grundrecht kein Deutschengrundrecht ist. Methodisch gelingt die Anwendung des Art. 19 Abs. 3 GG auf juristische Personen aus der Europäischen Union nicht über eine extensive Interpretation des Merkmals „inländisch". Vielmehr geht das Bundesverfassungsgericht von einer Anwendungserweiterung des Grundrechtsschutzes aus. Es „entspricht den durch die europäischen Verträge übernommenen vertraglichen Verpflichtungen, wie sie insbesondere in den europäischen Grundfreiheiten und – subsidiär – dem allgemeinen Diskriminierungsverbot des Art. 18 AEUV zum Ausdruck kommen, (…) eine Ungleichbehandlung in- und ausländischer Unternehmen aus der Europäischen Union" nicht hinzunehmen. Diese Grundfreiheiten und das allgemeine Diskriminierungsverbot „drängen insoweit die in Art. 19 Abs. 3 GG vorgesehene Beschränkung der Grundrechtserstreckung auf inländische juristische Personen zurück". Über Art. 19 Abs. 3 GG kann eine ausländische juristische Person die Grundrechte für sich dann in Anspruch nehmen, wenn „ein hinreichender Inlandsbezug" besteht. Dies ist regelmäßig der Fall, „wenn die ausländische juristische Person in Deutschland tätig wird und hier vor den Fachgerichten klagen und verklagt werden kann".[86] Umstritten bleibt allerdings die hiervon zu unterscheidende Frage, ob sich eine juristische Personen aus der Europäischen Union trotz der Anwendbarkeit des Art. 19 Abs. 3 GG auf die Berufsfreiheit des Art. 12 GG berufen kann. Das Bundesverfassungsgericht hat Zweifel daran geäußert, ob für diese juristischen Personen eine Berufung auf Art. 12 Abs. 1 GG in Betracht kommt, „da dieser nach seinem eindeutigen Wortlaut nur für Deutsche gilt".[87] Da die Verfassungsbeschwerde aus anderen Gründen unzulässig war, konnte das Gericht die Frage letztlich offen lassen. Es hat aber doch Sympathie dafür erkennen lassen, das „bei inländischen juristischen Personen über Art. 12 Abs. 1 GG gewährleistete Schutzniveau bei ausländischen juristischen Personen über das subsidiär anwendbare allgemeine Freiheitsgrundrecht des Art. 2 Abs. 1 GG" und eben nicht über Art. 12 Abs. 1 GG „sicherzustellen."[88]

cc) Prozessfähigkeit

Von der Beschwerdefähigkeit zu unterscheiden ist die Prozessfähigkeit (häufig auch: Verfahrensfähigkeit). Hierunter versteht man die Fähigkeit, die erforderlichen Verfahrenshandlungen im Prozess selbst oder durch einen *selbst bestellten* Bevollmächtigten vornehmen lassen zu können. Die fehlende Prozessfähigkeit schließt allerdings nicht die Möglichkeit aus, Verfassungsbeschwerde zu erheben. Prozessunfähige Personen müssen (lediglich) *gesetzlich* vertreten werden.

Für die Prozessfähigkeit ist nicht auf die bürgerliche Geschäftsfähigkeit abzustellen, sondern auf die sog. *Grundrechtsmündigkeit*. Hierunter wird die Fähigkeit verstanden,

---

[85] BVerfGE 21, 207 (209) – Flächentransistor; *Kingreen/Poscher*, Grundrechte – Staatsrecht II, 35. Aufl. 2019, Rn. 210.
[86] BVerfGE 129, 78 (97 ff.) – Anwendungserweiterung.
[87] BVerfG, NJW 2016, 1436 (1436) mAnm *Ruffert*, JuS 2016, 1044 f.
[88] BVerfG, NJW 2016, 1436 (1437).

III. Grundrechte

die eigene Grundrechtsposition wahrzunehmen. Bei Minderjährigen wird dies mit zunehmendem Alter häufig anzunehmen sein – ein bekanntes Beispiel für ein einfachgesetzliches Indiz für eine entsprechende spezielle Mündigkeit liefert das Recht des Kindes, das das 14. Lebensjahr vollendet hat, über sein religiöses Bekenntnis selbst zu bestimmen (§ 5 S. 1 RelKErzG). Ähnliches wird man wohl auch bei psychisch Kranken annehmen müssen; eine pauschale Verweigerung der Prozessfähigkeit verkennt deren jedenfalls partiell vorhandene Einsichtsfähigkeit und Grundrechtsmündigkeit. Bei juristischen Personen handeln demgegenüber stets nur die entsprechend legitimierten Organe, beispielsweise der Geschäftsführer einer GmbH als deren Vertreter (§ 35 Abs. 1 GmbHG).

dd) Postulationsfähigkeit

Kaum klausurrelevant ist die Postulationsfähigkeit. Sie beschreibt die Fähigkeit, vor einem Gericht[89] *wirksam* Prozesshandlungen vornehmen zu können. In höheren Instanzen darf häufig nur ein Rechtsanwalt die Prozesshandlungen vornehmen. Ein solcher Anwaltszwang besteht im Verfassungsprozess allerdings nach § 22 Abs. 1 Hs. 1 BVerfGG grundsätzlich nicht; lediglich Handlungen in der mündlichen Verhandlung dürfen nur durch einen Rechtsanwalt oder einen Rechtslehrer an einer staatlichen oder staatlich anerkannten Hochschule vorgenommen werden (§ 22 Abs. 1 S. 1 Hs. 2 BVerfGG).

ee) Beschwerdegegenstand

Gemäß Art. 93 Abs. 1 Nr. 4a GG, § 90 Abs. 1 BVerfGG muss die behauptete Verletzung durch die öffentliche Gewalt erfolgen. Tauglicher Beschwerdegegenstand ist demnach jeder Akt der Exekutive, Judikative oder Legislative (Gesetze, Verwaltungsakte, schlichthoheitliches Handeln, Gerichtsurteile [vgl. §§ 94 Abs. 3, 95 Abs. 2 BVerfGG]). Erfasst ist nicht nur aktives Handeln, sondern auch (echtes)[90] Unterlassen aller drei Gewalten, vgl. §§ 92, 95 Abs. 1 S. 1 BVerfGG.

ff) Beschwerdebefugnis

Gemäß § 90 Abs. 1 BVerfGG erfordert die Erhebung einer Verfassungsbeschwerde die Behauptung des Beschwerdeführers, durch die angegriffene Maßnahme (dh den Beschwerdegegenstand) in einem seiner Grundrechte verletzt zu sein. An dieser Stelle bestehen deutliche Parallelen zwischen der Verfassungsbeschwerde und den Verfahren des Staatsorganisationsrechts, die eine Antragsbefugnis nach § 64 Abs. 1 BVerfGG verlangen. Hier wie dort reicht entgegen dem (insoweit missverständlichen) Normwortlaut die bloße Behauptung der Rechtsverletzung als solche nicht aus. Der Beschwerdeführer muss seine Behauptung vielmehr hinreichend plausibel machen, indem er zumindest die Möglichkeit einer solchen Verletzung begründet darlegt. Im Rahmen der

---

89 „Vor einem Gericht" ist nicht wörtlich zu verstehen. Die Formulierung bedeutet nicht nur die Situation einer mündlichen Verhandlung, sondern beschreibt jede Prozesshandlung, die gegenüber dem Gericht vorzunehmen ist, etwa die schriftliche Erhebung der Beschwerde.
90 Da sich fehlerhaftes Handeln (Tun) der staatlichen Gewalt zugleich als das Unterlassen fehlerlosen Handelns beschreiben lässt, soll der Begriff des echten Unterlassens deutlich machen, dass die staatliche Gewalt überhaupt nicht gehandelt hat, mit Blick auf den Gesetzgeber bedeutet dies, dass trotz (behaupteter) verfassungsrechtlicher Pflicht keine Norm erlassen wurde (und nicht der Gesetzgeber seiner Normerlasspflicht nur in unzureichender Weise nachkam – unechtes Unterlassen).

Verfassungsbeschwerde sind dabei allerdings differenziertere Ausführungen erforderlich als im Rahmen der Antragsbefugnis beim Organ- und Bund-Länder-Streit. Im Einzelnen ist daher zu prüfen:

(1) *Möglichkeit der Grundrechtsverletzung*: Die Verletzung darf – im Sinne einer Negativprüfung – nicht schlechthin ausgeschlossen erscheinen. Der persönliche Schutzbereich bedarf insbesondere der vertieften Erörterung, wenn der Beschwerdeführer ein EU-Ausländer ist. In Anlehnung an BVerfGE 129, 78 (91) ist es allerdings auch vertretbar, sich im Rahmen der Zulässigkeitsprüfung auf folgenden kurzen Satz zu beschränken: „Angesichts der unionsrechtlichen Diskriminierungsverbote erscheint es jedenfalls möglich, dass der Beschwerdeführer als EU-Bürger Träger des Grundrechts nach Art. ... GG ist."
Wird ein Unterlassen *des Gesetzgebers* gerügt, so wird häufig die Möglichkeit einer Grundrechtsverletzung nur mit Blick auf die (behauptete) Nichterfüllung grundrechtlicher Schutzpflichten in Betracht kommen. Das Bundesverfassungsgericht stellt hier wegen der grundsätzlichen weiten Einschätzungsprärogative des Gesetzgebers strenge Anforderungen an die Zulässigkeit einer solchen Verfassungsbeschwerde. Im konkreten Fall ist herauszuarbeiten, dass „die öffentliche Gewalt Schutzvorkehrungen entweder überhaupt nicht getroffen hat oder dass offensichtlich die getroffenen Regelungen und Maßnahmen gänzlich ungeeignet oder völlig unzulänglich sind, das Schutzziel zu erreichen".[91]

(2) *Eigene* Beschwer: Erforderlich ist ein Betroffensein in eigenen Grundrechten durch den angegriffenen Akt öffentlicher Gewalt (eine Prozessstandschaft ist also nicht möglich). Die Selbstbetroffenheit ist insbesondere dann unproblematisch anzunehmen und zu bejahen, wenn der Beschwerdeführer selbst Adressat der mit der Verfassungsbeschwerde angegriffenen Norm, Gerichtsentscheidung oder eines sonstigen Einzelaktes ist.[92]

(3) *Gegenwärtige* Beschwer: Der Beschwerdeführer muss *schon oder noch* (also aktuell) in seinen Rechten betroffen sein. Eine noch nicht realisierte, sondern erst in der Zukunft drohende („virtuelle") Beschwer genügt ebenso wenig wie eine in der Vergangenheit liegende Betroffenheit, die in der Gegenwart keine Folgen mehr hervorruft. Ausreichend ist eine lediglich drohende Beschwer allerdings dann, wenn sie sich bereits jetzt auf die Gegenwart auswirkt, etwa weil bereits jetzt der Beschwerdeführer eine später nicht mehr revidierbare Handlung vornehmen muss.

(4) *Unmittelbare* Beschwer: Dieses Erfordernis ist insbesondere in Bezug auf Verfassungsbeschwerden gegen Gesetze relevant. Es fehlt dann, wenn die Beschränkung der Grundrechtsposition nicht durch das Gesetz selbst, sondern erst durch einen nachgelagerten Vollzugsakt erfolgt. Eine unmittelbare Betroffenheit durch ein Gesetz selbst ist dagegen – ausnahmsweise – dann zu bejahen, wenn das Gesetz „selfexecuting", also auf keinen weiteren Vollzugsakt angewiesen ist. Außerdem kann auf das Erfordernis der Unmittelbarkeit verzichtet werden, wenn dem betroffenen Bürger ein Abwarten eines Vollzugsaktes nicht zugemutet werden kann. Letzteres nimmt das Bundesverfassungsgericht insbesondere dann an, wenn der exekutive Vollzugsakt zugleich eine Straf- oder Bußgeldbewährung ausspricht.[93]

---

91 BVerfGE 77, 170 (215) – Lagerung chemischer Waffen.
92 *Pestalozza*, Verfassungsprozessrecht, 3. Aufl. 1991, § 12 II Rn. 41; BVerfGE 102, 197 (206 f.) – Spielbankgesetz Baden-Württemberg.
93 Vgl. etwa BVerfGE 81, 70 (82).

III. Grundrechte

▶ **BEISPIELSFALL:** Der Gesetzgeber erschwert gegenüber der bisherigen Regelung den Bezug von Berufsunfähigkeitsrente. Der Beschwerdeführer muss deshalb, möchte er sich seinen bislang bereits erworbenen Anspruch auf Rente im Fall der Berufsunfähigkeit erhalten, nunmehr wieder monatliche Beiträge entrichten. Der Beschwerdeführer ist *selbst* betroffen, weil er aufgrund der angegriffenen Regelungen im Falle des Eintrittes seiner Berufsunfähigkeit ohne weitere Beitragszahlungen keine Rente erhalten kann. Er ist auch *gegenwärtig* betroffen, obwohl beim Beschwerdeführer der Versicherungsfall bisher nicht eingetreten ist. „Will der von den angegriffenen Regelungen Betroffene seine Rechtsposition aufrechterhalten, so muss er monatliche Mindestbeiträge entrichten. Das kann er später nicht nachholen. Aus diesem Grund fehlt es auch nicht an der *unmittelbaren* Betroffenheit (…) durch die angegriffenen Regelungen. Zwar ist für die Festsetzung einer Rente ein Verwaltungsakt (Bescheid) erforderlich; der Beschwerdeführer kann indessen seine Rechtsstellung nur durch Beitragszahlungen aufrechterhalten, zu denen er unmittelbar nach dem Gesetz verpflichtet ist, ohne dass es eines Vollziehungsaktes bedarf. Unterlässt er weitere Beitragszahlungen, bleibt ihm ein Anspruch auf Berufs- oder Erwerbsunfähigkeitsrente unwiderruflich versagt".[94] ◀

(5) *Spezifische Grundrechtsverletzung*: Diese Anforderung ist insbesondere bei der Urteilsverfassungsbeschwerde zu prüfen. Weil das Bundesverfassungsgericht auch im Rahmen der Verfassungsbeschwerde keine Überprüfung möglicher Verstöße gegen das einfache (Gesetzes-)Recht vornimmt, sondern seine Kontrolle auf das Verfassungsrecht beschränkt, muss auch die Behauptung des Beschwerdeführers im Rahmen der Beschwerdebefugnisprüfung sich auf die mögliche Verletzung solcher prüfungsrelevanter Rechtspositionen beziehen.

gg) Rechtsschutzbedürfnis[95]

Anders als bei den bereits vorgestellten Verfahren des Staatsorganisationsrechts ist im Rahmen der Verfassungsbeschwerde das Rechtsschutzbedürfnis nicht einfach unter Verweis auf die Beschwerdebefugnis als indiziert anzunehmen. Denn anders als im staatsorganisationsrechtlichen Bereich besteht prinzipiell die Möglichkeit, gegen die gerügte Grundrechtsverletzung Rechtsschutz auch vor den einfachen Gerichten zu erhalten. Auch diese sind nach Art. 1 Abs. 3 GG grundrechtsgebunden und daher berufen, vorhandenen Grundrechtsverletzungen entgegenzuwirken. Die Anrufung des Bundesverfassungsgerichts ist deswegen hier regelmäßig nicht die einzige, sondern nur die letzte Rechtsschutzoption. Zum Zwecke der Entlastung des Gerichts wird deshalb die **formelle und materielle Subsidiarität** der Verfassungsbeschwerde postuliert. Diese beiden Aspekte sind unter der Überschrift des Rechtsschutzbedürfnisses stets anzusprechen.

(1) Rechtswegerschöpfung (formelle Subsidiarität)

Gemäß § 90 Abs. 2 S. 1 BVerfGG muss, falls der Rechtsweg zu den einfachen Gerichten grundsätzlich eröffnet ist, dieser auch beschritten werden. Grundsätzlich gibt es

---

94 BVerfGE 75, 78 (95) – Erwerbsunfähigkeitsrente (grammatikalisch angepasst).
95 Teilweise wird die Rechtswegerschöpfung als eigenständiger Prüfungspunkt (*Schlaich/Korioth*, Das Bundesverfassungsgericht, 11. Aufl. 2018, vor Rn. 206) eingeordnet, teilweise dagegen – wie hier – nur als Teil des Rechtsschutzbedürfnisses angesehen (*Kingreen/Poscher*, Grundrechte – Staatsrecht II, 35. Aufl. 2019, Rn. 1317 ff.).

wegen Art. 19 Abs. 4 GG bei allen Grundrechtsverletzungen durch die Exekutive einen Rechtsweg. Demgegenüber kennt das deutsche Recht keine prinzipale Normenkontrolle gegenüber Gesetzen (insbesondere erfasst § 47 VwGO nur die dort genannten untergesetzlichen Normen; auch die zunehmend für zulässig erachtete Variante, eine „verdeckte Normenkontrolle" über die Feststellungsklage nach § 43 VwGO zu ermöglichen, wird jedenfalls nicht auf Parlamentsgesetze bezogen). Alle prozessualen Möglichkeiten sind auszuschöpfen; dh, dass prinzipiell eine Verfassungsbeschwerde nur gegen eine letztinstanzliche Entscheidung zulässig ist. Liegt eine solche Entscheidung laut Sachverhalt vor, kann die Prüfung entsprechend knapp gestaltet werden. Im Übrigen ist stets zu überlegen, ob dem Beschwerdeführer nicht noch Rechtsmittel zur Verfügung gestanden hätten. Es kommt dabei nicht darauf an, ob er sie zum gegenwärtigen Zeitpunkt noch nutzen kann; so steht etwa auch die schuldhaft versäumte Revisionsfrist der Rechtswegerschöpfung entgegen.

(2) (Materielle) Subsidiarität

Das Bundesverfassungsgericht geht in seiner Auslegung des § 90 Abs. 2 S. 1 BVerfGG noch über die Voraussetzung eines direkten Vorgehens gegen die angegriffene Maßnahme mittels eines explizit eingeräumten Rechtsweges hinaus und entnimmt der Regelung zusätzlich den Grundsatz der materiellen Subsidiarität. Über das beschriebene Erfordernis, einen Instanzenzug bis zum Ende zu durchlaufen, hinaus darf demnach auch kein sonstiger, einfacherer Weg zur Beseitigung der Grundrechtsverletzung bestehen. Dementsprechend kann ein Beschwerdeführer etwa gehalten sein, auch nach einer letztinstanzlichen Entscheidung im einstweiligen Rechtsschutz zunächst noch das gesamte Hauptsacheverfahren (das „normale", also nicht beschleunigte Verfahren) zu betreiben. Ferner muss der Bürger insbesondere bei Rechtssatzbeschwerden uU auch auf indirektem Wege gegen die gerügte Norm vorgehen und dafür zunächst einen Umsetzungsakt der Verwaltung (etwa eine Unterlassungsverfügung) oder eine Entscheidung der Strafgerichte abwarten, um sodann diesen vor den Gerichten rügen und auf diese Weise eine implizite Normenkontrolle erreichen zu können.

(3) Ausnahmen

§ 90 Abs. 2 S. 2 BVerfGG enthält eine geschriebene Ausnahmemöglichkeit zum Grundsatz der Rechtswegerschöpfung. Demnach kann von diesem Grundsatz in Fällen von allgemeiner Bedeutung oder bei Unzumutbarkeit für Beschwerdeführer abgewichen werden.

In entsprechender Anwendung des § 90 Abs. 2 S. 2 BVerfGG ist auch die materielle Subsidiarität begrenzt: Deshalb steht etwa das Abwarten bzw. die Hinnahme des Umsetzungsaktes stets unter dem Vorbehalt der Zumutbarkeit. Unzumutbar ist es insbesondere, wenn dem Beschwerdeführer durch den Umsetzungsakt ein irreversibler Schaden droht oder er auf diese Weise Zweifel an seiner gewerberechtlichen Zuverlässigkeit provoziert.[96] Aber auch die (grundsätzlich reversible) Belastung durch einen Umsetzungsakt in Form eines Strafbefehls oder Bußgeldbescheides kann als unzumutbar gewertet werden. Erst recht gilt dies für den Erlass eines Strafurteils.

---

[96] Vgl. BVerfGE 138, 261 (272) – Samstagsarbeit.

III. Grundrechte

(4) Rechtsschutzbedürfnis im Übrigen

Die Zulässigkeit einer Verfassungsbeschwerde setzt voraus, dass ein Rechtsschutzbedürfnis für die Aufhebung des angegriffenen Hoheitsaktes oder jedenfalls für die Feststellung seiner Verfassungswidrigkeit besteht. Dieses Rechtsschutzbedürfnis ist grundsätzlich durch das Vorliegen der übrigen Zulässigkeitsvoraussetzung indiziert. Problematisch ist sein Vorliegen allerdings, wenn sich die Maßnahme im Zeitpunkt der Entscheidung des Bundesverfassungsgerichts erledigt hat. Von einem (Fort-)Bestehen des Rechtsschutzbedürfnisses ist im Falle der Erledigung aber dennoch vor allem auszugehen, wenn eine Wiederholung der angegriffenen Maßnahmen zu besorgen ist oder ein besonders tiefgreifender Grundrechtsverstoß vorliegt, dessen direkte Belastung durch den angegriffenen Hoheitsakt sich auf eine Zeitspanne beschränkt, in welcher der Betroffene nach dem regelmäßigen Geschäftsgang eine Entscheidung des Bundesverfassungsgerichts kaum erlangen kann. Andernfalls würde der Grundrechtsschutz unzumutbar verkürzt.[97]

hh) Beschwerdehindernis der Rechtskraft

Das mögliche Beschwerdehindernis der entgegenstehenden Rechtskraft besagt, dass es keine bereits bestehende Entscheidung des Bundesverfassungsgerichts über diesen Beschwerdegegenstand dieses Beschwerdeführers geben darf; eine nochmalige Prüfung in derselben Angelegenheit ist unzulässig. Regelhaft wird dies in Klausuren nicht der Fall sein; soweit der Sachverhalt keine diesbezüglichen Anhaltspunkte enthält, sollte daher dieser Prüfungspunkt weggelassen werden.

ii) Form und Frist

(1) **Form:** Gemäß § 23 Abs. 1 S. 1 BVerfGG besteht ein Schriftformerfordernis, und gemäß § 23 Abs. 1 S. 2 BVerfGG ist eine Begründung mit Inhalt nach § 92 BVerfGG erforderlich. Beides wird in Klausuren regelmäßig mangels näherer Angaben im Sachverhalt zu unterstellen sein.

(2) **Frist:** Grundsätzlich beträgt die Beschwerdefrist einen Monat, § 93 Abs. 1 S. 1 BVerfGG, für deren Berechnung die Vorschriften der ZPO und des BGB analog gelten. Dabei beginnt die Frist idR mit der Zustellung des letztinstanzlichen Urteils. Falls ausnahmsweise kein Rechtsweg eröffnet ist – also insbesondere bei der Verfassungsbeschwerde gegen ein Gesetz –, beträgt die Frist ein Jahr, § 93 Abs. 3 BVerfGG. Sie beginnt regelmäßig mit dem Inkrafttreten des Gesetzes. Die Berechnung kann Schwierigkeiten bereiten, wenn es sich um ein Änderungsgesetz handelt. Grundsätzlich beginnt die Jahresfrist nur für die geänderten Vorschriften neu zu laufen; andere Vorschriften können (nur) dann auch innerhalb dieser Jahresfrist angegriffen werden, wenn von diesen, etwa aufgrund eines umgestalteten Umfelds, neue Belastungen ausgehen.

Wird die Frist versäumt, kann (nur) für die Urteilsverfassungsbeschwerde unter den Voraussetzungen des § 93 Abs. 2 BVerfGG Wiedereinsetzung in den vorigen Stand erfolgen.

---

97 BVerfGE 81, 138 (140 f.) – Untersuchungshaft; 83, 341 (352) – Bahá'í.

b) Begründetheit

aa) Einstieg in die Prüfung

Die Prüfung wird eingeleitet mit einem *Obersatz*, der die Aufgabenstellung aufnimmt und zugleich den weiteren Prüfungsaufbau vorstrukturiert, indem er die entscheidenden folgenden Prüfungsschritte benennt. Der erste Satz gilt dabei noch für alle Grundrechtsprüfungen gleichermaßen; er kann in Anlehnung an § 90 BVerfGG wie folgt formuliert werden: „Die Verfassungsbeschwerde ist begründet, wenn ein Grundrecht oder grundrechtsgleiches Recht durch den (in der Klausur präzise zu benennenden) angegriffenen Akt der öffentlichen Gewalt verletzt ist, Art. 93 Abs. 1 Nr. 4a GG, § 90 BVerfGG."

Im Folgenden unterscheidet sich danns die Prüfungsreihenfolge je nachdem, welche Art von Grundrechtsverletzung geltend gemacht wird – Verletzung eines Freiheits- oder Gleichheitsrechts, eines Abwehrrechts oder eines Schutzanspruchs? Dabei ist terminologisch zwischen Eingriff und Rechtfertigung zu unterscheiden: Der Eingriff bezeichnet die Grundrechtsbeeinträchtigung ohne Rücksicht auf die Rechtfertigung; Verletzung ist der ungerechtfertigte Eingriff. Der zweite Teil des Obersatzes sollte diese Besonderheiten aufnehmen und damit schon zu Beginn der Prüfung auf den sich anschließenden Prüfungsaufbau hinweisen. In dem typischen Fall einer etwaigen Verletzung eines Freiheitsrechts ist daher fortzufahren: „Eine solche Verletzung liegt vor, wenn ein Eingriff in ein Grundrecht des Beschwerdeführers gegeben ist und dieser Eingriff sich nicht rechtfertigen lässt."

bb) Allgemeines zu Struktur und Sinn der gestuften Grundrechtsprüfung

Damit ist die für die Grundrechtsprüfung charakteristische spezifische gestufte Prüfungs- und Argumentationsfolge angesprochen. Grundsätzlich wird (bei Freiheitsrechten) unterschieden zwischen den beiden Fragen nach dem Eingriff in einen speziellen Schutzbereich und dessen möglicher Rechtfertigung. Letztere erfolgt über besondere der Grundrechtsausübung gesetzte (v. a.: gesetzliche) Schranken, die ihrerseits aber wiederum den Anforderungen der Verfassung genügen müssen (sog. Grundrechtsschrankenschranken).

- Der *Schutzbereich* (auch: Grundrechtstatbestand) bezeichnet dabei den von einer Grundrechtsnorm umschriebenen speziellen Lebensbereich, innerhalb dessen von dem konkreten Grundrecht Gebrauch gemacht werden kann.
- Ein *Eingriff* in diesen Schutzbereich wird angenommen, wenn dem Staat zurechenbare Maßnahmen das tatbestandlich Gewährleistete gegen den Willen des Grundrechtsträgers verkürzen.[98] In der Klausur geht es an dieser Stelle vor allem darum, ein bestimmtes Handeln einem Grundrecht zuzuordnen, es unter Zuhilfenahme der einschlägigen Definitionen[99] dem jeweiligen Schutzbereich zu subsumieren und festzustellen, ob die gerügte staatliche Maßnahme einen Eingriff in diesen Schutzbereich konstituiert.
- Dieser Eingriff lässt sich ggf. aber *rechtfertigen*. Die Etablierung von Grundrechten mit spezifischen Schutzbereichen bedeutet einen prima-facie-Schutz, errichtet also

---

[98] So das sog. moderne Eingriffsverständnis, zur Abgrenzung zum sog. klassischen Eingriffsbegriff s. den Beispielsfall unter 3. c) bb) (2).

[99] Vgl. dazu grds. *Frenzel*, Das Definieren von Rechtsbegriffen – Beispiele aus dem Verfassungsrecht, ZJS 2009, 487 ff.

III. Grundrechte

zunächst Handlungsverbote für staatliches Handeln. Allerdings gelten diese Beschränkungen nicht absolut, weil umgekehrt auch die Grundrechtsausübung angesichts konkurrierender Individual- oder Kollektivinteressen des Ausgleichs und der Begrenzung bedarf. Diese Begrenzung erfolgt primär über die verfassungsnormativ vorgesehenen besonderen *Grundrechtsschranken*. Bei ihnen handelt es sich gewissermaßen um die negative Kehrseite des positiven Grundrechtstatbestandes; der von diesem garantierte prima-facie-Schutz steht also unter dem Vorbehalt einer verfassungslegitimen Beschränkung. Allerdings ist auch die zur Schrankenziehung legitimierte Staatsgewalt an die Grundrechte gebunden. Die hieraus abgeleiteten Grenzen der Grundrechtsbegrenzung werden als *Grundrechtsschrankenschranken* bezeichnet. Von besonderer Bedeutung ist dabei die Prüfung der Verhältnismäßigkeit (Übermaßverbot). In der Klausur ist insoweit zunächst die Beschränkbarkeit des konkreten Grundrechts darzustellen und sodann zu prüfen, inwieweit diesen Vorgaben durch die konkrete Beschränkung Genüge getan wurde. Innerhalb der Verhältnismäßigkeit ist schließlich eine wiederum gestufte Prüfungsreihenfolge einzuhalten.

Diese gestufte Prüfungsstruktur besitzt für die Praxis wie für die Klausursituation deutliche Vorteile: Sie verdeutlicht die grundsätzliche Trennung zwischen dem prima-facie-Schutz und dem Eingriffverbot einerseits und den besonderen verfassungsrechtlichen Rechtfertigungsvoraussetzungen andererseits. Zugleich wird damit der Prüfungsaufbau unterteilt in einen tendenziell als Subsumtionsprozess ausgestalteten Teil und einen die konkurrierenden Rechtsgüter und die Intensität ihrer jeweiligen Betroffenheit zueinander ins Verhältnis setzenden Abwägungsprozess.[100] Die getrennte Argumentationsfolge sorgt dabei für eine klarere Abgrenzung dieser unterschiedlichen Anforderungen. Sie begünstigt damit sowohl eine sorgfältige, möglichst wenig wertungsbezogene Subsumtion wie eine angemessene Berücksichtigung konkurrierender Interessen, die zunächst herausgearbeitet und erst am Ende der Prüfung im Sinne der Herstellung „praktischer Konkordanz" abgeglichen werden. Ähnliches gilt im Übrigen auch für die Prüfung von Gleichheitsrechten, wo in einem ersten Schritt das Vorliegen und das Ausmaß einer (Un-)Gleichbehandlung zu behandeln ist, bevor eine in Abhängigkeit zur Intensität der (Un-)Gleichbehandlung entwickelte Rechtfertigungsprüfung vorgenommen wird.

3. Schemata und Aufbauhinweise zur Begründetheitsprüfung

a) Im Überblick: Kurzschemata

aa) Begründetheitsprüfung bei Freiheitsrechten

- Schutzbereichseröffnung: Definition, Subsumtion;
- Eingriff = Verkürzung des tatbestandlich Gewährleisteten gegen den Willen des Grundrechtsträgers (moderner Eingriffsbegriff; erfasst auch sog. mittelbare oder faktische Beeinträchtigungen; grundrechtsspezifische Einschränkungen);
- Verfassungsrechtliche Rechtfertigung (Schranken und Schranken-Schranken).

---

[100] Vgl. zu dieser Differenz näher unten, Kap. 2, II. 3.

bb) Begründetheitsprüfung beim allgemeinen Gleichheitsgrundsatz, Art. 3 Abs. 1 GG

- Vorliegen einer Gleich- oder Ungleichbehandlung, Vergleichsgruppenbildung;
- Willkürverbot bzw. hinreichender sachlicher Grund für diese Behandlungsart.

b) Rechtssatz- und Urteilsverfassungsbeschwerden

Bei der Überprüfung sowohl von möglichen Gleichheits- wie von Freiheitsverletzungen ist ferner zwischen zwei Typen von Verfassungsbeschwerden zu unterscheiden: der Rechtssatz- und der Urteilsverfassungsbeschwerde.

aa) Rechtssatzverfassungsbeschwerde

Die Rechtssatzverfassungsbeschwerde hat als Beschwerdegegenstand ein Gesetz. Daraus ergeben sich spezifische Anforderungen an die Klausurdarstellung: In der **Zulässigkeitsprüfung** ist insofern zu problematisieren, ob die eigentliche Beschwer zumindest potenziell bereits *unmittelbar* durch das Gesetz selbst oder aber (beispielsweise bei einem der Verwaltung eingeräumten Ermessen) erst durch einen nachgeordneten Vollzugsakt erfolgt. Ferner ist hier die Frage zu stellen, ob der Verfassungsbeschwerde der *Grundsatz der materiellen Subsidiarität* entgegensteht, weil der Beschwerdeführer sich leichter und einfacher gegen einen zunächst abzuwartenden Vollzugsakt wehren könnte.

Im Rahmen der **Begründetheit** stellt diese Konstellation dagegen vor keine besonderen Schwierigkeiten. Hier ist nach Schutzbereichs- und Eingriffsprüfung im Rahmen der Rechtfertigungsprüfung bei vorbehaltlos gewährleisteten Grundrechten oder solchen mit qualifiziertem Gesetzesvorbehalt zunächst zu klären, ob das als Eingriff qualifizierte Gesetz den jeweiligen Schrankenanforderungen entspricht. Im Übrigen ist stets auch (bzw. bei Grundrechten mit einfachem Gesetzesvorbehalt: nur) zu untersuchen, ob das Gesetz formell und materiell (dh insbesondere: verhältnismäßig) verfassungskonform ist. Prüfungsmaßstab ist hier allein das höherrangige Verfassungsrecht; eine Rechtswidrigkeit aufgrund möglicher Widersprüche zu gleichrangigen (Parlaments-)Gesetzen scheidet aus. Genügt das Gesetz den beschriebenen Anforderungen, ist der Eingriff gerechtfertigt und die Verfassungsbeschwerde unbegründet. Andernfalls ist sie begründet.

bb) Urteilsverfassungsbeschwerde

Etwas komplizierter ist die Urteilsverfassungsbeschwerde. Hier wendet sich der Beschwerdeführer gegen ein (in der Regel wegen des Gebots der Rechtswegerschöpfung letztinstanzliches) Urteil, das ein grundrechtsbeschränkendes Verhalten des Staates bestätigt oder begründet.

Im Rahmen der *Zulässigkeitsprüfung* ist insofern v. a. die *Rechtswegerschöpfung* zu beachten. Des Weiteren ist im Rahmen der Beschwerdebefugnis genau zu untersuchen, ob tatsächlich eine mögliche *Verletzung von Grundrechten* und nicht nur von einfachem Recht gerügt wird.

Die *Begründetheitsprüfung* ist im Unterschied zur Rechtssatzverfassungsbeschwerde im Rahmen der Rechtfertigungsprüfung zweistufig aufgebaut. Diese Zweistufigkeit beruht darauf, dass vor dem eigentlichen Beschwerdegegenstand, dem staatlichen Einzelakt (bzw. dem diesen bestätigenden Urteil) zunächst das Gesetz, auf das die Maßnah-

III. Grundrechte

me gestützt ist, geprüft werden muss. Denn wegen des Grundsatzes vom Gesetzesvorbehalt (als Konsequenz der Wesentlichkeitslehre) bedarf jede einzelne staatliche Maßnahme, die grundrechtsbeeinträchtigend wirkt (das wird im Rahmen der Schutzbereichs- und der Eingriffsprüfung untersucht), einer gesetzlichen Grundlage. Fehlt diese gesetzliche Grundlage, weil es entweder keine entsprechende Eingriffsermächtigungsnorm gibt oder weil sie wegen Verfassungswidrigkeit nichtig ist, ist auch die darauf gestützte Einzelmaßnahme verfassungswidrig. Darüber hinaus kann jedoch auch bei verfassungskonformer gesetzlicher Grundlage die Anwendung des Gesetzes im Einzelfall verfassungsrechtliche Vorgaben missachten und deshalb für sich genommen bereits verfassungswidrig sein. Die Grundrechtsverletzung kann also bei der Urteilsverfassungsbeschwerde sowohl (schon) auf der Ebene des Gesetzes wie (erst) auf der Ebene der Gesetzesanwendung liegen. Beide Ebenen sind daher separat zu untersuchen.

- In einem *ersten Schritt* muss zunächst entsprechend zum Vorgehen im Rahmen der Rechtssatzverfassungsbeschwerde gefragt werden, ob eine den grundrechtlichen Schrankenanforderungen genügende gesetzliche Grundlage vorliegt und ob diese im weiteren auch formell und materiell verfassungsmäßig ist.
- Wenn dies bejaht wird, muss in einem *zweiten Schritt* gefragt werden, ob auch die Anwendung des Gesetzes im konkreten Einzelfall verfassungskonform war, dh den allgemeinen Vorgaben der Verfassung hinreichend Rechnung getragen hat. Dabei ist darauf zu achten, dass nur die Frage der Verfassungskonformität, nicht dagegen die der richtigen Anwendung des einfachen Rechts vom Bundesverfassungsgericht überprüft wird.[101]

c) Zur Prüfung von Freiheitsgrundrechten

aa) Vorbemerkung

Das erwähnte Schema in der Dreigliederung Schutzbereich – Eingriff – Rechtfertigung ist mit Blick auf die klassische Funktion der Grundrechte als *Eingriffsabwehrrechte* konzipiert worden. Es geht demnach vorrangig um die *Abwehr einer staatlichen Maßnahme*, durch die ein ansonsten mögliches Verhalten des Bürgers unmöglich gemacht oder zumindest erschwert wird. Davon zu unterscheiden sind insbesondere Situationen, in denen nicht primär abwehrrechtliche, sondern eher *leistungsrechtliche* Aspekte des Grundrechtsschutzes thematisiert werden, also der Bürger gerade nicht ein Unterlassen, sondern ein aktives Tun (etwa: Erlass eines Gesetzes/Urteils) des Staates zu seinen eigenen Gunsten erwirken möchte. Ein Vorgehen entlang des folgenden Schemas ist in einer solchen Situation zwar nicht gänzlich ausgeschlossen, erfordert aber zumindest spezifische Modifikationen.[102] In der Fallbearbeitung (v. a. bei entsprechenden Fallkonstellationen in Hausarbeiten) sollte insofern bei der Anwendung der Unterpunkte des Prüfschemas jedenfalls ein entsprechendes Problembewusstsein (beispielsweise: Eingriff durch Unterlassen [der vom Bürger begehrten staatlichen Maßnahme] möglich?) demonstriert werden.

---

101 Vgl. dazu näher sogleich unter 4. a) bb).
102 Zu einem eigenständigen Schema s. u. 4. b).

bb) Zum klassischen Schema im Einzelnen[103]

(1) Schutzbereich

Zuerst ist das Verhalten, in dem sich der Beschwerdeführer durch den Akt der öffentlichen Gewalt beeinträchtigt sieht, einem Schutzbereich zuzuordnen. Hierzu ist es erforderlich, die verfassungsrechtlichen Merkmale des in Frage kommenden Schutzbereichs zu definieren. Exemplarisch: Es ist zu definieren, was ein Beruf iSd Art. 12 Abs. 1 GG ist, was eine Versammlung iSd Art. 8 Abs. 1 GG ausmacht oder wodurch eine Religion iSd des Art. 4 Abs. 1 GG gekennzeichnet ist. Regelmäßig genügt aber diese Definition allein noch nicht für eine Subsumtion des konkreten Falles. Geklärt werden muss nicht nur der Begriff des Berufs, der Versammlung oder Religion, sondern auch die geschützte konkrete Handlungsmodalität, dh die Reichweite des Schutzbereichs. Exemplarisch: Die Berufsausübung ebenso wie die Berufswahl, die Anfahrt zur Versammlung ebenso wie die Auswahl des Versammlungsortes oder das tatsächliche Zusammenkommen auf dem gewünschten Platz, das „Haben" einer religiösen Auffassung ebenso wie ihr Äußern, die Vornahme sakraler Handlungen oder das schlichte Ausrichten des eigenen alltäglichen Lebens an religiösen Vorgaben.

Sind (mit Blick auf den Sachverhalt) die notwendigen Begriffe und Schutzbereichsmodalitäten definiert, ist der konkrete Sachverhalt zu subsumieren. Das Ergebnis lautet dann schlicht: Der Schutzbereich ist eröffnet (oder: nicht eröffnet).

Wie ausführlich in einer Klausur die Auseinandersetzung an dieser Stelle ausfallen muss, hängt von den konkreten Umständen des Sachverhalts ab. Handelt es sich (wie häufig) um eine unproblematische Konstellation, so sollten die Ausführungen eher knapp ausfallen, gelegentlich ist dann auch der Urteilsstil angezeigt.

(2) Eingriff

▶ **BEISPIELSFALL:** Ministerin M warnt die Bevölkerung vor mit chemischen Zusatzstoffen verpanschtem Wein, da dieser gesundheitsgefährdend sein könne. ◀

Ist der Schutzbereich eröffnet, so ist anschließend zu prüfen, ob der gerügte staatliche Akt, das staatliche Handeln, in diesen eingreift. Diesbezüglich wird zwischen einem sog. „klassischen" und einem „modernen" Eingriffsbegriff unterschieden. Mit diesen beiden Schlagworten wird die historische Entwicklung des Eingriffsverständnisses zwar nur holzschnittartig beschrieben. In der Klausur lassen sich aber auf dieser Basis die möglichen Problemkonstellationen gut handhaben.

Vor allem in Konstellationen, in denen sich die Unterscheidung der Eingriffsverständnisse auf die Falllösung auswirkt (typischerweise wird hier schon im Sachverhalt das Vorliegen eines Eingriffs problematisiert werden), sollten die Klausurbearbeiter mit dem klassischen Verständnis beginnen. Danach ist ein Eingriff durch vier Voraussetzungen gekennzeichnet: Die staatliche Maßnahme muss 1. final und nicht bloß unbeabsichtigte Folge eines auf ganz andere Ziele gerichteten Staatshandelns, 2. unmittelbar und nicht bloß zwar beabsichtigte, aber nur mittelbare Folge des Staatshandelns, 3. rechtsförmig, dh ein Rechtsakt mit nicht bloß faktischer Wirkung sein und 4. mit Befehl und Zwang angeordnet und durchgesetzt werden können.

---

103 Vgl. dazu auch *v. Kielmansegg*, Die Grundrechtsprüfung, JuS 2008, 23 ff.

III. Grundrechte

Führt die Subsumtion im konkreten Fall zur Bejahung eines solchen Eingriffs, erübrigen sich Ausführungen zum weiter gehenden modernen Eingriffsbegriff. Verwirklicht das gerügte staatliche Handeln hingegen keinen klassischen Eingriff, so ist auf den *modernen* Eingriffsbegriff einzugehen. Er unterscheidet sich vom klassischen Eingriff dadurch, dass er auf dessen Voraussetzungen verzichtet und stattdessen allein danach fragt, ob die grundrechtsbeschränkende Handlung dem Staat *zurechenbar* ist. Übliche Zurechnungskriterien hierfür sind insbesondere die Kausalität und die Vorhersehbarkeit der Folge. Schon aus klausurtaktischen Gründen ist davon auszugehen, dass regelmäßig zumindest nach dem modernen Eingriffsverständnis ein Grundrechtseingriff vorliegen wird.

▶ **Beispiel:** Die Warnung der Ministerin ist als informelles Handeln weder rechtsförmig noch durch Befehl und Zwang durchsetzbar. Es betrifft auch nicht die Weinhersteller als potenziell in ihrer grundrechtlichen Freiheit aus Art. 12 Abs. 1 GG Geschädigte unmittelbar, da es direkt nur die Verbraucher adressiert. Erst deren möglicherweise verändertes Kaufverhalten wirkt sich negativ auf die Weinhersteller aus. Ein klassischer Eingriff liegt mithin nicht vor. Die Ministerin hat die Änderung des Kaufverhaltens der Bevölkerung jedoch nicht nur objektiv vorhersehen können, sondern dies sogar mit ihrer Äußerung bezweckt. Die Beeinträchtigung der wirtschaftlichen Betätigung der Weinhersteller ist ihr daher zuzurechnen. Damit liegt ein Eingriff im modernen Verständnis vor. ◀

In unproblematischen Fällen, in denen offensichtlich nach beiden Auffassungen ein Eingriff gegeben ist, bietet es sich an, ohne weitere (in der gegebenen Konstellation irrelevante) Diskussion knapp den modernen Eingriff zu definieren – etwa: „Eingriff ist jede Verkürzung des tatbestandlich Gewährleisteten gegen den Willen des Grundrechtsträgers" – und dann darunter zu subsumieren.

(3) Rechtfertigung

Schließlich stellt sich die Frage, ob der Eingriff gerechtfertigt ist. Von der Beantwortung dieser Frage hängt ab, ob das Grundrecht nur beeinträchtigt oder auch verletzt wurde.

Die Rechtfertigung gelingt, wenn der Eingriff sich

(a) auf eine hinreichende gesetzliche Grundlage stützen kann (sog. Schrankenregelung), die wiederum selbst (sog. Schranken-Schranken)

(b) formell und

(c) materiell verfassungskonform ist und (nur bei Urteilsverfassungsbeschwerden zu prüfen)

(d) zudem in verfassungsmäßiger Weise angewandt wurde.

Zu prüfen ist also:

- Das Vorliegen einer den speziellen grundgesetzlichen Vorgaben genügenden gesetzlichen Grundlage. An dieser Stelle ist zu unterscheiden v. a. zwischen Grundrechten mit einem einfachen Gesetzesvorbehalt – zB Art. 8 Abs. 2 GG –, Grundrechten mit einem qualifizierten Gesetzesvorbehalt – zB Art. 5 Abs. 2 GG – sowie schließlich vorbehaltlos gewährleisteten Grundrechten – zB Art. 4 Abs. 1 GG.
Obwohl letztere dem Wortlaut nach keiner Begrenzung zugänglich sind, besteht Einigkeit darüber, dass erstens auch hier eine Beschränkung zugunsten anderer

Rechtsgüter von Verfassungsrang, insbesondere Grundrechtspositionen Dritter, zulässig ist (sog. verfassungsimmanente Schranken)[104] und zweitens im Sinne eines Erst-recht-Schlusses auch hierfür eine gesetzliche Grundlage erforderlich ist. Die Rede von den „verfassungsimmanenten Schranken" darf also nicht dahin gehend verstanden werden, dass die Schranken hier unmittelbar aus der Verfassung selbst folgen. Nur das mit den Schranken verfolgte Ziel ist der Verfassung zu entnehmen. Die Schranke selbst bildet vielmehr wie stets ein einfaches Gesetz. Das macht in der Klausur – unter der Überschrift Gesetzesvorbehalt/Schranken – eine gestufte Prüfung erforderlich: Zunächst ist knapp darzulegen, dass auch vorbehaltlos gewährleistete Grundrechte durch kollidierendes Verfassungsrecht beschränkt werden können. Sodann ist zu fragen, ob eine Befugnisnorm existiert, die den Schutz eines solchen Verfassungswerts einfachgesetzlich umsetzt.[105] Deshalb ist neben dem prinzipiellen Vorliegen einer gesetzlichen Grundlage zusätzlich zu klären, ob diese einem Rechtswert von Verfassungsrang dient, also durch kollidierendes Verfassungsrecht gerechtfertigt ist. Der Sache nach handelt es sich also bei den sog. vorbehaltlos gewährleisteten Grundrechten um Grundrechte mit einem *ungeschriebenen qualifizierten Gesetzesvorbehalt*. Die Qualifikation liegt in dem besonderen Zweck, den das Gesetz verfolgen muss.

- Die formelle Verfassungsmäßigkeit der einschlägigen gesetzlichen Schranke bildet das „Einfallstor" für das Staatsorganisationsrecht in Grundrechtsprüfung/-klausuren. Hier ist – mit Blick auf das konkrete zugrunde liegende Gesetz – die aus dem Staatsorganisationsrecht bekannte Prüfung von Zuständigkeit, Verfahren und Form zu integrieren. Vertiefte Ausführungen sind allerdings nur erforderlich, soweit der Sachverhalt entsprechende Angaben oder Hinweise enthält.

- Die materielle Verfassungsmäßigkeit umfasst die Prüfung der Übereinstimmung mit inhaltlichen Vorgaben des Grundgesetzes, etwa mit dem aus Art. 20 Abs. 3 GG abgeleiteten Bestimmtheitsgebot, dem Zitiergebot des Art. 19 Abs. 1 S. 2 GG,[106] dem Verbot des Einzelfallgesetzes gemäß Art. 19 Abs. 1 S. 1 GG[107] und der Wesensgehaltsgarantie nach Art. 19 Abs. 2 GG. Zu prüfen ist aber insbesondere die Übereinstimmung mit dem aus dem Rechtsstaatsprinzip (Art. 20 Abs. 3 GG) resultierenden Verhältnismäßigkeitsprinzip; zu fragen ist insofern, ob die Schrankenregelung 1. durch einen legitimen Zweck gedeckt, 2. geeignet, 3. erforderlich und 4. angemessen ist.

- Schließlich die Verfassungsmäßigkeit der Rechtsanwendung. Hier wiederholen sich noch einmal die Anforderungen der Schrankenprüfung; von zentraler Bedeutung ist erneut insbesondere die Frage, ob der Normanwender (meist ein Gericht) dem Verhältnismäßigkeitsprinzip Genüge getan hat.

cc) Insbesondere: Verhältnismäßigkeitsprüfung bei Freiheitsgrundrechten

Es stellt einen häufig zu beobachtenden Fehler in Grundrechtsklausuren dar, dass die Bearbeiter zu früh und unstrukturiert auf die Abwägung unterschiedlicher Interessen der Beteiligten abstellen. Für eine gelungene Klausur ist es entscheidend, diese Überlegungen zur Interessenabwägung in einen klar strukturierten Prüfungsaufbau einzubrin-

---

104 Vgl. grundlegend BVerfGE 28, 243 (261) – Dienstpflichtverweigerung.
105 Vgl. dazu näher unten Kap. 3, Fall 7. Das verunglimpfte Staatssymbol.
106 Vgl. etwa *Selk*, Zum heutigen Stand der Diskussion um das Zitiergebot, Art. 19 I 2 GG, JuS 1992, 816 ff.
107 S. hierzu knapp *Kunig*, Einzelfallentscheidungen durch Gesetz, Jura 1993, 308 (311 f.).

III. Grundrechte

gen. Gerade an dieser Stelle – am Ende der Klausur – besteht noch einmal Gelegenheit, mit eigenständiger Argumentation und bewusstem Eingehen auf die Spezifika des Falles Punkte „einzusammeln".[108] Denn ie Prüfung der Verhältnismäßigkeit bildet – jedenfalls bei der Prüfung der Verletzung von Freiheitsrechten – regelmäßig den Schwerpunkt der Grundrechtsklausur.

(1) Prüfungsstandort

Der Prüfungsstandort des Verhältnismäßigkeitsprinzips richtet sich nach seiner Funktion. Der Gesetzgeber, der den Gesetzesvorbehalt eines Grundrechts aktiviert, darf das jeweilige Grundrecht zwar beschränken, seine Schrankenziehung unterliegt aber ebenfalls Schranken (sog. Schranken-Schranken). Eine unbegrenzte Beschränkung eines Grundrechts ist also verfassungsrechtlich nicht gestattet. Eine besonders wichtige Schranken-Schranke bildet der Grundsatz der Verhältnismäßigkeit. Dieser ist daher erst im Anschluss an die Prüfung der Schranken in den Blick zu nehmen und sollte zudem nicht geprüft werden, ohne dass – zumindest gedanklich – auch der Einschlägigkeit sonstiger Schranken-Schranken (etwa: Verbot des Einzelfallgesetzes, Zitiergebot, Bestimmtheitsgebot) nachgegangen wurde.

(2) Aspekte der Verhältnismäßigkeit

Der Grundsatz der Verhältnismäßigkeit wird in vier logisch aufeinander folgende Schritte untergliedert: Das Gesetz (und ggf. die Anwendung im Einzelfall) muss einen legitimen Zweck verfolgen, und es muss zur Erreichung dieses Zwecks geeignet, erforderlich und angemessen sein. Auch an dieser Stelle dient die strukturierte Prüfung einer klareren und disziplinierten Argumentation. Die Orientierung an den einzelnen Prüfungspunkten trägt dazu bei, unterschiedliche Aspekte der verfassungsrechtlichen Rechtfertigung zu beleuchten.

Im Einzelnen:

(a) Vorliegen eines legitimen Zwecks

Hier ist – zumindest gedanklich – in zwei Schritten vorzugehen. Es ist zu fragen, welcher Zweck mit der staatlichen Maßnahme verfolgt wird, und sodann zu bewerten, ob dieser Zweck verfassungsrechtlich legitim ist.

In einer Klausur kann hinsichtlich der Feststellung eines Gesetzeszwecks selbstredend nicht auf die Gesetzgebungsgeschichte und etwa die Entwurfsbegründung zurückgegriffen werden. Bei neueren Gesetzen sind allerdings die vom Gesetzgeber verfolgten Ziele häufig in einem der ersten Paragrafen des Gesetzes ausdrücklich benannt. Soweit dies nicht der Fall ist und auch der Sachverhalt keine expliziten Hinweise enthält, sind die verfolgten Ziele aus dem Regelungszusammenhang zu erschließen.

Sind die verfolgten Ziele formuliert, ist deren Legitimität zu beurteilen. Den Maßstab bildet die Verfassung. Legitim bedeutet insoweit allerdings nicht, dass Verfassungsvorstellungen optimal umgesetzt werden müssen, sondern lediglich, dass der verfolgte Gesetzeszweck nicht in klarem Widerspruch zu grundlegenden verfassungsnormativen Vorgaben stehen darf. In der Realität wie in der Klausur werden daher die Ziele kaum

---

[108] Vgl. ausführlich *Reuter*, Die Verhältnismäßigkeit im engeren Sinne – das unbekannte Wesen, Jura 2009, 511 ff.

einmal als illegitim zu beurteilen sein. In Zweifelsfällen steht dem Gesetzgeber ein Entscheidungsspielraum zu. Die Dichte der Kontrolle (durch das Bundesverfassungsgericht) ist aus funktionellen Gründen reduziert.

Auf den auf diese Weise festgestellten legitimen Zweck sind alle folgenden Aspekte der Verhältnismäßigkeit ausgerichtet. Die Geeignetheit, die Erforderlichkeit und die Angemessenheit des Gesetzes können nur mit Blick auf das/die verfolgte/n Ziel/e beurteilt werden. Dementsprechend ist im Verlauf der weiteren Verhältnismäßigkeitsprüfung immer wieder auf die Zielsetzung zurückzukommen.

Bei Grundrechten, die einem qualifizierten Gesetzesvorbehalt unterliegen oder nur nach Maßgabe kollidierenden Verfassungsrechts eingeschränkt werden dürfen (vorbehaltlos gewährte Grundrechte), ist bereits im Prüfungspunkt „Gesetzesvorbehalt/ Schranke" zu erörtern, welchen Zielen das Gesetz dient. Insoweit ist die spezielle Legitimität des Ziels bereits geklärt, es genügt an dieser Stelle, knapp auf die entsprechenden Ausführungen zu verweisen.[109]

(b) Geeignetheit

Der Eingriff – auf Normebene also das Gesetz, auf Normanwendungsebene der Anwendungsakt – muss zur Erreichung des genannten Ziels geeignet sein. Das ist er dann, wenn es mit seiner Hilfe gefördert werden kann.[110] Auch dieser Maßstab ist sehr großzügig. Eine vollständige oder zumindest relativ gesehen optimale Zweckerreichung ist nicht gefordert. Solange der Eingriff zur Erreichung des Ziels nicht von vornherein untauglich ist, ist die Eignung zu bejahen. Auch insoweit besteht eine Einschätzungsprärogative des Gesetzgebers.

(c) Erforderlichkeit

Das Maßstabselement der Erforderlichkeit verlangt, dass der Eingriff in sachlicher, räumlicher, zeitlicher und personeller Hinsicht nicht weiter gehen darf als notwendig. Der Eingriff ist demnach (nur) erforderlich, wenn kein gleich geeignetes Mittel existiert, das (gegenüber dem Grundrechtsträger) mit einer geringeren Eingriffsintensität verbunden ist. Entscheidend ist die gleiche Eignung, denn als milderes Mittel käme sonst zumindest stets das Unterlassen des Eingriffs in Betracht. Die Eignung umfasst dabei Aspekte der Effektivität und der Effizienz der Zweckerreichung; zu fragen ist also nicht nur, ob der staatlicherseits verfolgte Zweck auch auf anderem Wege errreicht werden kann, sondern auch, welcher Aufwand vom Staat dafür betrieben werden muss. An dieser Stelle geht es deshalb um eine hypothetische Vergleichsbetrachtung, und dabei ist eine gewisse Kreativität des Bearbeiters gefragt. Potenzielle Varianten sind aufzuzeigen und (regelmäßig) knapp zu diskutieren. Üblicherweise sind dabei – nicht zuletzt wegen der auch hier bestehenden Einschätzungsprärogative des Gesetzgebers – die diskutierten Alternativen als weniger geeignet einzuordnen.

(d) Angemessenheit

In der letzten Stufe der Verhältnismäßigkeit – die Angemessenheit, Proportionalität, Zumutbarkeit oder auch Verhältnismäßigkeit ieS genannt wird – sind die betroffenen

---

109 Vgl. dazu näher unten Kap. 3, Fall 7: Das verunglimpfte Staatssymbol.
110 BVerfGE 116, 202 (224) – Tariftreueerklärung.

III. Grundrechte

Interessen bzw. Rechtsgüter gegeneinander abzuwägen.[111] Das Ziel ist dabei die Herstellung praktischer Konkordanz, also eines Zustandes, in dem allen Beteiligten möglichst viel an grundrechtlicher Freiheit verbleibt, andererseits aber auch ihr Verhalten andere nicht zu sehr beschränkt. Auch an dieser Stelle ist auf eine klar gegliederte Darstellung zu achten. Die Abwägung ist zwar durch wertende Elemente geprägt und kann damit dazu verleiten, bestimmte persönliche Vorverständnisse und Präferenzen in die Klausurlösung zu übernehmen. Demgegenüber sollten sich die Bearbeiter aber darum bemühen, grundsätzlich für und wider eine bestimmte Position streitende Aspekte einander gegenüberzustellen und zu gewichten. Die dabei zu beantwortende Leitfrage ist, ob der Grundrechtseingriff (nicht) außer Verhältnis zu den angestrebten Zielen steht (sog. Stimmigkeitskontrolle).[112] Abzuwägen sind das Gewicht des öffentlichen Interesses[113] an der Maßnahme einerseits und das Gewicht des (beeinträchtigten) Interesses des betroffenen Grundrechtsträgers andererseits. Entscheidend ist daneben auch die Schwere bzw. Intensität der Grundrechtsbeeinträchtigung.

Gerade an dieser Stelle „zählt" weniger das Ergebnis, sondern die Argumentation. Der Bearbeiter sollte sich nicht einer Streitentscheidung durch den pauschalen Hinweis auf eine Einschätzungsprärogative des Gesetzgebers entziehen. Zwar betont das Bundesverfassungsgericht auch auf dieser Ebene einen Einschätzungsspielraum des Gesetzgebers.[114] Anders als bei der Geeignetheit und bei der Erforderlichkeit geht es jedoch im Rahmen der Angemessenheit besonders um *normative* Wertungen (und weniger um Ermittlungen und Bewertung *empirischer* Zusammenhänge). Diese Bewertung soll der Bearbeiter einer Klausur aber selbst treffen und darlegen. Hier muss der Bearbeiter seine Kenntnisse über die Verfassung, ihre Wertungen und Zusammenhänge sowie sein Argumentationsgeschick zur Entfaltung bringen.

d) Prüfung von Gleichheitsgrundrechten

▶ **BEISPIELSFALL:**[115] In der Justizvollzugsanstalt J dürfen die in einem gesonderten Hafthaus untergebrachten weiblichen Gefangenen von ihrem Eigengeld monatlich für 30 EUR telefonieren und für 25 EUR Kosmetika einkaufen. Der Antrag des männlichen Häftlings H, ihm dasselbe zu gestatten, wird von der Anstaltsleitung abgelehnt. Seine hiergegen gerichtete Klage zum Landgericht bleibt erfolglos. Nach Auffassung des Landgerichts stützte sich die ablehnende Entscheidung hinsichtlich des Telefonierens zu Recht darauf, dass im Hafthaus des Beschwerdeführers, anders als in dem Hafthaus für die weiblichen Gefangenen, keine speziell für die Gefangenen eingerichteten Telefonapparate zur Verfügung stünden und die im Hafthaus des Beschwerdeführers aus Sicherheitsgründen notwendige Überwachung der Gespräche zudem personell nicht zu leisten sei. Hinsichtlich des Kosmetikeinkaufs liege eine Verletzung des Gleichbehandlungsgrundsatzes ebenfalls nicht vor, da es sich aufgrund der grundsätzlichen Unterschiede zwischen Männern und Frauen nicht um einen im wesentlichen vergleichbaren Sachverhalt handele. Hat eine gegen diesen Beschluss gerichtete Verfassungsbeschwerde Erfolg? ◀

---

111 Vgl. dazu näher etwa *Daiber*, Verhältnismäßigkeit im engeren Sinne, JA 2020, 37 ff.
112 *Kingreen/Poscher*, Grundrechte – Staatsrecht II, 35. Aufl. 2019, Rn. 345.
113 Vgl. hierzu *Kluckert*, Die Gewichtung von öffentlichen Interessen im Rahmen der Verhältnismäßigkeitsprüfung, JuS 2015, 116 ff.
114 S. etwa BVerfGE 77, 84 (111 f.) – Arbeitnehmerüberlassung.
115 Fall nach BVerfG (K), NJW 2009, 661.

aa) Prüfung der Verletzung

Die Prüfung der Gleichheitsrechte erfolgt im Unterschied zum dreistufigen Schema der Freiheitsgrundrechte (Schutzbereich – Eingriff – Rechtfertigung) in zwei Schritten:

(1) Feststellung, ob durch einen Akt öffentlicher Gewalt entweder
  (a) im wesentlichen Gleiches ungleich behandelt wird oder
  (b) im wesentlichen Ungleiches gleich behandelt wird.

Dazu muss zwischen den beiden Vergleichsgliedern eine sie verbindende Oberkategorie (sog. *tertium comparationis*) gesucht werden (Beispiel: Radfahrer und Reiter, beide sind möglicherweise Benutzer von Waldwegen).

Falls eine solche Ungleichbehandlung bzw. Gleichbehandlung bejaht wird, ist weiter zu prüfen:

(2) Rechtmäßigkeit der festgestellten Gleich- bzw. Ungleichbehandlung
  (a) Formelle Verfassungsmäßigkeit des (zugrunde liegenden) Gesetzes (wie oben bzgl. der Freiheitsgrundrechte);
  (b) Materielle Verfassungsmäßigkeit
    (aa) Spezielle Differenzierungsverbote bzw. Sonderregelungen (beispielsweise Art. 3 Abs. 2 und 3, Art. 6 Abs. 5, Art. 33 Abs. 1–3, Art. 38 Abs. 1 S. 1 GG)

    Schon an dieser Stelle ist für den **Beispielsfall** eine nicht legitimierbare Ungleichbehandlung anzunehmen, soweit auf die Kosmetika abgestellt wird, weil zwingende biologische Gründe für die unterschiedliche Behandlung von Männern und Frauen hier nicht bestehen und andere Rechtfertigungsgründe ausgeschlossen sind.

    (bb) Beim allgemeinen Gleichheitssatz des Art. 3 Abs. 1 GG: Prüfung, ob die Gleich- bzw. Ungleichbehandlung sachlich gerechtfertigt ist. Orientierungsmaßstab ist der jeweilige Regelungszweck. Im Übrigen ist zu differenzieren: Soweit die gleichheitsrechtlich relevante Maßnahme vom Betroffenen durch eine bloße Verhaltensänderung vermieden werden kann, ist lediglich eine Willkürkontrolle vorzunehmen. Demgegenüber ist, soweit zur Differenzierung an persönliche Merkmale angeknüpft wird, umfassender nach einem Rechtfertigungsgrund zu fragen. D. h.: Im Falle der Ungleichbehandlung von Personengruppen müssen zwischen den verschiedenen Gruppen von Normadressaten Unterschiede von solcher Art und solchem Gewicht bestehen, dass sie die Ungleichbehandlung rechtfertigen. Umgekehrt müssen bei der Gleichbehandlung verschiedener Gruppen solche Unterschiede fehlen, so dass eine unterlassene Differenzierung gerechtfertigt ist. In der jüngeren Rechtsprechung ist indes eine Tendenz zu einer von dieser Zweiteilung (Verhaltens- oder Personenbezug) gelösten stufenlosen Maßstabsbestimmung erkennbar.[116]

    In der Sache ähnelt diese Prüfung der Verhältnismäßigkeitsprüfung im Rahmen der Prüfung bei den Freiheitsgrundrechten, es kommt auch hier auf ein angemessenes Verhältnis der Beeinträchtigung zum verfolgten Regelungszweck an. Dabei kommt es weniger darauf an, ob die Prüfung auch

---

[116] Näher hierzu *Britz*, Der allgemeine Gleichheitssatz in der Rechtsprechung des BVerfG, NJW 2014, 346 ff.

III. Grundrechte

entsprechend bezeichnet werden sollte oder ob die bestehenden Unterschiede zur Dogmatik der Freiheitsrechte auch terminologisch hervorgehoben werden sollten. Klausurtechnisch empfiehlt es sich jedenfalls, die strukturierende Wirkung der aus dem abwehrrechtlichen Kontext bekannten gestuften Verhältnismäßigkeitsprüfung – Legitimer Zweck, Geeignetheit, Erforderlichkeit und Angemessenheit (der Differenzierungskriterien und -wirkung im Hinblick auf den Differenzierungszweck) – auch in diesem Zusammenhang zu nutzen.

Für den **Beispielsfall** bedeutet dies mit Blick auf die Telefonnutzung, dass problematisiert werden muss, ob sich die Benachteiligung gerade der betroffenen Gruppe (männliche Häftlinge) mit dem Verweis auf fehlende technische und personelle Ressourcen rechtfertigen lässt.

bb) Rechtsfolge

Im Ergebnis kann das Bundesverfassungsgericht insbesondere bei festgestellten Gleichheitsverstößen meist nur die hoheitliche Maßnahme für nichtig erklären, nicht aber selbst eine positive Regelung festlegen. Regelhaft wird damit eine erneute, unter Beachtung der gleichheitsrechtlichen Vorgaben getroffene Entscheidung des Beschwerdegegners erforderlich. Denn vor allem bei den sog. derivativen, also von bereits Bestehendem abgeleiteten Leistungsrechten bleiben zumeist mindestens zwei Möglichkeiten, die verfassungswidrige Ungleich- oder Gleichbehandlung zu korrigieren: Erhalten beispielsweise die Bauern A, B und C, nicht aber Bauer D staatliche Subventionen, obwohl kein rechtfertigender Unterschied zwischen den vier Personen ersichtlich ist, kann der Staat entweder auch D subventionieren oder die Subventionen für A, B und C zurücknehmen. Nur in Ausnahmefällen, in denen nur eine Lösung von Verfassungs wegen möglich erscheint, ist auch ein positives Zuerkennen eines Teilhabeanspruchs durch das Bundesverfassungsgericht möglich.

4. Sonderprobleme in der Begründetheitsprüfung

a) Die zweistufige Rechtfertigungsprüfung bei der Kontrolle von Gerichtsentscheidungen

▶ **Beispielsfall:** Veranstalter V organisiert auf dem Gelände eines einsam gelegenen Bauernhofs ein von rechtsextremistischen Zuhörern besuchtes „Skinhead-Konzert". Eine Erlaubnis hierfür holt er bei den zuständigen örtlichen Behörden nicht ein. Im Verlauf des Konzerts kommt es durch einige Zuhörer zu Straftaten gemäß § 86a StGB (Verwenden von Kennzeichen verfassungsfeindlicher Organisationen). Daraufhin löst die anwesende Polizei das Konzert auf.

V klagt gegen diese Auflösung vor den Verwaltungsgerichten, unterliegt aber in allen Instanzen. Die Gerichte sind der Auffassung, es könne dahinstehen, ob das Konzert den besonderen Grundrechtsschutz des Art. 8 GG genieße. Jedenfalls sei es aufgrund der fehlenden Anmeldung bereits formell rechtswidrig gewesen. Zudem sei durch die begangenen Straftaten auch ein Verstoß gegen die öffentliche Sicherheit erfolgt. Beides rechtfertige die Auflösung.

V will sich damit nicht zufrieden geben. Er hält bereits das Anmeldeerfordernis für einen klaren Verfassungsverstoß. Zudem sei es mit seiner Versammlungsfreiheit nicht zu vereinbaren, wenn ihm das Verhalten einzelner Konzertbesucher angelastet werde. V überlegt deshalb, Verfassungsbeschwerde gegen die Gerichtsentscheidungen einzulegen. Hätte diese Erfolg? ◄

aa) Der allgemeine Aufbau

Wie oben bereits knapp dargestellt, ist im Unterschied zu der Prüfung von Rechtssatzverfassungsbeschwerden im Rahmen der Rechtfertigungsprüfung bei Urteilsverfassungsbeschwerden die Prüfung zweistufig aufzubauen. Sowohl das zugrunde liegende Gesetz wie der darauf gestützte Anwendungsakt müssen separat auf ihre Verfassungskonformität hin untersucht werden.

Es gilt daher das Schema, wie es oben für kontradiktorische Verfahren bereits knapp dargestellt wurde, dh es ist zu prüfen,

(1) ob die als verletzt gerügte subjektive Rechtsposition des Beschwerdeführers überhaupt besteht und wie weit sie reicht = Schutzbereich;

(2) ob sie als solche auch tatsächlich durch das Verhalten des Antragsgegners beeinträchtigt ist (Prüfung der **subjektiven Rechtsbeeinträchtigung**) = Eingriff und sodann,

(3) ob diese Beeinträchtigung sich rechtfertigen lässt. Das setzt voraus, dass

(a) eine Rechtsgrundlage für das gerügte Handeln besteht, die

(b) ihrerseits

(aa) formell und

(bb) materiell

verfassungskonform ist.

Zudem muss

(c) das konkrete staatliche Verhalten (= das Urteil)

(aa) sich in formeller und materieller Hinsicht auf die Ermächtigungsgrundlage stützen können (Anwendung der Ermächtigungsgrundlage – siehe aber zum begrenzten Prüfungsumfang sogleich bb) und darüber hinaus

(bb) (sowohl formell wie insbesondere) materiell verfassungsmäßig sein.

Der Schwerpunkt der Prüfung kann dabei sowohl auf der Prüfung des Gesetzes als auch der Prüfung des Anwendungsakts, aber auch mehr oder minder gleichmäßig auf beiden Ebenen liegen. Typischerweise bleibt jedoch kein Raum für eine breite Erörterung der verfassungsmäßigen Gesetzesanwendung, wenn die Prüfung ergibt, dass bereits die gesetzliche Grundlage verfassungswidrig ist. Meist lassen sich der Aufgabenstellung in der Klausur Anhaltspunkte für eine angemessene Schwerpunktsetzung entnehmen.

So ist von der Notwendigkeit einer intensiven Prüfung der Verfassungsmäßigkeit bereits der gesetzlichen Grundlage auszugehen, wenn

- es sich laut Sachverhalt um ein neu erlassenes (fiktives) Gesetz handelt,
- der Sachverhalt entsprechende Hinweise, etwa Angaben zu Gesetzgebungskompetenz oder -verfahren, enthält,
- sogar der Gesetzeswortlaut abgedruckt ist,

III. Grundrechte

- das Gesetz praktisch keinen eigenständigen Auslegungs- und/oder Entscheidungsspielraum für den *Gesetzesanwender* lässt (gebundene Entscheidung).

Hingegen ist schwerpunktmäßig das Urteil zu untersuchen, wenn

- dem konkreten Gesetzesanwender durch die zugrunde liegende Norm ein Entscheidungsspielraum gewährt wird, den er eigenständig unter angemessener Berücksichtigung der verfassungsrechtlichen Wertentscheidungen auszufüllen hat. Typischerweise wird in solchen Konstellationen der Sachverhalt umfangreiche Ausführungen zur Urteilsbegründung (bzw. zur Begründung des vorausgehenden durch das Urteil kontrollierten Rechtsakts) enthalten.
- die gesetzliche Grundlage nicht näher erwähnt wird oder das „echte" Gesetz bereits länger in Kraft ist (und daher tendenziell von dessen Verfassungskonformität auszugehen ist und die Ausführungen entsprechend knapp zu halten sind).

Prinzipiell ist damit bei gebundenen Entscheidungen, dh bei Normen, die bei Vorliegen bestimmter Tatbestandsvoraussetzungen ein eindeutiges Vorgehen der Rechtsanwander vorschreiben (typische Formulierung etwa: „Die Genehmigung *ist zu versagen*, wenn …"), im Schwerpunkt das Gesetz selbst zu untersuchen. Denn wo der Normanwender praktisch keine selbstständige Entscheidung mehr treffen kann, kann er auch keine verfassungsrechtlich relevanten Rechtsfehler begehen. Raum für eine Verhältnismäßigkeitsprüfung durch die Verwaltung respektive die diese kontrollierenden Verwaltungsgerichte bleibt nicht. Insoweit können daher bei formellen nachkonstitutionellen Gesetzen die Instanzgerichte nur entweder die Normanwendung der Exekutive billigen oder die Norm nach Art. 100 Abs. 1 GG dem Bundesverfassungsgericht vorlegen.

Demgegenüber ermächtigt bei *Ermessensbestimmungen* das Vorliegen bestimmter Tatbestandsvoraussetzungen nur grundsätzlich zum Einschreiten; die zuständige Behörde entscheidet aber selbst darüber, ob und gegebenenfalls mit welchen Mitteln sie dies tut. Sie *kann* demnach, muss aber nicht handeln (typische Formulierung etwa: „Die Behörde *kann* die Versammlung verbieten, wenn …"). In solchen Fällen ist typischerweise im Schwerpunkt die Normanwendung zu untersuchen. Denn im Rahmen der Prüfung des Gesetzes, insbesondere mit Blick auf die angemessene Gewichtung der durch die fragliche Regelung beeinträchtigten Grundrechtspositionen, kann in diesen Fällen häufig darauf verwiesen werden, dass jedenfalls im Rahmen der Ermessensausübung den möglicherweise betroffenen Grundrechtspositionen hinreichend Rechnung getragen werden kann.

Entsprechendes wie für Ermessensentscheidungen gilt bei der Auslegung von unbestimmten Rechtsbegriffen. Auch hier verlagert sich aufgrund der weiten Formulierung des Tatbestands die Problematik typischerweise auf die Anwendung der Norm im Einzelfall. Im Rahmen der Überprüfung der Norm selbst genügt es insofern, zu klären, ob aufgrund der unbestimmten Formulierung eine angemessene Beachtung der verfassungsrechtlichen Vorgaben jedenfalls möglich ist, also zumindest eine denkbare Auslegung existiert, die diesen Vorgaben hinreichend Rechnung trägt. Die Unbestimmtheit der Norm kann allerdings auch für sich genommen bereits ein verfassungsrechtliches Problem darstellen, insofern das dem Rechtsstaatsprinzip entstammende Bestimmtheitsgebot erfordert, dass Normtexte jedenfalls mittels der anerkannten juristischen Methodik hinreichend *bestimmbar* sein müssen. Diese Frage ist also bereits auf der Ebene der Überprüfung der Norm selbst zu klären. Alles Weitere betrifft dagegen die Überprüfung der Normanwendung.

Einen gewissen Sonderfall stellt in diesem Zusammenhang die sog. verfassungskonforme Auslegung[117] dar. Stellt sich bei der abstrakten Überprüfung der Verfassungskonformität der Norm heraus, dass von mehreren möglichen Auslegungsvarianten der Norm nur eine einzige in Übereinstimmung mit der Verfassung steht, dann besagt das auf der ersten Ebene zunächst nur, dass die Norm – noch – verfassungskonform ist. Auf der zweiten Ebene der Überprüfung der Normanwendung verengt sich dann jedoch das Prüfprogramm dahin gehend, dass geklärt werden muss, ob der Rechtsanwender eben diese eine zutreffende (verfassungskonforme) Auslegung gesehen und angewandt hat oder nicht. Auf diese Weise kann sich eine zunächst offen klingende Normformulierung als aufgrund der übergeordneten Verfassungsgebote gebundene Entscheidung erweisen.

Ähnliches gilt auch für die Ermessensentscheidung, soweit die verfassungsrechtliche Prüfung ergibt, dass nur eine einzige Entscheidungsvariante verfassungskonform ist (sog. Ermessensreduzierung auf Null).

bb) Prüfungsmaßstab und Prüfungsumfang bei der Urteilsverfassungsbeschwerde

Neben der Besonderheit des zweistufigen Aufbaus liegt das eigentliche Problem der Urteilsverfassungsbeschwerden darin, dass nunmehr offenbar zwei Bewertungsmaßstäbe für die Frage der Rechtmäßigkeit des staatlichen Handelns zur Verfügung stehen: Die Rechtswidrigkeit des Beschwerdegegenstands kann nämlich sowohl auf einem Verstoß gegen einfaches Recht wie auch auf einem Verstoß gegen höherrangiges Verfassungsrecht beruhen. Es stellt sich die Frage, ob beide Verstöße für den Erfolg einer Verfassungsbeschwerde (gleichermaßen) relevant sind. Angesprochen sind damit Prüfungsmaßstab und -umfang des Bundesverfassungsgerichts im Rahmen einer Urteilsverfassungsbeschwerde.

Im Ausgang ist dabei die verfassungsnormative Grundlage in den Blick zu nehmen. Nach Art. 93 Abs. 1 Nr. 4a GG bilden den Prüfungsmaßstab für die Entscheidungen des Bundesverfassungsgerichts (nur) sämtliche *Grundrechte* und *grundrechtsgleichen Rechte*. Erstmalig ist diese spezielle Ausrichtung bereits im Rahmen der Antragsbefugnis anzusprechen. Die Begründetheitsprüfung ist allerdings in mehrfacher Hinsicht gegenüber der Prüfung der Antragsbefugnis erweitert:

- Erstens prüft das Bundesverfassungsgericht – und dementsprechend auch der Klausurbearbeiter – nicht allein die vom Beschwerdeführer konkret gerügten Grundrechtsverstöße. Vielmehr sind auf Basis auch nur einer einzigen plausibel geltend gemachten Grundrechtsverletzung, die die Antragsbefugnis begründet, in der Begründetheit alle ernsthaft in Betracht kommenden Grundrechte und grundrechtsgleichen Rechte einzubeziehen.
- Zweitens verlangt die prima facie auf subjektiven Rechtsschutz ausgerichtete Verfassungsbeschwerde in der Begründetheit eine umfassende, auch objektive Verfassungsverstöße – etwa der Gesetzgebungszuständigkeit oder des Gesetzgebungsverfahrens – einbeziehende Prüfung. Denn da Grundrechtseingriffe nur gerechtfertigt sein können, wenn auch *sonstiges Verfassungsrecht* beachtet wurde, ist im Ergebnis das gesamte *Grundgesetz* Prüfungsmaßstab. Weil jedenfalls das subsidiäre Auffanggrundrecht der allgemeinen Handlungsfreiheit (Art. 2 Abs. 1 GG) verletzt ist, wenn ein objektiv verfassungswidriges Gesetz vorliegt, erweist sich die Verfassungsbe-

---

117 Vgl. hierzu näher unten, Kap. 2, III. 1 a) ee).

III. Grundrechte

schwerde so als Möglichkeit einer umfassenden, nicht allein auf subjektive (Grund-)Rechtsverletzungen beschränkten, sondern nur durch diese ausgelösten Verfassungskontrolle.[118]

Wie im Staatsorganisationsrecht ist demgegenüber auch hier das einfache Recht kein Prüfungsmaßstab. Im Grundsatz ist dies angesichts der klaren Vorgabe des Art. 93 Abs. 1 Nr. 4a GG unstrittig. Problematisch ist aber, ob nicht stets in einer „unrichtigen" Anwendung des einfachen Rechts durch die Instanzgerichte *auch* eine Verletzung des Grundgesetzes liegt. Immerhin ließe sich argumentieren, dass in diesem Fall zumindest Art. 20 Abs. 3 GG (der Vorrang des Gesetzes, die Gesetzesbindung) missachtet wurde und daher ein Verstoß gegen *sonstiges Verfassungsrecht* vorliegt.

Allerdings widerspräche ein solches Verständnis dem beschriebenen Sinn der Verfassungsbeschwerde und der besonderen Aufgabe des Bundesverfassungsgerichts. Das Bundesverfassungsgericht würde unversehens in die Rolle eines „Superrevisionsgerichts" rücken und seine spezifische Funktion als *Verfassungsgericht* verlieren. Es prüft daher Entscheidungen der Instanzgerichte *nicht unbeschränkt* nach. Es untersucht die Entscheidungen im Rahmen der Verfassungsbeschwerde vielmehr nur auf eine „Verletzung spezifischen Verfassungsrechts".[119] Die Stichworte *Verletzung spezifischen Verfassungsrechts* und *Superrevisionsinstanz* beschreiben also das Verhältnis des Bundesverfassungsgerichts zu den Instanzgerichten und haben demgemäß nur im Rahmen der Urteilsverfassungsbeschwerde Bedeutung.

Entscheidend für den Erfolg einer Verfassungsbeschwerde ist damit, ob die Instanzgerichte die Einschlägigkeit oder Bedeutung verfassungsrechtlicher Anforderungen, insbesondere der Grundrechte, *verkannt* haben. Das setzt allerdings keine umfangreiche, in jeder Beziehung korrekte Grundrechtsprüfung durch die Instanzgerichte voraus. Vielmehr müssen die Auslegung und Anwendung des einfachen Rechts auf einer grundsätzlich falschen Anschauung von der Bedeutung eines Grundrechts beruhen und der Auslegungsfehler in seiner materiellen Bedeutung für den konkreten Rechtsfall von einigem Gewicht sein.[120] Das Ausmaß der verfassungsgerichtlichen Kontrolle hängt allerdings von der Intensität der Grundrechtsbetroffenheit ab.[121] Je stärker der Grundrechtsbezug der betroffenen Normen ist, desto genauer muss die Kontrolle ausfallen. Grundrechte können sogar einen Anknüpfungspunkt für eine (eingeschränkte) Kontrolle methodischer Stringenz bieten. Denn eine Gesetzesanwendung, die nach methodischen Kriterien der Auslegung ersichtlich unvertretbar ist, ist willkürlich und damit ein Verstoß gegen Art. 3 Abs. 1 GG.

Aufbautechnisch handelt es sich bei der Frage nach dem Prüfungsumfang wie erwähnt im Wesentlichen um ein Problem der Begründetheit. Insoweit empfiehlt sich bei Urteilsverfassungsbeschwerden eine (meist knappe) Auseinandersetzung unmittelbar im Anschluss an den Obersatz, also noch vor der verfassungsrechtlichen Überprüfung des der Entscheidung zugrunde liegenden Gesetzes. Da das Gesetz selbst allerdings an keinem anderen Prüfungsmaßstab als der Verfassung gemessen werden kann, wird die Frage des Prüfungsmaßstabs eigentlich erst bei der Prüfung der Gesetzesanwendung entscheidungserheblich. Möglich ist es daher ebenso, erst nach der Prüfung der formel-

---

118 Vgl. *Kube*, Die Elfes-Konstruktion, JuS 2003, 111 ff.
119 Vgl. BVerfGE 18, 85 (92) – Spezifisches Verfassungsrecht. Allgemein hierzu *Schlaich/Korioth*, Das Bundesverfassungsgericht, 11. Aufl. 2018, Rn. 281 f.
120 Vgl. BVerfGE 18, 85 (93) – Spezifisches Verfassungsrecht; 101, 361 (388) – Caroline von Monaco II.
121 Vgl. BVerfGE 61, 1 (6) – Wahlkampfäußerungen; 75, 302 (314) – Präklusion II.

len und materiellen Verfassungskonformität des Gesetzes, als ersten Unterpunkt der Untersuchung der Verfassungskonformität der Gesetzesanwendung, die Frage des verfassungsgerichtlichen Prüfungsmaßstabs zu thematisieren. Dieses Vorgehen bietet den Vorteil, dass mit der Konkretisierung des Prüfungsmaßstabs zugleich eine Art Obersatz für die folgende Überprüfung der Gesetzesanwendung gegeben wird.

▶ **FORMULIERUNGSVORSCHLAG:** Vorab zu klären ist der Prüfungsumfang des Bundesverfassungsgerichts. Dem Sinn der Verfassungsbeschwerde und der besonderen Aufgabe des Bundesverfassungsgerichts würde es nicht gerecht, wenn dieses Gerichtsentscheidungen unbeschränkt nachprüfen würde. Das Bundesverfassungsgericht ist keine Superrevisionsinstanz. Es nimmt daher seine Prüfungskompetenz zurück. Es überlässt die Gestaltung des Verfahrens, die Feststellung und Würdigung des Tatbestands, die Auslegung des einfachen Rechts und seine Anwendung auf den einzelnen Fall grundsätzlich den Instanzgerichten. Überprüft werden Gerichtsentscheidungen nur auf eine Verletzung spezifischen Verfassungsrechts, wobei das Ausmaß der Kontrolle korrelativ zur Intensität der Grundrechtsbetroffenheit ist.

Eine Verletzung spezifischen Verfassungsrechts liegt jedenfalls vor, wenn das Urteil (oder die sonstige beschwerdegegenständliche Entscheidung) auf einem verfassungswidrigen Gesetz beruht. Im Übrigen ist sie (nur) anzunehmen, wenn die Auslegung und Anwendung des einfachen Rechts auf einer grundsätzlich falschen Anschauung von der Bedeutung eines Grundrechts beruht und der Auslegungsfehler in seiner materiellen Bedeutung für den konkreten Rechtsfall von einigem Gewicht ist. ◀

Vor dem Hintergrund des spezifizierten Prüfungsmaßstabs ist demnach innerhalb des Prüfungspunkts „Verfassungsmäßigkeit der Gesetzesanwendung" in der Klausur Folgendes zu prüfen:

- Hat das entscheidende Gericht überhaupt gesehen, dass bei der Entscheidung Grundrechtspositionen des Beschwerdeführers zu beachten waren?

   ▶ Im **Beispielsfall** wäre dies nur zu verneinen, wenn das Gericht das Konzert von vornherein und ohne weitere Prüfung nicht dem Schutz der Versammlungsfreiheit unterstellt hätte. ◀

Ein solcher Fall von „Grundrechtsblindheit" wird aber typischerweise nicht vorkommen. Wahrscheinlicher ist es, dass das Gericht *in concreto* das grundrechtlich geschützte Interesse des Beschwerdeführers geringer gewichtet hat als eine diesem entgegenstehende Rechtsposition. In diesem Fall ist

- zu untersuchen, ob es bei der Auslegung und Konkretisierung des einfachen Rechts eine **Abwägungsentscheidung** vorgenommen hat, die den Grundrechten des Beschwerdeführers entweder ein angemessenes oder ein zu geringes Gewicht einräumt. Diese Überprüfung des Urteils erfolgt in drei Schritten:

    (1) Zunächst muss die Schwere der Betroffenheit des Beschwerdeführers ermittelt werden. Sie richtet sich nach dem „Wert" des Grundrechts wie der übrigen Intensität der Betroffenheit.

    (2) Sodann ist zu untersuchen, welche Rechtspositionen auf Seiten der anderen Beteiligten entgegenstehen und wie stark diese durch ein Urteil im Sinne des Beschwerdeführers beeinträchtigt würden.

III. Grundrechte

(3) Schließlich ist zu überprüfen, ob beide Positionen in ein angemessenes Verhältnis gesetzt, dh ob ihnen im Sinne „praktischer Konkordanz"[122] jeweils größtmögliche Betätigungs- und Verwirklichungschancen eingeräumt wurden.

▶ Im **Beispielsfall** ist also insbesondere zu fragen, ob die Störung der öffentlichen Sicherheit, die durch die strafrechtlich relevanten Handlungen erfolgte, hinreichend schwer wiegt, um die gesamte Versammlung aufzulösen, oder ob nicht andere, mildere Mittel ebenso erfolgversprechend gewesen wären. ◀

Erforderlich für den Erfolg der Verfassungsbeschwerde ist schließlich ein sog. *Beruhenszusammenhang* zwischen Fehler und Entscheidung in dem Sinne, dass jener für diese ursächlich gewesen sein muss. Das wird regelhaft anzunehmen sein, kann aber ausnahmsweise nicht der Fall sein, wenn die Entscheidung etwa noch durch eine andere, unabhängig von dem Grundrechtsproblem einschlägige Begründung getragen wird.

Im **Beispielsfall** ist demnach zu fragen, ob die Gerichte, wenn sie eine andere Einschätzung der Versammlungsfreiheit zugrunde gelegt hätten, auch im Ergebnis anders entschieden hätten.

b) Die Schutzdimension der Grundrechte – Anspruchsaufbau im Verfassungsrecht?

▶ **Beispielsfälle:** (1) Im Jahr 1990 wird im Zusammenhang der Wiedervereinigung eine Angleichung der bislang unterschiedlichen Regelungsmodelle zum „Schwangerschaftsabbruch" erforderlich. Während auf dem Gebiet der ehemaligen DDR eine Fristenlösung galt – voraussetzungslose Zulässigkeit des Abbruchs in den ersten drei Monaten der Schwangerschaft –, ist der Abbruch in den alten Bundesländern grundsätzlich verboten, nur in spezifisch geregelten Fällen dürfen aus sozialen oder medizinischen Gründen Abtreibungen vorgenommen werden (sog. Indikationsmodell). Die vom Bundestag verabschiedete Neuregelung sieht nunmehr vor, dass ein Schwangerschaftsabbruch dann nicht rechtswidrig ist, wenn er in den ersten drei Monaten der Schwangerschaft erfolgt und sich die Schwangere zuvor einer obligatorischen Beratung unterzogen hat.

(2) Die beiden Zwillingsschwestern A und B sind 15 Jahre alt. B leidet seit ihrer Geburt an einer Niereninsuffizienz, die sie zur dauerhaften Dialyse zwingt. Sie ist auf die Transplantation einer Niere angewiesen. Dass ein geeignetes Organ für sie gefunden wird, ist jedoch aufgrund ihrer seltenen Blutgruppe in näherer Zukunft nicht zu erwarten. A hat dieselbe Blutgruppe und ist bereit, ihrer Schwester eine Niere zu spenden. Gemäß § 8 Abs. 1 Nr. 1 a) Transplantationsgesetz (TPG) ist eine Lebendspende indes (ua) nur dann zulässig, wenn der Spender volljährig ist. Nach der Gesetzesbegründung soll so das Selbstbestimmungsrecht der Minderjährigen geschützt werden. Eine Spende von A an B ist damit ausgeschlossen. Als sich der Zustand von B verschlechtert, überlegen ihre Eltern, im Namen von B eine Verfassungsbeschwerde einzulegen, um auf diese Weise die Zulässigkeit der Organspende zu erreichen. Hätte eine Beschwerde Erfolg? ◀

Das klassisch dreistufige Schema Schutzbereich – Eingriff – Rechtfertigung ist für abwehrrechtliche Konstellationen entwickelt worden. Mit der Fortentwicklung seiner Judikatur hat das Bundesverfassungsgericht aber den Grundrechten nicht nur abwehr-,

---

[122] *Hesse*, Grundzüge des Verfassungsrechts der Bundesrepublik Deutschland, Neudr. d. 20. Aufl. 1999, Rn. 317.

sondern ebenso leistungs-, insbesondere schutzrechtliche Aspekte entnommen.[123] Damit stellt sich die Frage, wie in diesen Fällen die Begründetheitsprüfung aufzubauen ist.

aa) Abgrenzung von Schutzdimension und abwehrrechtlicher Dimension

Noch vor der Frage nach dem richtigen Aufbau muss allerdings geklärt werden, ob der Sachverhalt überhaupt eine leistungs-, insbesondere schutzrechtliche Problematik beinhaltet. Das setzt voraus, dass nicht gegen ein staatliches Handeln vorgegangen werden soll, das Freiheitsräume verengt, also Handlungsmöglichkeiten erschwert oder ausschließt (Abwehrsituation), sondern stattdessen aus grundrechtlicher Perspektive ein freiheitserweiterndes staatliches Verhalten *eingefordert* wird. Letzteres ist namentlich dort anzunehmen, wo ein Einschreiten staatlicher Stellen gegenüber von Dritten oder der Natur ausgehenden Gefährdungen eingefordert wird.

▶ **Zu den Beispielsfällen:** Vor diesem Hintergrund ist leicht erkennbar, dass die Strafbarkeit des Schwangerschaftsabbruchs als Schutzmaßnahme gegenüber dem ungeborenen Leben wirkt.[124] Demgegenüber steht bei der Beschränkung der Lebendspende aus Sicht der potenziellen Organempfänger der abwehrrechtliche Gehalt des Grundrechts aus Art. 2 Abs. 2 S. 1 GG im Vordergrund, denn für diese bedeutet die gesetzliche Regelung eine staatliche Intervention zulasten einer objektiv (medizinisch) vorzugswürdigen Therapieoption.[125] ◀

bb) Aufbau analog zu Freiheitsrechten

Zunächst ist es denkbar, nicht die Schutzpflicht, sondern die unterlassene Leistung zum Prüfungsgegenstand zu erheben, die als solche eine Verletzung des betreffenden Grundrechts darstellen könnte. Hieraus resultiert ein weitgehend dem „normalen" abwehrrechtlichen Aufbau entsprechendes Prüfungsschema.

▶ **Formulierungsvorschlag:** Die Verfassungsbeschwerde des X ist begründet, wenn er durch die Weigerung/das Unterlassen der Behörde ... in seinen Grundrechten verletzt ist. ◀

Allerdings gerät ein solches Vorgehen wegen der in der Sache bestehenden Unterschiede in Schwierigkeiten, die Verletzung einer Schutzpflicht als Eingriff in einen Schutzbereich darzustellen.[126]

cc) Anspruchsaufbau

Es ist deshalb vorzugswürdig, dem leistungsrechtlichen Charakter durch einen (aus dem Zivil- und Verwaltungsrecht bereits bekannten) **Anspruchsaufbau** Rechnung zu

---

123 Grundlegend zum Schutzpflichtgedanken BVerfGE 39, 1 ff. – Schwangerschaftsabbruch I; s. a. BVerfGE 46, 160 ff. – Schleyer; 49, 89 ff. – Kalkar I; 53, 30 ff. – Mülheim-Kärlich; 56, 54 ff. – Fluglärm.
124 Vgl. BVerfGE 39, 1 ff. – Schwangerschaftsabbruch I.
125 Vgl. auch BVerfG, NJW 1999, 3399 (3400 f.); s. *S. Augsberg*, in: Höfling (Hrsg.), TPG, 2. Aufl. 2013, § 8 Rn. 42 mwN.
126 Vgl. *Epping*, Grundrechte, 8. Aufl. 2019, Rn. 373, der den Anspruchsaufbau in den Eingriffsabwehraufbau integrieren möchte: „Die entscheidende Weichenstellung erfolgt dann bei der Prüfung des ‚Eingriffs' (...): Wendet sich der Bürger gegen ein klageabweisendes Urteil, welches ihm den geforderten Schutz verwehrt, liegt schon per definitionem kein staatlicher Eingriff vor. Zu klären ist dann, ob der Staat unzulässigerweise seiner Schutzpflicht nicht nachgekommen ist. Ist dies der Fall, verletzt das Nichthandeln – die Klageabweisung – Grundrechte des Beschwerdeführers, ohne dass Überlegungen hinsichtlich einer Rechtfertigung anzustellen sind."

III. Grundrechte

tragen. Sinnvollerweise ist dies schon zu Beginn der Begründetheitsprüfung bei der Formulierung des Obersatzes deutlich zu machen.

▶ **FORMULIERUNGSVORSCHLAG:** Die Verfassungsbeschwerde des X ist begründet, wenn dieser durch das Urteil des Verwaltungsgerichts in seinen Grundrechten verletzt ist. Das ist dann der Fall, wenn X einen aus seinen Grundrechten folgenden Anspruch auf ... hat. ◀

Der Prüfung des Anspruchs aus einer grundrechtlichen Schutzpflicht muss sodann ein eigenständiges Prüfungsschema zugrunde gelegt werden.[127]

(1) Konstruktion

Dazu sollte zunächst abstrakt-generell die Konstruktion der Schutzpflicht aus der objektiv-rechtlichen Dimension der Grundrechte hergeleitet werden. Sofern die Begründetheit einer Verfassungsbeschwerde, dh eines subjektiven Beanstandungsverfahrens, zu prüfen ist, muss ferner dargelegt werden, warum aus der objektiven Schutzpflicht des Staates ein subjektives Leistungsrecht des Bürgers folgt.[128]

▶ **FORMULIERUNGSVORSCHLAG:** Ein solcher Anspruch könnte sich aus einer grundrechtlichen Schutzpflicht des Staates gegenüber X ergeben. Das setzt voraus, dass sich aus den Grundrechten überhaupt Schutzpflichten des Staates ableiten lassen und daraus wiederum Ansprüche des Einzelnen folgen. In erster Linie sind die Grundrechte subjektive Abwehrrechte des Bürgers gegen den Staat. Jedoch verkörpern sie zugleich eine objektive Wertordnung, die als verfassungsrechtliche Grundentscheidung für alle Bereiche des Rechts gilt und Richtlinien und Impulse für Gesetzgebung, Verwaltung und Rechtsprechung gibt. Deshalb ist der Staat auch zu rechtlichem Schutz der Grundrechte des Bürgers verpflichtet. Diese Schutzpflicht verbietet nicht nur unmittelbare staatliche Eingriffe in die Grundrechte, sondern gebietet dem Staat daneben, sich schützend und fördernd vor die Grundrechte zu stellen, insbesondere diese vor rechtswidrigen Eingriffen von Seiten anderer zu bewahren. Die Schutzverpflichtung des Staates ist dabei um so stärker, je höher der Rang des in Frage stehenden Rechtsgutes innerhalb der Wertordnung des Grundgesetzes ist.[129]

Ob mit dieser Schutzpflicht des Staates ein Schutzanspruch des Bürgers korrespondiert, könnte aber deshalb zweifelhaft sein, weil sich objektives Recht im Grundsatz nur an den Staat richtet, nicht dagegen dem Bürger subjektive Rechte verleiht. Sinn und Zweck der Schutzpflicht bestehen jedoch darin, die Freiheitsentfaltung des Einzelnen sicherzustellen.[130] Darüber hinaus wäre eine Schutzpflicht ohne entsprechende Durchsetzungsmacht des Einzelnen kaum effektiv.[131] Schließlich deutet der Wortlaut der §§ 92, 94 Abs. 1, 95

---

[127] Vgl. dazu *Haltern/Viellechner*, Import embryonaler Stammzellen zu Forschungszwecken, JuS 2002, 1197 ff.; zum Anspruchsaufbau bei einem grundrechtlichen Leistungsrecht ferner *Viellechner*, Anspruch auf islamischen Religionsunterricht, Jura 2007, 298 ff. In Anordnung und Benennung der Prüfungspunkte abweichend, aber in der Sache wohl übereinstimmend *Epping*, Grundrechte, 8. Aufl. 2019, Rn. 141 ff., der ein zweistufiges Schema (Schutzbereich – Verletzung eines Leistungsrechts) vorschlägt.

[128] *Kingreen/Poscher*, Grundrechte – Staatsrecht II, 35. Aufl. 2019, Rn. 105, weisen dagegen ohne Begründung lediglich auf die insoweit bestehende Praxis des Bundesverfassungsgerichts hin: „Stets wird, was objektiv-rechtlich erst einmal etabliert ist, schließlich subjektiv-rechtlich gewendet. So entstehen aus Schutzpflichten Schutzrechte, aus Maßstäben für die Gestaltung der Teilhabe an Einrichtungen, Leistungen und Verfahren Teilhaberechte. Im Rückblick auf die Entwicklung der Rechtsprechung des Bundesverfassungsgerichts erweist sich die objektiv-rechtliche Funktion der Grundrechte als Geburtshelferin neuer subjektiver Rechte."

[129] BVerfGE 39, 1 (41 f.) – Schwangerschaftsabbruch I.

[130] *Alexy*, Theorie der Grundrechte, 1985, S. 414 f.; *Robbers*, Sicherheit als Menschenrecht, 1987, S. 135 ff.; *Klein*, Grundrechtliche Schutzpflicht des Staates, NJW 1989, 1633 (1637); *Epping*, Grundrechte, 8. Aufl. 2019, Rn. 137.

[131] *Epping*, Grundrechte, 8. Aufl. 2019, Rn. 137.

Abs. 1 BVerfGG, der ausdrücklich von einer „Handlung oder Unterlassung" als Gegenstand der Verfassungsbeschwerde spricht, darauf hin, dass Grundrechte nicht nur als Abwehrrechte, sondern auch als Schutzpflichten vom Einzelnen geltend gemacht werden können. Aus der objektiven Schutzpflicht des Staates folgt daher spiegelbildlich ein subjektives Schutzrecht des Bürgers. ◀

(2) Bestehen des Anspruchs

Positive Anspruchsvoraussetzung ist, dass eine grundrechtliche Schutzpflicht des Staates im konkreten Fall besteht. Die Prüfung dieser Voraussetzung kann an die Tatbestandsprüfung nach dem Eingriffsabwehrschema angelehnt werden, wenn an den beiden entscheidenden Stellen auf Abweichungen eingegangen wird: Zum einen ist eine Grundrechtsbeeinträchtigung nicht durch den Staat, sondern durch private Dritte erforderlich. Dabei genügt eine bloße Gefährdung, da der Staat präventiv eingreifen soll. Um den Unterschied zu verdeutlichen, sollte von einer privaten „Gefährdung" bzw. „Beeinträchtigung" des Grundrechts im Gegensatz zu einem staatlichen „Eingriff" gesprochen werden. Zum anderen wird eine grundrechtliche Schutzpflicht nur bei entsprechender „Schutzbedürftigkeit" des Bürgers ausgelöst.

(3) (Nicht-)Erfüllung des Anspruchs

Negative Anspruchsvoraussetzung ist, dass der Staat seine grundrechtliche Schutzpflicht im konkreten Fall nicht bereits erfüllt hat. Im Gegensatz zu Eingriffskonstellationen, in denen ein staatliches Handeln in Frage steht, gilt hier nicht das Übermaßverbot in Gestalt des Verhältnismäßigkeitsgrundsatzes, sondern, da ein staatliches Unterlassen gerügt wird, ein **Untermaßverbot**: Die Verfassung schreibt nur ein Mindestmaß an Schutz vor, so dass den Staatsorganen bei der Erfüllung der Schutzpflicht ein weiter Gestaltungsspielraum verbleibt.[132] Die verfassungsgerichtliche Prüfungskompetenz ist daher begrenzt: Das Bundesverfassungsgericht darf nur kontrollieren, ob die staatlichen Organe untätig geblieben oder die bisher getroffenen Schutzmaßnahmen evident unzureichend sind.[133] Hinsichtlich zivilgerichtlicher Urteile darf es damit lediglich prüfen, ob diese auf einer grundsätzlichen Verkennung der Bedeutung des zu schützenden Grundrechts für die Entscheidung beruhen.[134] Ansprüche auf ganz bestimmte Schutzmaßnahmen darf es allein dann feststellen, wenn das Untermaßverbot lediglich eine einzige Handlungsmöglichkeit offen lässt.[135]

▶ **Zu den Beispielsfällen:** Die Schutzpflichtdimension wird beim Schwangerschaftsabbruch besonders deutlich. Es stellt sich die Frage, ob die vom Bundestag verabschiedete Neuregelung, die einerseits strenger ist als die vormals in der DDR geltende, andererseits das bis dato bestehende Indikationsmodell aufweicht und nun unter geringeren Voraussetzungen eine Tötung des Embryos zulässt, der Schutzpflicht für das menschliche Leben genügt. Das setzt zunächst voraus, für das ungeborene Leben Art. 2 Abs. 2 GG überhaupt anwenden zu können. Bejaht man dies mit der herrschenden Auffassung, so ist zu prüfen, ob der hieraus resultierenden Schutzpflicht genügt ist. Ohne dass die zum Schwangerschaftsabbruch breite Debatte im Schrifttum hier nachgezeich-

---

132 BVerfGE 88, 203 (254 f.) – Schwangerschaftsabbruch II; vgl. allgemein *Dietlein*, Das Untermaßverbot. Bestandsaufnahme und Entwicklungschancen einer neuen Rechtsfigur, ZG 1995, 131 ff.
133 BVerfGE 56, 54 (81) – Fluglärm.
134 *Epping*, Grundrechte, 8. Aufl. 2019, Rn. 370.
135 *Epping*, Grundrechte, 8. Aufl. 2019, Rn. 129, 370.

ns
net werden soll und kann, sei zumindest darauf verwiesen, dass das Bundesverfassungsgericht davon ausgeht, dass, soll „das Untermaßverbot nicht verletzt werden, (...) die Ausgestaltung des Schutzes durch die Rechtsordnung Mindestanforderungen entsprechen (muss)", wozu „zählt, dass der Schwangerschaftsabbruch für die ganze Dauer der Schwangerschaft grundsätzlich als Unrecht angesehen wird und demgemäß rechtlich verboten ist". Dies bedeutet, wegen der Wichtigkeit des Lebensschutzes, dass „es das Untermaßverbot nicht zu(lässt), auf den Einsatz auch des Strafrechts und die davon ausgehende Schutzwirkung frei zu verzichten".[136] Die derzeitige Regelung, wie sie oben nur angedeutet wurde, entspricht dieser verfassungsrechtlichen Lage. ◄

c) Grundrechtsschutz durch Organisation und Verfahren: Problemskizze und Konsequenzen für den Klausuraufbau

▶ **BEISPIELSFALL:** Auf Antrag eines Energieunternehmens erteilt die zuständige Behörde die notwendige Genehmigung für die Errichtung und den Betrieb eines Atomkraftwerks. Dabei unterlässt sie die einfachgesetzlich vorgeschriebene Beteiligung der in der Umgebung des künftigen Kraftwerks lebenden Bürger. Bürger B klagt gegen die Genehmigung und rügt die fehlende Bürgerbeteiligung. Die Klage hat jedoch keinen Erfolg, weil die Gerichte bereits die Klagebefugnis verneinen. Die Beteiligung der Bürger diene nicht deren Interessen (dann wären sie klagebefugt), sondern solle ausschließlich sicherstellen, dass die Behörde alle für die Genehmigung relevanten Informationen erhält. Ob sie diese erhalte oder nicht – der Bürger könne das jedenfalls nicht rügen.[137] ◄

Anzusprechen ist noch eine Form des Grundrechtsschutzes, die mit den soeben thematisierten Schutzpflichten zusammenhängt[138] – der Grundrechtsschutz durch Organisation und Verfahren. Seit einigen Jahrzehnten ist anerkannt, dass die Wirksamkeit von Grundrechten ohne auf sie ausgerichtete und durch sie geprägte Organisations- und Verfahrensvorschriften oftmals gering wäre oder sogar ganz ausfiele. Umgekehrt fungiert der Grundrechtsschutz durch Verfahren aber auch als Kompensationsmechanismus, weil er es erlaubt, grundrechtlichen Bedenken Rechnung zu tragen, ohne mit Verboten operieren zu müssen. Diese doppelte Wirkung stellt sich als objektiv-rechtlicher Gehalt der Grundrechte dar, der zugleich subjektive Rechtspositionen vermittelt. Es lassen sich typisierend folgende Konstellationen unterscheiden:[139]

(1) Erstens: Es gibt Grundrechte, die schon dem Wortlaut nach auf Verfahrensgestaltung gerichtet sind. Es ist gerade ihr Garantiegehalt, auf ein Verfahren einzuwirken. So gewährt etwa das Prozessgrundrecht des Art. 19 Abs. 4 GG einen Anspruch auf *Zugang* zu Gerichten und einen Anspruch auf *effektiven Rechtsschutz*, die Prozessgrundrechte des Art. 101 und 103 GG garantieren eine bestimmte *Verfahrensgestaltung*. Diese Grundrechte wirken also unmittelbar auf das gerichtliche Verfahren und die gerichtliche Organisation ein. Gegenüber dem Gesetzgeber besteht ein Anspruch auf Schaffung bestimmter gesetzlicher Regelungen. In einer

---

136 BVerfGE 88, 203 (255 ff.) – Schwangerschaftsabbruch II.
137 In Anlehnung an BVerfGE 53, 30 – Mülheim-Kärlich. Vgl. für einen weiteren Beispielsfall auch unten Kap. 3, Fall 8: Blutentnahme.
138 Vgl. etwa *Grimm*, Die Zukunft der Verfassung, 2. Aufl. 1994, S. 234, demzufolge die „übrigen objektivrechtlichen Komponenten der Grundrechte (...) lediglich besondere Ausprägungen der Schutzpflicht" darstellen.
139 Vgl. *Stern*, Das Staatsrecht der Bundesrepublik Deutschland, Bd. III/1, 1988, S. 961 ff., 974 ff.; *Lindner*, Theorie der Grundrechtsdogmatik, 2005, S. 462 ff.

Klausur wird man indes mit solchen Konstellationen kaum einmal konfrontiert werden. Gegebenenfalls ist aber der **Anspruchsaufbau** anzuwenden und insbesondere darauf zu achten, dass dem Gesetzgeber ein weiter Spielraum zusteht, wie er den grundsätzlich bestehenden Anspruch erfüllt. Besteht – wie meist – ein verfassungskonformes Regelungsregime, kommt es vor, dass die Gerichte die geschaffenen Zugangsregelungen (Auslegung von Fristen, Klagebefugnissen etc) zu streng handhaben oder etwa durch eine ungeschickte Verfahrensgestaltung oder Wahrnehmung ihrer Aufgaben keinen *effektiven* Rechtsschutz gewähren; so kommt es vor, dass Gerichte zu langsam entscheiden oder behördliches Handeln teilweise nicht kontrollieren, weil sie zu weitreichende behördliche Einschätzungsspielräume annehmen. In diesen Fällen greifen die Gerichte (originär) in den Schutzbereich der Prozessgrundrechte – regelmäßig ohne Rechtfertigung – ein (**Eingriffsaufbau**).

(2) Zweitens – und damit ist der „eigentliche" Bereich, der durch das Schlagwort *Grundrechtsschutz durch Verfahren* gekennzeichnet wird, angesprochen – wirken die *materiellen* Grundrechtsgehalte auf Organisation und Verfahren aller Gewalten ein.

Besonders augenfällig ist das bei Grundrechten, die ohne Verfahrensvorschriften schlichtweg nicht verwirklicht werden können. Das Grundrecht auf Kriegsdienstverweigerung (Art. 4 Abs. 3 GG) ist ohne ein Anerkennungs*verfahren* (als Kriegsdienstverweigerer) nicht denkbar, das Petitionsrecht (Art. 17 GG) nicht ohne entsprechendes *Verfahren*. Hier ist ganz besonders der Gesetzgeber angesprochen, entsprechende Verfahrensregelungen zur Verfügung zu stellen. Diesen Grundrechten kommt allerdings, jedenfalls in ihrer Verfahrensdimension, in Klausuren üblicherweise keine Bedeutung zu.

Ähnlich deutlich, aber von größerer Bedeutung ist der Einfluss der materiellen Grundrechte auf Organisation und Verfahren in Schutzpflichtkonstellationen. Zu ihrer Erfüllung ist der Staat nicht nur angehalten, *materielle* Vorschriften, sondern auch *Verfahrens*vorschriften zu erlassen, etwa um alle relevanten Informationen zusammentragen zu können, die es gestatten, die Risikoträchtigkeit eines zu genehmigenden Kernkraftwerks abzuschätzen. Gegen den Gesetzgeber besteht ein **Anspruch** auf Schaffung einer entsprechenden gesetzlichen Regelung. Ob die gesetzlich vorgesehenen Verfahrensvorschriften durch Exekutive und Judikative verfassungskonform ausgelegt oder ihre Beachtung gerichtlich kontrolliert werden, ist – im Rahmen der Verfassungsbeschwerde – ein Problem der Normanwendungsebene (siehe oben im Beispielsfall). Ihre Handhabung kann einen **Eingriff** in das Grundrecht darstellen, das die Verfahrensregelungen verlangt. Insbesondere wenn nicht lediglich die Missachtung des verfahrensrechtlichen Gehalts der Grundrechte gerügt wird (sondern auch noch ein anderweitiger Eingriff), bietet sich dieser Aufbau an.

Sollte hingegen einmal ausschließlich die Missachtung des verfahrensrechtlichen Gehalts der Grundrechte beschwerdegegenständlich sein, so wäre – wie für Schutzpflichten allgemein schon dargestellt – eine **Schutzpflichtverletzung** durch die Gerichte zu prüfen (und der dafür geeignete Aufbau zu verwenden). Verneinen etwa die Verwaltungsgerichte die Klagebefugnis bei (behaupteter) Verletzung von gesetzlichen Verfahrensvorschriften mit dem pauschalen Argument, diese seien ohnehin nicht drittschützend, so richtet sich die Verfassungsbeschwerde allein gegen Verkennung des verfah-

III. Grundrechte

rensrechtlichen Elements des Grundrechts.[140] Dies zu überprüfen, ist Bestandteil des bundesverfassungsgerichtlichen Prüfumfangs, weil in diesen Fällen das Gewicht der Grundrechte unrichtig eingeschätzt wird und daher eine Verletzung spezifischen Verfassungsrechts vorliegt.

Einen Unterfall bilden solche verfahrensrechtliche Regelungen, die weniger der Herstellung eines materiell verfassungskonformen Ergebnisses durch umfassende Informationsgewinnung und -auswertung (wie etwa bei Beteiligungsvorschriften im Genehmigungsverfahren für Risikotechnologien), sondern der Vermeidung von ungerechtfertigten Eingriffen dienen. Insbesondere im Bereich des informationellen Selbstbestimmungsrechts sind Grundrechts**eingriffe** nur dann verhältnismäßig, wenn neben materiellen Eingriffsbegrenzungsregelungen zugleich flankierend verfahrensrechtliche Regelungen *im Gesetz* vorgesehen werden, die einer Grundrechtsverletzung vorbeugen:[141] Hierzu zählen etwa bestimmte Sicherheitsstandards für die Datenaufbewahrung, Kennzeichnungs-, Löschungs- und Auskunftspflichten oder auch die Einschaltung von Richtern (Richtervorbehalte), die der vorbeugenden, unabhängigen und neutralen Kontrolle der konkreten Maßnahme dienen.[142] Aber auch die gesetzliche Einbeziehung anderer kompetenter Stellen und Personen (Ärzte uÄ) kann dem Grundrechtsschutz durch Verfahren geschuldet sein. Diese Verfahrens- und Organisationsvorgaben mildern den im Gesetz liegenden Grundrechtseingriff und erleichtern seine Rechtfertigung (**Eingriffsaufbau**). Bei der Auslegung dieser Vorschriften ist also ihr Grundrechtsbezug zu beachten. Verkennen Instanzgerichte diesen, so kann das vor dem Bundesverfassungsgericht mit Erfolg gerügt werden; eine Verletzung spezifischen Verfassungsrechts ist gegeben.

▶ **ZUM BEISPIELSFALL:** Bei der verwaltungsgerichtlichen Prüfung der Klagebefugnis ist zu beachten, dass „Grundrechtsschutz weitgehend auch durch die Gestaltung von Verfahren zu bewirken ist und dass die Grundrechte demgemäß nicht nur das gesamte materielle [Atomrecht], sondern auch das [atomrechtliche] Verfahrensrecht beeinflussen, soweit dieses für einen effektiven Grundrechtsschutz von Bedeutung ist. (...) Das Grundrecht des Art. 2 Abs. 2 GG beeinflusst auch die Anwendung der Vorschriften über das behördliche und gerichtliche Verfahren bei der Genehmigung von Kernkraftwerken, deren vorrangige Aufgabe gerade darin besteht, Leben und Gesundheit vor den Gefahren der Kernenergie zu schützen."[143] Eine Grundrechtsverletzung kommt in Betracht, „wenn die Genehmigungsbehörde solche Verfahrensvorschriften außer Acht läßt, die der Staat in Erfüllung seiner Pflicht zum Schutz der in Art. 2 Abs. 2 GG genannten Rechtsgüter erlassen hat. Keinesfalls dürfen daher die Gerichte bei der Überprüfung von atomrechtlichen Genehmigungsbescheiden ohne Weiteres davon ausgehen, daß ein klagebefugter Dritter zur Geltendmachung von Verfahrensverstößen in der Regel nicht befugt sei."[144] Die Beschwerdeführerin konnte daher entgegen der Ansicht der Verwaltungsgerichte geltend machen, die Durchführung eines atomrechtlichen Genehmigungsverfahrens sei erforderlich gewesen. ◀

---

140 BVerfGE 53, 30 (66 ff.) – Mülheim-Kärlich.
141 Vgl. BVerfGE 65, 1 (44) – Volkszählung; 113, 348 (381) – Telekommunikationsüberwachung.
142 S. BVerfGE 103, 142 (151) – Wohnungsdurchsuchung; BVerfGK 10, 270 (273 f.).
143 BVerfGE 53, 30 (65) – Mülheim-Kärlich.
144 BVerfGE 53, 30 (65 f.) – Mülheim-Kärlich.

d) Die sog. mittelbare Drittwirkung der Grundrechte

▶ **BEISPIELSFALL:** A bezeichnet B in einer politischen Auseinandersetzung als ehemaligen „Stasi-Spitzel". Diese Behauptung ist unwahr, da B niemals wissentlich für die Stasi tätig war. B klagt daraufhin vor den Zivilgerichten auf Widerruf und Unterlassung der Äußerung. Die Gerichte erkennen den auf §§ 823, 1004 BGB gestützten Anspruch an und geben der Klage statt. Der unterlegene A möchte sich mit seiner Verurteilung nicht abfinden. Er wendet sich an das Bundesverfassungsgericht und erklärt, durch die Entscheidung der Gerichte in seiner Meinungsfreiheit gemäß Art. 5 Abs. 1 S. 1 GG verletzt worden zu sein. ◀

▶ **ABWANDLUNG:** Das Gericht gibt unter Verweis auf die hohe Bedeutung der Meinungsfreiheit der Klage nicht statt. Nunmehr möchte der unterlegene Kläger B mit Verweis auf sein allgemeines Persönlichkeitsrecht seine Rechtsposition vor dem Verfassungsgericht durchsetzen. ◀

aa) Das Grundproblem

Ein besonderes Problem der Grundrechtsgeltung stellt die Wirkung der Grundrechte im Privatrecht dar. Dabei geht es um Konstellationen, in denen zwei Private eine zwischen ihnen bestehende Streitigkeit zunächst vor den Zivilgerichten ausgetragen haben und die letztinstanzlich unterlegene Partei sich nunmehr mit der Behauptung, durch das Urteil in ihren Grundrechten verletzt zu sein, an das Verfassungsgericht wendet. Fraglich ist damit, ob und inwieweit eine Grundrechtswirkung im Privatrecht überhaupt vorstellbar ist.

Grundsätzlich bilden die Grundrechte in erster Linie Abwehrrechte des Bürgers gegen den Staat. Die Bürger sind grundrechtsberechtigt, nicht grundrechtsverpflichtet. Pflichten aus den Grundrechten treffen nur den Staat. Für das Verhältnis der Bürger untereinander stellen die Grundrechte demnach keine rechtlich unmittelbar verbindlichen Bestimmungen dar. Kein Bürger darf etwa von einem anderen Bürger unter unmittelbarer Berufung auf den Gleichheitssatz verlangen, ihn ebenso zu behandeln wie einen anderen Bürger.[145] Hat beispielsweise Verkäufer V an Käufer K1 einen Fernseher verkauft, ist er grundrechtlich (mögliche einfachgesetzliche Verpflichtungen, etwa aus dem AGG, sind hier nicht von Interesse) nicht verpflichtet, ein ähnliches Gerät auch an K2 zu verkaufen, selbst wenn für die Weigerung keinerlei vernünftiger Grund ersichtlich ist. Fraglich ist aber, wie es sich auswirkt, wenn eine Streitigkeit zwischen Privaten durch eine *grundrechtsgebundene* staatliche Instanz, das angerufene Zivilgericht, entschieden wird.

(1) Grundrechtsbindung des Privatrechtsgesetzgebers

Unzweifelhaft grundrechtsverpflichtet gemäß Art. 1 Abs. 3 GG ist zunächst wie bei allen Gesetzgebungsmaterien der Gesetzgeber. Dieser darf auch beim Erlass privatrechtlicher Normen keine ungerechtfertigten Grundrechtsbeschränkungen vornehmen. Aufgrund der Schutzpflichtdimension der Grundrechte ist der Staat sogar verpflichtet, massive Beeinträchtigungen grundrechtlich geschützter Güter seiner Bürger vor Angriffen durch nicht-staatliche Akteure zu bewahren. Insbesondere die Regelungen des Strafgesetzbuches tragen diesem Gedanken Rechnung. Privatrechtliche Normen, die in

---

[145] Vgl. BVerfGE, 148, 267 – Stadionverbot, Ls. 1.

III. Grundrechte

diesem Sinne massive Grundrechtsbeeinträchtigungen der Bürger beinhalten oder in evidenter, dem Untermaßverbot unterfallender Weise Schutzpflichtgedanken vernachlässigen, sind materiell verfassungswidrig und damit nichtig.

Problematisch ist jedoch der Bereich, in dem der Gesetzgeber nicht zu einer bestimmten Regelung unter (tendenziell eng zu verstehenden und dem Gesetzgeber einen weiten Einschätzungsspielraum überlassenden) Schutzpflichtgesichtspunkten verpflichtet ist. In diesem Bereich muss die gesetzliche Regelung gerade beachten, dass die Bürger untereinander nicht grundrechtsverpflichtet sind. Vielmehr ist ihre Privatautonomie, die sie im Verhältnis untereinander frei agieren lässt, ihrerseits verfassungsrechtlich gegenüber staatlicher Intervention grundrechtlich geschützt (Art. 2 Abs. 1 GG).[146] Dass vor diesem Hintergrund eine zivilrechtliche Norm wegen einer Missachtung einer grundrechtlich gebotenen Schutzpflicht als verfassungswidrig qualifiziert werden muss, ist kaum zu erwarten. Typischerweise wird die Norm zudem so offen formuliert sein, dass jedenfalls eine verfassungskonforme Auslegung möglich ist.

(2) Grundrechtsbindung des Gerichts bei der Anwendung des Privatrechts

Das eigentliche Problemfeld der Frage der Drittwirkung der Grundrechte im Privatrecht besteht deshalb bei der Rechtsanwendung durch die Zivilgerichte. Kann ein zivilgerichtliches Urteil einen (nicht gerechtfertigten) Eingriff in ein Grundrecht darstellen?

Deutlich wird das Problem vor allem in der Abwandlung des Beispielsfalls. Denn in dieser Konstellation lässt sich der Schwierigkeit nicht durch den Hinweis ausweichen, dass sich der Beschwerdeführer – wie im Ausgangsfall – gegen ein ihn unmittelbar belastendes staatliches Handeln wendet, nämlich gegen die Verurteilung (hier: zu Unterlassung und Widerruf). Ist, wie in der Abwandlung, der Kläger vor den Zivilgerichten mit seinem Klagebegehren *unterlegen* und möchte er diese Niederlage nunmehr vor dem Verfassungsgericht mit Verweis auf eine etwaige Grundrechtsverletzung durch die Zivilgerichte korrigiert haben, so liegt die mögliche Grundrechtsbeeinträchtigung lediglich in der Nichtstattgabe gegenüber dem Klageantrag, also typischerweise in der Verweigerung staatlicher Unterstützung bei der Beseitigung einer von einem anderen Privaten ausgehenden Freiheitsbeeinträchtigung. Die Ehrbeeinträchtigung geht in der Abwandlung dementsprechend nicht unmittelbar von dem Gericht, sondern vom Privatmann A aus. Das Gericht trägt lediglich nichts dazu bei, diese Beeinträchtigung zu beseitigen. – Ist das eine Grundrechtsproblematik?

Auf dem Weg zur Beantwortung dieser Frage ist zunächst festzuhalten, dass die Zivilgerichte als Teil der Staatsgewalt gemäß Art. 1 Abs. 3 GG unmittelbar an die Grundrechte gebunden sind. Ihre Urteilssprüche bestehen aber in der Feststellung der zwischen den privaten Beteiligten bestehenden Rechtslage. Wenn und insofern sich die Gerichte demnach darauf beschränken, im Rahmen ihrer Urteilsfindung diese durch die Privatrechtsordnung vorgezeichneten Beziehungen zwischen den Privaten lediglich nachzuzeichnen, diese Beziehung ihrerseits aber durch keine grundrechtlichen Vorgaben geprägt wäre, müsste eine Grundrechtsverletzung auszuschließen sein.

Diesbezüglich muss zwischen der Bindungswirkung des Art. 1 Abs. 3 GG bei den unterschiedlichen Tätigkeiten des Gerichts differenziert werden. Es besteht ein Unterschied zwischen den prozessualen Aktivitäten des Gerichts einerseits und der Urteilsfindung andererseits. Jene Maßnahmen, etwa die Verweigerung einer Zeugenanhörung

---

146 Vgl. zum Problem *Höfling*, Vertragsfreiheit – eine grundrechtsdogmatische Studie, 1991.

oder eine verhandlungsleitende Maßnahme wie die Entfernung aus dem Gerichtssaal, ergehen kraft eigener Amtsautorität des Gerichts, sie wirken direkt auf die entsprechende Rechtsposition des Betroffenen ein und unterfallen Art. 1 Abs. 3 GG. Relevant ist das vor allem mit Blick auf die *Justizgrundrechte*: Die Verweigerung etwa des rechtlichen Gehörs im Sinne von Art. 103 Abs. 1 GG ist *kein* Fall der Drittwirkung. Unabhängig davon, vor welchem Gericht sich der etwaige Fehler ereignet hat, steht stets eine unmittelbare Beziehung zwischen Gericht und dem jeweiligen Prozessbeteiligten in Frage.

Demgegenüber ist die Beziehung zwischen dem Urteilsspruch und den Parteien stets durch die Rechtsordnung und die damit als legal bezeichnete Beziehung zwischen den Parteien mediatisiert. Hier geht es nicht um die Rechtsbeziehung zwischen Gericht und Partei, sondern um die – vom Gericht festzustellende – Rechtsbeziehung zwischen den Parteien. Das Gericht spricht lediglich verbindlich aus, was – der Idee nach – zwischen den Parteien von Rechts wegen ohnehin gilt. Wenn und soweit demnach zwischen den Parteien keine Grundrechtsbindung bestünde, könnte eine solche Wirkung auch nicht durch die Bindung der Rechtsprechung gemäß Art. 1 Abs. 3 GG konstruiert werden.

Teilweise wurde und wird jedoch beides vertreten. Namentlich das Bundesarbeitsgericht ging in seiner früheren Judikatur davon aus, dass die Grundrechte auch die Bürger untereinander, also nicht nur den Staat im Verhältnis zum Bürger, verpflichten.[147] Wäre das der Fall, wäre es zwingend, auch die Nachzeichnung der grundrechtlich geprägten Beziehung durch die Zivilgerichte als grundrechtsbestimmt anzusehen. Dies steht aber in Konflikt zu der grundlegenden, in Art. 1 Abs. 3 GG normativ fundierten Annahme, dass nur die staatlichen Gewalten grundrechtsverpflichtet, Private dagegen grundsätzlich nur grundrechtsberechtigt sind.

Eine andere Auffassung dagegen vertrat die These, die Rechtsprechung sei Hoheitsgewalt wie jede andere Staatstätigkeit und daher unmittelbar iSd Art. 1 Abs. 3 GG grundrechtsgebunden. Die Rede von der Drittwirkung benenne daher ein Scheinproblem.[148] Diese Auffassung verkennt die besondere Bedeutung der Privatautonomie und die Eigenständigkeit des Zivilrechts; sie ebnet im Ergebnis den strukturellen Unterschied zwischen Justizgrundrechten und sonstigen Freiheitsrechten ein.

Das Bundesverfassungsgericht hat aus diesen Gründen allen Versuchen einer sog. „unmittelbaren" Grundrechtsgeltung im Privatrecht eine Absage erteilt. Es hat zugleich jedoch eine „mittelbare" Drittwirkung der Grundrechte bejaht. Danach stellen die Grundrechte auch eine *objektive Wertordnung*[149] dar, die als verfassungsrechtliche Grundentscheidung für alle Bereiche des Rechts gilt und von der alle Teile der Staatsgewalt Richtlinien und Impulse empfangen. Auch die Vorschriften des Zivilrechts sind daher von den Gerichten im Lichte der Grundrechte auszulegen und anzuwenden, damit deren wertsetzender Gehalt auch auf der Rechtsanwendungsebene zur Geltung kommt. „Einbruchstellen" der Grundrechte in das Zivilrecht sind insbesondere die Ge-

---

147 Vgl. BGHZ 13, 334 (338); 31, 308 (311); BAGE 1, 185 (193 ff.); 4, 274 (276 ff.).
148 Vgl. *Schwabe*, Die sogenannte Drittwirkung der Grundrechte, 1971.
149 Vgl. BVerfGE 7, 198 (205) – Lüth. Heute wird eher von einer objektiv-rechtlichen Dimension der Grundrechte als von einer Wertordnung gesprochen, vgl. *Böckenförde*, Grundrechte als Grundsatznormen, Der Staat 29 (1990), 1 ff.; *Gostomzyk*, Grundrechte als objektiv-rechtliche Ordnungsidee, JuS 2004, 949 ff.; *Jarass*, Grundrechte als Wertentscheidungen bzw. objektivrechtliche Prinzipien in der Rechtsprechung des Bundesverfassungsgerichts, AöR 110 (1985), 363 ff.; *Wenger*, Die objektive Verwertung der Grundrechte – Zum Stand der Diskussion, AöR 130 (2005), 618 ff.; ausführlich *Dolderer*, Objektive Grundrechtsgehalte, 2000.

III. Grundrechte

neralklauseln und unbestimmten Rechtsbegriffe.[150] Wenn die Zivilgerichte diese „mittelbare Drittwirkung" oder „Ausstrahlungswirkung"[151] der Grundrechte eines Beschwerdeführers auf das Zivilrecht verkennen, ist dieser in seinen Grundrechten verletzt. Eine Kontrolle der Gerichtsentscheidungen ist in diesem Umfang also möglich.[152]

bb) Aufbaufragen

Aus dieser materiellen Problematik der Grundrechtsgeltung im Privatrecht ergeben sich für die Fallbearbeitung konkrete Aufbauerfordernisse.[153] Die Besonderheit der mittelbaren Drittwirkung sollte sowohl im Rahmen der Zulässigkeitsprüfung bei der Prüfung der Beschwerdebefugnis (dazu [1]) wie im Rahmen der Begründetheitsprüfung (dazu [2]) zumindest kurz angesprochen werden. Jenseits der Darstellung des allgemeinen Streits kann die Drittwirkungskonstellation zudem Auswirkungen auf die weitere Struktur der Begründetheitsprüfung haben (dazu [3]).

(1) Erste (knappe) Thematisierung in der Beschwerdebefugnis

Eine erste Thematisierung der Drittwirkungsproblematik muss bereits im Rahmen der Beschwerdebefugnis erfolgen. Denn fehlte die grundsätzliche Möglichkeit einer Grundrechtsbindung im privatrechtlichen Bereich, wäre die Möglichkeit einer Grundrechtsverletzung von vorneherein zu verneinen.[154] Aus einem doppelten Grund genügt an dieser Stelle jedoch ein kurzer Hinweis darauf, dass jedenfalls eine mittelbare Drittwirkung von Grundrechten in Privatrechtsbeziehungen nicht ausgeschlossen erscheint: *Rechtlich* ist für die Beschwerdebefugnis lediglich die Möglichkeit einer Grundrechtsverletzung erforderlich. *Stilistisch* sollte eine zu „kopflastige", dh zu stark durch die Zulässigkeitsprüfung dominierte Falllösung vermieden werden. (Vertretbar ist allerdings auch an diesem Punkt bereits eine etwas ausführlichere Thematisierung, denn die kursorische Prüfung der bloßen Möglichkeit einer Rechtsverletzung bezieht sich v. a. auf faktische Fragen des Falls, nicht dagegen auf grundsätzliche rechtliche Fragen.)

(2) Zweite (ausführlichere) Thematisierung in der Begründetheitsprüfung

Vorzugswürdig erscheint es daher, die Drittwirkungsproblematik erst in der Begründetheitsprüfung näher zu erörtern.[155] Angesichts der gefestigten Rechtsprechung zu dieser Frage kann die Darstellung aber auch hier knapp gehalten werden. Allenfalls in Hausarbeiten mag bei entsprechender Schwerpunktsetzung der Aufgabenstellung eine ausführlichere Auseinandersetzung auch mit abweichenden Auffassungen in der Literatur[156] angezeigt sein.

---

150 BVerfGE 7, 198 (206) – Lüth.
151 BVerfGE 7, 198 (207) – Lüth.
152 Vgl. zu den zusätzlichen speziellen Anforderungen an eine mittelbare Drittwirkung von Art. 3 Abs. 1 GG BVerfGE, 148, 267 – Stadionverbot; dazu die Anm. v. *Ruffert* JuS 2020, 1 ff.; sowie BVerfG, Beschl. v. 27.08 – 2019, 1 BvR 879/12 – Hotel-Bann.
153 Vgl. zur Diskussion über den Gutachtenaufbau in Drittwirkungsfällen und damit zum Folgenden näher *I. Augsberg/Viellechner*, Die Drittwirkung der Grundrechte als Aufbauproblem, JuS 2008, 406 ff.
154 *Kingreen/Poscher*, Grundrechte – Staatsrecht II, 35. Aufl. 2019, Rn. 1301. AA *Lang*, Der schwierige Ratschlag, JuS 1998, L 20, der die Prüfung nur im Rahmen der Begründetheit für erforderlich hält.
155 Ebenso *Stock/Achelpöhler*, Der praktische Fall: Informationsfreiheit für ausländische Mieter – Kabelanschluß und Parabolantenne, JuS 1998, 245 (245 Anm. 5). AA *Degenhart*, Klausurenkurs im Staatsrecht I, 5. Aufl. 2019, Rn. 84; *Manssen/Pielemeier*, Zur Übung – Öffentliches Recht: Der Fernsehanwalt, JuS 1999, 93, die für die Prüfung im Rahmen der Beschwerdebefugnis plädieren.
156 Vgl. zum Ganzen näher *Erichsen*, Die Drittwirkung der Grundrechte, Jura 1996, 527 (528 f. mwN).

Zu klären bleibt damit, wo die Thematik innerhalb der Begründetheitsprüfung am günstigsten platziert wird. Aus mehreren Gründen empfiehlt sich eine Darstellung schon zu Beginn der Begründetheitsprüfung: Versteht man das Problem als Besonderheit der Gesetzesanwendung, liegt es zwar eigentlich nahe, die entsprechende Thematisierung nicht bereits am Anfang der Begründetheitsprüfung, noch vor Schutzbereich und Eingriff, sondern erst im Rahmen der Rechtfertigungsprüfung, und hier bei der Frage der verfassungskonformen Gesetzesanwendung, vorzunehmen. Dieser Aufbau hat allerdings die Schwierigkeit, dass im Rahmen der zuvor zu erörternden Schutzbereichs- und insbesondere Eingriffsprüfung das Problem ausgeblendet bleiben muss. Ein solches Vorgehen erscheint zwar möglich, insofern man den Schutzbereich entkontextualisiert, also das privatrechtliche Umfeld zunächst ausblendet, und den Eingriff streng formal als eine dem Staat zurechenbare Maßnahme versteht, die eine Grundrechtsverkürzung für den betroffenen Bürger bewirkt. Geht man davon aus, dass die betroffenen Tätigkeiten oder Interessen des Bürgers grundsätzlich grundrechtsgeschützt sein können – etwa als Meinungsäußerung oder über den Ehrschutz –, wäre danach die Verurteilung eine tatbestandliche Verkürzung des zunächst gewährleisteten Freiheitsraumes. Die materielle Frage, inwieweit der Staat in dieser Konstellation überhaupt an Grundrechte gebunden ist, bliebe dann der späteren Diskussion überlassen.

Ein solches Vorgehen klammert aber die eigentlich bereits relevante Frage der Grundrechtsgeltung in zivilrechtlichen Streitigkeiten zunächst durch eine starke Formalisierung der Betrachtungsweise aus, um sie dann unverhofft im Rahmen der Rechtfertigung auftauchen zu lassen. Diese Problematik besteht auch dann, wenn die Diskussion nicht erst zu Beginn der Kontrolle des Urteils, sondern am Anfang der Rechtfertigungsprüfung erfolgt. Will man dagegen bereits die Schutzbereichs- und Eingriffsprüfung im Lichte der geklärten Fragestellung zur Drittwirkungsproblematik bearbeiten, erscheint damit folgende dritte Aufbauoption vorzugswürdig. Danach ist das Problem im Rahmen eines separaten Prüfungspunkts „Anwendbarkeit der Grundrechte" abstrakt vorweg darzustellen, und zwar gleich zu Beginn der Begründetheitsprüfung.

Nicht sinnvoll erscheint es jedenfalls, die Darstellung des Problems gegenüber der Darstellung am Beginn der Kontrolle der Entscheidung noch weiter nach hinten zu verlagern und ggf. in die Prüfung einzelner Gegenstände der Entscheidung, etwa einer konkreten Äußerung oÄ, zu integrieren. Denn es handelt sich bei der Frage um ein allgemeines Problem, das für alle innerhalb der betreffenden Grundrechtsprüfung zu entscheidenden Einzelfragen relevant ist. Die Darstellung sollte insofern „vor die Klammer" der konkreten Einzeluntersuchungen gezogen werden. Andernfalls wiederholt sich nicht nur die oben angesprochene Schwierigkeit, dass Schutzbereich und Eingriff ohne Problembezug erörtert werden müssen. Vielmehr müsste zudem bei einer solchen Aufbauvariante die Problemdarstellung in stilistisch unschöner Weise vor jeder neuen konkreten Prüfung jeweils wiederholt werden.

▶ **FORMULIERUNGSVORSCHLAG:** Anwendbarkeit der Grundrechte (*Überschrift*). Fraglich ist zunächst grundsätzlich, inwieweit eine Überprüfung der zivilgerichtlichen Urteile durch das Bundesverfassungsgericht überhaupt erfolgen kann. Das betrifft die Frage der Möglichkeit einer Drittwirkung der Grundrechte.
Der Beschwerdeführer begehrt Rechtsschutz gegen ein Urteil im Bereich einer privatrechtlich geregelten Streitigkeit. Fraglich ist damit, ob und inwieweit eine Grundrechtswirkung im Privatrecht überhaupt vorstellbar ist. Die Grundrechte sind in erster Linie Abwehrrechte des Bürgers gegen den Staat, nicht dagegen rechtlich unmittelbar verbindliche Bestimmun-

III. Grundrechte

gen für das Verhältnis der Bürger untereinander. Dem damit angesprochenen Problem ist auch nicht durch den Hinweis auszuweichen, dass sich der Beschwerdeführer doch gegen ein ihn unmittelbar belastendes staatliches Handeln wendet, nämlich gegen die Verurteilung zur Unterlassung. Die Zivilgerichte sind als Teil der Staatsgewalt gemäß Art. 1 Abs. 3 GG zwar unmittelbar an die Grundrechte gebunden. Ihre Urteile beschränken sich aber auf die Feststellung der zwischen den privaten Beteiligten bestehenden Rechtslage. Insofern könnte eine Grundrechtsverletzung des Beschwerdeführers hier ausgeschlossen sein.
Die Grundrechte stellen indes auch eine objektive Wertordnung dar, die als verfassungsrechtliche Grundentscheidung für alle Bereiche des Rechts gilt und von der alle Teile der Staatsgewalt Richtlinien und Impulse empfangen. Auch die Vorschriften des Zivilrechts sind daher von den Gerichten im Lichte der Grundrechte auszulegen und anzuwenden, damit deren wertsetzender Gehalt auch auf der Rechtsanwendungsebene zur Geltung kommt. „Einbruchstellen" der Grundrechte in das Zivilrecht sind insbesondere die Generalklauseln und unbestimmten Rechtsbegriffe. Wenn die Zivilgerichte diese „mittelbare Drittwirkung" bzw. „Ausstrahlungswirkung" der Grundrechte des Beschwerdeführers auf das Zivilrecht hier verkannt hätten, wäre dieser in seinen Grundrechten verletzt. Eine Kontrolle der Gerichtsentscheidungen ist insofern möglich. ◄

(3) Auswirkungen auf die Begründetheitsprüfung im Übrigen

Für die sich anschließende Prüfung sind in Konstellationen wie der vorliegenden, bei denen es in der Sache nicht um ein den Beschwerdeführer belastendes Urteil in dem Sinne geht, dass er zu einer Handlung oder einem Unterlassen verurteilt wird, sondern lediglich ein geltend gemachter Anspruch von dem Zivilgericht nicht zuerkannt wurde, grundsätzlich mehrere Aufbaumöglichkeiten denkbar.[157] Vor allem drei Aufbauvarianten kommen in Betracht:

(a) Klassisch dreistufig: Schutzbereich – Eingriff – Rechtfertigung

Möglich ist es zunächst, auch in Konstellationen wie der vorliegenden am klassischen *eingriffsabwehrrechtlichen Schema* in der Form Schutzbereich – Eingriff – Rechtfertigung festzuhalten. Problematisch daran ist allerdings, dass die Verweigerung eines klagestattgebenden Urteils sich nur mit Mühe als „Eingriff" verstehen lässt. Auch erscheint es jedenfalls problematisch, die der Entscheidung zugrunde liegende Anspruchsnorm, deren Tatbestandsvoraussetzungen als nicht erfüllt gewertet wurden, als Eingriffsgrundlage (Grundrechtsschranke) zu qualifizieren. Besonders deutlich wird das Problem, wenn der zu entscheidende Fall nicht dem Deliktsrecht, sondern dem Vertragsrecht zuzuordnen ist. Die richterliche Inhaltskontrolle von Verträgen zugunsten oder zulasten einer Partei als Eingriff zu qualifizieren, erscheint als kaum mehr hinnehmbare Überdehnung des Begriffs.[158] Zwar kann man argumentieren, dass der Eingriff auch hier im Urteil selbst liegt. Damit verlagerte sich das Problem aber auf die Ebene der Rechtsgrundlage: Die gesetzlichen Bestimmungen des Vertragsrechts, etwa die §§ 241, 305 ff. BGB, sind von dem traditionellen Verständnis einer staatlichen Eingriffsermächtigung weit entfernt. Hält man an einer klaren Trennung von öffentlichem

---

[157] Vgl. *I. Augsberg/Viellechner*, Die Drittwirkung der Grundrechte als Aufbauproblem, JuS 2008, 406 ff.
[158] In BVerfGE 89, 214 (229) – Bürgschaft; 90, 27 (33) – Parabolantenne, ist von einem Eingriff daher nicht die Rede. Unklar *Manssen/Pielemeier*, Zur Übung – Öffentliches Recht: Der Fernsehanwalt, JuS 1999, 93 (94): „Jedenfalls im außervertraglichen Bereich lässt sich davon ausgehen, dass Verurteilungen durch die Zivilgerichte einen Grundrechtseingriff darstellen".

Recht und Privatrecht fest, stößt der Eingriffsabwehraufbau daher in derartigen Drittwirkungsfällen an Grenzen.

(b) Zweistufig: Schutzpflicht – Unterlassen des Schutzes

Um der ursprünglichen Anspruchskonstellation auch auf der verfassungsrechtlichen Ebene Rechnung zu tragen, ist es ferner denkbar, die Prüfung an einer Schutzpflicht-Verletzung zu orientieren und dementsprechend zu fragen, ob ein aus einer grundrechtlichen Schutzpflicht resultierender *Anspruch auf Erlass des betreffenden Urteils* bestand. Aber auch dieser Ansatz ist nicht unproblematisch. Die Anspruchskonstruktion läuft Gefahr, die Prüfungskompetenz des Bundesverfassungsgerichts missverständlich darzustellen. Denn das Bundesverfassungsgericht darf die zivilgerichtliche (Abwägungs-)Entscheidung, die es überprüft, grundsätzlich nicht durch seine eigene ersetzen[159] und insbesondere nicht selbst auf einen bestehenden Anspruch erkennen. Das zeigt die prozessuale Regelung des § 95 Abs. 2 BVerfGG, der zufolge die Stattgabe der Verfassungsbeschwerde als Rechtsfolge nur Aufhebung und Zurückverweisung nach sich zieht. Eine Möglichkeit zur eigenen Sachentscheidung, wie sie andere Prozessordnungen für die Revisionsinstanzen vorsehen (s. etwa § 563 Abs. 3 ZPO), enthält das Gesetz dagegen nicht.[160] Die eingeschränkte Prüfungskompetenz des Bundesverfassungsgerichts ergibt sich daneben aus einem materiellrechtlichen Aspekt: Bei der Erfüllung grundrechtlicher Schutzpflichten kommt dem Staat ein nur vom Untermaßverbot begrenzter Gestaltungsspielraum zu. Wie im Einzelfall zu entscheiden ist, folgt also nicht unmittelbar aus den Grundrechten.[161] Zudem adressiert die Schutzpflicht in erster Linie die Legislative, nicht die Judikative. Eine am Schutzgedanken orientierte Prüfung müsste daher primär die Anspruchsgrundlage untersuchen.[162] Die Nachteile des Anspruchsaufbaus werden noch deutlicher, wenn man einen Vergleich mit dem Verwaltungsprozessrecht vornimmt.[163] Dort ist ein „Anspruchsaufbau" bei der allgemeinen Leistungsklage oder der Verpflichtungsklage vor allem dann sinnvoll, wenn feststeht, dass im Ergebnis nicht nur ein Bescheidungsurteil, dh eine Aufhebung des Verwaltungsakts und die Rückverweisung an die Behörde, steht, sondern das Gericht selbst eine abschließende Entscheidung treffen kann. Bei Ermessensentscheidungen darf nur noch eine bestimmte Lösung in Betracht kommen, das behördliche Ermessen muss also „auf Null" reduziert sein. In allen anderen Fällen empfiehlt sich dagegen ein Festhalten an dem „Rechtswidrigkeitsaufbau", den § 113 Abs. 1 VwGO nahezulegen scheint. Grundsätzlich ist ein Anspruchsaufbau aber auch in einer „Bescheidungssituation" nicht ausgeschlossen. Entsprechend könnte man für die vergleichbare Situation im Verfassungsprozessrecht darauf zurückgreifen. Der Mehrwert, der durch eine transparentere Darstellung der Drittwirkungsproblematik erzielt wird, droht sich dabei aber in einer Fehlvorstellung von der Rolle des Bundesverfassungsgerichts als unmittelbar entscheidender „Superrevisionsinstanz" aufzulösen.

---

159 BVerfGE 42, 143 (148) – Deutschland-Magazin; 52, 283 (295) – Tendenzbetrieb.
160 Allerdings hält sich das Bundesverfassungsgericht in „Fällen höchster Eingriffsintensität" ausnahmsweise für befugt, die zivilgerichtliche Wertung unmittelbar durch eine eigene zu ersetzen, vgl. BVerfGE 42, 143 (149) – Deutschland-Magazin.
161 *Epping*, Grundrechte, 8. Aufl. 2019, Rn. 128 f.
162 *Oeter*, „Drittwirkung" der Grundrechte und die Autonomie des Privatrechts, AöR 119 (1994), 529 (556 ff.).
163 *Roellecke*, in: Isensee/Kirchhof (Hrsg.), Handbuch des Staatsrechts, Bd. II, 3. Aufl. 2004, 683 (694 f.).

(c) Einstufig: Verfassungsmäßigkeit des Urteils

Schließlich ist es möglich, *einstufig* nach der Verfassungsmäßigkeit des Urteils zu fragen, dh direkt zu untersuchen, ob das Urteil der Bedeutung und Tragweite der Grundrechte des Beschwerdeführers hinreichend Rechnung getragen hat.[164] Auf diese Weise kann die problematische Anpassung des Eingriffsbegriffs und der gesetzlichen Eingriffsgrundlage umgangen werden. Ein solches Verfahren bestimmt offenbar etwa die Parabolantennen-Entscheidung des Bundesverfassungsgerichts.[165] In der Sache müssen die damit verbundenen Probleme aber, ebenso wie die Frage der Schutzbereichseröffnung, inzident doch geprüft werden.

Diese Aufbauvariante bietet den Vorteil, den Sachproblemen der Sonderkonstellation am genauesten Rechnung zu tragen. Ihr Nachteil liegt jedoch darin, dass durch den Wegfall der mehrgliedrigen Darstellung eine deutliche Strukturierung des Klausuraufbaus fehlt und die Darstellung damit in die Gefahr gerät, für den Leser – das heißt den Korrektor – schwerer nachvollziehbar zu sein als der vertraute klassisch dreistufige Aufbau.

(d) Fazit

Wie auch immer man sich hier entscheidet, gilt insgesamt jedenfalls: Der gewählte Aufbau muss in sich schlüssig und konsequent sein und zugleich den Besonderheiten des Falles Rechnung tragen.[166] Diese Konsequenz des Aufbaus zeigt sich bereits am Beginn der Rechtfertigungsprüfung. Wie stets in der Fallbearbeitung erfolgt die entscheidende Weichenstellung für den weiteren Gutachtenaufbau mit dem die weitere Prüfung vorstrukturierenden richtigen **Obersatz**. Wer demnach traditionell dreistufig im Schutzbereich-Eingriff-Rechtfertigung-Schema prüft, muss entsprechend auch den Obersatz traditionell formulieren: „Das ist der Fall, wenn das Urteil einen Eingriff in den Schutzbereich eines Grundrechts von X darstellt, der sich nicht verfassungsrechtlich rechtfertigen lässt." Die zweistufige Prüfung weist demgegenüber schon im Obersatz die Frage auf, ob eine Grundrechtsverletzung infolge eines (durch die Gerichte nicht [an]erkannten) aus den Grundrechten folgenden Anspruchs anzunehmen ist. Wer schließlich einstufig die Verfassungswidrigkeit des Urteils in den Blick nehmen möchte, sollte auch dies gleich zu Beginn deutlich machen und demgemäß etwa formulieren: „Die Verfassungsbeschwerde des X ist begründet, wenn dieser durch das Urteil des Gerichts tatsächlich in seinen Grundrechten verletzt ist."

e) Die Drei-Stufen-Lehre des Bundesverfassungsgerichts in der Fallbearbeitung

▶ **BEISPIELSFALL:** Der Bundestag verabschiedet ein Gesetz, mit dem die bis dahin getrennten Tätigkeiten des Pferdehufpflegers, -hufschmieds und -huftechnikers zu einem einheitlichen Berufsbild zusammengefasst werden. Um diese Tätigkeit ausüben zu dürfen, muss künftig zudem eine mehrjährige Ausbildung absolviert werden. A, die die bis dahin ungeregelte Tätigkeit einer Hufpflegerin ergreifen will, sieht sich durch das neue Gesetz in ihrer Berufsfreiheit verletzt.[167] ◀

---

164 Vgl. für ein Beispiel zu einem solchen Aufbau unten Kap. 3, Fall 9: Widerstand gegen den „Business Improvement District".
165 BVerfG, JZ 1995, 152, mAnm *Hoffmann-Riem/Eifert*.
166 Vgl. zur Diskussion näher *I. Augsberg/Viellechner*, Die Drittwirkung der Grundrechte als Aufbauproblem, JuS 2008, 406 ff.
167 Vgl. für eine ausführliche Lösung unten Kap. 3, Fall 6: Hufbeschlag.

aa) Einleitung

In der Klausurbearbeitung zu Art. 12 Abs. 1 GG kommt es typischerweise entscheidend darauf an, die vom Bundesverfassungsgericht entwickelte Sonderbereichsdogmatik zum Berufsfreiheitsgrundrecht zu kennen und in den allgemeinen Fallaufbau sinnvoll zu integrieren. Das betrifft vornehmlich die Modifikationen, die die Verhältnismäßigkeitsprüfung durch die sog. Stufenlehre erhalten hat. Diese Lehre wird im Folgenden zunächst abstrakt dargestellt. Nach dieser Darstellung der Stufenlehre und ihrer Voraussetzungen (dazu bb) soll ein Weg gewiesen werden, wie sich diese Anforderungen in eine herkömmliche Verhältnismäßigkeitsprüfung integrieren lassen (dazu cc), so dass dem Postulat des Bundesverfassungsgerichts, es handele sich bei der Stufenlehre nur um eine besondere Ausprägung des Übermaßverbotes, genügt ist.

bb) Die Stufentheorie des Bundesverfassungsgerichts

Zur Schrankensystematik der Berufsfreiheit und zur diesbezüglichen Anwendung des rechtsstaatlichen Verhältnismäßigkeitsgrundsatzes hat das Bundesverfassungsgericht in seinem sog. „Apotheken-Urteil" vom 11.6.1958[168] richtungsweisend Stellung genommen und sie seitdem weiter fortentwickelt. Danach wurde ein „differenzierendes System abgestufter Gewährleistungsdichte der Berufsfreiheit entwickelt", das seinen Niederschlag in der sog. Stufentheorie gefunden hat. Demnach gilt: In die Berufsfreiheit kann auf verschiedenen Stufen eingegriffen werden (dazu [1]), und für jede Eingriffsstufe gelten unterschiedliche verfassungsrechtliche Rechtfertigungsvoraussetzungen (dazu [2]).

(1) Benennung und Typisierung der drei Eingriffsstufen

Das Bundesverfassungsgericht unterscheidet berufsrechtliche Normierungen auf drei Stufen, und zwar:

- Berufsausübungsregelungen,
- subjektive Zulassungsvoraussetzungen sowie
- objektive Zulassungsschranken,

wobei eine ansteigende Eingriffsintensität angenommen wird und auf den beiden letztgenannten Stufen der Wahlaspekt der Berufsfreiheit betroffen ist.

(a) Eingriffe in den Wahlaspekt der Berufsfreiheit

Bei Eingriffen in die Berufswahlfreiheit geht es um die Frage, ob eine bestimmte berufliche Tätigkeit überhaupt wahrgenommen werden kann. Das „Ob" der beruflichen Tätigkeit kann dabei an objektive oder subjektive Zulassungsvoraussetzungen geknüpft sein, wobei an den Nachweis der Notwendigkeit objektiver Zulassungsvoraussetzungen besonders strenge Anforderungen gestellt werden:

- *Objektive Zulassungsvoraussetzungen*, die am intensivsten in die Berufsfreiheit eingreifen, liegen vor, wenn es um Bedingungen geht, die weder mit den persönlichen Eigenschaften oder Qualifikationen eines Berufsanwärters in Verbindung stehen noch sonst von ihm beeinflusst werden können. Wer also persönlich alle Vorbedingungen für die ordnungsgemäße Ausübung eines Berufs erfüllt und durch eine

---

[168] BVerfGE 7, 377 (407 ff.) – Apotheken-Urteil.

Sperrvorschrift, deren Überwindung nicht in seiner Macht liegt, an der Aufnahme des Berufs gehindert wird, wird durch eine objektive Schranke beeinträchtigt. Klassisches Beispiel einer objektiven Zulassungsschranke sind Bedürfnisprüfungen, also Zulassungen in Abhängigkeit davon, ob es an einem Ort ein Bedürfnis für weitere Berufstätige in diesem Beruf gibt. Ein weiteres Beispiel ist der sog. absolute (nicht notenbasierte) Numerus clausus, der nicht nur die Wahl einer bestimmten Universität und den Ablauf des Studiums reglementiert, sondern auch die Aufnahme des gewünschten Studiengangs bundesweit für längere Zeit versperrt. Schließlich werden auch staatliche Monopole (etwa für Glücksspiel)[169] sowie staatliche Maßnahmen zur Beendigung einer Berufstätigkeit vom Bundesverfassungsgericht als objektive Berufswahlregelungen angesehen.

■ *Subjektive Zulassungsvoraussetzungen* knüpfen dagegen an persönliche Eigenschaften, Fähigkeiten oder Fertigkeiten des Berufsbewerbers an. Das ist insbesondere der Fall bei Ausbildungs- und Eignungsprüfungen (zB Gesellenbrief, Taxischein, Staatsexamen, aber auch Geschlecht, Körpergröße und nach Ansicht des Bundesverfassungsgerichts auch das Alter). Der in der Praxis wohl gängigste Bereich subjektiver Zulassungsvoraussetzungen sind demnach Regelungen, die auf bestimmte Befähigungs- und Prüfungsnachweise, wie etwa die Ablegung zweier juristischer Staatsexamina, abstellen oder an bestimmte persönliche Qualifikationen wie die persönliche (Un-)Zuverlässigkeit (vgl. etwa § 35 GewO) anknüpfen.

(b) Berufsausübungsregelungen

Im Verhältnis zu den objektiven und subjektiven Zulassungsregelungen stellen die Berufsausübungsregelungen grundsätzlich den geringeren (und geringsten) Eingriff in die Berufsfreiheit dar. Nach der Definition des Bundesverfassungsgerichts im „Apotheken-Urteil"[170] werden als Berufsausübungsregelungen solche staatlichen Maßnahmen angesehen, die auf die Freiheit der Berufswahl nicht zurückwirken, sondern vielmehr nur bestimmen, in welcher Art und Weise die Berufsangehörigen ihre Berufstätigkeit im Einzelnen zu gestalten haben. Kennzeichnend für eine derartige Regelung ist also, dass sie sich auf das „Wie" der beruflichen Tätigkeit beschränkt. Diese Voraussetzungen erfüllen solche staatlichen Akte, welche die Modalitäten festlegen, unter denen sich die berufliche Betätigung vollzieht. Dazu zählen Regelungen, die ua Form, Mittel, Umfang oder Inhalt einer beruflichen Tätigkeit erfassen, ohne dass dabei der Einzelne von der Aufnahme dieser Tätigkeit abgehalten oder zu deren Beendigung gezwungen wird.

(2) Typisierung der Rechtfertigungsanforderungen

Für die einzelnen Regelungsstufen hat das Bundesverfassungsgericht unterschiedliche Rechtfertigungsanforderungen entwickelt. Obwohl in der Literatur die Stufentheorie teilweise auf Kritik gestoßen ist,[171] sollte auf ihre Anwendung in der Fallbearbeitung nicht verzichtet werden, zumal, was auch die Kritiker betonen, die Ergebnisse in den meisten Fällen gleich sind. In der Sache hat sich zudem auch die verfassungsgerichtliche Judikatur mittlerweile von der Fixierung auf starre, intensitätsindizierende Schutz-

---

169 Vgl. BVerfGE 102, 197 (214) – Spielbankengesetz Baden-Württemberg; BVerfG (K), NVwZ 2008, 1338 (1340).
170 BVerfGE 7, 377 ff. – Apotheken-Urteil.
171 Kritisch zB *Leisner*, „Abwägung überall" – Gefahr für den Rechtsstaat, NJW 1997, 636 (638), der von „Bauten aus Worthülsen" und einer „Flucht in Globalbegriffe" spricht.

ebenen zugunsten einer situationsbezogenen Einzelfallbewertung gelöst, mit der Folge einer Flexibilisierung der Rechtfertigungsanforderung auf den jeweiligen „Stufen". Zusammenfassend spricht das Gericht heute davon, „Eingriffszweck und Eingriffsintensität (müssten) stets in einem angemessenen Verhältnis stehen".[172] Die Stufentheorie ist deshalb nicht schematisch anzuwenden; sie sollte vielmehr als ein Leitfaden und Einstieg in die Prüfung verstanden werden. An dieser Stelle sind deshalb unter dem Aspekt der Stufentheorie die der jeweiligen festgestellten Eingriffsstufe – Berufswahl und Berufsausübung – entsprechenden Rechtfertigungsanforderungen zu prüfen. Anschließend hat sich der Bearbeiter die Frage zu stellen, ob der Eingriff dem Grundsatz der Verhältnismäßigkeit genügt. Die Hauptschwierigkeit bei der Anwendung des Art. 12 GG liegt in der Darstellung der Stufenlehre und der Verhältnismäßigkeitsprüfung. Es existieren insoweit unterschiedliche Vorschläge dazu, wann auf die unterschiedlichen Stufen und die jeweiligen Rechtfertigungserfordernisse einzugehen ist. Vermieden werden sollte es lediglich, Stufenlehre und Verhältnismäßigkeitsprüfung zu trennen, denn beide gehören untrennbar zusammen.

Im Kern geht die Stufenlehre von folgendem Grundsatz aus: Je stärker der Wahlaspekt der Berufsfreiheit durch eine Regelung oder Maßnahme betroffen ist, desto höhere Rechtfertigungsanforderungen sind an den Eingriff zu stellen.[173]

(a) Berufswahlregelungen

(aa) Objektive Zulassungsregelungen

Ist die Berufsfreiheit durch objektive Zulassungsregelungen beeinträchtigt, so sind an den Nachweis von deren Notwendigkeit besonders strenge Anforderungen zu stellen. Nach der Rechtsprechung des Bundesverfassungsgerichts ist eine objektive Zulassungsschranke nur zulässig, soweit dies der „Abwehr nachweisbarer oder höchstwahrscheinlicher schwerer Gefahren für ein überragend wichtiges Gemeinschaftsgut (dient)".[174] Wann ein derart wichtiges Gemeinschaftsgut gegeben ist, ist damit allerdings noch nicht gesagt. Die Judikatur ist stark einzelfallgeprägt und hat durchaus heterogene Zwecke anerkannt. Ein überragend wichtiges Gemeinschaftsgut soll zB sein: die Sicherung der Volksernährung, die (finanzielle) Stabilität der gesetzlichen Krankenversicherung, die Funktionsfähigkeit der (damals noch staatlichen) Bundesbahn, der Universitäten sowie der Rechtspflege.

Nach welchen Kriterien Gemeinschaftsgüter als überragend wichtig eingeordnet werden, lässt sich den entsprechenden Entscheidungen des Bundesverfassungsgerichts nicht eindeutig entnehmen. Ansätze liegen darin, auf die verfassungsrechtliche Anerkennung abzustellen. Ein neuerer Gedanke des Bundesverfassungsgerichts geht dahin, dass bei „schlechthin unerwünschten" Tätigkeiten (Spielbank) auch eine objektive Zulassungsschranke unter erleichterten Voraussetzungen zulässig sein soll, soweit dabei der Verhältnismäßigkeitsgrundsatz eingehalten werde.[175] Erforderlich dürfte es zudem

---

172 Vgl. BVerfGE 103, 172 (183) – Altersgrenze für Kassenärzte – mit Verweis auf BVerfGE 101, 331 (347) – Berufsbetreuer; vgl. näher *Dietlein*, in: Stern, Das Staatsrecht der Bundesrepublik Deutschland, Bd. IV/1, 2006, S. 1890 ff.
173 S. schon BVerfGE 7, 377 (403) – Apotheken-Urteil.
174 BVerfGE 7, 377 (408) – Apotheken-Urteil; s. a. BVerfGE 85, 360 (374) – Akademie-Auflösung; 97, 12 (32) – Patentgebühren-Überwachung; 102, 197 (214 f.) – Spielbankengesetz Baden-Württemberg.
175 BVerfGE 102, 197 (214 f.). Kritisch hierzu *Sodan*, Verfassungsrechtsprechung im Wandel – am Beispiel der Berufsfreiheit, NJW 2003, 257 ff.

III. Grundrechte

sein, dem Nachweis der Gefahr eine stärkere Bedeutung zukommen zu lassen, als dies gemeinhin geschieht. Damit wird zugleich deutlich, dass in diesem Bereich der Gestaltungsspielraum des Gesetzgebers nur eingeschränkt gilt. Die Berufswahl soll grundsätzlich frei sein; als „Akt der Selbstbestimmung, des freien Willensentschlusses des Einzelnen"[176] muss sie von Eingriffen der öffentlichen Gewalt möglichst unberührt bleiben. Prognoseentscheidungen sind zwar angesichts der Schwere der Gefahr möglich, andererseits aber auf Basis der Stufenlehre zu vermeiden.[177]

(bb) Subjektive Zulassungsvoraussetzungen

Die Rechtsprechung des Bundesverfassungsgerichts ist hinsichtlich der Wahl ihrer Begriffe für die Rechtfertigungsanforderungen subjektiver Zulassungsvoraussetzungen uneinheitlich. Allerdings lassen sich aus den verschiedenen Begriffen keine inhaltlichen Unterschiede entnehmen. Teilweise spricht das Bundesverfassungsgericht vom Schutz „wichtiger Gemeinschaftsgüter", andererseits wird als Rechtfertigungsmaßstab ein „überragendes Gemeinschaftsgut" verlangt. Wie neueren Entscheidungen des Gerichts zu entnehmen ist, ist die Aufstellung subjektiver Zulassungsvoraussetzungen nur „zum Schutze eines besonders wichtigen Gemeinschaftsgutes statthaft".[178] Dazu zählt zB die Sicherheit der Energieversorgung, eine geordnete Steuerrechtspflege oder der Rechtsfrieden.

Häufig werden bestimmte Gemeinschaftsgüter, wie etwa die Funktionsfähigkeit der Rechtspflege, der Gesundheitsschutz oder die Belange des Art. 33 Abs. 2 GG, als Rechtfertigungsmaßstäbe für mehrere Eingriffsstufen herangezogen. Hierbei handelt es sich um sog. „absolute" Gemeinschaftsgüter, die nicht erst der Gesetzgeber selbst aufgrund seiner wirtschafts-, sozial- und gesellschaftspolitischen Vorstellungen und Ziele definiert hat, sondern die sich vielmehr aus verfassungsrechtlichen Grundentscheidungen, wie etwa dem Schutz vorstaatlicher Rechtsgüter (zB Leben, Gesundheit, körperliche Unversehrtheit), begründen lassen. Derartige Gemeinschaftsgüter werden teilweise sogar für die Rechtfertigung reiner Berufsausübungsregelungen herangezogen. Lediglich der umgekehrte Fall ist ausgeschlossen, wonach die für die Stufe der Berufsausübungsregelungen entwickelten Rechtfertigungsanforderungen als Eingriffslegitimierung für Berufswahlregelungen herangezogen werden.

(b) Anforderungen an Berufsausübungsregelungen

Die Berufsausübungsregelungen stellen grundsätzlich den geringsten Eingriff in die Berufsfreiheit dar. Nach der Rechtsprechung des Bundesverfassungsgerichts sind Berufsausübungsregelungen bereits durch vernünftige Zwecke/Erwägungen oder hinreichen-

---

[176] BVerfGE 7, 377 (403) – Apotheken-Urteil.
[177] Das Apothekenurteil geht insofern besonders weit; das dort postulierte Erfordernis der „nachweisbaren oder höchstwahrscheinlichen schweren Gefahr" (BVerfGE 7, 377 [408]) dürfte (beim Worte genommen) nur sehr schwer zu erfüllen sein. In anderen Entscheidungen zieht sich das Bundesverfassungsgericht auf eine bloße Negativkontrolle hinsichtlich der „künftigen, nicht auszuschließenden Gefahrenlage" (BVerfGE 25, 1 [17] – Mühlengesetz) zurück. Noch großzügiger formuliert das zweite „Mühlenurteil": „Daß seine [des Gesetzgebers] Prognose bei der Beurteilung wirtschaftspolitischer Zusammenhänge sachgerecht und vertretbar war, darf vom Bundesverfassungsgericht nur dann verneint werden, wenn die Maßnahme bei Ausschöpfung aller Erkenntnismöglichkeiten im Zeitpunkt des Erlasses des Gesetzes eindeutig als zweckuntauglich festgestellt werden könnte" (BVerfGE 39, 210 [230]).
[178] Vgl. BVerfGE 117, 126 (138) – Hufbeschlag (eA).

de oder ausreichende Gründe des Gemeinwohls gerechtfertigt. Inhaltliche Unterschiede zwischen den einzelnen Begriffen bestehen auch hier nicht.

Allerdings verfügt der Gesetzgeber im Unterschied zu den Berufswahlregelungen bei der Auswahl der mit einer Berufsausübungsregelung verfolgten Ziele über einen weitreichenden Gestaltungsspielraum. Dies gilt insbesondere bei der Festlegung von arbeits-, sozial- und wirtschaftspolitischen Zielen; hierbei darf der Gesetzgeber sogar Gesichtspunkte der Zweckmäßigkeit in den Vordergrund stellen. Die Zahl der als sachgerecht anerkannten Gemeinwohlinteressen ist daher auch recht groß. Aber auch hier fehlt bislang eine Konturierung, wonach erkennbar ist, welche Kriterien für eine Einordnung als Gemeinwohlinteresse maßgebend sind.

cc) Die Anwendung der Drei-Stufen-Lehre im Rahmen der Prüfung des Verhältnismäßigkeitsgrundsatzes – ein Prüfungsvorschlag für die Fallbearbeitung

Als Konkretisierung des allgemeinen Verhältnismäßigkeitsgedankens ist die Drei-Stufen-Lehre in die Prüfung des Übermaßverbotes zu integrieren. Es ist also danach zu fragen, ob der berufsrelevante Eingriff zur Erreichung des als legitim anzuerkennenden Regelungsziels geeignet, erforderlich und angemessen (Verhältnismäßigkeit im engeren Sinne) ist, und dabei (nach hier vertretener Auffassung) an zwei Stellen auf die Stufenlehre einzugehen.

Möglich, aber methodisch unsauberer ist es, wenn die Stufenlehre an anderer Stelle, etwa bereits im Rahmen des Eingriffs, innerhalb der Prüfung des legitimen Zwecks[179] oder als ein eigener, der Verhältnismäßigkeitsprüfung vorgeordneter Punkt dargestellt wird. In jedem Fall muss zumindest die innere Verbindung und partielle Identität mit dem Verhältnismäßigkeitsgrundsatz deutlich werden und ist v. a. darauf zu achten, dass nicht das auf dem Wege der Prüfung der Stufenlehre gefundene Ergebnis unkritisch übernommen und nicht weiter hinterfragt wird.

(1) Legitimer Zweck

Wie stets ist zunächst die Legitimität des verfolgten Regelungszwecks festzustellen. Teilweise wird bereits an dieser Stelle eine Auseinandersetzung mit der Stufenlehre erwartet. Hiergegen spricht, dass die umfassende Qualifizierung des Eingriffstypus eigentlich nichts mit der Frage zu tun hat, ob eine Maßnahme überhaupt einem billigenswerten, dh nicht verfassungswidrigen Zweck dient. Statt dessen genügt zunächst jeder legitime, dh nicht von vornherein verfassungsrechtlich unzulässige Zweck.

(2) Geeignetheit

Unter dem Gesichtspunkt der Geeignetheit ist sodann zu prüfen, ob mithilfe des berufsrelevanten Eingriffs der erstrebte legitime Zweck erreicht werden kann. Dabei ist der Prüfung eine grundsätzliche Einschätzungsprärogative des parlamentarischen Gesetzgebers zugrunde zu legen, die den Prüfungsumfang des Gerichts beschränkt. Ein Mittel – also hier das Gesetz – ist danach bereits dann im verfassungsrechtlichen Sinne geeignet, wenn mit seiner Hilfe der gewünschte Erfolg gefördert werden kann.[180] Die

---

[179] So zB *Heckmann*, Die Zwischenprüfung im Öffentlichen Recht, 2. Aufl. 2015, S. 115.
[180] Siehe etwa BVerfGE 39, 210 (230) – Mühlenstrukturgesetz; 103, 293 (307) – Urlaubsanrechnung; *Michael*, Die drei Argumentationsstrukturen des Grundsatzes der Verhältnismäßigkeit, JuS 2001, 148 (149).

III. Grundrechte

Möglichkeit der Zweckerreichung genügt.[181] Verfassungswidrig sind wie stets also nur schlechthin ungeeignete Mittel.[182]

(3) Erforderlichkeit

Im Rahmen der Erforderlichkeitsprüfung ist danach zu fragen, ob die Berufsfreiheit nicht durch ein anderes, gleich wirksames, aber die Berufsfreiheit weniger beeinträchtigendes Mittel eingeschränkt werden kann. Der Eingriff darf also in sachlicher, räumlicher, zeitlicher und personeller Hinsicht nicht weiter gehen als notwendig.[183] Da Berufsausübungsregelungen grundsätzlich weniger einschneidend als Berufswahlregelungen wirken, sind letztere nicht erforderlich, wenn erstere den gesetzgeberischen Zweck ebenso gut erfüllen. Insgesamt ist die Erforderlichkeit zu verneinen, wenn der angestrebte Zweck *ebenso gut auf einer niedrigeren Stufe* oder durch ein auf derselben Eingriffsstufe angesiedeltes, aber den Betroffenen weniger belastendes Mittel hätte verwirklicht werden können. Allerdings kommt dem Gesetzgeber wiederum eine Einschätzungsprärogative[184] bzw. ein Prognosespielraum zu, die erst überschritten sind, wenn die Erforderlichkeit offensichtlich nicht gegeben ist.[185]

(Spätestens) an dieser Stelle muss die Stufenlehre angesprochen werden. Der Klausurbearbeiter muss nunmehr prüfen, ob es sich bei dem berufsregelnden Eingriff um eine Regelung/Maßnahme handelt, die den Wahlaspekt der Berufsfreiheit tangiert, oder ob es sich lediglich um eine Berufsausübungsregelung handelt.

(4) Angemessenheit

Schließlich muss die berufsrelevante Beeinträchtigung dem Gebot der Verhältnismäßigkeit im engeren Sinne (Angemessenheit) entsprechen.

Bei dieser Beurteilung ist zwischen der Schwere des Eingriffs und dem Gewicht der ihn rechtfertigenden Gründe abzuwägen. Es ist zu prüfen, ob das Prinzip der Zumutbarkeit für die Adressaten des Verbots gewahrt ist.[186] Der berufsrelevante Eingriff darf sie daher nicht übermäßig belasten. Teilweise wird vom Bundesverfassungsgericht noch zusätzlich auf die Dringlichkeit der mit der berufsregelnden Maßnahme verfolgten Ziele abgestellt. Letztendlich ist im Rahmen der Verhältnismäßigkeit im engeren Sinne zu prüfen, ob die Förderung des anerkannten Gemeinschaftsguts oder der anerkannten Gemeinwohlgründe in einem angemessenen Verhältnis zur grundrechtsbeschränkenden Maßnahme steht, wobei die vorzunehmende Abwägung stets mit dem Blick auf die Gesamtheit der vom Eingriff Betroffenen vorzunehmen ist. Einzelne, aus dem Rahmen fallende Sonderfälle führen dabei nicht zur Unverhältnismäßigkeit einer berufsregelnden Maßnahme. Allerdings kann der Gesetzgeber verpflichtet sein, einen Härteausgleich vorzusehen, wenn die berufsregelnde Maßnahme eine Teilmenge der Regelungsadressaten härter trifft als die anderen Normadressaten.

---

181 S. BVerfGE 67, 157 (175) – G 10; 103, 293 (307) – Urlaubsanrechnung.
182 S. BVerfGE 30, 250 (263) – Absicherungsgesetz; *Michael*, Grundfälle zur Verhältnismäßigkeit – Erster Teil: Grundrechtseingriffe und Übermaßverbot, JuS 2001, 654 (656).
183 *Höfling*, Grundrechtstatbestand – Grundrechtsschranken – Grundrechtsschrankenschranken, Jura 1994, 169 (172).
184 BVerfGE 77, 84 (106) – Arbeitnehmerüberlassung; 100, 271 (286) – Lohnabstandsklausel.
185 Ähnlich *Schlink*, in: FS 50 Jahre BVerfG II, 2001, S. 445 (458), der auf die Vertretbarkeit der Prognosen des Gesetzgebers abstellt.
186 BVerfGE 50, 217 (227); 80, 103 (107); 99, 202 (212 f.); BVerwGE 109, 188 (191); *Enders*, in: Friauf/Höfling (Hrsg.), Berliner Kommentar zum GG, Vor Art. 1 (2000) Rn. 123; *Höfling*, Jura 1994, 169 (172).

1 GRUNDSTRUKTUREN UND PRÜFUNGSSCHEMATA

Gerade an dieser Stelle ist die Betrachtung gegebenenfalls um einen Aspekt zu erweitern: Anstatt an den Ergebnissen der Stufenlehre festzuhalten, sind diese zu hinterfragen, und ist zu prüfen, ob nicht der konkret betroffene Grundrechtsträger in einem Maße betroffen ist, das eine ihm persönlich unzumutbare Belastung impliziert. In diesem Fall sollte nicht an der starren Schematisierung des Verhältnismäßigkeitsgedankens durch die Stufenlehre festgehalten werden, sondern diese im Sinne einer materialen Betrachtungsweise der konkreten Betroffenheiten gewissermaßen wieder „verflüssigt" werden.[187]

---

[187] Vgl. BVerfGE 103, 172 (183) mit Verweis auf BVerfGE 101, 331 (347); näher *Dietlein*, in: Stern, Staatsrecht IV/1, S. 1890 ff.

Kapitel 2: Methodik der Fallbearbeitung im Staatsrecht

I. Vorbereitende Überlegungen für die Falllösung

1. Aufgabe der Klausurtechnik

Selbstverständlich ist für eine erfolgreiche Bearbeitung juristischer Klausuren fundiertes Wissen unerlässlich. Allerdings sind auch umfangreiche Kenntnisse allein noch kein Garant für eine gelungene Klausurbearbeitung, sondern diese müssen auch anwendungsbezogen eingesetzt werden. Dafür liefern die oben beschriebenen Schemata bereits wichtige Hilfestellungen. Zusätzlich ist aber ein gewisses Verständnis von Technik und Taktik der Klausurbearbeitung vonnöten, um in der vorgegebenen Zeit den gestellten Sachverhalt unter Erfassung der relevanten Probleme und mit den richtigen Schwerpunkten zu bewältigen. Der Praxis- und Anwendungsbezug der Jurisprudenz spiegelt sich so auch in der Prüfungssituation. Klausuren fragen deshalb nicht nur Wissen ab, sondern testen auch oder sogar vorrangig die Belastbarkeit der Bearbeiter und ihre Fähigkeit, das Gewicht einzelner Problemkreise richtig einzuschätzen und in relativ kurzer Zeit adäquat formulierte und nachvollziehbare Lösungen zu Papier zu bringen. Vieles ist hier Übungssache; im Verlauf des Studiums – spätestens aber im Examensklausurenkurs – sollte sich daher eine gewisse Vertrautheit mit der speziellen Klausursituation einstellen. Damit der Übungseffekt von vorneherein in die richtige Richtung geht und sich gar nicht erst falsche Gewohnheiten einschleichen, sollten sich aber vor allem Studienanfänger, die naturgemäß über eine derartige Übung noch nicht verfügen, vorab abstrakt die Anforderungen vergegenwärtigen, die an eine gelungene Klausurbearbeitung zu stellen sind, und dann in den Klausuren versuchen, diese Vorgaben gezielt umzusetzen. Aber auch Examenskandidaten stehen in der Gefahr, dass sich fehlerhafte Routinen etablieren. Auch sie sollten sich daher immer wieder für das (vermeintlich) Banale sensibilisieren, ihre bisherige (Klausur-)Gewohnheiten reflektieren und gegebenenfalls korrigieren..

Im Folgenden werden daher die wichtigsten Schritte und Parameter erläutert, die für eine auch „handwerklich" überzeugende Klausur erforderlich sind.

2. Zur Bedeutung der Fallfrage und des Bearbeitervermerks

Am Anfang der Klausurlösung steht zwingend die eingehende Auseinandersetzung mit dem Sachverhalt. Dessen sorgfältige und differenzierte Lektüre und Analyse bilden den Ausgangspunkt und die wichtigste Grundlage aller weiteren Überlegungen.

Die Sachverhaltslektüre beginnt zweckmäßigerweise mit dem sorgsamen Lesen der Fallfrage und des Bearbeitervermerks. Die sorgfältigste Lektüre des übrigen Sachverhalts nützt wenig, solange man nicht weiß, worum es dem Aufgabensteller geht. Aus der Fallfrage und dem Bearbeitervermerk ergibt sich zumeist, welche Aspekte schon beim ersten Lesen des Sachverhalts besonderer Aufmerksamkeit bedürfen – unter Umständen aber auch, welche Bereiche vernachlässigt werden können. Verlangt die Fallfrage beispielsweise nur die Prüfung der Begründetheit, so wird beim Lesen des Sachverhalts die „prozessrechtliche Brille" nicht benötigt. Sind mehrere Fragen zu beantworten, so sind die Fragen regelhaft in der vorgegebenen Reihenfolge zu beantworten.

3. Richtiges und vollständiges Erfassen des Sachverhalts

Die zentrale Bedeutung der eingehenden Auseinandersetzung mit dem Sachverhalt kann gar nicht oft genug betont werden. Für das Verfassungsrecht gilt in dieser Hinsicht zunächst nichts anderes als für jedes andere Rechtsgebiet, für die Ausbildung nichts anderes als für die Praxis: Nur wer die tatsächlichen Umstände des Falles verstanden hat, ist in der Lage, die aufgeworfenen Probleme einer der spezifischen Situation angemessenen rechtlichen Lösung zuzuführen. Dabei bietet sich eine (mindestens) doppelte Lektüre an: Auf einen ersten Lesedurchgang, der einen Eindruck von den tatsächlichen Geschehnissen verschaffen soll, muss ein zweiter Lektürevorgang folgen, bei dem, vor dem Hintergrund von Fallfrage und Bearbeitervermerk sowie in zumindest gedanklichem Abgleich mit den bekannten Prüfungsschemata, der Sachverhalt auf darin enthaltene rechtlich relevante Informationen „abzuklopfen" ist.

Anders als in der Praxis (und ansatzweise im Assessorexamen) sind im Rahmen der universitären Ausbildung die entscheidungserheblichen Fakten nicht erst anhand von Darlegungs- und Beweislastregeln zu ermitteln. Es kommt also nicht darauf an, wer welche Tatsache vortragen und beweisen muss. Vielmehr kann und muss sich der Bearbeiter auf den vorgegebenen Sachverhalt verlassen. Er muss den Sachverhalt aber ernst nehmen, selbst wenn dieser (ihm) lebensfremd oder unwahrscheinlich erscheint. Keineswegs dürfen eigenmächtige Ergänzungen oder Interpretationen auf spekulativer Basis vorgenommen werden. Zweifel an einem scheinbar problematischen Inhalt sollten zunächst Anlass bieten, das eigene Sachverhaltsverständnis noch einmal genau zu hinterfragen. Soweit dennoch ausnahmsweise eine Sachverhaltsauslegung erforderlich ist, hat diese sich an der normalen Lebenserfahrung zu orientieren. „Lücken" im Sachverhalt bieten deshalb keine Gelegenheit, eigenmächtig lehrbuchhafte Ausführungen zu integrieren, sondern sind im Sinne einer unproblematischen Lösungsvariante zu behandeln. So ist etwa mangels entgegenstehender Annahmen im Sachverhalt davon auszugehen, dass ein Beschwerdeführer Deutscher im Sinne des Art. 116 Abs. 1 GG ist, dass er volljährig und nicht minderjährig ist, dass ein auftretender Rechtsanwalt wirksam bevollmächtigt wurde oder dass die Begründungsanforderungen an eine Verfassungsbeschwerde (§§ 92, 93 Abs. 1, 23 Abs. 1 BVerfGG) gewahrt wurden.

Des Weiteren kann grundsätzlich davon ausgegangen werden, dass der Sachverhalt nicht nur vollständig ist, sondern auch keine überflüssigen, dh für die Musterlösung bedeutungslosen Informationen enthält. Falls daher bestimmte Aspekte im eigenen Lösungsvorschlag nicht verwertet werden, sollte dieser erneut durchdacht werden. Das schließt nicht aus, dass im Einzelfall der Aufgabenersteller auch einmal eine „Nebelkerze" platziert, dh einen Schlenker in den Sachverhalt eingebaut hat, der für die Lösung des Falls nichts beiträgt und daher nicht nur ignoriert werden kann, sondern muss. Diese Konstellation dürfte aber die absolute Ausnahme bilden; im Zweifel ist von der Fallrelevanz aller im Sachverhalt gegebenen Informationen auszugehen. Ferner kommt es zwar leider immer wieder vor, dass in einem Sachverhalt ungewollte Ungenauigkeiten oder Fehler enthalten sind. Allerdings ist dies erst recht die Ausnahme; als Arbeitshypothese sollten Sie davon ausgehen, dass dann, wenn eine Angabe im Sachverhalt (oder Bearbeitervermerk) nicht zur eigenen Lösung „passt", eher diese noch einmal überdacht als der Sachverhalt angezweifelt werden sollte.

Mit Blick auf den Sachverhalt sollte sich der Kandidat im Übrigen zunächst ganz allgemein über a) die beteiligten Personen/Institutionen, b) die zeitliche Reihenfolge des Geschehens sowie c) die streitigen Rechtspositionen klar werden. Bei komplexeren Sach-

I. Vorbereitende Überlegungen für die Falllösung

verhalten – die sich allerdings häufiger im Verwaltungsrecht als im Verfassungsrecht finden lassen dürften –, erweisen sich Skizzen, durch die der Sachverhalt anschaulich gemacht wird, als hilfreich.

Bei der Sachverhaltslektüre sollten Sie versuchen, zwischen den rein tatsächlichen und den bereits rechtlichen Informationen zu unterscheiden. Typisch ist in Klausuren, gerade im Verfassungsrecht, ein dreigliedriger Aufbau:

Ein *erster Teil* schildert den sachlichen Hintergrund der Auseinandersetzung. Diese Informationen können im Einzelnen zum genaueren Verständnis relevant sein, betreffen aber noch nicht das zentrale Problem. Wichtig ist es hier vor allem, die zur bloßen Ausschmückung des Falles dienenden Informationen von den für die Lösung verwertbaren abzugrenzen. So wird etwa der zeitlichen Angabe „an einem schönen Oktobertag" kaum rechtliche Relevanz beizumessen sein, während demgegenüber die Nennung eines bestimmten Datums fast immer auf ein Fristproblem hindeutet. Die genaue Abgrenzung von Relevantem und Irrelevantem wird allerdings erst aufgrund der Lektüre der Fallfrage und des rechtlichen Problems her möglich.[1]

Erst in einem *zweiten Teil* wird typischerweise die spezifische Konfliktsituation, die einer rechtlichen Lösung zugeführt werden muss, näher geschildert. Hier beschreibt der Klausurersteller etwa den konkreten Streit zwischen zwei obersten Bundesorganen oder eine Auseinandersetzung um die (objektive) Verfassungswidrigkeit eines Gesetzes.

Im *dritten Teil* werden dann wichtige rechtliche Aspekte eingeführt; dies geschieht regelmäßig in Gestalt einer Wiedergabe entsprechender Argumente durch die beteiligten Parteien. Diese Hinweise sollte der Bearbeiter unbedingt aufnehmen. Sie sind typischerweise als Hilfestellungen des Klausurerstellers zu verstehen, der damit die eigenständige Argumentation durch Vorgabe wichtiger Gesichtspunkte erleichtern will.

4. Schwerpunktsetzung und Argumentationstechnik

Das leitet über zur Frage der richtigen Schwerpunktsetzung in der Klausur. Für eine gute Bewertung einer Klausur ist die Unterscheidung zwischen Wesentlichem, das eher ausführlich, und weniger Wesentlichem oder Unwesentlichem, das nur knapp abgehandelt (oder gar nicht erörtert) wird, entscheidend – allerdings ist das leichter gesagt als getan. Ohne ausreichende Übung können sich Erfahrungswerte nicht einstellen. Die Schwerpunktsetzung ist in jeder Klausur naturgemäß eine andere.

Allgemein dient als Ausgangspunkt für eine gelungene Schwerpunktsetzung zunächst erneut der Sachverhalt. Schweigt er zu bestimmten Fragen, die sich aus Sicht des Bearbeiters stellen, so ist das ein starkes Indiz dafür, dass insoweit keine einer vertieften Erörterung bedürftigen Probleme vorhanden sind. Umgekehrt wird häufig bereits aus dem Sachverhalt heraus deutlich werden, welche Punkte vertieft zu behandeln sind. Einen Anhaltspunkt bieten insoweit insbesondere die bereits erwähnten wiedergegebenen rechtlichen Ausführungen von Verfahrensbeteiligten. Hier wird vom Bearbeiter in aller Regel eine – zustimmende oder widerlegende – Auseinandersetzung erwartet. Was vom Aufgabensteller ersichtlich für erwähnenswert erachtet wurde, sollte auch in der eigenen Lösung nicht unerörtert bleiben. Vom Beschwerdeführer oder Antragsteller/Antragsgegner vorgebrachte Argumente sollten unbedingt aufgegriffen werden. Gehen Sie auf alle vorgebrachten Argumente mit einer gewissen Offenheit ein (selbst wenn Sie

---

[1] Vgl. dazu sogleich, unter 4.

sie im Ergebnis ablehnen; zumeist werden sie „so dumm" nicht sein), greifen Sie sie in der eigenen Lösung (paraphrasierend) auf und legen Sie anschließend dar, weshalb die Argumente an sich und im konkreten Fall überzeugen oder weshalb dies nicht der Fall ist.

Im Übrigen lassen sich die Schwerpunkte einer Klausur meist erst nach dem ersten Durchdenken und Durchgliedern der Klausur erkennen. Es bietet sich an, systematisch vorzugehen und den Fall *step by step* zu lösen. Gerade im Hinblick auf die Schwerpunktsetzung kann es deshalb vorteilhaft sein, vorab eine Lösungsskizze anzufertigen. Auf deren Basis sollte dann vor der Abfassung der Reinschrift noch einmal die Gewichtung des eigenen Lösungsvorschlags durchdacht werden. Das besagt zum einen, dass Sie nach Abfassung der Lösungsskizze den Sachverhalt noch einmal kritisch durchsehen sollten, um auf Basis der gefundenen rechtlichen Lösung erneut zu überprüfen, ob tatsächlich alle vorgegebenen Informationen aufgenommen und umgesetzt wurden. Sie dürfen sich zum anderen aber auch nicht scheuen, auf den zweiten Blick als überflüssig Erkanntes (für die Reinschrift) zu kürzen. Nur weil Sie sich womöglich überflüssigerweise über ein „Problem" lange Gedanken gemacht haben, dürfen Sie nicht noch (mehr) Zeit dadurch verlieren, das als für die Lösung irrelevant Erkannte nun auch noch breit auszuformulieren. Das fällt schwer; andernfalls vergeuden Sie aber wertvolle Zeit und demonstrieren zusätzlich noch eine Schwäche, nämlich Schwerpunkte nicht richtig setzen zu können. Eine gelungene Schwerpunktsetzung schlägt sich auch in der sprachlichen Gestaltung nieder: Offensichtlich unproblematische Aspekte des Falls können und sollen knapp im Urteilsstil abgehandelt werden. Die eigentlich fraglichen Teile der Klausur müssen dagegen ausführlich in gutachterlicher Form bearbeitet werden.[2]

Zum Schluss: Sie werden nie gänzlich sicher sein können, den „richtigen" Schwerpunkt getroffen zu haben. Aber bewusstes Schwerpunktsetzen ist allemal richtiger als zielloses Vor-sich-hin-Arbeiten und -Formulieren.

5. Systematik und die Suche nach den in Betracht kommenden Normen

Schon während der Lektüre des Sachverhaltes können erste Assoziationen oder Erkenntnisse in Bezug auf bestimmte Normen oder Normenkomplexe aufkommen. Diese ersten Einfälle sollten unbedingt festgehalten werden, um sie später noch einmal auf ihre Stimmigkeit hin überprüfen zu können. Im Übrigen ist aber grundsätzlich die Auseinandersetzung mit den einschlägigen gesetzlichen Grundlagen nur auf Basis eines umfassend aufbereiteten Sachverhalts sinnvoll möglich. Es gilt daher an dieser Stelle, die konkret geltend gemachten rechtlichen Positionen einer gesetzlichen Grundlage zuzuordnen. Eben dazu dient der oben erwähnte „zweite Lesedurchgang". Hierbei ist es unerlässlich, problemabschichtend und systematisch vorzugehen. Dabei leisten die beschriebenen Prüfungsschemata wichtige Orientierungshilfe; Voraussetzung für deren sinnvollen Einsatz ist es aber, dass vorab Klarheit darüber geschaffen wird, welche Normen für die Falllösung heranzuziehen sind. Denn nur in Kenntnis dieser Vorschriften lässt sich überhaupt das einschlägige Lösungsschema bestimmen.

Allerdings kann sich infolge der zu berücksichtigenden Pluralität der Normebenen schon das Auffinden der einschlägigen Normen als schwierig erweisen. Das betrifft nicht so sehr die Konstellationen des Grundrechtsschutzes, die auf einen recht über-

---

2 Vgl. zu diesem Unterschied von Urteils- und Gutachtenstil sogleich, unter II. 2.

schaubaren Normenbestand aus Grundgesetz und BVerfGG beschränkt sind. Im Bereich des Staatsorganisationsrechtes müssen hingegen oftmals vergleichsweise wenig prominente Normen (entlegene Artikel des Grundgesetzes oder beispielsweise Vorschriften aus der Geschäftsordnung des Bundestages) herangezogen werden. Weil aber die Bestimmung der einschlägigen Normen nicht nur für die inhaltliche Ausrichtung der Klausur entscheidend ist, sondern auch die Klausurstruktur beeinflussen kann, sollte an dieser Stelle besonders sorgfältig gearbeitet werden. In diesem Zusammenhang ist die Gefahr „falscher Freunde" erwähnenswert. Gemeint sind damit bekannte, auf eine bestimmte Norm rekurrierende Konstellationen, während in der Klausursituation eine hiervon leicht abweichende Variante mit einer Sonderregelung einschlägig ist. Beispielhaft sei hier das Verfassungsprozessrecht erwähnt, das für die Frage, ob im Rahmen der konkurrierenden Gesetzgebung den Voraussetzungen des Art. 72 Abs. 2 GG genügt wurde, ein spezielles Verfahren vorsieht, in dem – anders als bei der allgemeinen abstrakten Normenkontrolle – auch der Bundesrat und die Länderparlamente parteifähig sind (Art. 93 Abs. 1 Nr. 2a GG, §§ 13 Nr. 6a, 76 Abs. 2 BVerfGG).[3] Allgemein gilt, dass wer meint, die relevante Bestimmung gefunden zu haben, regelmäßig gut beraten ist, auch die „benachbarten" Normen zu lesen, um auszuschließen, dass eine von diesen einschlägig ist, weil sie eine der konkreten Fallkonstellation entsprechende Qualifikation aufweist.

Mithilfe eines solchen (schematisch) geordneten, am Gesetz orientierten Vorgehens lassen sich nicht nur erkannte Probleme dem jeweils systematisch richtigen Prüfungsstandort zuordnen, sondern werden auch Probleme erst deutlich, die nach der Lektüre des Sachverhalts noch nicht klar ersichtlich sind. Das systematische Vorgehen bewahrt Sie nicht nur vor Panik und Hektik, wenn Sie einmal Schwierigkeiten haben, Zugang zu einer Klausur zu finden, sondern auch vor – nunmehr auf die Problemkonstellation, nicht die Norm bezogenen – „falschen Freunden". Häufig werden nämlich doch Abweichungen vom Bekannten vorliegen, die sich unter Umständen gravierend auf die Lösung auswirken. Geben Sie ihrem juristischen Vorverständnis nicht unüberlegt Raum. Für das Verfassungsrecht gilt das, was für jedes andere Rechtsgebiet gilt: Sie müssen die Fälle mit Normen lösen. Entgegen verbreiteten Vorurteilen genügt in verfassungsrechtlichen Klausuren eine möglichst weitschweifig formulierte Verhältnismäßigkeitsprüfung nicht. Im Unterschied zu anderen Prüfungsgebieten sind es nur meist weniger, gelegentlich unbekannte und zumeist weniger leicht subsumierbare Normen. Umso wichtiger aber ist, dass Sie Ihre Überlegungen, auch im Rahmen der Verhältnismäßigkeitsprüfung, nach Möglichkeit eng normativ anbinden.

6. Gewinnung des regelgerechten Aufbaus

Die Wahl eines in sich stringenten und durchgängig konsistenten Aufbaus besitzt oberste Priorität. Schließlich sollen Sie Ihre Fähigkeit unter Beweis stellen, sich unter Inanspruchnahme der erlernten allgemeinen Prüfungshilfestellungen (mehr leisten die sog. Schemata nicht) mit einer zunächst unbekannten juristischen Fragestellung auseinanderzusetzen, dabei das Neue mit dem mitgebrachten Wissen zu verbinden und insgesamt in eine Reihenfolge der Gedanken zu setzen, die nicht nur auf das richtige oder jedenfalls gut vertretbare Ergebnis hinführt, sondern den eingeschlagenen Weg stets klar erkennen lässt. Grundsätzlich gilt dabei, dass der Aufbau von der jeweiligen Fallfrage abhängig ist. Deren Vorgaben sind damit Ausgangs- und Fixpunkt der Darstel-

---

[3] Vgl. hierzu unten Kap. 3, Fall 1: Krankenhausförderung.

lung. Bedeutung hat hierbei vor allem das Ziel des Beschwerdeführers oder Antragstellers. Erstrebt er eine staatliche Leistung, so ist grundsätzlich der Anspruchsaufbau[4] einschlägig, soll eine staatliche Handlung abgewehrt werden, so greift der Abwehraufbau.[5] Vorbehaltlich besonderer Anforderungen der Aufgabenstellung sind allerdings einige allgemeine Aufbauregeln zu beachten:

a) Vorrang der Zulässigkeit

Das betrifft zunächst den sich aus der prozessualen Logik ergebenden Vorrang der Zulässigkeits- vor der Begründetheitsprüfung. Die Zulässigkeitsprüfung betrifft die Voraussetzungen, deren Vorhandensein notwendige Bedingung für den Einstieg in die Sachentscheidung, das heißt die Begründetheitsprüfung ist. Eine Beschwerde oder ein Antrag kann daher zwar zulässig, aber unbegründet sein, niemals hingegen unzulässig, aber begründet. Die Zulässigkeit kann deshalb auch niemals offenbleiben. Im Falle der (eher unwahrscheinlichen) Unzulässigkeit ist dann die Begründetheit regelhaft hilfsweise zu erörtern.

b) Vorrang der formell-rechtlichen Prüfung

Ähnlich verhält es sich mit dem Vorrang der formell-rechtlichen vor der materiellrechtlichen Prüfung. Das Vorhandensein der formellen Anforderungen öffnet erst das Tor zur Prüfung der materiellen Voraussetzungen. Allerdings ist hinsichtlich der formellen Prüfung häufig eine knappe Darstellung angebracht (Schwerpunktsetzung!). Breitere Ausführungen sollten nur erfolgen, wenn sich aus dem Sachverhalt Anhaltspunkte für Probleme ergeben. Empfehlenswert ist es aber zumeist, zumindest ganz knapp auf die Zuständigkeit/Kompetenz, das Verfahren und die Form einzugehen. Zitieren Sie dabei immer die einschlägige Norm und beschränken sich gegebenenfalls auf jeweils einen kurzen Satz.

▶ **FORMULIERUNGSVORSCHLAG:** Das Gesetz [*in der Klausur ist das konkrete Gesetz mit Titel zu nennen*] ist formell verfassungsmäßig. Nach Art. 74 Abs. 1 Nr. 30 GG steht dem hier handelnden Bundesgesetzgeber die Kompetenz zum Erlass des verfahrensgegenständlichen Gesetzes zu. [*Kommt es auf Art. 72 Abs. 2 GG an, so sind zumeist zusätzliche Erörterungen angebracht*]. Zweifel an der Verfassungsmäßigkeit des Gesetzgebungsverfahrens (Art. 76 ff. GG) bestehen mangels entsprechender Angaben im Sachverhalt nicht. Das Gesetz wurde zudem vom Bundespräsidenten formgerecht ausgefertigt und verkündet (Art. 82 GG). ◀

c) Vorrang der Tatbestandsmerkmalprüfung

Innerhalb der Prüfung einer Norm ist es unerlässlich, vor der eigentlichen rechtlichen Subsumtion zunächst einmal die tatbestandlichen Voraussetzungen der einschlägigen Norm zu klären. Insbesondere sind unbestimmte Rechtsbegriffe zu erläutern und ggf. bestehende gängige Definitionen anzubieten. Erst auf der Grundlage eines dergestalt konkretisierten Normtextes kann der gegebene Sachverhalt der ausgewählten Norm zugeordnet werden.

---

4 Vgl. dazu oben Kap. 1 I. 5. b) cc).
5 Vgl. dazu oben Kap. 1 I. 5. b) aa), bb).

d) Auflösung von Normenkonkurrenzen

Ein Aufbauproblem stellt es auch dar, wenn unterschiedliche Normen auf ein und denselben Sachverhalt Anwendung finden und die bestehende Normenkonkurrenz in die eine oder andere Richtung hin aufgelöst werden muss. Im öffentlichen Recht kommt dabei namentlich der Normenhierarchie eine besondere Bedeutung zu, weil sich aus ihr ergibt, wie im Falle widersprüchlicher Aussagen zu verfahren ist. So wird eine die Verfassung konkretisierende, dabei aber von deren Vorgaben abweichende Vorschrift grundsätzlich im Wege der verfassungskonformen Auslegung auf den konstitutionellen Boden zurückzuführen sein. In der Klausur sollte in diesem Fall zunächst das Vorliegen einer Normenkonkurrenz dargelegt und sodann unter Verweis auf den Vorrang der Verfassung und die zu vermeidende Rechtsfolge der Nichtigkeit eine verfassungskonforme Auslegung unternommen werden.

Im Übrigen ist im Falle einer Normenkonkurrenz auf einfachgesetzlicher oder untergesetzlicher Ebene häufig die Frage nach dem Anwendungsvorrang zu stellen, also zu klären, ob eine Vorschrift eine andere verdrängt. Zu beachten ist hier vor allem der methodische Grundsatz, nach dem eine Normenkonkurrenz anhand der Spezialität aufgelöst werden kann: Das spezielle verdrängt das allgemeine Gesetz (*lex specialis derogat legi generali*). Spezieller in diesem Sinne ist eine Norm dann, wenn sie einerseits mit der konkurrierenden Vorschrift den Anwendungsbereich teilt, andererseits aber im Vergleich zu dieser weitere Voraussetzungen enthält. Darüber hinaus kann ein Vorrangverhältnis in zeitlicher Hinsicht begründet werden, denn grundsätzlich ist von einem Vorrang der später erlassenen Norm auszugehen: Das jüngere verdrängt das ältere Gesetz (*lex posterior derogat legi priori*). Im Einzelnen ist hier wie folgt vorzugehen:

aa) Entscheidung über Kumulation oder Konsumtion

Am Anfang steht notwendig die Feststellung, ob die in Rede stehenden Normen gemeinsam und parallel (kumulativ) auf einen Sachverhalt Anwendung finden oder ob nur eine Norm Anwendung findet, die übrige/n also verdrängt (konsumiert) wird/werden. Im Grundsatz kann dabei im Blick auf normenhierarchische Verhältnisse von einer Konsumtion der rangniedrigeren Norm ausgegangen werden; etwas anderes gilt nur dort, wo überhaupt keine echte Kollisionslage besteht, sondern etwa das Verfassungsrecht zur weiter gehenden Konkretisierung ermächtigt.

bb) Vorgehensweise im Lex-specialis-Fall

Sind mehrere Vorschriften dem Grunde nach anwendbar, von denen eine zusätzliche oder speziellere Anforderungen enthält, ist zunächst diese Voraussetzung herauszuarbeiten. Soweit ein entsprechendes Spezialitätsverhältnis angenommen werden kann, ist sodann prinzipiell unter Berufung auf den Lex-specialis-Grundsatz eine Verdrängung der allgemeineren durch die speziellere Norm zu attestieren. Folglich braucht auch nur noch die letztere geprüft zu werden. Unter Umständen kann allerdings, soweit die spezielle Vorschrift nicht bis zum Ende durchgeprüft werden kann – etwa, weil eine Anspruchsvoraussetzung fehlt – die allgemeine Norm „wiederaufleben".

cc) Besondere Vorrangregeln bei Grundrechtsprüfungen

Die grundrechtliche Prüfung zeichnet sich dadurch aus, dass zwischen den Grundrechten gerade kein Spezialitätsverhältnis im engeren Sinne besteht. Das heißt, dass zwar prinzipiell überlegt werden muss, welches Grundrecht am ehesten auf eine spezielle Lebenssituation „passt". Allerdings können durchaus mehrere Grundrechte parallel Anwendung finden, und zwar nicht nur ein Gleichheitsrecht neben einem Freiheitsrecht, sondern auch mehrere Freiheitsrechte nebeneinander (etwa die Berufsfreiheit und das Eigentumsgrundrecht). Es besteht also Ideal-, nicht Realkonkurrenz zwischen den betroffenen Grundrechtspositionen. Zu berücksichtigen sind alle Grundrechtspositionen, die ernsthaft in Betracht kommen, ohne dass dabei eine besondere Prüfungsreihenfolge einzuhalten wäre. Allerdings sollte sinnvollerweise mit dem speziellsten Grundrecht begonnen und eine eventuelle gleichheitsrechtliche Prüfung erst im Anschluss an die Prüfung von Freiheitsrechten vorgenommen werden (kurz und knapp: Freiheits- vor Gleichheitsrechten).

Echte Realkonkurrenz im Sinne der Verdrängung einer möglichen Grundrechtsposition, sofern eine andere Grundrechtsposition einschlägig ist, besteht lediglich in einem Sonderfall: Die allgemeine Handlungsfreiheit gemäß Art. 2 Abs. 1 GG ist in ihrer Funktion als subsidiäres Auffanggrundrecht (nicht dagegen in ihrer Ausprägung als allgemeines Persönlichkeitsrecht iVm Art. 1 Abs. 1 GG) nur dann – und notwendig zuletzt – zu prüfen, wenn alle anderen prima facie einschlägigen Freiheitsgrundrechte schon auf der Schutzbereichsebene ausscheiden. Demgegenüber unterbleibt eine solche zusätzliche Prüfung von Art. 2 Abs. 1 GG, wenn andere Freiheitsgrundrechte der Sache nach einschlägig sind, aber ein etwaiger Eingriff gerechtfertigt ist. Insofern gilt der allgemeine Grundsatz: *Lex specialis derogat legi generali*.

dd) Sonstige Aufbauregeln

Im Staatsorganisationsrecht ist auf die bereits erwähnte Problematik der verfassungskonkretisierenden bzw. -ergänzenden Regelungen im einfachen Recht hinzuweisen. Hier ist es gegebenenfalls vonnöten, zunächst die Einschlägigkeit einer bestimmten Vorschrift (etwa aus der Geschäftsordnung des Bundestags oder dem Abgeordnetengesetz) zu prüfen und im Anschluss hieran deren Verhältnis zum formellen Verfassungsrecht zu erläutern. Ziel ist es, zu klären, ob ein möglicher Rechtsverstoß überhaupt verfassungsgerichtlich sanktioniert werden kann.

▶ **Beispielsweise** ist ein (alleiniger) Verstoß gegen die Geschäftsordnung des Bundestages im Rahmen eines Gesetzgebungsverfahrens ohne Auswirkungen auf die Verfassungsmäßigkeit des Gesetzes, wie sich nicht nur aus der Natur der Geschäftsordnung als bloßes parlamentarisches Binnenrecht ergibt, sondern auch aus dem Wortlaut von Art. 82 Abs. 1 GG („nach den Vorschriften *dieses Grundgesetzes* zustande gekommen"). ◀

Verfassungsrechtliche Fälle sind zudem vielfach nicht allein auf Basis von Normen des positiv niedergelegten Rechts zu entscheiden, sondern verlangen die Einbeziehung ungeschriebener Prinzipien, Regeln, Voraussetzungen, Schranken etc In derartigen Konstellationen ist zunächst die nicht unmittelbar verfassungstextlich vorgegebene Regelung herzuleiten und näher zu begründen. Erst im Anschluss erfolgt die konkrete Falllösung (also die Subsumtion und die abwägende Gegenüberstellung unterschiedlicher Rechtspositionen). Allgemein gilt dies etwa für Anforderungen aus den Staatsstrukturprinzipien und ihren Unterprinzipien, etwa dem Grundsatz der Bundestreue, aber auch für die Begrenzung vorbehaltlos gewährleisteter Grundrechte.[6]

7. Der Sinn einer Lösungsskizze

Über den Sinn vorab angefertigter, mehr oder weniger ausführlicher Lösungsskizzen gehen die Meinungen auseinander. Teilweise werden sie – jedenfalls in Klausuren – als allzu zeitraubend, überflüssig oder gar hinderlich empfunden, weil mancher Gedankengang sich ohnehin erst beim Schreiben selbst entwickele, eine Festlegung im Vorhinein also nur schwer möglich sei.

In der Tat ist eine Abwägung der Vor- und Nachteile anzustellen. Selbstredend darf eine Lösungsskizze nicht so ausführlich geraten, dass für die ausformulierte Lösung nicht mehr genügend Zeit bleibt. Jedenfalls eine grobe Vorstrukturierung der eigenen Gedanken empfiehlt sich aber – es geht also in der Regel nur um eine Lösungs*skizze*. Im Übrigen lassen sich zwar manche Gedanken erst in der Ausformulierung näher klären und muss nicht jeder Streitstand vorab bereits vollständig durchdacht sein. Dennoch sollten Sie sich im Vorhinein jedenfalls grundsätzlich darüber im Klaren sein, was Sie schreiben wollen. Typischerweise beginnen Klausurbearbeiter eher zu früh mit der Niederschrift ihrer Klausur und geraten dann während der Niederschrift vor neue Probleme, die das bisherige Vorgehen in Frage stellen. Vorab schriftlich zu gliedern, ist hier überaus hilfreich. Auf diese Weise können frühzeitig erste Überlegungen festgehalten, strukturiert und miteinander verbunden werden; zudem lässt sich so vor Beginn der Reinschrift die Konsistenz der eigenen Darstellung noch einmal kritisch hinterfragen (plausibles Ergebnis? Schwerpunktsetzung? Vollständigkeit im Hinblick auf die Sachverhaltsangaben?). Ferner trägt der vergleichende Blick auf die eigene Lösungsskizze dazu bei, bestimmte Aspekte nicht später – eventuell unter dem Druck des rasch nahenden Abgabezeitpunkts – aus dem Blick zu verlieren. Im Worst-Case-Szenario einer aus Zeitgründen unvollständigen Lösung kann eine an die Lösung angeheftete Lösungsskizze schließlich dem Korrektor den weiteren, nicht mehr im Detail ausgeführten Gedankengang verdeutlichen und damit zu einer jedenfalls leicht verbesserten Benotung führen.

II. Die gutachterliche Umsetzung der Falllösung

Je gründlicher die Lösungsskizze vorab durchdacht ist, desto schneller kann die Klausur dann „nur noch" niedergeschrieben, also ausformuliert zu Papier gebracht werden. Als Faustformel kann man für die Durchsicht von Sachverhalt, Aufgabenstellung und Bearbeitervermerk einschließlich erster Überlegungen einerseits sowie für das nähere Durchdenken und Skizzieren der eigenen Lösung andererseits je ca. 20 % der Bearbeitungszeit einplanen, damit ausreichend Zeit für die eigentliche Niederschrift und eine eventuelle abschließende Durchsicht verbleibt. Dabei gilt aber auch hier, dass die Ausformulierung der Klausur nicht etwa eine Nebensächlichkeit gegenüber dem allein entscheidenden Ergebnis darstellt. Umgekehrt ist gerade eine stilistisch sichere Darstellung eine der Hauptanforderungen. Deshalb wird eine sprachlich wie strukturell gelungene, aber zu einem „falschen" Ergebnis führende Bearbeitung eher überzeugen (und besser

---

6 Siehe dazu etwa Kap. 3, Fall 3: Weisungsbefugnisse (zu den Verfahrensvorschriften für die Erteilung einer Weisung nach Art. 85 Abs. 3 GG); zur Begrenzung vorbehaltlos gewährleisteter Grundrechte Fall 7: Das verunglimpfte Staatssymbol.

bewertet werden) als ein zwar im Ergebnis zutreffender, aber bis dahin missglückter, unzureichend strukturierter und schwach formulierter Lösungsvorschlag.

1. Der Obersatz

Im juristischen Studium müssen Klausuren wie Hausarbeiten im sog. Gutachten-Stil verfasst werden. Der zunächst recht künstlich anmutende Formulierungsmodus dient dazu, den Gedankengang zu entschleunigen. Er trägt so dazu bei, relevante Problemstellungen und die zur Antwort führenden Elemente schrittweise zu bearbeiten, anstatt direkt auf die Problemlösung zuzusteuern. Für die konkrete Bearbeitung bedeutet dies, dass immer zunächst die relevante (Fall-)Frage aufgeworfen wird und dann Schritt für Schritt die zu ihrer Beantwortung erforderlichen Punkte untersucht und auftauchende Probleme gelöst werden. Dabei wird die die Untersuchung leitende Frage allerdings nicht als Frage formuliert, sondern in eine – hypothetische – Aussageform gebracht. Als sog. Obersatz steht damit am Anfang der Prüfung eine positiv formulierte Aussage. Sodann werden die Voraussetzungen genannt, die zur Bestätigung dieser Aussage erforderlich sind.

Der Obersatz fungiert als Verbindungsglied zwischen dem Sachverhalt und den nachfolgenden Ausführungen der Klausurlösung. Deshalb ist er so zu formulieren, dass er einerseits auf die Fallfrage antwortet und andererseits das Prüfprogramm der Klausur vorgibt. Das bedeutet, dass er fallbezogen bereits die einschlägigen Normen und Fachbegriffe enthalten muss. Gerade im Verfassungsrecht können Sie sich auf diese Weise zwingen, die normative Anbindung der anschließenden Argumentation sicherzustellen. Obersätze können nicht überschätzt werden. Sie strukturieren Ihre ganze Klausur und verschaffen Ihnen wie dem Korrektor einen Überblick. Solange Sie in der Klausur für die konkreten Probleme nicht jeweils passgenaue Obersätze formulieren können, haben Sie die Probleme noch nicht durchdrungen und sollten vor der Reinschrift noch einmal über Ihre Lösung nachdenken.

Regelmäßig stehen Obersätze im Konjunktiv (etwa: „Der Eingriff in das Grundrecht *müsste* gerechtfertigt sein."; „Das Gesetz *müsste* verfassungskonform sein."). Unproblematisch ist die konjunktivische Formulierung allerdings jedenfalls in dem die Klausur einleitenden Obersatz („Die Verfassungsbeschwerde hätte Erfolg, wenn sie zulässig und begründet wäre.") nicht, da eine Klage/ein Antrag, um erfolgreich sein zu können, nicht nur zulässig und begründet sein *müsste*. Allerdings ist die konjunktivische Gestaltung der Obersätze im weiteren Verlauf der Klausur weit verbreitet und darf daher dort verwendet werden.

Noch bedenklicher ist strenggenommen die Formulierung „Die Klage hat *Aussicht auf* Erfolg, wenn sie zulässig und begründet *ist*". Denn ist der Rechtsbehelf zulässig und begründet, dann *hat* er Erfolg. Das Gericht muss in einem solchen Fall dem Antrag stattgeben. Allerdings handelt es sich auch hierbei um einen weit verbreiteten Standardsatz, der häufig schon in der Fallfrage verwendet wird und dann natürlich auch in der Klausur zulässig ist.

▶ **FORMULIERUNGSVORSCHLÄGE:** Ist etwa danach gefragt, ob ein Gesetz formell verfassungskonform ist, lautet somit der gutachterlich zutreffende Obersatz: „Das Gesetz muss formell verfassungskonform sein. Das ist der Fall, wenn das Gesetz kompetenzgemäß zustande gekommen ist (1. *Voraussetzung*), die verfassungsrechtlichen Verfahrensgebote beachtet (2. *Voraussetzung*) und auch die Formvorschriften des Grundgesetzes eingehalten wurden (3. *Voraussetzung*)."

II. Die gutachterliche Umsetzung der Falllösung

Ebenfalls zulässig, aber weniger elegant als die Formulierung in Aussageform ist eine Formulierung des Obersatzes durch Einleitungen wie „Fraglich ist, ob …", „Problematisch bleibt damit, ob …", „Zu klären ist …" ◄

2. Die Inhaltsbestimmung von Tatbestandsmerkmalen

a) Zur Bedeutung der Definition von Tatbestandsmerkmalen

Wie in allen Rechtsgebieten gilt auch im Verfassungsrecht, dass die Tatbestandsmerkmale der einschlägigen Normen sorgfältig zu unterscheiden und separat zu interpretieren sind. Ein entsprechend abschichtendes Vorgehen trägt dazu bei, die normative Anbindung der nachfolgenden Argumentation sicherzustellen und eine unstrukturierte Abwägungsmelange zu vermeiden.

Die abstrakten und allgemeinen Vorschriften des Verfassungsrechts sind zudem besonders konkretisierungsbedürftig. Dabei sind, weil der Verfassungstext selbst typischerweise keine Hilfestellung bietet – „die Legaldefinition als Regelungstechnik ist der Verfassung im Wesentlichen fremd"[7] –, einerseits Kenntnisse der einschlägigen Judikate des Bundesverfassungsgerichts gefragt. Andererseits ist es aber nicht nur in Ermangelung entsprechender Kenntnisse erforderlich, zu lernen, im Rückgriff auf die allgemeine juristische Auslegungsmethodik[8] selbstständig den möglichen Bedeutungsgehalt der Begriffe zu erschließen. Im Verfassungsrecht bieten namentlich systematische und teleologische Gesichtspunkte häufig eine entscheidende Hilfestellung. Selbst wenn, was häufig der Fall sein wird, die einschlägige Definition schon bekannt ist, kann es unter Umständen dennoch angebracht sein, sie – in gebotener Kürze – noch einmal systematisch zu entwickeln und nicht schlicht unbegründet zu präsentieren. Auf diese Weise signalisieren die Bearbeiter, nicht lediglich auswendig gelerntes Wissen einzubringen, sondern die Herleitung und Verortung der entsprechenden Begriffsbestimmungen nachvollzogen zu haben. Allerdings sollte dies auch nicht übertrieben werden: Vollkommen anerkannte Definitionen (etwa: der Beruf im Sinne des Art. 12 Abs. 1 GG als „dauerhafte, der Schaffung und Erhaltung der Lebensgrundlage dienende Tätigkeit") sind vorauszusetzen und entsprechend ohne weitere Erläuterung zu verwenden.

b) Die Erarbeitung und Verknüpfung der Tatbestandsmerkmale im Gutachtenstil

Die zu prüfenden einzelnen Tatbestandsmerkmale können ihrerseits ebenfalls an weitere, eine Ebene niedriger zu verortende Voraussetzungen gebunden sein. In diesem Fall wiederholt sich das gesamte Verfahren: Voraussetzung 1 ist gegeben, wenn Voraussetzungen a, b und c gegeben sind.

► So muss **beispielsweise** im Rahmen der Definition des „Berufs" iSv Art. 12 Abs. 1 GG auch das Definitionsmerkmal „Schaffung und Erhaltung einer Lebensgrundlage" weiter aufgeschlüsselt und dadurch näher bestimmt werden – muss es sich hierbei um die Hauptbeschäftigung handeln, oder reicht eine bloße Nebenerwerbstätigkeit aus? Entsprechend ist zu fragen, was „dauerhaft" meint – wird dieses Tatbestandsmerkmal bereits durch eine zwar regelmäßig wiederkehrende (etwa: jeden Samstagvormittag), aber eben nicht in Vollzeit ausgeübte Tätigkeit erfüllt? ◄

---

[7] *Frenzel*, Das Definieren von Rechtsbegriffen – Beispiele aus dem Verfassungsrecht, ZJS 2009, 487.
[8] Vgl. dazu näher unten, III. 1.

Die allgemeine Gutachtenform: Obersatz – Voraussetzung (typischerweise: Tatbestandsmerkmal einer Norm) – Definition – Subsumtion – Ergebnis kann damit in die jeweilige Ebene „Voraussetzung" hineinkopiert werden. Ob die Voraussetzung vorliegt, ist dann wiederum mit Obersatz, Aufzählung der Voraussetzungen, Definition etc zu beantworten. Das geht so lange weiter, bis eine letzte Einheit als Voraussetzung gefunden ist, die anhand der Alltagssprache, ohne Rückgriff auf weitere juristische Unterkategorien, zu verstehen ist. Einem solchen aus sich heraus verständlichen Begriff kann dann der Sachverhalt subsumiert werden, also verglichen werden, ob das betreffende gesetzliche Tatbestandselement im konkreten Sachverhalt gegeben ist oder nicht. Ist auf diese Weise ein erstes Subsumtionsergebnis erzielt, dann muss der Weg gewissermaßen wieder rückwärts gegangen, also von der damit festgestellten „niedrigsten" Voraussetzung langsam das Vorliegen der „höheren" Voraussetzungen festgestellt werden. Am Schluss der Bearbeitung steht dann die Feststellung, dass die zur Klärung der Hypothese des ursprünglichen Obersatzes benötigten Voraussetzungen vorliegen (oder eben nicht).

Die Beantwortung jeder aufgeworfenen Frage darf also nicht unmittelbar auf diese Frage folgen und dann im Einzelnen begründet werden. Vielmehr sind erst die Aspekte, die möglicherweise als Begründungen fungieren können, zusammenzustellen, um daraus dann das mögliche Ergebnis ableiten zu können. Die einzelnen Sätze des Gutachtens müssen somit als Folgerungen aus dem jeweils Voranstehenden aneinander anschließen; jeder ein Ergebnis präsentierende Satz muss dieses Ergebnis aus den in den vorangegangenen Sätzen enthaltenen Informationen herleiten. Stilistisch drückt sich dieses Vorgehen dadurch aus, dass typischerweise eine Verknüpfung durch Konjunktionen wie „also", „somit", „mithin" etc vorgenommen wird. Umgekehrt spricht die Verwendung von Wörtern wie „denn", „weil" etc für den Gebrauch des sog. Urteilsstils, bei dem erst das Ergebnis genannt und sodann die Begründung gegeben wird. Dieser Urteilsstil ist in der universitären Ausbildung, in der Gutachten anzufertigen sind, im Grundsatz unzulässig. Nur bei offensichtlich unproblematischen Fragen darf er im Sinne einer sinnvollen Schwerpunktsetzung Verwendung finden. Namentlich die Zulässigkeitsprüfung kann auf diese Weise verkürzt werden, wenn keine relevanten Probleme erkennbar sind.

c) Das gutachterliche Vorgehen im Schema

Das für den Gutachtenstil typische abgestufte Abarbeiten der Probleme, bei dem der aufgeworfenen Frage die Benennung der einzelnen Voraussetzungen zur Beantwortung der Frage folgt, und diese Voraussetzungen dann solange in weitere Untervoraussetzungen aufgegliedert werden, bis eine einfache Ausfüllung der auf diese Weise erlangten Tatbestandsmerkmale anhand des Sachverhalts möglich ist, lässt sich schematisch wie folgt darstellen:

II. Die gutachterliche Umsetzung der Falllösung

A, wenn I, II und III (oder IV, V ...) (Obersatz)

Definition/Konkretisierung der einzelnen Tatbestandsmerkmale, zugleich neue Obersatzbildung:

I, wenn 1_1, 2_1 und 3_1

1_1, wenn a_1, b_1 und c_1 (Definition/Konkretisierung, zugleich neuer Obersatz)

Definition/Konkretisierung der einzelnen Tatbestandsmerkmale:
a_1, wenn ... (Obersatz)
- Definition der Tatbestandsmerkmale
- Subsumtion
- Zwischenergebnis: a_1 (+/-)

b_1, wenn ... (Obersatz)
- Definition
- Subsumtion
- Zwischenergebnis: b_1 (+/-)

c_1, wenn ... (Obersatz)
- Definition
- Subsumtion
- Zwischenergebnis: c_1 (+/-)

Subsumtion
Zwischenergebnis: 1_1 (+/-)
2_1, wenn a_2, b_2, c_2 ... (wie oben bei 1)
Zwischenergebnis: 2_1 (+/-)
3_1, wenn ... (wie oben bei 1)
Zwischenergebnis: 3_1 (+/-)

Zwischenergebnis: Damit 1_1, 2_1 und 3_1 (+/-). Damit I (+/-).

II, wenn 1_2, 2_2, 3_2 ... (wie oben)

Zwischenergebnis: II (+/-)

III, wenn 1_3, 2_3, 3_3 ... (wie oben)

Zwischenergebnis: III (+/-)

Gesamtergebnis: Damit I, II und III (+/-). Damit A (+/-).

3. Subsumtions- und Abwägungslogik

Dieses streng schematische Vorgehen stößt im Verfassungsrecht jedoch an Grenzen. Verfassungsrechtliche Aufgabenstellungen unterscheiden sich wesentlich von zivil- und strafrechtlichen Klausuren, als sie nicht allein durch eine – mehr oder weniger komplizierte – Subsumtion unter eine oder mehrere relativ präzise Rechtsnorm(en) zu lösen sind, sondern jedenfalls in aller Regel zudem noch eine Abwägung der betroffenen Interessen und Rechtspositionen voraussetzen. Eine saubere Subsumtion ist damit zwar keineswegs nur von sekundärer Bedeutung oder gar entbehrlich. Sie wird aber ergänzt durch einen argumentativ und aufbautechnisch spezielle Anforderungen stellenden Abwägungsprozess. Dabei wäre es eine unzulässige Vereinfachung, die beiden Argumentationsmodi strikt zu trennen und unterschiedlichen Prüfungsbereichen zuzuweisen. Es ist nämlich etwa auch in der Prüfung der Verhältnismäßigkeit eine sorgfältige Subsumtion zu leisten. Tendenziell lässt sich allerdings die Subsumtionslogik der Frage nach dem Bestehen einer durch ein bestimmtes (zumeist staatliches) Handeln beeinträchtigten Rechtsposition und den diesem Handeln zugrunde liegenden „Gegengründen" zuordnen, während die Abwägung erst auf dieser Basis erfolgen kann und die Frage betrifft, welche Position im Einzelfall als gewichtiger anzusehen ist und sich durchsetzt.

In sprachlicher Hinsicht ist die Abwägung nur bedingt im Gutachtenstil bewältigbar. Zwar sollte auch hier versucht werden, mit einleitenden, möglichst klar formulierten Obersätzen die Prüfung vorzustrukturieren. Allerdings fehlt es im Folgenden dann an der für die klassische Gutachtentechnik typischen Einordnung unter vorgefundene Parameter. Stattdessen ist ein wertender Vergleich anzustellen, der die bereits zuvor festgehaltenen Subsumtionsergebnisse aufnimmt und selbst jedenfalls teilweise im Urteilsstil gehalten sein darf.

a) Subsumtion

Als Subsumtion wird der Vorgang bezeichnet, in dem die zunächst abstrakten Ausführungen zur allgemeinen Rechtslage mit dem konkreten Sachverhalt verknüpft und damit für die Entscheidung einer einzelnen Rechtsfrage fruchtbar gemacht werden. Die zuvor in ihrem Bedeutungsgehalt geklärten einzelnen Tatbestandselemente müssen in Bezug gesetzt werden zu den Informationen aus dem Sachverhalt.

Subsumtion ist keineswegs ein automatischer, gewissermaßen gedankenloser Vorgang, sondern im Kern Argumentation. Der Abgleich zwischen einer normativen Anforderung und einer aus dem Sachverhalt zu entnehmenden Tatsache muss nachvollziehbar begründet werden. Hilfestellung liefern insoweit die anerkannten Auslegungsmethoden.[9] Allgemein ist zweierlei zu beachten: Jedes Argument muss sich auf das aktuell zur Lösung anstehende Problem beziehen. Das klingt trivial – ist es aber nicht. Denn Voraussetzung hierfür ist, dass die jeweiligen sich aus dem Sachverhalt ergebenden Probleme nicht nur erkannt und auseinandergehalten, sondern auch einem speziellen Prüfungspunkt zugeordnet und adäquat formuliert werden. Erst auf dieser Basis setzt die eigentliche Argumentation ein. Diese sollte sich, wie schon mehrfach erwähnt, möglichst eng an den verfassungsnormativen Grundlagen orientieren, also die (geschriebenen und ungeschriebenen) rechtlichen Parameter in Bezug nehmen und ihren Regelungsgehalt näher beschreiben.

b) Abwägung

Die Abwägung baut auf der Subsumtion auf, setzt aber auch voraus, dass sich auf deren Basis gerade kein eindeutiges Ergebnis finden lässt, sondern nach dem Verhältnis der betroffenen Rechtspositionen zu fragen ist. Es geht nicht nur um die Feststellung der einschlägigen betroffenen Rechtspositionen durch einen Abgleich der zunächst abstrakten Rechtsnormen mit den durch den Sachverhalt vorgegebenen tatbestandlichen Gegebenheiten, sondern um die Gewichtung dieser Rechtspositionen untereinander. Erneut ist auf die Parallele zwischen staatsorganisationsrechtlichen und grundrechtlichen Fragestellungen zu verweisen: So ist dort etwa zu fragen, ob die zur Rechtfertigung eines Verstoßes gegen den Grundsatz der (Erfolgswert-)Gleichheit der Wahl (klassisch: die 5 %-Klausel) geltend gemachten Gründe (beispielsweise die Arbeitsfähigkeit

---

9 Vgl. dazu sogleich, III. 1.

des Parlaments) eine entsprechende gesetzliche Regelung tragen. Im Grundrechtsbereich ist demgegenüber etwa zu klären, ob sich Rechte Dritter oder der Allgemeinheit (beispielsweise Aspekte des Tierschutzes) gegen individuelle Rechtspositionen (etwa das Interesse eines muslimischen Metzgers, Wirbeltiere ohne Betäubung zu schächten) durchsetzen können. Der letztgenannte Beispielsfall[10] verdeutlicht zugleich, wie sehr die Abwägung vom Subsumtionsergebnis abhängt: Wer den „muslimischen Metzger" (auch) der Religionsfreiheit des Art. 4 Abs. 1 GG zuordnet, muss nicht nur die grundsätzliche Beschränkbarkeit eines vorbehaltlos gewährleisteten Grundrechts erläutern, sondern im Rahmen der Abwägung zumal diskutieren, inwieweit die vorbehaltlose Gewährleistung ein besonderes Gewicht des betreffenden Grundrechts indiziert. Wer demgegenüber (wie das Bundesverfassungsgericht) grundsätzlich nur die Berufsfreiheit des Art. 12 Abs. 1 GG für einschlägig erachtet, muss sich einerseits unter Umständen mit der Anwendbarkeit der Berufsfreiheit als „Deutschengrundrecht" auf (Nicht-EU-)Ausländer beschäftigen,[11] andererseits aber auch die die allgemeine Verhältnismäßigkeitsprüfung strukturierende spezielle Bereichsdogmatik des Art. 12 GG berücksichtigen (Prüfung der sog. Dreistufenlehre).[12]

Ihren eigentlichen Platz findet die Abwägungslogik (erst und vor allem) im Rahmen der Prüfung der Verhältnismäßigkeit im engeren Sinne (Angemessenheit). Dabei genügt es nicht, die unterschiedlichen Rechtspositionen nur nebeneinander zu stellen und sodann einer von ihnen den Vorzug zu geben. Auch und gerade im Rahmen von Abwägungsentscheidungen kommt es vielmehr darauf an, die einzelnen Positionen nicht nur zu benennen, sondern möglichst genau verfassungsrechtlich zu verorten. Im Fall des Schächtens muss demnach erkannt werden, dass der Tierschutz nicht nur ein ethischer Wert ist, sondern in Art. 20a GG auch eine verfassungsnormative Basis und Anerkennung gefunden hat. Darüber hinaus und vor allem sind die jeweils betroffenen Positionen auch zu bewerten. Das verlangt zunächst danach, sich die verfassungsnormative Wertigkeit des Schutzguts – eben etwa: mit Blick auf die Relevanz der vorbehaltlosen Gewährleistung des Art. 4 GG – klarzumachen. Dementsprechend ist die Entscheidung relativ einfach, wenn eine verfassungsrechtlich besonders geschützte Rechtsposition auf eine nur einfachgesetzlich erfasste trifft. Allerdings wird sich in den letztgenannten Fällen häufig eine dahinterstehende verfassungsrechtliche Argumentation auffinden lassen. Das wirft die Frage auf, wie zwischen jeweils verfassungsrechtlich geschützten Rechtspositionen abgewogen wird. Eine Orientierung an einer höheren Wertigkeit scheidet hier regelhaft aus, denn das Grundgesetz differenziert prinzipiell nicht zwischen dem „Wert" unterschiedlicher Rechtsgüter von Verfassungsrang. Lediglich die herausgehobene Bedeutung der Menschenwürde (und eingeschränkt auch der übrigen in Art. 79 Abs. 3 GG genannten „Grundsätze") lassen eine verfassungsinterne Hierarchisierung erkennen. Gerade weil aber hierarchisierende Bewertung der Normen selbst häufig schwerfällt, ist es von erheblicher Bedeutung, die Intensität der Beeinträchtigung im konkreten Einzelfall herauszuarbeiten. Es macht einen deutlichen Unterschied, ob eine Rechtsposition nur peripher, also am Rand, oder hinsichtlich ihres Kerngewährleistungsgehalts beeinträchtigt ist.

---

10 Vgl. BVerfGE 104, 337; dazu ausführlich *Wittreck*, Religionsfreiheit als Rationalisierungsverbot. Anmerkungen aus Anlass der Schächtentscheidung des Bundesverfassungsgerichts, Der Staat 42 (2003), 519 ff.
11 Vgl. dazu *S. Augsberg/Burkiczak*, Der praktische Fall – Öffentliches Recht: Der anonyme Taxifahrer, NWVBl. 2007, 74 ff.
12 Vgl. dazu näher oben Kap. 1, III. 4. e) sowie als exemplarische Falllösung unten Kap. 3, Fall 6:Hufbeschlag.

Soweit die Abwägung gleichwohl kein klares Ergebnis erbringt, kann es angebracht sein, auf den Einschätzungsspielraum des Gesetzgebers einzugehen und unter Verweis auf den zugrunde liegenden Gewaltenteilungsgrundsatz auf das Verdikt der Verfassungswidrigkeit zu verzichten. Allerdings ist hier Vorsicht angebracht. Die legislative Einschätzungsprärogative darf ebenso wenig zu einem pauschal und standardmäßig verwendeten Zweifelssatz werden, wie es in grundrechtlichen Klausuren *nicht* angebracht ist, im Zweifel stets dem individuellen Grundrechtsschutz des Beschwerdeführers den Vorrang zu geben. Eine in diesem Sinne eindeutige Festlegung im Sinne eines „in dubio pro libertate" kennt das Grundgesetz nicht. In aller Regel ist stattdessen eine dem Einzelfall angemessene, seine Besonderheiten berücksichtigende Argumentation geboten. Hilfestellung leisten können dabei allerdings bestimmte anerkannte Rechtsfiguren, etwa das Prinzip der *Einheit der Verfassung*, wonach Widersprüche zwischen Verfassungsnormen vermieden werden sollen. Große Bedeutung hat daneben namentlich das Prinzip der *praktischen Konkordanz*. Es kommt zum Einsatz, wenn verschiedene Interessen (genauer: Vorschriften, denen diese Interessen zugeordnet werden können, etwa Tierschutz dem Art. 20a GG und Forschungsfreiheit dem Art. 5 Abs. 3 GG) miteinander konfligieren. In diesem Fall ist in Anwendung der praktischen Konkordanz in der Klausur dafür Sorge zu tragen, dass kein verfassungsrechtlich geschütztes Interesse auf Kosten eines anderen einseitig bevorzugt wird. Vielmehr ist jedem, im Rahmen des Möglichen, optimale Wirksamkeit zuzusprechen. Die Abwägung zielt also nicht (nur) darauf, das Überwiegen einer Rechtsbeeinträchtigung festzustellen, sondern dient (auch) der Herstellung eines möglichst optimalen Interessenausgleichs.

4. Der Ergebnissatz

Im Gutachtenstil steht das Ergebnis charakteristischerweise erst am Ende der Ausführungen. Das betrifft keineswegs nur das Gesamtergebnis am Ende der Klausur. Vielmehr sollte am Ende jeder (zumindest größeren) Auseinandersetzung mit einem Sachproblem das Ergebnis der angestellten Überlegungen niedergelegt werden. Das schafft einerseits für den Korrektor Klarheit, ermöglicht es aber andererseits auch dem Bearbeiter selbst, nochmals darüber zu reflektieren, *welche* Frage *wie* beantwortet wurde. Das – möglichst klar hervorgehobene – (Zwischen-)Ergebnis liefert zudem die Basis für den nächsten abzuhandelnden Prüfungsschritt.

III. Einzelfragen der gutachterlichen Darstellung

1. Die Auslegung von Tatbestandsmerkmalen

Verfassungsrechtliche Normen kennzeichnet ein hoher Grad an Abstraktheit, denn Verfassungen enthalten kaum kleinteilige Detailregelungen, sondern primär übergreifende, die gesamte Rechtsordnung vorstrukturierende und beeinflussende Bestimmungen. Diese sind typischerweise nicht aus sich heraus ohne Weiteres verständlich, eindeutig und zweifelsfrei, sondern bedürfen eines interpretierenden Nachvollzugs.[13] Damit kommt dem Rechtsanwender eine bedeutende Rolle und besondere Verantwortung zu. Um den Prozess der Auslegung zu rationalisieren und zu vereinheitlichen und namentlich auszuschließen, dass er subjektiv oder gar willkürlich erfolgt, sind in der

---

13 Überspitzt, aber wohl nicht ganz unzutreffend *Gast*, Juristische Rhetorik, 5. Aufl. 2015, Rn. 248: „Gesetzestexte sind, für sich genommen, wahrscheinlich unverstehbar."

III. Einzelfragen der gutachterlichen Darstellung

Rechtsmethodik verschiedene Auslegungsmethoden entwickelt worden,[14] die bei der Fallbearbeitung zu berücksichtigen sind. Bei der Klausurbearbeitung ist es gerade im Verfassungsrecht bei der Ausfüllung der zumeist offenen Rechtsbegriffe besonders wichtig, ein objektiv nachvollziehbares, überzeugendes Argumentationsmodell zu entwickeln. Dabei hilft es, sich mit den grundlegenden Auslegungsmethoden vertraut zu machen. Die nachfolgend knapp erläuterten Argumentationsmuster bilden insoweit in der Klausur das unerlässliche Minimum methodischer Fähigkeiten.[15]

a) Methoden der Auslegung

Normanwendung setzt Auslegung voraus. Auslegung meint die Feststellung, was mit dem Normtext gemeint ist. Es mag sein, dass man diese Feststellung als Normanwender selbst kaum bemerkt, weil und soweit der Auslegungsvorgang eher intuitiv erfolgt und die Bedeutung des Textes sich „wie von selbst" erschließt. Normen mögen deshalb zwar besonders „eindeutig" formuliert sein und daher ohne Auslegungs*aufwand* angewandt werden können – aber nicht ohne Auslegung. Gerade die Entscheidung, dass eine Norm „eindeutig" ist, ist Ergebnis einer (wenn auch noch so „einfachen") Auslegung. „Einfach" ist die Auslegung, weil der Anwender ein klares Vorstellungsbild von der Bedeutung, dem Sinn des in der Norm verwendeten Wortes hat – aber eine Auslegung stellt die intuitiv geleistete „Verknüpfung" des vor Augen stehenden Bedeutungsgehalts gerade mit dem in der Norm verwendeten Wort allemal dar. Auch die Orientierung am eigenen Rechtsgefühl (Judiz) bildet indes eine spezielle, allerdings nicht unproblematische Auslegungsvariante.

Dass die Auslegung bisweilen sehr einfach, teilweise aber auch sehr kompliziert und aufwendig ist, hat für die Klausur Folgen. Während dort in der Klausur darauf verzichtet werden kann, das klare Ergebnis weitschweifig zu begründen, vielmehr eine knappe Feststellung im Urteilsstil genügt, muss hier im Detail auf die durch die zunächst unklaren Bestimmungen eingegangen und deren Bedeutungsgehalt nach und nach herausgearbeitet werden. Ziel ist es also, etwas zuvor Fragliches fraglos zu stellen. Im konkreten juristischen Argumentationsprozess geht es regelhaft darum, die sich aus der notwendigen Mehrdeutigkeit normativer Aussagen ergebenden Varianten zu einer Seite hin aufzulösen. Wie hierbei vorzugehen ist, soll im Folgenden beschrieben werden.

aa) Wortlautauslegung (grammatikalische Auslegung)

Ausgangs- und wichtigster Orientierungspunkt ist stets der Normtext; grundsätzlich bildet (bei aller Problematik der Formulierung) der Wortlaut die äußerste Grenze jeder Auslegung. Häufig wird der Wortlaut allerdings nicht eindeutig sein, sondern lediglich einen groben Rahmen an möglichen (und nicht mehr möglichen) Interpretationsergebnissen festlegen. Immerhin lassen sich auf diese Weise jedenfalls bestimmte nicht mit dem Wortlaut vereinbare Auslegungsvarianten ausschließen.

---

14 Dazu nur *Larenz/Canaris*, Methodenlehre, 3. Aufl. 1995, S. 141 ff.
15 Zu vertiefendenden und instruktiven Erläuterungen über die Methodik im öffentlichen Recht s. *Schoch*, Übungen im Öffentlichen Recht I, 2000, S. 10 ff.

bb) Systematische Auslegung

Die systematische Auslegung verlangt eine vergleichende Perspektive: Die konkret auslegungsbedürftige Norm ist in den Kontext des jeweiligen Normenkomplexes zu stellen. Geboten ist damit im Wesentlichen eine überblickshafte Lektüre der benachbarten Normen; deren Zusammenspiel – inhaltlich wie hinsichtlich des Standorts im jeweiligen Titel der Verfassung – wirft oftmals ein erhellendes Licht auf das allein anhand einer einzigen Norm nicht zu lösende konkrete Auslegungsproblem. Diese Auslegungsmethode hat zur Prämisse, dass ein weitgehend widerspruchsfreies System an Vorschriften innerhalb der Verfassung besteht. Sie (aber auch die übrigen Methoden) dient damit dem Auslegungsziel *Einheit der Verfassung*. In diesem Sinne ist über die bloße Normtextlektüre hinaus auch nach dem Zusammenwirken mit ungeschriebenen oder in unterschiedlichen Normen angesprochenen Verfassungsgrundsätzen, insbesondere den Staatsstrukturprinzipien, zu fragen.

cc) Teleologische Auslegung

Von besonderer Bedeutung ist schließlich auch die Frage nach dem Sinn und Zweck (griechisch: das Telos) der Norm. Diese können zwar in einer Klausur nur anhand des Wortlauts und der Systematik (oder der Geschichte) rekonstruiert werden. Soweit es aber gelingt, sie zu erkennen, kann mithilfe der teleologischen Auslegung häufig eine Entscheidung in strittigen Fragen herbeigeführt werden, wenn eine Auslegungsalternative ersichtlich dem Gesetzeszweck besser dient. Sofern ein einfaches Gesetz Gegenstand einer verfassungsgerichtlichen Kontrolle ist, kann der Zweck des Gesetzes häufig der ersten Vorschrift des entsprechenden Gesetzes entnommen werden, weil der moderne Gesetzgeber dazu tendiert, seine Vorstellungen des Regelungsziels zu dokumentieren.

Für Verfassungsnormen ist die Sinnermittlung schwieriger. Häufig wird sich der Zweck einer konkreten Verfassungsnorm erst aus dem Zusammenspiel mit anderen Normen und Grundsätzen ergeben; die Grenzen zur systematischen Auslegung sind daher fließend.

dd) Historische und genetische Auslegung

Im Falle der *historischen* Auslegung wird danach gefragt, wie die zu klärende Rechtsfrage früher – etwa in früheren, durch Verfassungsänderungen überholten Fassungen des Grundgesetzes, in Vorschriften der Weimarer Reichsverfassung von 1919 oder sogar der Reichsverfassung von 1871 – geregelt war. Diese Texte leiten dann Überlegungen an, wie heutige Regelungen zu verstehen sind. Im Grunde geht es also darum, durch eine (vergleichende) Historisierung und Kontextualisierung der aktuell geltenden Vorschrift deren Zielsetzung besser zu verstehen.

Demgegenüber fragt die *genetische* Auslegung nach der Entstehungsgeschichte des aktuellen Normtextes. Im Prinzip handelt es sich dabei um eine Unterart der historischen Auslegung, die allerdings weniger die allgemeine historische Situation und die hierauf antwortenden Vorschriften der Zeit fokussiert, sondern konkreter auf die Entstehungsbedingungen der konkreten auslegungsbedürftigen Norm eingeht. Deshalb sind weniger Vorgängernormen von Interesse als vielmehr die Materialien aus dem Prozess der Rechtsetzung (für das Grundgesetz sind dies insbesondere die unterschiedlichen Entwurfsfassungen; für einfache Gesetze etwa Bundestagsprotokolle, Debattenbeiträge, Entwürfe, Begründungen in Bundestags-Drucksachen etc).

In der Klausur fällt sowohl die historische wie die genetische Argumentation allerdings zumeist aus; es fehlen schlicht die dafür erforderlichen Belege. Sofern Sie zu einem relevanten Problem verfassungsgeschichtliche oder auf die Gesetzgebungsgeschichte bezogene Kenntnisse haben, dürfen Sie diese selbstredend für die Argumentation verwenden; Sie sollten jedoch vermeiden, zu ausschweifend zu werden. In Hausarbeiten kann es demgegenüber angebracht sein, vertiefter in die (Verfassungs-)Geschichte einzusteigen. Gerade im grundrechtlichen Bereich hilfreich und auch ohne vertiefte historische Kenntnisse zu leisten ist allerdings eine Interpretation der grundrechtlichen Gewährleistungen, die den Schutzbereich *ex negativo* von den Erfahrungen des Nationalsozialismus her bestimmt. Denn das NS-Regime hat für die verfassungsrechtliche Ordnung der Bundesrepublik eine „gegenbildlich identitätsprägende Bedeutung".[16] Vor diesem Hintergrund lässt sich daher etwa das Verbot der Qualifikation als „unwertes Leben" oder „entartete Kunst" schlüssig erläutern.

ee) Das Interpretationsprinzip der verfassungskonformen Auslegung

Eine Besonderheit gerade der *Verfassungs*interpretation stellt die verfassungskonforme Auslegung dar. Sie wird relevant, wenn Gegenstand der verfassungsrechtlichen Kontrolle ein (einfaches) Gesetz oder seine Anwendung ist. Führen die vorgestellten Auslegungsmethoden zu unterschiedlichen Auslegungsergebnissen, so ist ein Gesetz (erst) verfassungswidrig, wenn sämtliche Interpretationsergebnisse mit der Verfassung unvereinbar sind.[17] Lässt sich hingegen auf methodisch zulässige Weise eine Lesart begründen, die mit der Verfassung im Einklang steht, dann ist das Gesetz nur mehr in dieser (verfassungskonformen) Auslegung anzuwenden. Die verfassungskonforme Auslegung zielt also darauf ab, einerseits den Vorrang der Verfassung durchzusetzen, andererseits aber auch einfachgesetzliche Vorschriften und damit den gesetzgeberischen Willen so weit wie möglich zu erhalten. Insbesondere in der zweistufigen Prüfung der Urteilsverfassungsbeschwerde kann sich dies entscheidend auswirken, soweit zwar die gesetzliche Entscheidungsgrundlage noch verfassungskonform ausgelegt werden kann, diese Anforderung aber durch das konkrete Gericht nicht beachtet wurde. Ist hingegen nur ein Gesetz Gegenstand der Klausur, so kann eine verfassungskonforme Normanwendung naturgemäß nicht kontrolliert werden.

b) Die Rangfolge und das Verhältnis der Auslegungsmethoden zueinander

Die Auslegung beginnt notwendigerweise mit dem Wortlaut der Norm. Soweit dieser nicht aus sich heraus „eindeutig" ist, ist seine Bedeutung durch die übrigen Methoden zu ermitteln, deren Anwendung keiner zwingenden Reihenfolge unterliegt. Klärungsbedürftig ist noch, welche Auslegungsmethode vorrangig ist, wenn die jeweils isolierte

---

[16] So BVerfGE 124, 300 (328) – Wunsiedel. Vgl. dazu auch unten Kap. 3, Fall 7: Das verunglimpfte Staatssymbol.
[17] BVerfG, NVwZ 2015, 510 (515): „Die Möglichkeit einer verfassungskonformen Auslegung endet (...) dort, wo sie mit dem Wortlaut und dem klar erkennbaren Willen des Gesetzgebers in Widerspruch träte (...). Anderenfalls könnten die Gerichte der rechtspolitischen Entscheidung des demokratisch legitimierten Gesetzgebers vorgreifen oder diese unterlaufen (...). Das Ergebnis einer verfassungskonformen Auslegung muss demnach nicht nur vom Wortlaut des Gesetzes gedeckt sein, sondern auch die prinzipielle Zielsetzung des Gesetzgebers wahren (...). Das gesetzgeberische Ziel darf nicht in einem wesentlichen Punkt verfehlt oder verfälscht werden (...)."

Anwendung der Methoden nicht stets zum gleichen Ergebnis führt. Sieht man vom Wortlaut als Auslegungsgrenze ab, so besteht kein Vorrang einer bestimmten Methode. Grundsätzlich gilt, dass jede der angewandten Methoden umso größeres Gewicht hat, umso „eindeutiger" ihr Ergebnis ist. Klausurtaktisch bietet es sich an, ausgehend vom Wortlaut mit denjenigen Methoden anzufangen, die ein Ergebnis liefern, dem man – womöglich aus taktischen Gründen – letztlich nicht folgen möchte. Gerade bei der Präsentation letztlich verworfener Argumente ist aber auf Sachlichkeit zu achten. Formulierungen wie „Schlicht abwegig ...", „Keinesfalls vertretbar ..." uÄ sind zu vermeiden. Es genügt, zu formulieren, dass die Gegenauffassung aus diesen oder jenen Gründen „problematisch" ist, diesen oder jenen Aspekt „übersieht" oder „untergewichtet".

Dass die unterschiedlichen Interpretationsmethoden keineswegs sämtlich auf dasselbe Ergebnis hinauslaufen müssen, sondern im Gegenteil es durchaus vorstellbar ist, einer bestimmten Auslegungsvariante zulasten einer anderen den Vorzug zu geben, zeigt ein abschließendes Beispiel. Dieses betrifft die vom Bundesverfassungsgericht zu entscheidende Frage, inwieweit eine out-of-area-Tätigkeit der Bundeswehr mit dem Grundgesetz vereinbar ist. Maßgebliche Vorschrift ist insoweit Art. 87a GG. Dabei ist zwar der Wortlaut des Art. 87a Abs. 2 GG unergiebig für die Frage, in welchen Fällen Streitkräfte „eingesetzt" (und nicht nur verwendet) werden. Aber auch wenn man den Einsatz auf Fälle militärischen Vorgehens begrenzt, sind zumindest diese prima facie verfassungsrechtlich unzulässig, weil jedenfalls keine ausdrückliche Regelung existiert. Dem setzt indes das Bundesverfassungsgericht eine historische und systematische Auslegung und eine spezielle Lesart der Lex-posterior-Regel entgegen: Weil die Regelung des Art. 87a GG erst zu einem späteren Zeitpunkt in das Grundgesetz eingefügt wurde, könne sie nicht Einsätze untersagen, die durch den von Anfang an im Grundgesetz enthaltenen Art. 24 Abs. 2 GG erfasst und gestattet sind.[18]

2. Typische juristische Argumentationsformen, insbesondere bei der Rechtsanwendung im Bereich von Gesetzeslücken

Die geschilderten Auslegungsmethoden sollen, wie erwähnt, etwas zuvor Fragliches fraglos stellen, also Unsicherheit in Sicherheit umwandeln. Eine ähnliche Funktion haben auch die typischerweise im juristischen Kontext verwendeten Argumentationsmuster.[19] Die systematisierende Darstellung ist dabei natürlich keineswegs abschließend. Sie verdeutlicht aber, wie Argumente, deren Eigenart sehr verschieden sein kann („stark" oder „schwach"; „abstrakt" oder „konkret"; „sachbezogen" oder „formal"; „deskriptiv" oder „normativ" usw), nochmals geordnet werden können.

a) Gleichheitsschluss (argumentum e simile)

Wenn ein vergleichbar gelagerter Fall bereits entschieden ist oder die spezifische Unsicherheit aus einem anderen Grunde nicht aufweist – beispielsweise im Normtext klarer formuliert ist – spricht viel dafür, auch im Ergebnis einen Gleichlauf anzunehmen, weil anderenfalls ein Widerspruch in die Rechtsordnung hineingetragen würde. Hier besteht also eine enge Verwandtschaft zur bereits erwähnten Figur der Einheit der Verfassung. In beiden Fällen wird ein übergeordnetes Ziel der Einheitlichkeit oder Wider-

---

18 Vgl. BVerfGE 90, 286 (345 ff.) – Out-of-area-Einsätze.
19 Ausführlich zum Argumentationsvorgang *Gast*, Juristische Rhetorik, 5. Aufl. 2015, Rn. 255 ff.; *Haft*, Juristische Rhetorik, S. 93 ff.

III. Einzelfragen der gutachterlichen Darstellung

spruchsfreiheit angenommen. Gewissermaßen die Steigerungsform des Gleichheitsschlusses ist die Analogie, in der aus der Vergleichbarkeit einer Regelungssituation (und dem negativen Tatbestandsmerkmal einer fehlenden bewussten Differenzierung – es muss sich um eine vom Gesetzgeber ungewollte Regelungslücke handeln) auf die Übertragbarkeit einer an sich nicht anwendbaren Norm geschlossen wird.

b) Ungleichheits- bzw. Umkehrschluss (argumentum e contrario)

Widersprüche können aber nicht nur dadurch vermieden werden, dass Gleiches gleich behandelt wird. Deshalb kann auf der anderen Seite auch gerade die Tatsache, dass ein Unterschied beispielsweise in der Normformulierung vorliegt, ein Indiz für eine vom Normgeber intendierte Ungleichbehandlung bilden. Ansatzpunkt der Argumentation ist dann nicht die Ähnlichkeit, sondern die Differenz; Ziel ist nicht der Gleichlauf, sondern die unterschiedliche Behandlung. Es geht in diesen Fällen also stets darum, die Unterschiede oder Gemeinsamkeiten der zu regelnden Konstellationen herauszuarbeiten und auf dieser Basis zu entscheiden, in welche Richtung argumentiert werden soll.

c) Erst-recht-Schluss (argumentum a fortiori)

Erst-recht-Schlüsse sind gleichermaßen als solche nicht auf ein bestimmtes Ergebnis fixiert. Sie stellen gewissermaßen eine Spezialform des Gleichheitsschlusses dar. Aus der anders gearteten Regelung wird hier der Schluss gezogen, wenn es schon dort so sei, müsse dasselbe Ergebnis erst recht in dem in Frage stehenden Fall erreicht werden. Auch hier ist aber stets die Möglichkeit mitzubedenken, dass die Ungleichbehandlung gewollt ist, also kein Erst-recht-, sondern ein Umkehrschluss in Betracht kommt.

d) Argument des Regel-Ausnahme-Verhältnisses

Das Regel-Ausnahme-Argument überträgt ein allgemeines, in einem bestimmten Bereich ersichtliches Verständnis auf einen konkreten Fall. Das hat insbesondere zur Folge, dass Vorschriften, die ein bestimmtes, sonst unzulässiges Verhalten ausnahmsweise gestatten, eng auszulegen sind. Wenn etwa nach Art. 30, 70 ff. GG die Gesetzgebung grundsätzlich den Ländern und nur ausnahmsweise dem Bund zugewiesen ist, spricht dies für eine tendenziell restriktive Interpretation der eine Bundesgesetzgebungskompetenz begründenden Kompetenztitel. In der Sache handelt es sich also um eine Sonderform der systematischen Interpretation: Aus dem allgemeinen Kontext der Regelung wird auf besondere Anforderungen an die Interpretation der Regelung selbst geschlossen.

e) Argument aus den Folgen (argumentum ad absurdum)

Nicht nur der Gesetzgeber, sondern auch der Rechtsanwender ist berufen, sich über die Folgen seiner Entscheidungen Gedanken zu machen. In diesem Sinne ist jedenfalls als zusätzliche Argumentationshilfe auch danach zu fragen, welche Konsequenzen eine bestimmte Auslegung hat. Als Sonderfall einer derartigen Folgenorientierung kann man etwa sowohl die verfassungskonforme Auslegung, soweit sie das Ergebnis eines verfassungswidrigen und damit nichtigen Gesetzes vermeidet, als auch die Figur der praktischen Konkordanz einordnen. Denn Letztere bildet nur die Chiffre für einen Zustand, in dem für alle beteiligten Rechtspositionen ein möglichst großer Entfaltungsspielraum besteht. Das bedeutet aber nichts anderes als eine folgenorientierte Betrachtung, auf welche Weise oder mit welchen Mitteln dieses Ziel erreicht werden kann.

3. Die Darstellung von Meinungsstreitigkeiten

Angesichts der Vielzahl von Auslegungsmethoden und Argumentationsformen nimmt es nicht wunder, dass zu juristischen Fragestellungen typischerweise unterschiedliche, je für sich durchaus rational begründete und nachvollziehbare Ansichten vertreten werden. Für die Klausur ergibt sich hieraus das Erfordernis, die unterschiedlichen Auffassungen und Argumente vorzustellen, zu vergleichen und zu gewichten, um sich auf dieser Grundlage dann schließlich für eine der Auffassungen zu entscheiden. Eine solche Entscheidung ist immer dann erforderlich, wenn die unterschiedlichen Auffassungen im konkreten Fall zu unterschiedlichen Ergebnissen gelangen. Denn in der Klausur soll nicht lehrbuchartig Wissen dargestellt, sondern eine bestimmte Lösung begründet werden. Das heißt umgekehrt, dass die Darstellung eines Meinungsstreits nie Selbstzweck ist: Wenn in dem konkret zu entscheidenden Fall alle an sich unterschiedlichen Auffassungen zu demselben Ergebnis gelangen, kann die abstrakte Entscheidung über die richtige Auffassung in dem allgemeinen Meinungsstreit dahinstehen.[20] Dabei ist es eher problematisch, von einem „Meinungsstreit" oder „Streitentscheid" zu sprechen. Auch eine Darstellung im Sinne des allzu simplen Schemas „eine Ansicht – andere Ansicht" ist zu vermeiden. Vorzugswürdig erscheint es demgegenüber, schon in der Formulierung deutlich zu machen, dass es letztlich nur um eine Bewertung der Sachargumente geht. Es empfiehlt sich daher, den Streitstand in die sachliche Prüfung zu integrieren. Nicht wer, sondern was argumentativ vertreten wird, sollte im Mittelpunkt der Prüfung stehen.

Dafür ist zunächst abstrakt das Problem aufzuwerfen und zu erklären, warum sich eine einfache Lösung verbietet. Hieran anknüpfend sind die Argumente darzustellen, die für oder gegen eine bestimmte Lösungsvariante sprechen. Erst auf dieser Basis können dann die einzelnen Überlegungen einander gegenübergestellt und gewichtet werden. Regelmäßig lassen sich dabei dem Sachverhalt verwendbare Informationen entnehmen, mit deren Hilfe man zu einem nachvollziehbar begründeten und damit in der Sache nicht angreifbaren Schluss gelangen kann. Durch die argumentationsbezogene Darstellung erübrigt es sich auch, auf bestimmte Vertreter einer Auffassung einzugehen.[21] Empfehlenswert ist daher eine allgemein sachorientierte, entpersonalisierte Diskussionsform („dafür spricht ...", „dagegen spricht aber ..."). Wo unterschiedliche Argumentationsgänge zu einem identischen Ergebnis führen, sollte zumindest dies kurz dargestellt werden.

4. Zur Problematik von Hilfsgutachten

Ein typisches Problem gerade in verfassungsrechtlichen Klausuren bilden die Zulässigkeit und Erforderlichkeit von Hilfsgutachten. Schon das Wort *Hilfs*gutachten erscheint allerdings zweifelhaft – in einem Gutachten sind immer alle aufgeworfenen Fragen zu beantworten. Üblicherweise spricht man aber jedenfalls dann von einem Hilfsgutachten, wenn mit der Abarbeitung eines bestimmten Prüfungspunkts bereits über die Zu-

---

20 Vgl. als Beispiel für eine solche Konstellation unten Kap. 3, Fall 1: Krankenhausförderung.
21 Das gilt jedenfalls für Klausuren. In einer Hausarbeit, die mit Fußnotennachweisen gearbeitet wird, stellt sich dies naturgemäß etwas anders da, weil die eingeführten Argumente jeweils durch Fundstellen zu belegen sind. Auch dort ist aber eine sachorientierte Darstellung vorteilhaft.

lässigkeit oder Begründetheit entschieden ist, obwohl noch weitere Fragen der Zulässigkeit und/oder Begründetheit zu diskutieren wären. In einer Klausur sind stets – auch wenn der Bearbeitervermerk keine Vorgaben enthält – alle Fragen zu beantworten, ggf. eben in einem Hilfsgutachten.

Geraten Sie an einen Punkt, in dem Sie hilfsgutachtlich weiterprüfen müssen, so müssen Sie zunächst die Konsequenz Ihres soeben erzielten Prüfungsergebnisses klar aussprechen (also etwa bei einer fehlenden Zulässigkeitsvoraussetzung erklären, dass damit die Zulässigkeit nicht gegeben ist). Sodann müssen Sie ebenso ausdrücklich in das Hilfsgutachten überleiten, entweder durch eine entsprechende Überschrift *Hilfsgutachten* oder einen entsprechenden Überleitungssatz („Die weitere Prüfung erfolgt daher hilfsgutachtlich."). Sodann können Sie mit Ihrer Prüfung unbeirrt fortfahren. Wichtig ist, dass Sie im die Klausur beendenden Ergebnissatz nicht aus den Augen verlieren, dass Sie „im Hilfsgutachten" sind. Ist ein Antrag unzulässig, ergab die hilfsgutachterliche Prüfung aber, dass er „an sich" begründet wäre, so dürfen Sie nicht versehentlich die Erfolgsaussichten der Klage bejahen.

Zwei klassische Problembereiche betreffen einerseits das Verhältnis von Zulässigkeits- und Begründetheitsprüfung und andererseits die Prüfung mehrerer Grundrechte.

- Erkennt der Bearbeiter im Verlauf der Zulässigkeitsprüfung, dass eine bestimmte Sachentscheidungsvoraussetzung nicht vorliegt, darf die Klausur keineswegs mit dem Ergebnis der Unzulässigkeit beendet werden. Vielmehr ist hilfsgutachtlich sowohl auf die weiteren Sachentscheidungsvoraussetzungen wie die Begründetheit einzugehen. Demgegenüber ist in der Begründetheitsprüfung eine hilfsgutachtliche Prüfung nur angezeigt, wenn anderenfalls wesentliche Probleme der Klausur nicht bearbeitet werden könnten. Allerdings stellt es keinen Fall eines Hilfsgutachtens dar, wenn ein staatliches Handeln aus verschiedenen Gründen verfassungsrechtlichen Bedenken unterliegt und diesen auch dann vollständig nachgegangen wird, wenn bereits zu Beginn die Verfassungswidrigkeit festgestellt werden kann.

- Letzteres lässt sich namentlich im Grundrechtskontext verdeutlichen: Während die Antragsbefugnis nur die Möglichkeit der Verletzung eines eigenen Grundrechts voraussetzt, ist in der Begründetheit allen ernsthaft in Betracht kommenden Grundrechtsverletzungen nachzugehen. Weder führt hier also die Verneinung der Verletzung eines Grundrechts zur Unbegründetheit (und der Konsequenz eines Hilfsgutachtens) noch kann die Prüfung abgebrochen werden, wenn sie schon beim ersten geprüften Grundrecht eine Verletzung ergibt.

IV. Technische Hinweise für die Anfertigung von Klausuren

1. Allgemeines

Das Gelingen der Klausur hängt eng mit der konzentrierten Vorbereitung zusammen. Lesen Sie deshalb, wie bereits dargelegt, zuerst die Fallfrage und den Bearbeitervermerk, sodann zweimal den Sachverhalt, und vermerken Sie sich spontane Ideen am Rand. Ausgehend von der Aufgabenstellung gliedern Sie sodann die Lösung mittels des Gesetzes, Ihres erlernten Wissens und der bekannten Schemata. Nach Fertigstellen der Gliederung gehen Sie diese noch einmal kritisch durch, achten auf Schwerpunktsetzung und beginnen (erst) dann mit der Reinschrift. Auf diese Weise ist sichergestellt, dass der eigene Lösungsvorschlag eine jedenfalls grundsätzlich durchdachte und nachvollziehbare Struktur aufweist. Ein sklavisches Festhalten an der Gliederung ist aber natürlich nicht geboten. Vielmehr ist es normal, wenn sich manche Gedanken, insbesondere Abwägungen im Rahmen der Verhältnismäßigkeit, erst beim Schreiben entwickeln.

2. Zeiteinteilung

Allgemeine Aussagen über die zeitliche Einteilung sind schwer zu treffen. Es gibt Klausuren, deren Schwierigkeit vor allem in der Fülle der Probleme liegt und die deshalb einen erheblichen Schreibaufwand erfordern. Andere hingegen setzen ihren Schwerpunkt bei wenigen, aber dafür komplexeren Problemen (auch Aufbauproblemen), so dass hier die Vorüberlegungen und die Gliederung mehr Zeit beanspruchen als die Reinschrift. Faustformelartig lässt sich sagen: bei fünfstündigen Klausuren sollten Sie nach ca. zwei Stunden mit der Reinschrift beginnen, bei zweistündigen Klausuren nach ca. 40 Minuten. Ferner sollte nicht zu viel Zeit auf die Zulässigkeitsprüfung ver(sch)wendet werden. Hier sind meist allenfalls einige wenige Standardprobleme abzuhandeln und entsprechend auch nur wenige Punkte zu erreichen; der eindeutige Schwerpunkt der Klausuren liegt in aller Regel in der Begründetheit.

3. Äußere Form

Ein leidiges Problem ist das Thema äußere Form. Hier gelten zwei schlichte Wahrheiten. Erstens ist jede Klausur eine Bewerbung um 18 Punkte. Dass zu einer sehr guten Klausur auch eine sehr gute äußere Form gehört, versteht sich von selbst. Zweitens empfiehlt sich eine ordentliche, insbesondere gut lesbare Darstellung aus praktischen Gründen: Die Korrektoren müssen meist eine Vielzahl von Klausuren in relativ kurzer Zeit bearbeiten, und es ist verständlicherweise ausgesprochen ärgerlich, wenn ein Großteil der Zeit für das Entziffern unleserlicher und insgesamt schlampig erscheinender Arbeiten benötigt wird. Auch im Eigeninteresse sollten Sie es daher dem Korrektor so einfach wie möglich machen, Ihre Klausur mit einem Minimum an Zeitaufwand zu lesen. Dazu sind nicht nur inhaltlich ein möglichst stichhaltiger Aufbau (Obersätze, gelegentliche Zwischenergebnisse) und klar formulierte (normative) Argumente geeignet, sondern auch ein optisch guter Eindruck. Schon angesichts des bestehenden Zeitdrucks ist natürlich keine „Schönschrift" erforderlich. Das mindeste was Sie aber – ungeachtet Ihrer Bereitschaft, an der Lesbarkeit Ihrer Schrift im Rahmen der Übungsklausuren etwas zu feilen – tun können, ist: Schreiben Sie alle Wörter ganz aus, schreiben Sie möglichst groß, bilden Sie Absätze, vor denen Sie eine Zeile frei lassen und verwenden Sie nicht zu wenige Überschriften, vor denen ebenfalls (mindestens) eine Zeile frei gelassen wird.

4. Sprachstil

Die Beherrschung des Gutachtenstils ist eine gerade in Anfängerklausuren unmittelbar bewertungsrelevante Anforderung. Deshalb sollten Sie sich bewusst bemühen, dessen Anforderungen zu erlernen. Es ist sinnvoll, vorhandene Musterlösungen einmal nur aus diesem spezifischen Blickwinkel heraus zu analysieren und sich zu fragen, wie man an dieser Stelle selbst formuliert hätte. Im Übrigen gehen aber die sprachlichen Anforderungen über die korrekte Beherrschung des Gutachtenstils hinaus. Es ist eine Binsenweisheit, dass gut formulierte Texte einen besseren Eindruck hinterlassen (und damit eine bessere Bewertung erhalten) als holprig formulierte – selbst, wenn der sachliche Gehalt vergleichbar ist. Natürlich haben Sie in der Regel weder die Zeit dafür noch ist

IV. Technische Hinweise für die Anfertigung von Klausuren

es der Zweck einer Klausur, ihr den letzten sprachlichen Schliff zu geben. Sie sollten aber routiniert, flüssig und eingängig formulieren können.

Generell gilt: Schreiben Sie knapp, nicht ausschweifend. Hinter ausschweifend formulierten Argumenten stecken oft auch unklare Gedanken. Präzisieren Sie diese, so können Sie sie anschließend auch prägnant und gut niederschreiben. Bestandteil eines klaren Sprach- und Formulierungsstils ist insbesondere auch terminologische Präzision. Verwenden Sie die Begriffe, die die Verfassung oder das Gesetz gebrauchen. Daneben sollten die terminologischen Usancen der Rechtsprechung und Wissenschaft beachtet werden – achten Sie beim Lernen darauf. Ihnen unbekannte Fremdwörter sollten Sie nachschlagen.

Wie überall, so gilt auch hier: Talent ist hilfreich, kein Talent keine Ausrede. Gutes Formulieren kann man üben. Sensibilisieren Sie sich. Lesen Sie aufmerksam fremde Texte (Verfassungsgerichtsentscheidungen, Aufsätze, Lehrbücher etc) und achten Sie auf dortige Formulierungen. Notieren Sie sich gegebenenfalls auch besonders gelungene. Legen Sie sich Standardformulierungen für Standardprobleme zurecht. Und: Mit jeder Übungsklausur gewinnen Sie an Erfahrung. Wenn Sie Ihre Klausuren nachbereiten, dann lesen Sie sie auch unter dem Aspekt der sprachlichen Gestaltung: Verwenden Sie bestimmte unglückliche Formulierungen immer wieder? Wo hätten Sie alternative Wendungen einsetzen können? Auch unter sprachästhetischen Gesichtspunkten bestehen zudem Bedenken gegen die Präsentation von „Meinungsstreitigkeiten" nach dem Muster: „Es wird vertreten, dass ...", „Hiergegen wird eingewandt, dass ...", „Richtig ist aber ...". Schlimmer noch: „Die herrschende Meinung besagt, dass ...", „Eine Mindermeinung ...". Gerade im Blick auf die bereits erwähnte Bedeutung der sachorientierten Darstellung empfiehlt es sich, wenn Sie die jeweiligen Sachargumente, die den verschiedenen Auffassungen zugrunde liegen, aufgreifen, diese – soweit Sie sie nicht teilen – konjunktivisch (als immerhin denkbar) einführen und indikativisch widerlegen. Auf diese Weise führen Sie den Leser „zwanglos" zur „richtigen" Auffassung.

Kapitel 3: Übungsfälle

Fall 1: Krankenhausförderung

Schwerpunkte: Kompetenzkontrollverfahren, Gesetzgebungskompetenz.

Sachverhalt

▶ Nach dem (Bundes-)Krankenhausfinanzierungsgesetz sind die Bundesländer zur Gewährleistung einer bedarfsgerechten Versorgung mit leistungsfähigen, eigenverantwortlich wirtschaftenden Krankenhäusern verpflichtet, sog. Krankenhauspläne und Investitionsprogramme aufzustellen. Die Aufnahme eines Krankenhauses in diese Krankenhausplanung eines Landes ist Voraussetzung der finanziellen Förderung. Die X-Fraktion will diese Förderung ergänzend umgestalten. Sie bringt zu diesem Zweck einen Entwurf für ein neues „Gesetz zur Förderung der Vielfalt im Krankenhaussektor" (KHVFöG) in den Bundestag ein. Diesem zufolge können Krankenhäuser, die nicht in die Krankenhausplanung der Länder aufgenommen wurden, spezielle Förderungen aus Bundesmitteln erhalten.
Der Bundestag beschließt das Gesetz mit den Stimmen der die Regierung tragenden Koalitionsfraktionen und leitet es sodann dem Bundesrat zu, der einstimmig zustimmt. Nach Ausfertigung durch den Bundespräsidenten wird das Gesetz im Bundesgesetzblatt verkündet.
Im Landtag des Landes L hält eine Mehrheit der Abgeordneten das neue Gesetz für verfassungswidrig. Dem Bund fehle die Gesetzgebungskompetenz. Föderalismus bedeute auch und insbesondere eine „Einheit in Vielheit", ermögliche und verlange also differenzierte gesetzliche Lösungen und einen regulatorischen Wettbewerb. Eine „Einmischung" des Bundes in die den Ländern zugewiesene Krankenhausplanung sei unzulässig, zumindest aber nicht erforderlich. Der Bund sei daher nicht zuständig. Im Übrigen verbiete es ihm der Grundsatz der Bundestreue, durch eigene Regelungen bewussten Entscheidungen der Länder entgegenzuwirken.
Der Landtag beschließt mit der erforderlichen Mehrheit, das Bundesverfassungsgericht anzurufen, damit dieses das Gesetz für verfassungswidrig erklärt.
Hat das Begehren des Landtags Erfolg? ◀

Vorüberlegung:

Anmerkung: Die folgenden Vorüberlegungen sind in der Klausur nicht zu Papier zu bringen. Sie dennoch anzustellen, ist insbesondere im Verfassungsprozess von besonderer Wichtigkeit. Da das Verfassungsprozessrecht – anders das Verwaltungsprozessrecht mit § 40 Abs. 1 VwGO – keine Generalklausel, sondern lediglich eine enumerative Aufzählung der Zuständigkeiten in Art. 93 Abs. 1 GG kennt, traditionellerweise aber der erste Prüfungspunkt in der Klausur die Zuständigkeit des Bundesverfassungsgerichts ist, kann nur dann das richtige Verfahren aus dem Katalog des Art. 93 Abs. 1 GG genannt werden, wenn man sich *zuvor* genau überlegt hat, wodurch das konkrete Verfahren gekennzeichnet ist: Welchen Gegenstand hat es? Wer möchte den Gegenstand vor Gericht rechtshängig machen?

Fall 1: Krankenhausförderung

A. Fallfrage und Aufbau der Klausur

Die Frage nach dem Erfolg des Begehrens beinhaltet zwei Aufgabenteile: Der erste bezieht sich auf die **verfassungsprozessualen** Anforderungen; der zweite auf die **formell-** und (grundsätzlich) *materiellrechtliche Verfassungsmäßigkeit* der gesetzlichen Neuregelung. In der Klausur ist in derartigen Konstellationen ein einheitliches Gutachten zu erstellen, in dem zunächst die Zulässigkeit und sodann die Begründetheit eines Verfahrens vor dem Bundesverfassungsgericht geprüft werden.

B. Mögliche Verfahrensarten

Die Zulässigkeitsprüfung setzt, weil jeweils unterschiedliche Anforderungen zu beachten sind, voraus, vorab die statthafte Verfahrensart zu klären. Dabei sind zwei Fragen zu stellen:

Zunächst ist der **Verfahrensgegenstand** zu ermitteln: *Was* soll in dem angestrengten Verfahren auf seine Verfassungsmäßigkeit hin überprüft werden? Sodann ist der **Antragsteller** von Interesse: *Von wem* wird das Verfahren angestrengt? – hier geht es also bereits um die (später noch separat darzustellende) *Parteifähigkeit*. Ausschlaggebend ist in beiden Fällen das Rechtsschutzinteresse desjenigen, der das Verfahren anstrengt: Wogegen wendet er sich? In welchem Verfahren könnte gerade er das entsprechende Ziel erreichen?

Vorliegend soll Gegenstand eines Verfahrens das neue vom Bundestag beschlossene Ausbildungsgesetz, mithin ein **formelles Gesetz** sein. Demgemäß sind zunächst die Verfahren zu ermitteln, mittels derer die Verfassungsmäßigkeit von Gesetzen überprüft werden kann. Hierfür ist der Katalog des Art. 93 Abs. 1 GG durchzusehen. In einem zweiten Schritt ist dann zu fragen, welches dieser möglicherweise einschlägigen Verfahren gerade von dem konkreten Antragsteller, also hier dem Landtag, zulässigerweise betrieben werden kann.

Grundsätzlich kommen für die direkte (nicht bloß inzidente) Überprüfung der Verfassungskonformität eines Gesetzes die Verfahren der konkreten (Art. 100 Abs. 1 GG) und – in zwei Spielarten – der abstrakten Normenkontrolle (Art. 93 Abs. 1 Nr. 2 und Nr. 2a GG) in Betracht. Ein formelles Bundesgesetz kann grundsätzlich zudem im Rahmen einer Verfassungsbeschwerde, im Rahmen eines Organstreitverfahrens sowie im Rahmen eines Bund-Länder-Streits (etwa, weil die unzureichende Länderbeteiligung im Gesetzgebungsverfahren gerügt wird) angegriffen werden. Allerdings richtet sich das Organstreitverfahren nicht gegen das Gesetz als solches, sondern gegen den *Gesetzesbeschluss* (Art. 77 Abs. 1 S. 1 GG) als Maßnahme des obersten Bundesorgans Bundestag, und ähnlich ist auch beim Bund-Länder-Streit nicht das Gesetz, sondern der *Erlass* des Gesetzes die angegriffene Maßnahme und damit Gegenstand des Verfahrens.

Welches dieser Verfahren vorliegend – ungeachtet weiterer Zulässigkeitsvoraussetzungen – in Betracht kommt, klärt sich durch die Beantwortung der Frage, in welchem Verfahren der Landtag als Antragsteller auftreten kann:

- Die konkrete Normenkontrolle, die eine Vorlage durch ein Gericht voraussetzt, scheidet ebenso aus wie ein Organstreitverfahren, da der Landtag weder ein oberstes Bundesorgan noch ein Teil eines solchen ist und somit nicht zu den durch Art. 93 Abs. 1 Nr. 1 GG genannten möglichen Antragstellern gehört.

- Auch ein Bund-Länder-Streit kommt nicht in Betracht, denn hier ist zur Antragstellung gemäß § 68 BVerfGG für das Land nicht das Landesparlament, sondern nur die Landesregierung ermächtigt. Diese hat hier aber offensichtlich keine Bedenken.
- Entsprechendes gilt für eine abstrakte Normenkontrolle gemäß Art. 93 Abs. 1 Nr. 2 GG; auch hier zählt nur die Landesregierung, nicht dagegen das Landesparlament zum Kreis der Antragsberechtigten.

Damit bleibt einzig das Verfahren gemäß Art. 93 Abs. 1 Nr. 2a GG. Hier werden auch die Volksvertretungen der Länder als Antragsteller genannt. Inhaltlich ist die Überprüfung des Gesetzes allerdings auf die Frage begrenzt, ob das Gesetz den Voraussetzungen des Art. 72 Abs. 2 GG entspricht.

Vorliegend hält die Volksvertretung des Landes L das Gesetz für verfassungswidrig. Sie stützt diese Überzeugung vorwiegend auf die (fehlende) Erforderlichkeit einer bundeseinheitlichen Regelung iSv Art. 72 Abs. 2 GG. Damit ist das Verfahren nach Art. 93 Abs. 1 Nr. 2a GG – das sog. Kompetenzkontrollverfahren – als Spezialfall der allgemeinen abstrakten Normenkontrolle nach Art. 93 Abs. 1 Nr. 2 GG statthaft. Es entspricht dem Rechtsschutzbegehren des Landtags, der überdies zum Kreis der potenziellen Antragsteller zählt. Dass (zusätzlich) auf die materielle Verfassungswidrigkeit (wegen Verstoßes gegen den Grundsatz der Bundestreue) verwiesen wird, ändert an dieser Einordnung nichts: Im Verfahren nach Art. 93 Abs. 1 Nr. 2a GG werden entsprechende Rügen gerade nicht überprüft; insoweit besteht also eine – bewusste – Regelungslücke.

Insgesamt ist somit davon auszugehen, dass der Landtag ein Kompetenzkontrollverfahren anstrengen möchte.

Anmerkung: Der Vollständigkeit halber sei noch auf das durch die Föderalismusreform 2006 erstmals eingeführte Verfahren nach Art. 93 Abs. 2 GG hingewiesen, wonach durch das Bundesverfassungsgericht geklärt werden kann, „ob im Falle des Artikels 72 Abs. 4 die Erforderlichkeit für eine bundesgesetzliche Regelung nach Artikel 72 Abs. 2 *nicht mehr besteht* oder Bundesrecht in den Fällen des Artikels 125a Abs. 2 Satz 1 *nicht mehr erlassen* werden könnte" (sog. Kompetenzfreigabeverfahren). Die Vorschrift wirft zahlreiche Probleme auf. Das Verfahren hat bislang aber keine praktische Relevanz und kann daher für die Klausurvorbereitung vernachlässigt werden.[1]

Als Zwischenergebnis kann festgehalten werden, dass der Landtag eine **abstrakte Normenkontrolle** gem. Art. 93 Abs. 1 Nr. **2a** GG iVm §§ 13 Nr. 6a, 76 ff. BVerfGG durchführen möchte.

Anmerkung: Erst an dieser Stelle beginnt das eigentliche Gutachten.

---

1 Vgl. hierzu *Schlaich/Korioth*, Das Bundesverfassungsgericht, 11. Aufl. 2018, Rn. 132a (als Prüfungsschema Rn. 132f ff.).

Fall 1: Krankenhausförderung

Lösungsvorschlag:
Das Begehren des Landtags hat Erfolg, wenn es zulässig und begründet ist.

A. Zulässigkeit

I. Zuständigkeit des Bundesverfassungsgerichts

Im Rahmen der Zuständigkeit ist es unüblich, mehr als diesen einen Satz zu schreiben. Eine ausführliche Erörterung findet hier typischerweise nicht statt (was die Relevanz der obigen Vorüberlegung nochmals verdeutlicht).	Die Zuständigkeit des Bundesverfassungsgerichts für das Verfahren der abstrakten Normenkontrolle ergibt sich aus Art. 93 Abs. 1 Nr. 2a GG iVm §§ 13 Nr. 6a, 76 ff. BVerfGG.

II. Antragsberechtigung

Da die Normenkontrolle kein kontradiktorisches, sondern ein objektives Verfahren ist, sollte der Begriff der *Parteifähigkeit* vermieden werden. Ebenso zu vermeiden ist der Terminus *Antragsbefugnis*, der üblicherweise die Befugnis zur Geltendmachung eigener Rechte bezeichnet.

Zu dem Kreis der Antragsberechtigten zählen gem. Art. 93 Abs. 1 Nr. 2a GG der Bundesrat, eine Landesregierung sowie die Volksvertretung eines Landes. Demnach ist der Landtag L antragsberechtigt.

III. Antragsgegenstand

Verbreitet und ebenso geeignet ist die Bezeichnung *Prüfungsgegenstand*.

Bei der abstrakten Normenkontrolle nach Art. 93 Abs. 1 **Nr. 2** GG ist Antrags- und damit Prüfungsgegenstand Bundesrecht oder Landesrecht. Dies umfasst alle bestehenden Rechtssätze, also sowohl formelle wie materielle Gesetze. Bei der konkreten Normenkontrolle nach Art. 100 Abs. 1 GG hingegen können ausschließlich formelle Gesetze zum Gegenstand gemacht werden, da das Verfahren dem Schutz des parlamentarischen Gesetzgebers dient.

Antrags- und damit Prüfungsgegenstand ist gemäß Art. 93 Abs. 1 Nr. 2a GG ein Gesetz. Da in der Sache die Einhaltung der Voraussetzungen des Art. 72 Abs. 2 GG überprüft wird, kann ein Gesetz in diesem Sinne nur ein **Bundesgesetz im formellen Sinn** sein; nur für diese gilt die Vorschrift des Art. 72 Abs. 2 GG. (Bundes-)Gesetze im formellen Sinn sind solche, die nach dem hierfür vorgesehenen Verfahren durch den parlamentarischen (Bundes-)Gesetzgeber beschlossen wurden.

Das KHVFöG ist vom Bundestag verabschiedet worden und stellt daher ein im Rahmen der abstrakten Normenkontrolle nach Art. 93 Abs. 1 Nr. 2a GG überprüfbares Gesetz dar. Ein tauglicher Antragsgegenstand liegt somit vor.

IV. Antragsgrund

Der Landtag muss einen Antragsgrund geltend machen. Die Anforderungen an diesen sind umstritten. Art. 93 Abs. 1 Nr. 2a GG verlangt, dass „Meinungsverschiedenheiten" darüber bestehen müssen, ob das Gesetz den Anforderungen des Art. 72 Abs. 2 GG entspricht.[2] Demgegenüber verlangt § 76 Abs. 2 Hs. 1 BVerfGG, der Antragsteller müsse das fragliche Gesetz „für nichtig" halten. Einem natürlichen Wortverständnis zufolge wird man dies als Überzeugung von der Verfassungswidrigkeit der Norm verstehen, was offenbar eine schärfere Anforderung als Meinungsverschiedenheiten benennt. Demnach weicht die einfachrechtliche Vorschrift von der verfassungsrechtlichen Anforderung ab. Hier sind unterschiedliche Möglichkeiten denkbar, mit dieser Textdivergenz umzugehen. Es könnte sich einerseits bei § 76 Abs. 2 Hs. 1 BVerfGG um eine zulässige Konkretisierung nach Art. 94 Abs. 2 S. 1 GG handeln, andererseits um eine unzulässige Verengung, die die Verfassungswidrigkeit der Norm zur Folge hätte. Denkbar wäre schließlich auch eine verfassungskonforme Interpretation der Norm, die das Für-nichtig-Halten im Lichte der offeneren Formulierung der Meinungsverschiedenheiten liest. Während nach der ersten Deutungsvariante ein Für-nichtig-Halten erforderlich ist, würden nach der zweiten und dritten Variante bloße Meinungsverschiedenheiten genügen.

> Meinungsstreitigkeiten müssen in Klausuren nicht entschieden werden, wenn sie keine Auswirkung auf die Lösung haben – dass dem so ist, muss allerdings dargelegt werden. Dazu sind zumindest knapp die Folgen einer Entscheidung des Streits zu skizzieren.

Eine Entscheidung hinsichtlich dieser dreifachen Deutungsmöglichkeit kann jedoch dahinstehen, wenn der Antragsgrund nach allen denkbaren Varianten anzunehmen ist. Vorliegend lässt der Vortrag des Antragstellers L nicht lediglich Zweifel an der Verfassungskonformität des Gesetzes erkennen. Vielmehr hält eine Mehrheit im Landtag das Gesetz für verfassungswidrig, ist also von dessen Nichtigkeit überzeugt. Demnach ist sogar die strengere Voraussetzung des § 76 Abs. 2 Hs. 1 BVerfGG erfüllt; erst recht liegen Meinungsverschiedenheiten iSd Art. 93 Abs. 1 Nr. 2a GG vor. Der Streit kann mithin vorliegend offen bleiben. Ein Antragsgrund ist gegeben.

---

2 Einigkeit herrscht darin, dass wegen des Verfassungswortlauts im Rahmen des Art. 93 Abs. 1 Nr. 2a GG im Unterschied zu Art. 93 Abs. 1 Nr. 2 GG keine bloßen Zweifel genügen (s. *Voßkuhle*, in: v. Mangoldt/Klein/Starck, 7. Aufl. 2018,. GG Art. 93 Rn. 130). Sofern man die einfachgesetzliche Konkretisierung nicht für verfassungskonform hält, stellt sich die Frage, worin zum einen der Unterschied zwischen Zweifeln, Meinungsverschiedenheiten oder Überzeugungen liegt. Insbesondere wäre zu klären, ab wann Meinungsverschiedenheiten anzunehmen sind, auf wen es hierbei ankommt und ob, sollte einmal Einigkeit von der Verfassungswidrigkeit der Norm herrschen, dann eine Normenkontrolle nicht zulässig sein sollte. Soweit ersichtlich äußert sich hierzu die Literatur aber nicht. Klausurrelevanz kommt der Frage nicht zu.

Fall 1: Krankenhausförderung

V. Objektives Klarstellungsinteresse

Das abstrakte Normenkontrollverfahren ist als objektives Kontrollverfahren ausgestaltet, so dass eine Beeinträchtigung des Antragstellers in seinen Rechten nicht erforderlich ist. Der Antragsteller muss aber ein Interesse an der Klarstellung haben, ob das Gesetz gültig ist oder nicht. Nach der Rechtsprechung des Bundesverfassungsgerichts wird dieses durch das Für-nichtig-Halten der Norm indiziert.[3] Des Weiteren hat der Antragsteller aufgrund des für (nachkonstitutionelle) Parlamentsgesetze bestehenden Verwerfungsmonopols des Bundesverfassungsgerichts keine andere Möglichkeit, gegen die Norm vorzugehen, als sie bei diesem Gericht zur Prüfung zu stellen. Der Landtag hat daher ein hinreichendes Klarstellungsinteresse bezüglich der Überprüfung des von ihm für verfassungswidrig gehaltenen Gesetzes.

VI. Form des Antrags

> Enthält der Sachverhalt zu einzelnen Aspekten keine Angaben, so sind diese „Lücken" nach Maßgabe der Lebenserfahrung im Sinne einer unproblematischen Lösungsvariante zu schließen. Daher ist insbesondere bei Form- und Fristanforderungen von deren Beachtung auszugehen, sofern sich dem Sachverhalt nichts Entgegenstehendes entnehmen lässt. Hier ist indes auf genaue Lektüre zu achten: Wenn der Rechtsbehelf noch nicht eingelegt wurde, ist auf die Möglichkeit, diese formalen Vorgaben einzuhalten, hinzuweisen.

Gemäß § 23 Abs. 1 BVerfGG ist der Antrag schriftlich zu stellen und zu begründen. Von der Beachtung dieser Voraussetzungen ist mangels gegenteiliger Anhaltspunkte im Sachverhalt auszugehen.

VII. Frist für die Einlegung

Eine Frist für die Antragstellung im Rahmen der abstrakten Normenkontrolle ist nicht vorgesehen.

VIII. Ergebnis zur Zulässigkeit

Der Normenkontrollantrag ist zulässig.

---

3 BVerfGE 52, 63 (80) – Parteispenden; 103, 111 (124) – Wahlprüfung Hessen; 108, 169 (178) – Telekommunikationsgesetz.

3 ÜbungsFälle

Ehe die eigentliche Sachprüfung beginnt, ist zunächst der gerichtliche Prüfungsmaßstab im Verfahren nach Art. 93 Abs. 1 Nr. 2a GG festzustellen. Er gibt der weiteren Prüfung den Rahmen vor. So sehr damit das weitere Vorgehen vorstrukturiert wird, so sehr gilt hier wie stets aber auch: Der gewählte Aufbau soll aus sich selbst heraus verständlich sein, also keiner weiter gehenden Erläuterung bedürfen. Dementsprechend sollten das eigene Verfahren kommentierende und erklärende Formulierungen wie „Die Prüfung setzt voraus, dass zunächst der Prüfungsmaßstab herausgearbeitet wird" vermieden werden.

Wegen dieser Einschränkung, die sich unmittelbar auf die Klausur auswirkt, ist jeweils genau zu prüfen, ob der Antragsteller tatsächlich nur einen Antrag nach Art. 93 Abs. 1 Nr. 2a GG stellen wollte oder ob er nicht (nach entsprechender Auslegung) einen Antrag nach Art. 93 Abs. 1 Nr. 2 GG gestellt hat (denn im Rahmen einer herkömmlichen Normenkontrolle werden die Voraussetzungen des Art. 72 Abs. 2 GG ebenfalls geprüft). Eine solche Auslegung scheidet jedoch jedenfalls aus, wenn – wie hier – der Antragsteller nur im Verfahren nach Art. 93 Abs. 1 Nr. 2a GG antragsberechtigt ist. Soweit sich die Fallfrage nur auf die Erfolgsaussichten des konkreten Verfahrens bezieht, ist hier auch kein Raum für hilfsgutachtliche Erwägungen.

Zu Beginn der Begründetheitsprüfung (ggf. nach Festlegung des Prüfungsumfangs) ist die Formulierung eines Obersatzes besonders wichtig. Er ist so zu formulieren, dass er einerseits auf die Fallfrage antwortet und andererseits das Prüfprogramm der Klausur vorgibt. Das bedeutet, dass er fallbezogen

B. Begründetheit

I. Prüfungsumfang des Verfahrens nach Art. 93 Abs. 1 Nr. 2a GG

Ausweislich des Wortlauts der Norm wird in diesem Verfahren lediglich überprüft, ob das gegenständliche Gesetz den Voraussetzungen des Artikels 72 Abs. 2 GG entspricht.

Demnach wird das Gesetz weder in materieller Hinsicht noch mit Blick auf die Beachtung der Verfahrens- oder Formvorschriften geprüft. Notwendiger Teil der Überprüfung der Voraussetzungen des Art. 72 Abs. 2 GG ist es aber, zu prüfen, ob das streitgegenständliche Gesetz überhaupt eine Materie der konkurrierenden Gesetzgebung betrifft.

II. Formelle Verfassungsmäßigkeit

Der Antrag ist begründet, wenn das neue Gesetz formell verfassungswidrig ist, weil dem Bund die Gesetzgebungskompetenz für das KHVFöG nicht zusteht oder die Voraussetzungen des Art. 72 Abs. 2 GG nicht vorliegen.

Fall 1: Krankenhausförderung

bereits die wesentlichen Prüfungsschritte und die dafür einschlägigen Normen und Fachbegriffe enthalten muss. Hierdurch wird die gesamte weitere Klausur strukturiert und ein Überblick über die bevorstehenden Ausführungen verschafft.

In Klausuren bietet es sich häufig an, sich zur Einleitung oder zur Bildung von Obersätzen an den Formulierungen der einschlägigen Normen zu orientieren.

Verschaffen Sie sich durch gründliche Lektüre des Katalogs in Art. 73 GG einen Überblick, damit im „Ernstfall" die Suche nach der passenden Kompetenz nicht zu viel Zeit in Anspruch nimmt. Schon klausurtaktisch ist aber im Rahmen einer auf Art. 72 Abs. 2 GG ausgerichteten Normenkontrolle kaum von einer ausschließlichen Gesetzgebungskompetenz des Bundes auszugehen. Denn weil sich die Norm nur auf die konkurrierende Gesetzgebung bezieht, wäre anderenfalls die Prüfung schon auf dieser Stufe beendet.

1. Gesetzgebungskompetenz des Bundes

Fraglich ist daher zunächst, ob der Bund zum Erlass des Gesetzes befugt ist.

a) Ausgangspunkt: Prinzipielle Zuständigkeit der Länder

Nach Art. 30 GG ist die Ausübung der staatlichen Befugnisse und die Erfüllung der staatlichen Aufgaben grundsätzlich primär den Ländern zugewiesen. Art. 70 Abs. 1 GG bestätigt und konkretisiert diese allgemeine Zuständigkeitsregel für den Bereich der Gesetzgebungsbefugnis. Diese liegt demnach grundsätzlich bei den Ländern. Dem Bund stehen Gesetzgebungsbefugnisse nur zu, soweit das Grundgesetz sie ihm verleiht, Art. 70 Abs. 1 aE GG. Zu unterscheiden ist dabei zwischen ausschließlicher und konkurrierender Gesetzgebung (Art. 70 Abs. 2 GG).

b) Ausschließliche Gesetzgebungskompetenz

Vorliegend ist eine ausschließliche Gesetzgebungskompetenz des Bundes gemäß Art. 71, 73 GG nicht ersichtlich.

c) Konkurrierende Gesetzgebungskompetenz

In Betracht kommt daher nur eine konkurrierende Gesetzgebungskompetenz nach Art. 72, 74 GG. In diesem Bereich haben die Länder die Befugnis zur Gesetzgebung, solange und soweit der Bund von seiner Gesetzgebungszuständigkeit nicht durch Ge-

Die Erforderlichkeit war bislang in den Fällen der konkurrierenden Gesetzgebung stets zu prüfen. Durch die Föderalismusreform im Jahr 2006 ist der Anwendungsbereich des Erforderlichkeitskriteriums jedoch eingeschränkt worden; er erfasst jetzt nur noch die in Art. 72 Abs. 2 GG explizit aufgeführten Materien. Notieren Sie sich (soweit das in den für Sie gültigen Prüfungsordnungen zugelassen ist) Art. 72 Abs. 2 GG an die jeweiligen Titel in Art. 74 Abs. 1 GG, damit Sie die Erforderlichkeitsklausel nicht übersehen.

setz Gebrauch gemacht hat (Art. 72 Abs. 1 GG). Der Bundesgesetzgeber kann also im Grundsatz jederzeit auf die im einschlägigen Katalog des Art. 74 GG geregelten Materien zugreifen.

Für die Begründung einer konkurrierenden Gesetzgebungskompetenz des Bundes muss demnach der Regelungsinhalt des Gesetzes ein Sachgebiet betreffen, das vom Grundgesetz ausdrücklich für die konkurrierende Gesetzgebung vorgesehen ist. In bestimmten Fällen muss darüber hinaus eine Regelung durch Bundesgesetz *erforderlich* sein (Art. 72 Abs. 2 GG).

aa) Einschlägiger Kompetenztitel

Fraglich ist demnach, ob sich im Katalog des Art. 74 GG eine passende Materie findet.

Das neue Gesetz enthält Bestimmungen zur finanziellen Förderung von Krankenhäusern, die nicht in die Krankenhausplanung der Länder aufgenommen wurden. Damit ist der Kompetenztitel des Art. 74 Abs. 1 Nr. 19a GG: **Krankenhausfinanzierung** einschlägig. Der Bund kann das KHVFöG auf den Kompetenztitel des Art. 74 Abs. 1 Nr. 19a GG stützen.

bb) Erforderlichkeit einer bundeseinheitlichen Regelung (Art. 72 Abs. 2 GG)

Mit dem Auffinden eines Kompetenztitels ist die Prüfung der Gesetzgebungskompetenz also nicht stets beendet. Es ist zu differenzieren zwischen solchen Kompetenztiteln, bei denen bereits die Erwähnung in Art. 74 GG genügt, um eine Bundeskompetenz zu begründen – der Verfassunggeber bejaht gewissermaßen die Erforderlichkeit einer einheitlichen Regelung abstrakt[4] –, und solchen, bei denen zusätzlich nach der Erforderlichkeit einer bundeseinheitlichen Regelung zu fragen ist.

Da Art. 74 Abs. 1 Nr. 19a GG in Art. 72 Abs. 2 GG explizit genannt wird, ist weiter zu prüfen, ob und inwieweit erstens die Herstellung gleichwertiger Lebensverhältnisse im Bundesgebiet oder zweitens die Wahrung der Rechts- oder drittens der Wirtschaftseinheit im gesamtstaatlichen Interesse eine bundesgesetzliche Regelung erforderlich macht.

---

4 BT-Drucksache 16/813, S. 7.

Fall 1: Krankenhausförderung

(1) Auslegungsmaßstab

Die Erforderlichkeit einer bundeseinheitlichen Regelung unterliegt verfassungsrechtlicher Kontrolle. Diese Zielsetzung lag der Änderung des Verfassungswortlauts zugrunde, der zuvor nur von einem (nach der Rechtsprechung des Bundesverfassungsgerichts nur beschränkt überprüfbaren) „Bedürfnis" gesprochen hatte. Es ergibt sich im Übrigen in aller Deutlichkeit aus dem speziell auf diese Frage ausgerichteten Art. 93 Abs. 1 Nr. 2a GG.

> Die Prüfung der Varianten des Art. 72 Abs. 2 GG sollte in der Klausur aus taktischen Gründen mit der-/denjenigen beginnen, die nach Auffassung des Bearbeiters einer Kompetenz des Bundes ggf. entgegensteht/entgegenstehen.

Der Verfassunggeber wollte mit der Verschärfung des Art. 72 Abs. 2 GG und der Einführung eines gesonderten Normenkontrollverfahrens die Eigenständigkeit der Länder fördern. Um diesem Ansinnen angemessen Rechnung zu tragen und ihm mithilfe des Verfassungsgerichts zur Durchsetzung zu verhelfen, ist (nunmehr) eine strikte Erforderlichkeitsprüfung vorzunehmen.[5]

(2) Wahrung der Wirtschaftseinheit im gesamtstaatlichen Interesse

Die Regelung könnte zur Wahrung der Wirtschaftseinheit erforderlich sein. Das ist anzunehmen, wenn es um die Erhaltung der Funktionsfähigkeit des Wirtschaftsraums der Bundesrepublik durch bundeseinheitliche Rechtsetzung geht. Bundesgesetze können auf dieser Basis zulässigerweise beschlossen werden, wenn Landesregelungen oder das Untätigbleiben der Länder erhebliche Nachteile für die deutsche Gesamtwirtschaft mit sich brächten.[6] Derartige Nachteile sind hier jedoch nicht ersichtlich; die bloße „Förderung der Vielfalt im Krankenhaussektor" stellt keine Reaktion auf einen derartig gravierenden Missstand dar.

(3) Wahrung der Rechtseinheit im gesamtstaatlichen Interesse

Für die Erforderlichkeit iSd Wahrung der Rechtseinheit genügt eine bestehende Gesetzesvielfalt auf Länderebene grundsätzlich nicht, da divergierende

---

[5] Dies zeigen exemplarisch die Entscheidungen BVerfGE 106, 62 (143 ff.) – zur Altenpflege; BVerfGE 110, 141 (174 ff.) – zur Bekämpfung gefährlicher Hunde und BVerfGE 111, 226 (252) – zur Juniorprofessur. Eine Einschätzungsprärogative des Gesetzgebers ist daher nur noch für die – je nach Fall angezeigte – prognostischen Einschätzungen über künftige Entwicklung der tatsächlichen Verhältnisse zu akzeptieren. Vgl. zum Ganzen *Maurer*, Staatsrecht I, 6. Aufl. 2010, § 17 Rn. 33 ff.

[6] BVerfGE 106, 62 (146 f.) – Altenpflegegesetz.

Rechtslagen zum Wesen des Bundesstaats zählen. Die Rechtseinheit ist daher erst betroffen, wenn durch die unterschiedliche rechtliche Behandlung desselben Lebenssachverhalts erhebliche Rechtsunsicherheiten entstehen und dadurch der länderübergreifende Rechtsverkehr gefährdet wird.[7] Nur in diesem Fall einer regelrechten „Rechtszersplitterung" mit problematischen Folgen ist der Bund zur vereinheitlichenden Gesetzgebung berechtigt. Auch insoweit sind keine entsprechenden Probleme ersichtlich; unter diesem Aspekt kann die Erforderlichkeit mithin ebenfalls nicht bejaht werden.

(4) Herstellung gleichwertiger Lebensverhältnisse

Das Gesetz könnte schließlich zur Herstellung gleichwertiger Lebensverhältnisse erforderlich sein. Das ist vorliegend indes schon deshalb problematisch, weil die Neuregelung gerade auf Vielfalt, also nicht auf eine einheitliche Regelung zielt. Auf Basis der knappen Angaben des Sachverhalts ist auch überaus zweifelhaft, dass eine *konkrete* Gefahr der Auseinanderentwicklung der Lebensverhältnisse besteht. Das gilt zumal, als an die Erforderlichkeit strenge Maßstäbe anzulegen sind. Das Ziel der Herstellung gleichwertiger Lebensverhältnisse rechtfertigt es nicht, jede Unterschiedlichkeit von Regelungen, wie sie im Bundesstaat zwangsläufig ist, durch die Bundesgesetzgebung zu beseitigen.[8] Der Bund ist vielmehr erst zum Eingreifen ermächtigt, „wenn sich die Lebensverhältnisse in den Ländern der Bundesrepublik Deutschland in erheblicher, das bundesstaatliche Sozialgefüge beeinträchtigender Weise auseinander entwickelt haben oder sich eine derartige Entwicklung konkret abzeichnet".[9]

Eine solche durchaus dramatische Entwicklung erscheint hier mehr als zweifelhaft. Es ist nicht erkennbar, inwieweit die Krankenhausplanung der Länder das Sozialgefüge in entsprechend erheblicher Weise negativ verändert. Im Gegenteil handelt es sich dabei um eine Möglichkeit, regionalen Be-

---

[7] *Wittreck*, in: Dreier (Hrsg.), GG, 3. Aufl. 2015, Art. 72 Rn. 24; BVerfGE 106, 62 (145) – Altenpflegegesetz.
[8] *Wittreck*, in: Dreier (Hrsg.), GG, 3. Aufl. 2015, Art. 72 Rn. 22.
[9] BVerfGE 106, 62 (144) – Altenpflegegesetz; BVerfGE 140, 65 (80) – öffentliche Fürsorge.

sonderheiten gerecht zu werden und eine einerseits den Versorgungsaufrag sicherstellende, andererseits aber auch ressourcenschonende Krankenhauslandschaft zu gewährleisten. Der föderale Wettbewerb lebt auch insoweit gerade von unterschiedlichen Rechtsregelungen und den hierdurch hervorgerufenen Auswirkungen auf das Sozialgefüge. Auch unter Berufung auf die Herstellung gleichwertiger Lebensverhältnisse ist somit die Erforderlichkeit nicht zu begründen.

Möglicherweise bedarf dieses Ergebnis aber der Korrektur. Denn zwar sind die Anforderungen des Art. 72 Abs. 2 GG nicht eingehalten. Allerdings dienen diese letztlich nur dem Ziel, die Länder vor expansiver Bundesgesetzgebung zu schützen. Hier könnte man jedoch in Frage stellen, dass sie dieses Schutzes überhaupt bedürfen. Die Länder können nämlich ungeachtet des KHVFöG weiterhin über die Krankenhausplanung und die daran anknüpfende Finanzierung selbst entscheiden. Der Bund wird lediglich mit einer ergänzenden, gesondert finanzierten Förderung unterstützend tätig.

Eine derartige Argumentation verkennt indes, dass Art. 72 Abs. 2 GG gerade keinen Raum für zusätzliche Erwägungen lässt, sondern als abschließend zu betrachten ist. Sie fußt zudem auf der Annahme, dass die Interessen von Bund und Ländern prinzipiell gleichlaufend sind, also die Nichtaufnahme bestimmter Krankenhäuser in den Krankenhausplan nur fehlenden Finanzmitteln geschuldet ist. Demgegenüber ist aber daran zu erinnern, dass die Krankenhausplanung auch ein Mittel zur bewussten Gestaltung der Krankenhauslandschaft darstellt; diese Steuerungsleistung wird möglicherweise beeinträchtigt, wenn die Aufnahme in den Krankenhausplan infolge der alternativ zur Verfügung stehenden Bundesförderung an Bedeutung verliert. Letztlich dürfte es aber auf diese eher spekulativen Erwägungen ohnehin nicht ankommen. Es entspricht vielmehr der grundsätzlichen, auf klare Kompetenzabgrenzung ausgerichteten Zielsetzung des Staatsorganisationsrechts, hier die formalen Erfordernisse ernst zu nehmen.

An dieser Stelle ist eine andere Auffassung nur schwer vertretbar. Entscheidend ist in jedem Fall eine klar strukturierte, argumentative Auseinandersetzung mit dem Sachproblem.

Eine zusätzliche Förderung der nicht in die Krankenhausplanung aufgenommenen Krankenhäuser ist daher nicht erforderlich iSd Art. 72 Abs. 2 GG.

2. Zwischenergebnis

Die Erforderlichkeit im Sinne des Art. 72 Abs. 2 GG ist für das neue Gesetz zu verneinen. Dem Bund steht daher für den Erlass des Gesetzes keine Kompetenz zu.

III. Ergebnis zur Begründetheit

Die Normenkontrolle ist somit begründet.

C. Gesamtergebnis

Der Normenkontrollantrag ist zulässig und begründet.

Vertiefungshinweise: *Lechleitner*, Die Erforderlichkeitsklausel des Art. 72 Abs. 2 GG, Jura 2004, S. 746 ff.; *Mückl*, Die abstrakte Normenkontrolle vor dem Bundesverfassungsgericht gemäß Art. 93 I Nr. 2, 2a GG, §§ 13 Nr. 6, 6a, 76 ff. BVerfGG, Jura 2005, S. 463 ff.; *Renck*, Der Charakter des Verfahrens nach Art. 93 I Nr. 2a GG, JuS 2004, S. 770 ff.

Fall 2: Personenbeförderung

Schwerpunkte: Gesetzgebungsverfahren, Art. 80 GG (Rechtsverordnung), Art. 103 Abs. 2 GG (Bestimmtheitsgrundsatz).

Sachverhalt

▶ Nachdem im vergangenen Winter die Deutsche Bahn AG erhebliche Schwierigkeiten hatte, ihren gesetzlichen Verpflichtungen hinsichtlich der Beförderung von Personen und Gütern nachzukommen, möchten zehn Abgeordnete des Deutschen Bundestages die bestehenden gesetzlichen Vorgaben für Busunternehmen, die geschäftsmäßig Personenbeförderung in Konkurrenz zur Bahn betreiben wollen, lockern. Die Abgeordneten erhoffen sich hiervon mehr Wettbewerb im Personenbeförderungsgeschäft und damit auch Anreize für die Bahn, künftig ihre Pflichten zuverlässiger zu erfüllen.

Auf Basis des von diesen Abgeordneten formulierten und in den Bundestag eingebrachten Gesetzesentwurfs wird nach Beratung im zuständigen Ausschuss und nach zweifacher Lesung im Plenum des Bundestages mit großer Mehrheit das neue „Gesetz zur Verbesserung des geschäftsmäßigen Personenbeförderung" (GVP) verabschiedet.

§ 1 GVP gestattet jeder Person, die über ein verkehrssicheres Beförderungsfahrzeug verfügt, mit diesem im gesamten Bundesgebiet geschäftsmäßig Beförderungsfahrten durchzuführen. In § 2 GVP wird der Bundesverkehrsminister ermächtigt, hinsichtlich des Baus, der Beschaffenheit und Ausrüstung der Fahrzeuge zum Schutz vor den von Fahrzeugen ausgehenden Gefahren für die Verkehrssicherheit die erforderlichen Vorgaben im Sinne von § 1 GVP durch Rechtsverordnung zu bestimmen. Nach § 3 GVP handelt ordnungswidrig, wer vorsätzlich oder fahrlässig einer Vorschrift einer aufgrund von § 2 GVP erlassenen Rechtsverordnung zuwiderhandelt, soweit diese Rechtsverordnung für einen bestimmten Tatbestand auf diese Bußgeldvorschrift verweist. Festgelegt wird auch die maximale Höhe der Geldbuße.

Der Abgeordnete X, der gegen das Gesetzgebungsvorhaben gestimmt hat, hält das Gesetz für verfassungswidrig. Erstens sei es bereits formell verfassungswidrig; insbesondere seien die von der Verfassung und der Geschäftsordnung des Deutschen Bundestags (GOBT) gebotenen Anforderungen an das Gesetzgebungsverfahren nicht eingehalten worden. Zweitens sei die Vorschrift des § 2 GVP auch materiell verfassungswidrig, da sie als Ermächtigungsnorm zum Erlass von Rechtsverordnungen den hierfür bestehenden verfassungsrechtlichen Anforderungen nicht entspreche. Vor dem Hintergrund des Art. 103 Abs. 2 GG sei ferner die bußgeldbewehrte Vorschrift des § 3 GVP zu unbestimmt.

Sind die Bedenken von X berechtigt? ◀

Vermerk für die Bearbeiter:

Der Bund war für den Erlass des GVP zuständig. Vorschriften des StVG, des PBefG oder der StVO sind nicht anzuwenden.

Lösungsvorschlag:
Die Bedenken von X sind berechtigt, wenn das Gesetz den formellen Anforderungen der Verfassung nicht entspricht oder in materieller Hinsicht die §§ 2, 3 GVP gegen verfassungsrechtliche Bestimmtheitserfordernisse oder die Anforderungen an Ermächtigungsnormen für die Verordnungsgebung verstoßen.

A. Formelle Verfassungsmäßigkeit

Die formelle Verfassungskonformität des GVP setzt voraus, dass den grundgesetzlichen Vorgaben mit Blick auf die Gesetzgebungskompetenz, das Gesetzgebungsverfahren und die Formvorschriften hinreichend Rechnung getragen wurde.

I. Gesetzgebungskompetenz

Die Gesetzgebungskompetenz ist laut dem Bearbeitervermerk gegeben.

II. Verfahren

Auch das Gesetzgebungsverfahren müsste ordnungsgemäß durchgeführt worden sein.

1. Gesetzesinitiative

> Zur Einleitung oder zur Bildung von Obersätzen bietet es sich an, die einschlägige Norm zu paraphrasieren.

Gesetzesvorlagen können nach Art. 76 Abs. 1 GG beim Bundestag von der Bundesregierung, aus der Mitte des Bundestages oder vom Bundesrat eingebracht werden.[1]

Vorliegend haben zehn Abgeordnete gemeinsam die Vorlage eingebracht.

> Achten Sie auf die Terminologie. Eine „Gruppe" von Abgeordneten beschreibt nicht nur schlicht eine Mehrzahl an Abgeordneten. Vielmehr regelt § 10 Abs. 4 S. 1 GOBT, dass „Mitglieder des Bundestages, die sich zusammenschließen wollen, ohne Fraktionsmindeststärke zu erreichen, (...) als **Gruppe** anerkannt werden (können)". Nach § 10 Abs. 1 GOBT bilden „**Fraktionen** (...) Vereinigungen von mindestens fünf vom Hundert der Mitglieder des Bundestages, die derselben Partei oder solchen Parteien angehören, die aufgrund gleichgerichteter politischer Ziele in keinem Land miteinander im Wettbewerb stehen". Eine Gruppe im technischen Sinn setzt also mehr voraus als ein vorübergehendes Zusam-

---

[1] Ausführlich zum Ganzen *Hebeler*, Die Einbringung von Gesetzesvorlagen gem. Art. 76 GG, JA 2017, 413 ff.

Fall 2: Personenbeförderung

menwirken an einem einzelnen Gesetzgebungsprojekt. Erforderlich ist vielmehr der Wille zu einer auf Dauer ausgerichteten Zusammenarbeit.

Eine Berechtigung zur Gesetzesinitiative wäre demnach nur dann anzunehmen, wenn diese Anzahl Abgeordneter bereits das verfassungsrechtliche Kriterium „aus der Mitte des Bundestags" erfüllt. Der Wortlaut der Vorschrift ist insoweit unspezifisch.

Eine einfachrechtliche Konkretisierung enthält jedoch § 76 Abs. 1 GOBT. Demnach müssen Entwürfe von einer Fraktion oder von mindestens 5 % der Mitglieder des Bundestages unterzeichnet sein. Eine Fraktion hat hier nicht gehandelt. Unabhängig von der dem Sachverhalt nicht zu entnehmenden konkreten Anzahl von Bundestagsabgeordneten ist ferner unter Heranziehung der gesetzlichen Mitgliederzahl von 598 Abgeordneten (§ 1 S. 1 BWahlG) leicht ersichtlich, dass auch das 5 %-Quorum nicht erreicht wurde. Legt man § 76 Abs. 1 GOBT zugrunde, wäre mithin vorliegend keine Initiativberechtigung der zehn Abgeordneten anzuerkennen.

Klärungsbedürftig ist aber, ob der Verstoß gegen die GOBT auch von verfassungsrechtlicher Relevanz ist. Das wäre jedenfalls dann zu verneinen, wenn die Bestimmung des § 76 Abs. 1 GOBT ihrerseits bereits gegen die Verfassung verstößt und damit nichtig ist.

Insofern ist zunächst wiederum auf den unbestimmten Wortlaut der verfassungsrechtlichen Vorschrift zu verweisen. Dieser zeigt einerseits nur, dass nicht nur der Bundestag als solcher tätig werden darf. Andererseits deutet die Formulierung darauf hin, dass eine rein individuelle Vorlageberechtigung eines einzelnen Abgeordneten ausgeschlossen ist.[2] Die Anzahl der Abgeordneten, die als „Mitte des Bundestags" qualifiziert werden können, bleibt dagegen unbestimmt. Andere Vorschriften, die sich ausdrücklich mit der Gesetzesinitiative eines einzelnen oder einer Gruppe von Abgeordneten befassen und enger formuliert sind, kennt das Grundgesetz nicht. Ausdrücklich bestimmt die Verfassung dagegen in Art. 40 Abs. 1 S. 2 GG die Ge-

---

[2] Anders *Degenhart*, Staatsrecht I, 35. Aufl. 2019, Rn. 213: „keine zahlenmäßigen Vorgaben".

schäftsordnungsautonomie des Deutschen Bundestags; dieser ist demnach im Grundsatz legitimiert, zur Gewährleistung einer effektiven Parlamentsarbeit die eigenen Verfahren in den Grenzen des verfassungsrechtlich Vorgegebenen zu bestimmen. Einer Spezifizierung der Anforderungen des Art. 76 Abs. 1 GG stehen insofern auch nicht die Rechte der einzelnen Abgeordneten aus Art. 38 Abs. 1 GG entgegen. Sie finden ihre Grenze in der – durch die GOBT ausgestalteten – Funktionsfähigkeit des Parlaments. Demnach kann mit Blick auf die Offenheit der Verfassung und die Geschäftsordnungsautonomie des Gesetzgebers davon ausgegangen werden, dass sich die Bestimmung des § 76 GOBT noch in den Grenzen des verfassungsrechtlich Zulässigen bewegt.

Damit bleibt zu klären, ob der Verstoß gegen die GOBT auch von Verfassungs wegen beachtlich, also als (formeller) Verfassungsverstoß einzuordnen ist. Dagegen spricht bereits Art. 82 Abs. 1 GG, demzufolge Gesetze *nach den Vorschriften dieses Grundgesetzes* und nicht nach der Geschäftsordnung zustande kommen müssen.[3] Eine weiter gehende Bedeutung käme dem Verstoß daher nur dann zu, wenn die Vorschrift des § 76 Abs. 1 GOBT eine notwendige Konkretisierung des Grundgesetzes in dem Sinne darstellt, dass sie lediglich explizit zum Ausdruck bringt, was auch dem zunächst unbestimmt erscheinenden Verfassungswortlaut durch Auslegung zu entnehmen ist. Nur dann ist der jeweilige Inhalt der GO-Vorschrift *zugleich* verfassungsrechtlich geboten.

Eine so weitgehende Begrenzung des parlamentarischen Initiativrechts lässt sich jedoch weder durch den Wortlaut von Art. 76 Abs. 1 GG noch durch dessen Zweck begründen. Der Ausschluss eines rein individuellen Initiativrechts bereits jedes einzelnen Abgeordneten hat den Zweck zu verhindern, dass durch die Beschäftigung mit zahlreichen individuellen Gesetzgebungsvorschlägen die Arbeitsfähigkeit des Parlaments gebunden wird. Rein querulatorische Aktivitäten einzelner Abgeordne-

---

3 Vgl. *Degenhart*, Staatsrecht I, 35. Aufl. 2019, Rn. 209.

ter, die von vornherein keine Aussicht auf Erfolg haben, aber die Konzentration des Parlaments auf die eigentlich zu verhandelnden inhaltlichen Fragen blockieren könnten, sollen verhindert werden. Bei einer größeren Anzahl von Abgeordneten dürfte Entsprechendes aber kaum mehr zu besorgen sein. Hier dürfte eher der umgekehrte Gedanke Gewicht gewinnen, dass auch neue und ungewöhnliche Ideen, die zunächst nur von einer kleinen Anzahl Abgeordneter unterstützt werden, gerade im Verlauf der parlamentarischen Debatten Anhänger gewinnen können. In diesem Sinne kann die parlamentarische Arbeit insgesamt von solchen Initiativen profitieren. Umgekehrt könnte eine Begrenzung des Initiativrechts auf Fraktionsstärke sogar kontraproduktive Effekte zeitigen. Tendenziell führt sie nämlich dazu, einen wesentlichen Teil des Diskussionsprozesses aus dem Parlament in vorparlamentarische Partei- und Gremienarbeit zu verlagern.

Vor diesem teleologischen Hintergrund ist die durch § 76 Abs. 1 GOBT geforderte Begrenzung auf mindestens 5 % der Abgeordneten nicht als verfassungsrechtlich gefordert anzusehen. Vielmehr kann davon ausgegangen werden, dass auch bereits zehn Abgeordnete das Merkmal „aus der Mitte des Bundestages" erfüllen.[4]

Die Initiativberechtigung der Abgeordneten ist damit gegeben.

2. Beschlussverfahren (zwei Beratungen)

Mit Blick auf die ordnungsgemäße Durchführung des verfassungsrechtlich gebotenen Gesetzgebungsverfahrens[5] ist vorliegend zu klären, wie es sich auswirkt, dass der Gesetzesbeschluss nach lediglich zwei Beratungen im Plenum erfolgt ist.

Gemäß § 78 S. 1 GOBT werden Gesetzesentwürfe in drei Beratungen (Lesungen) im Plenum behandelt. Damit wurde gegen diese Vorschrift verstoßen, da lediglich zwei Beratungen im Plenum (die

---

[4] Vgl. zur Gesetzesinitiative *Seifarth*, Staatsorganisationsrecht – Verfahrene Gesetzgebung, JuS 2010, 790 (792 f.); *Frenzel*, Das Gesetzgebungsverfahren – Grundlagen, Problemfälle und neuere Entwicklungen, JuS 2010, 27 ff.
[5] Vgl. allgemein *Hebeler*, Die Beschlussfassung von Gesetzesvorlagen sowie die Mitwirkung des Bundesrates an der Gesetzgebung gem. Art. 77 GG, JA 2017, 484 ff.

durchgeführte Ausschusssitzung wird nicht berücksichtigt) durchgeführt worden sind und nicht erkennbar ist, dass eine ausreichende Mehrheit nach § 126 GOBT ein Abweichen beschlossen hat.

Der hierin liegende Verstoß gegen die Geschäftsordnung als bloßes Binnenrecht des Parlaments wirkt sich aber grundsätzlich nicht nach außen aus (vgl. oben 1). Etwas anderes gilt nur, wenn der jeweilige Inhalt der GO-Vorschrift *zugleich* verfassungsrechtlich geboten ist. Entscheidend ist daher, ob die Verfassung ausdrückliche Vorgaben zur Zahl der Beratungen enthält oder ihr solche zumindest im Wege der Auslegung zu entnehmen sind.

Ausdrückliche Vorgaben zur Gesetzesberatung enthält das Grundgesetz nicht. Art. 42 Abs. 1 S. 1 GG schreibt zwar eine öffentliche Verhandlung vor, äußert sich aber nicht dazu, wann und in welcher Weise über Gesetzesentwürfe zu beraten ist. Allerdings entspricht die Durchführung von drei Beratungen deutscher Parlamentstradition. Dies könnte für ein ungeschriebenes Erfordernis von drei Beratungen sprechen. Jedoch überlässt Art. 40 Abs. 1 S. 2 GG die Ordnung des Verfahrens gerade dem Parlament selbst. Dem Bundestag obliegt es hiernach, im Rahmen seiner autonomen Satzungsgewalt (vgl. Art. 40 Abs. 1 S. 2 GG) im Grundsatz selbst zu entscheiden, wie intensiv ein Gesetzesentwurf zu beraten ist. Eine verfassungsrechtliche Festlegung auf eine bestimmte (Mindest-)Zahl an Beratungen würde ferner den tatsächlichen Beratungsbedarf ausblenden und damit die Effektivität und Flexibilität parlamentarischer Arbeit schmälern. Maßgebend ist daher allein, dass allen Beteiligten hinreichend Gelegenheit gegeben wird, Gründe und Gegengründe der Gesetzesinitiative ausreichend zu erörtern, abzuwägen und mögliche Auswirkungen abzuschätzen.[6] Wie viele Beratungen hierfür erforderlich sind, entscheidet damit der Einzelfall. „Die Verabschiedung eines Gesetzes in drei Lesungen gehört [daher] nicht zu den unabdingbaren Grundsätzen der demokratischen Ord-

---

6 Vgl. *Kokott*, in: Kahl/Waldhoff/Walter (Hrsg.), Bonner Kommentar, GG, Art. 77 Rn. 52 f. (Stand: August 2020).

nung",[7] die von Art. 20 Abs. 1, 2 GG gefordert werden.

§ 78 S. 1 GOBT ist somit nicht als notwendige Konkretisierung eines bereits implizit gegebenen Verfassungsgebots zu verstehen. Ein Verfassungsverstoß bereits allein aufgrund des Verstoßes gegen die Vorschrift der GOBT liegt daher nicht vor.

Aber auch mit Blick auf die unmittelbar aus dem Demokratieprinzip und den parlamentarischen Mitbestimmungsrechten der einzelnen Abgeordneten resultierenden Anforderungen an die angemessene Verfahrensausgestaltung lässt sich vorliegend nichts anderes feststellen. Vielmehr ist davon auszugehen, dass durch die vorab erfolgende Beratung im fachkundigen Ausschuss sowie die beiden Plenardebatten allen Abgeordneten hinreichend Gelegenheit zur inhaltlichen Auseinandersetzung mit dem Gesetzesentwurf gegeben wurde. Damit ist den aus Art. 20 Abs. 1 und 2 GG abzuleitenden Verfahrensanforderungen Genüge getan worden. Auch in dieser Hinsicht ist somit kein Verfahrensverstoß zu erkennen.

III. Form

Von einer Beachtung der Formvorschrift des Art. 82 Abs. 1 S. 1 GG ist auszugehen.

IV. Zwischenergebnis

Die formelle Verfassungsmäßigkeit des Gesetzes ist damit gegeben.

B. Materielle Verfassungsmäßigkeit des GVP

Mit Blick auf die materielle Verfassungskonformität des GVP ist erstens fraglich, ob die Norm des § 2 GVP den besonderen verfassungsrechtlichen Anforderungen an eine Ermächtigung zum Erlass von Rechtsverordnungen entspricht. Zweitens steht die hinreichende Bestimmtheit des § 3 GVP, der eine Bußgeldvorschrift enthält, in Frage.

---

[7] BVerfGE 1, 144 (151) – Geschäftsordnungsautonomie.

I. Materielle Verfassungskonformität gemäß Art. 80 Abs. 1 GG

Art. 80 Abs. 1 GG statuiert besondere Anforderungen an den Erlass von formellen Gesetzen, die zum Erlass von Rechtsverordnungen durch die Exekutive ermächtigen. Art. 80 Abs. 1 S. 1 GG bestimmt einen begrenzten Kreis von zulässigen Adressaten der Ermächtigung. Art. 80 Abs. 1 S. 2 GG nennt darüber hinaus besondere Anforderungen an die Bestimmtheit der Norm. Danach müssen Inhalt, Zweck und Ausmaß der erteilten Ermächtigung im Gesetz bestimmt werden.[8] § 2 GVP müsste diesen Anforderungen genügen.

1. Zulässiger Ermächtigungsadressat gemäß Art. 80 Abs. 1 S. 1 GG

Zum Kreis der nach Art. 80 Abs. 1 S. 1 GG zulässigen Ermächtigungsadressaten zählen ua einzelne Bundesminister. § 2 GVP nennt den Bundesverkehrsminister als Adressat der Ermächtigung. Der Anforderung des Art. 80 Abs. 1 S. 1 GG ist mithin Rechnung getragen.

2. Hinreichende Bestimmtheit gemäß Art. 80 Abs. 1 S. 2 GG

a) Inhalt des Art. 80 Abs. 1 S. 2 GG

Bei der Auseinandersetzung mit Art. 80 Abs. 1 S. 2 GG ist eine genaue Kenntnis der einzelnen (ohnehin nicht klar abgrenzbaren) „Formeln" in Klausuren weder zu erwarten noch für die Lösung der meisten Fälle erforderlich. Jeder sollte allerdings in der Lage sein, aus dem Wortlaut und dem Sinn und Zweck des Art. 80 Abs. 1 S. 2 GG eine inhaltlich korrekte Beschreibung des Bestimmtheitsgrundsatzes zu entwickeln.

Für die konkretere Handhabung der von Art. 80 Abs. 1 S. 2 GG geforderten Bestimmtheit hat das Bundesverfassungsgericht verschiedene Formeln entwickelt: Nach der sog. **Selbstentscheidungsformel** muss der Gesetzgeber selbst entscheiden, welche Fragen durch die Rechtsverordnung geregelt werden sollen (Inhalt), er muss die Grenzen einer solchen Regelung festsetzen (Ausmaß) und angeben, welchem Ziel die Regelung dienen soll (Zweck).[9] Nach der sog. **Programmformel** muss sich für den Bürger aus der Ermächtigungsgrundlage ermitteln lassen, welches vom Gesetzgeber gesetzte Programm durch die Verordnung erreicht werden soll.[10] Nach der sog. **Vorhersehbarkeitsformel** muss der Bürger ersehen können, in welchen

---

8 Vgl. den Überblick bei *Voßkuhle/Wischmeyer*, Grundwissen – Öffentliches Recht: Die Rechtsverordnung, JuS 2015, 311 ff.
9 S. BVerfGE 2, 307 (334).
10 S. BVerfGE 5, 71 (76 f.).

An dieser Stelle lassen sich Parallelen zur allgemeinen Wesentlichkeitslehre erkennen. Ob dieser neben Art. 80 Abs. 1 S. 2 GG eine eigenständige Bedeutung zukommt (Aliud-These) – sie wäre dann vorrangig und beantwortete die Frage, ob überhaupt eine Delegation in Betracht käme, während Art. 80 Abs. 1 S. 2 GG Maßstäbe für die Frage des „Wie" bereithielte – oder ob allein Art. 80 Abs. 1 S. 2 GG für das Verhältnis von formellem Gesetz und Verordnung Bedeutung hat (Identitätsthese), ist der Rechtsprechung des Bundesverfassungsgerichts nicht eindeutig zu entnehmen und in der Literatur umstritten.[12]

Fällen und mit welcher Tendenz von der Ermächtigung Gebrauch gemacht werden wird und welchen Inhalt die erlassene Rechtsverordnung haben könnte.[11]

All diesen Formeln liegt die Vorstellung zugrunde, dass „nach Tendenz und Programm (…) schon aus der Ermächtigung erkennbar und vorhersehbar sein muss, was dem Bürger gegenüber zulässig sein soll",[13] so dass die politische Verantwortung des Parlaments gewahrt bleibt und sich das Parlament „seiner Verantwortung als gesetzgebende Körperschaft (…) [nicht] entäußer[t]".[14] Dass nach Art. 80 Abs. 1 S. 2 GG Inhalt, Zweck und Ausmaß „im Gesetz" bestimmt werden müssen, besagt insofern nicht, dass sie „im Text des Gesetzes ausdrücklich bestimmt sein müssen".[15] Vielmehr genügt es, wenn sich die im Normtext angelegte Erkennbarkeit und Vorhersehbarkeit des gesetzgeberisch Gewollten durch Norminterpretation gemäß den allgemeinen Auslegungsgrundsätzen ergibt. Die Bestimmtheit der Ermächtigungsnorm muss vor allem der Grundrechtsrelevanz der Regelung entsprechen, zu der ermächtigt wird.[16]

b) Anwendung der Maßstäbe auf den konkreten Fall

§ 2 GVP müsste diesen Anforderungen genügen. Dazu ist zunächst der Zweck der Regelung zu bestimmen. Dieser wird durch § 2 GVP ausdrücklich benannt: Ziel des Ganzen ist die Erhöhung der Verkehrssicherheit. Als Mittel zur Erreichung dieses Zwecks werden nähere Vorschriften zugelassen, die die von Fahrzeugen ausgehenden Gefahren verringern helfen sollen. Als Bezugspunkte, an denen entsprechende Vorschriften anknüpfen müssen, nennt das Gesetz den Bau, die Beschaffenheit und die

---

11 Vgl. *Pieroth*, in: Jarass/Pieroth., GG, 16. Aufl. 2020, Art. 80 Rn. 13; *Brenner*, in: v. Mangoldt/Klein/Starck, GG, 7. Aufl. 2018, Art. 80 Abs. 1 Rn. 40.
12 Vgl. *Brenner*, in: v. Mangoldt/Klein/Starck, GG, 7. Aufl. 2018, Art. 80 Abs. 1 Rn. 38; ausführlich *Cremer*, Art. 80 Abs. 1 S. 2 GG und Parlamentsvorbehalt – Dogmatische Unstimmigkeiten in der Rechtsprechung des Bundesverfassungsgerichts, AöR 122 (1997), 248 ff.; *Nierhaus*, in: Kahl/Waldhoff/Walter (Hrsg.), Bonner Kommentar, GG, Art. 80 Rn. 89 ff.
13 BVerfGE 78, 249 (272) – Fehlbelegungsabgabe; BVerfG, NVwZ 2009, 905 (906).
14 BVerfGE 78, 249 (272) – Fehlbelegungsabgabe.
15 BVerfGE 8, 274 (307) – Preisgesetz.
16 BVerfGE 113, 167 (269) – Risikostrukturausgleich.

Ausrüstung der Fahrzeuge. Hierdurch wird auch der Inhalt der Rechtsverordnung gesteuert. Dass jedenfalls die beiden verwendeten Begriffe der Beschaffenheit und der Ausrüstung der Fahrzeuge nicht nur konkretisierungsfähig, sondern auch -bedürftig sind, schadet nicht. Zwar eröffnet ihre Verwendung einen Auslegungsspielraum für die Exekutive, der wiederum die parlamentarische Verantwortung schwächt. Jedoch ergibt Art. 80 Abs. 1 GG nur dann Sinn, wenn damit eine Entlastung des Gesetzgebers einhergeht. Zweck der Verordnungsermächtigung ist es gerade, dass der Gesetzgeber nicht jede einzelne Detailregelung selbst erlassen muss. Es genügt daher, dass sich die gesetzlichen Vorgaben insbesondere aus dem Zweck, dem Sinnzusammenhang und der Entstehungsgeschichte des Gesetzes erschließen lassen.[17] Dies ist vorliegend insbesondere aufgrund des präzise benannten Ziels der Erhöhung der Verkehrssicherheit der Fall. Der Normanwender kann aus diesem Kontext heraus leicht erkennen, welche Ausrüstungsaspekte der Fahrzeuge betroffen sein sollen. Inhalt und Zielrichtung der Ermächtigung sind daher hinreichend bestimmt. Gleiches gilt für die Umstände, unter denen von der Ermächtigung Gebrauch gemacht werden darf.

Die Norm des § 2 GVP entspricht daher den Bestimmtheitsanforderungen des Art. 80 Abs. 1 S. 2 GG.

II. Art. 103 Abs. 2 GG

Damit ist im Weiteren zu klären, ob die Vorschrift des § 3 GVP dem speziellen Bestimmtheitsgebot gemäß Art. 103 Abs. 2 GG entspricht.

Art. 103 Abs. 2 GG stellt ein grundrechtsgleiches Recht dar (vgl. Art. 93 Abs. 1 Nr. 4a GG) und wird daher traditionell dreistufig geprüft. Da Art. 103 Abs. 2 GG auch nicht unter Gesetzesvorbehalt steht, ist eine Rechtfertigung einer Beeinträchtigung allenfalls bei kollidierendem Verfassungsrecht denkbar. Außer in den sog. „Mauerschützen-Fällen" wurden Rechtfertigungen bislang aber nicht anerkannt.[18] Ein dreistufiger Aufbau ist daher nicht zwingend. Systematisch betrachtet bildet Art. 103 Abs. 2 GG

---

17 BVerfG, NVwZ 2009, 905 (906) mwN; BVerfGE 113, 167 (269) – Risikostrukturausgleich.
18 Vgl. *Pieroth*, in: Jarass/Pieroth., GG, 16. Aufl. 2020, Art. 103 Rn. 76.

letztlich ohnehin eine Grundrechtsschranke.[19]

1. Schutzbereich des Art. 103 Abs. 2 GG

Art. 103 Abs. 2 GG bildet ausweislich seines Wortlauts eine spezielle Ausgestaltung des allgemeinen rechtsstaatlichen Bestimmtheitsgebots für den Bereich des Strafrechts. Vorliegend steht allerdings keine strafbewehrte Norm im engeren Sinne in Frage. § 3 GVP enthält eine bloße Bußgeldvorschrift, also eine Norm des Ordnungswidrigkeitenrechts. Demnach ist zu klären, ob Art. 103 Abs. 2 GG auch diesen Bereich umfasst. Hierfür ist zu bedenken, dass zum einen die Strafe auch lediglich in Form einer Geldstrafe erfolgen kann und zum anderen mit dem Bußgeld ebenso wie mit der Strafe ein nachträgliches staatliches Unwerturteil über ein schuldhaft begangenes Verhalten gefällt wird, mit dem „ein Übel zum Zwecke des Schuldausgleichs verhängt"[20] wird. Vor diesem Hintergrund erscheint die Differenzierung zwischen Bußgeld und Strafe als eine stärker quantitative denn qualitative. Es ist daher sachgerecht, den Schutzbereich des Art. 103 Abs. 2 GG auch auf Vorschriften des Ordnungswidrigkeitenrechts zu erstrecken.

Inhaltlich verpflichtet Art. 103 Abs. 2 GG den Gesetzgeber, die Strafbarkeits- oder Bußgeldvoraussetzungen[21] so konkret zu umschreiben, dass Tragweite und Anwendungsbereich der Tatbestände sich durch Auslegung ermitteln lassen.[22] Der Einzelne soll von vornherein wissen können, was verboten ist, um sein Verhalten danach einrichten zu können.[23] Neben diesem Schutz des Normadressaten will Art. 103 Abs. 2 GG auch sicherstellen, dass *der parlamentarische Gesetzgeber* über die Strafbarkeit oder die Bußgeldvoraussetzungen entscheidet.[24] Es muss daher nicht nur die Rechtsverordnung, die das eigentliche Strafgesetz darstellt, son-

---

19 Zum Ganzen vgl. *Pieroth*, in: Jarass/Pieroth, GG, 16. Aufl. 2020, Art. 103 Rn. 60; *Schulze-Fielitz*, in: Dreier (Hrsg.), GG, Bd. III, 3. Aufl. 2018, Art. 103 Rn. 14 f.; s. a. *Appel*, Grundrechtsgleiche Rechte, Prozeßgrundrechte oder Schranken-Schranken?, Jura 2000, 576 ff.
20 BVerfGE 109, 133 (167) – Sicherheitsverwahrung.
21 Vgl. BVerfG, NJW 2010, 754 (754); BVerfGE 87, 399 (411) – Versammlungsauflösung.
22 BVerfGE 47, 109 (120) mwN; BVerfGE 55, 144 (152).
23 S. nur BVerfG, NJW 2010, 754 (755).
24 BVerfG, NJW 2010, 754 (755).

dern auch die Ermächtigung den Anforderungen des Art. 103 Abs. 2 GG Rechnung tragen.[25] Die Ermächtigung muss deshalb so formuliert sein, dass „sich aus ihr ablesen lässt, ob der in der Verordnung geregelte Straftatbestand nach den Intentionen des Gesetzgebers überhaupt statuiert und wie er bewehrt werden konnte".[26] Der Gesetzgeber muss dafür „Sorge tragen, dass die Voraussetzungen der Strafbarkeit und die Art der Strafe für den Bürger schon aus dem Parlamentsgesetz voraussehbar sind und nicht erst aus der Verordnung, auf die verwiesen wird".[27]

2. Beeinträchtigung des Art. 103 Abs. 2 GG durch § 3 GVP

Fraglich ist, ob § 3 GVP selbst hinreichend bestimmt ist. Erforderlich ist insofern, dass für den Bürger die Grenzen der Strafbarkeit bereits aufgrund der Norm hinreichend erkennbar sind.

§ 3 GVP selbst regelt ausdrücklich die Schuldform (Vorsatz/Fahrlässigkeit), die Art der „Strafe" (Ordnungswidrigkeit) und das Höchstmaß der zu verhängenden Geldbuße. Damit sind jedenfalls grundsätzliche Voraussetzungen für eine Verhängung der „Strafe" im Sinne von Art. 103 Abs. 2 GG in der Norm selbst genannt.

Allerdings müssen sich grundsätzlich aus der Norm auch die möglichen Straftatbestände, also die einzuhaltenden Verhaltensgebote selbst, ergeben. Ob dies vorliegend der Fall ist, erscheint zweifelhaft, weil § 3 GVP nur an eine Missachtung von Vorschriften zur Verkehrssicherheit anknüpft, die der Verordnungsgeber gemäß § 2 GVP erlassen kann. Bei der Bestimmung der entscheidenden Tatbestände besteht mithin ein Spielraum der Verwaltung. Das spricht scheinbar gegen die hinreichende Bestimmtheit der Norm.

Jedoch müssen die Straftatbestände nicht in allen Einzelheiten im Gesetz selbst geregelt werden. Es genügt, dass sie sich nach den anerkannten Regeln

---

25 BVerfGE 32, 346 (362 f.) – Strafbestimmungen in Gemeindesatzungen.
26 BVerfGE 32, 346 (362 f.) – Strafbestimmungen in Gemeindesatzungen.
27 BVerfG 29.4.2010 – 2 BvR 871/04, juris-Rn. 57.

Fall 2: Personenbeförderung

juristischer Auslegung hinreichend deutlich bestimmen lassen,[28] so dass ein Rahmen entsteht, den die Verordnung nur ausfüllen, nicht aber überschreiten darf.

Die Tatbestände der Verordnung werden durch die *gesetzlichen* Bezugspunkte des Baus, der Beschaffenheit und Ausrüstung der Fahrzeuge determiniert. Durch diese einschränkenden Vorgaben wird deutlich, dass nicht jedes beliebige Verhalten (im Zusammenhang mit Straßenverkehr) durch die Exekutive inkriminiert werden darf. So wäre etwa die Ahndung für das Benutzen eines Handys während der Fahrt auf dieser Grundlage nicht möglich. Aufgrund der Verknüpfung zwischen der Bauweise etc und dem Ziel – der Verkehrssicherheit – lässt sich durch methodisches Vorgehen ein Rahmen an untersagten Verhaltensweisen entwickeln. Der Gesetzgeber geht also typisierend vor, was sich „angesichts des Ausmaßes des Straßenverkehrs und der massenhaften Verkehrsübertretungen (...) als sinnvoll erweist, wie auch sonst typisierende Regelungen bei der Ordnung von Massenerscheinungen als notwendig anerkannt sind (...). Die Typisierung vereinfacht das Verkehrsrecht und macht es praktikabler, vermindert den Begründungsaufwand des Richters, erhöht die Rechtssicherheit und führt schließlich zu mehr Anwendungsgleichheit."[29]

Die Frage nach einer (kaum möglichen) Rechtfertigung stellt sich daher nicht.

Vorliegend ist vor dem Hintergrund des allgemeinen Normziels und der konkreten Anknüpfungspunkte für den Verordnungsgeber für den Bürger hinreichend sicher abschätzbar, welche Verhaltensweisen durch den Verordnungsgeber zu Ordnungswidrigkeiten ausgestaltet werden. Daher ist die Norm des § 3 GVP mit Art. 103 Abs. 2 GG vereinbar.

III. Zwischenergebnis

Die §§ 2, 3 GVP sind daher mit den verfassungsrechtlichen Anforderungen aus Art. 80 Abs. 1 und Art. 103 Abs. 2 GG vereinbar.

---

28 S. BVerfGE 32, 346 (363) – Strafbestimmungen in Gemeindesatzungen.
29 BVerfG, NJW 1996, 1809 (1810).

C. Gesamtergebnis

Das Gesetz ist demnach formell und materiell verfassungskonform. Die Bedenken von X sind mithin unbegründet.

Vertiefungshinweise: *Frenzel*, Das Gesetzgebungsverfahren – Grundlagen, Problemfälle und neuere Entwicklungen, JuS 2010, 27 ff. und 119 ff.; *Hebeler*, Die Beschlussfassung von Gesetzesvorlagen sowie die Mitwirkung des Bundesrates an der Gesetzgebung gem. Art. 77 GG, JA 2017, 484 ff.; *Hebeler*, Die Einbringung von Gesetzesvorlagen gem. Art. 76 GG, JA 2017, 413 ff.; *Meßerschmidt*, Rechtsverordnungen: Rechtmäßigkeit und Rechtsschutz, JURA 2016, 747 ff.; *Mußgnug*, Die Rechtsverordnung zwischen Regierung und Parlament – Drei Fälle aus dem Umfeld des Art 80 GG, JuS 1993, 291 ff.

Fall 3: Weisungsbefugnisse

Schwerpunkte: Bund-Länder-Streit, Bundesauftragsverwaltung, Weisungsrecht, Grundsatz der Bundestreue.

Sachverhalt

▶ Nach Plänen der Bundesregierung sollen auf Basis eines kürzlich vom Bundestag erlassenen Kohlendioxidspeichergesetzes (KDSG) versuchsweise unterirdische Speicherkammern für Kohlendioxid angelegt werden. Die erste dieser Kammern soll im Bundesland B entstehen. Dort bestehen jedoch starke Vorbehalte. Die Risiken der neuen Technik seien immens und weitgehend unerforscht. Der Bundesumweltminister verweist demgegenüber auf mehrere positive Gutachten, die die Eignung, insbesondere die Stabilität des vorgesehenen Standortes, hervorheben. Seiner Auffassung nach liegen damit die vom KDSG normierten Anforderungen vor, so dass die erforderliche Genehmigung erteilt werden könne. Er wendet sich daher an den für den Gesetzesvollzug zuständigen Landesminister L. Dieser teilt ihm mit, die bislang eingeholten Gutachten der „Industrielobby" überzeugten ihn nicht. Ein von ihm in Auftrag gegebenes „unabhängiges" Sachverständigengutachten gehe von einer nicht hinreichenden Erdbebensicherheit aus. Die Wahrscheinlichkeit sei zwar sehr gering; angesichts der unvorhersehbaren Folgen einer plötzlichen Freisetzung des Kohlendioxids könne man aber gar nicht vorsichtig genug sein. Dass sog. Restrisiken inakzeptabel seien, müsse seit dem Atomreaktorunglück in Fukushima „nun wirklich jedem klar sein".
Er werde daher keinesfalls die Genehmigung erteilen. Das verbiete ihm schon seine den Bürgern gegenüber bestehende grundrechtliche Schutzpflicht.
Der Bundesumweltminister führt daraufhin noch mehrere Gespräche mit L, in denen er auch die ihm verfassungsrechtlich zustehende Möglichkeit einer Weisung betont. Da L sich weiterhin weigert, die Errichtung der Speicherkammern zu genehmigen, erteilt ihm der Bundesumweltminister schließlich eine diesbezügliche Weisung.
L ist entsetzt. Die vom KDSG aufgestellten Sicherheitsanforderungen seien offensichtlich nicht erfüllt, die Genehmigung mithin rechtswidrig. Daher verstoße auch die Weisung gegen das KDSG und damit auch gegen die Rechte des betroffenen Bundeslandes aus Art. 85 Abs. 3 GG. Im Übrigen verkenne die Weisung aber auch die Reichweite und Bedeutung der grundrechtlichen Schutzpflichten. Die Landesregierung des Landes B teilt diese Einschätzung und möchte die Verfassungswidrigkeit der Weisung vom Bundesverfassungsgericht klären lassen.
Hat der Antrag der Landesregierung Erfolg? ◀

Vermerk für die Bearbeiter:

Gehen Sie von einem Fall der Bundesauftragsverwaltung nach Art. 85 GG aus.

3 ÜBUNGSFÄLLE

Lösungsvorschlag:
Der Antrag hat Erfolg, wenn er zulässig und begründet ist.

A. Zulässigkeit

I. Zuständigkeit des Bundesverfassungsgerichts

Anders als bei der abstrakten Normenkontrolle (hierzu Fall 1) handelt es sich beim Bund-Länder-Streit nicht um ein rein objektives Kontrollverfahren, sondern um ein kontradiktorisches Verfahren, dh die Verletzung von Rechten bzw. Kompetenzen ist erforderlich.[1]

Die Zuständigkeit des Bundesverfassungsgerichts für einen Bund-Länder-Streit ergibt sich aus Art. 93 Abs. 1 Nr. 3 GG iVm §§ 13 Nr. 7, 68 ff. BVerfGG.

II. Parteifähigkeit

Da es sich um ein kontradiktorisches Verfahren handelt, wird hier der Begriff der *Parteifähigkeit* verwendet. Verbreitet ist aber auch die Bezeichnung *Beteiligtenfähigkeit*.

Parteifähig sind nach § 68 BVerfGG das Land B sowie der Bund. Vertreten werden muss – wie hier geschehen – das Land durch die Landesregierung, der Antragsgegner durch die Bundesregierung. Die Parteifähigkeit von Antragsteller und Antragsgegner ist somit gegeben.

III. Streitgegenstand

Statthafter Streitgegenstand im Bund-Länder-Streit ist nach § 69 iVm § 64 Abs. 1 BVerfGG eine Maßnahme oder Unterlassung des Antragsgegners. Voraussetzung ist ferner, dass die beanstandete Maßnahme oder Unterlassung rechtserheblich ist.

Rechtserheblich ist eine Maßnahme, wenn sie rechtliche Auswirkungen hat, sich also weder in einem lediglich vorbereitenden Charakter erschöpft noch eines selbstständigen Umsetzungsaktes bedarf, bevor sie rechtliche Bedeutung erlangt.

Vorliegend streiten die Beteiligten über die Rechtmäßigkeit einer Weisung. Eine Weisung ist eine Maßnahme im Sinne der §§ 69, 64 Abs. 1 BVerfGG, die dem Bund als Antragsgegner auch zugerechnet werden kann, weil der Bundesumweltminister Organ des Bundes ist. Die Weisung stellt zudem nicht lediglich eine vorbereitende Maßnahme dar, sondern ist ihrer Natur nach grundsätzlich verbindlich. Sie ist daher auch rechtserheblich.

Damit liegt ein tauglicher Streitgegenstand vor.

---

1 Vgl. zu dieser Unterscheidung näher oben, Kap. 1, I. 5.

Fall 3: Weisungsbefugnisse

Da es sich beim Bund-Länder-Streit um ein **Verfahren zur Beilegung föderaler Konflikte** handelt, muss die (mögliche) Verletzung zugleich eine verfassungsrechtliche Konkretisierung des **Bundesstaatsprinzips** (Art. 20 Abs. 1 GG) darstellen. In Abgrenzung zu § 50 Abs. 1 Nr. 1 VwGO müssen sich daher die gegenseitigen Rechte und Pflichten aus einem verfassungsrechtlichen Rechtsverhältnis ergeben.[2] Entscheidend ist also, ob sich aus dem Sachvortrag des Antragstellers die Verletzung oder Gefährdung eines Rechts aus **einem den Bund und das Land umschließenden bundesstaatsspezifischen Verfassungsrechtsverhältnis** als mögliche Folge ergibt.

IV. Antragsbefugnis

Die Landesregierung ist antragsbefugt, wenn sie geltend macht, dass das Land durch die angegriffene Maßnahme des Bundes in seinen ihm durch das Grundgesetz übertragenen Rechten und Pflichten verletzt oder unmittelbar gefährdet ist, § 69 iVm § 64 Abs. 1 BVerfGG. Dabei genügt es, dass sich aus dem Sachvortrag des Antragstellers die *Möglichkeit* einer Verletzung oder Gefährdung eines Rechts ergibt. Die Rechtsposition selbst muss dem Land in der von ihm geltend gemachten Art jedoch zustehen.[3]

Nach Art. 83 GG ist grundsätzlich die „Ausführung der Bundesgesetze" „eigene Angelegenheit" der Länder. Für bestimmte Materien kennt das Grundgesetz zudem eine Ausführung „im Auftrag des Bundes" (Art. 85 Abs. 1 GG). Aber auch in diesem Fall der Bundesauftragsverwaltung (Art. 83 Hs. 2, 85 GG) – wie sie hier laut Bearbeitervermerk vorliegt – bleibt es bei der Verwaltungskompetenz der Länder, dh sie haben das Recht auf eigenverantwortliche Ausführung der Gesetze. Zwar stehen als Beeinflussungsmittel dem Bund Weisungs- und sonstige Aufsichtsrechte zu – allerdings nur im Rahmen des Art. 85 Abs. 3 GG. Die Einflussnahmemöglichkeit des Bundes wird also durch diese Vorschrift zugleich begrenzt und – umgekehrt – den Ländern gleichzeitig ein **Abwehrrecht gegen verfassungswidrige Weisungen** eingeräumt.[4] Insoweit liegt eine dem Land zugewiesene Rechtsposition vor.

Angesichts des Vortrags der Landesregierung, der Minister habe mit der Weisung Voraussetzungen und Schranken für die Ausübung der Weisungskompetenz des Bundes missachtet und dadurch die im Rahmen der Art. 30, 85 GG gewährleistete Eigenstaatlichkeit des Landes (Art. 20 Abs. 1 GG) verletzt, ist eine Verletzung dieser Rechte des Lan-

---

[2] Vgl. *Pieroth*, in: Jarass/Pieroth, GG, 16. Aufl. 2020, Art. 93 Rn. 52.
[3] Vgl. BVerfGE 81, 310 (329) – Kalkar II.
[4] Vgl. *Klüppel*, Jura 2003, 262 (263).

Nicht gestützt werden kann der Antrag dagegen auf eine Vereinbarkeit der Weisungen mit Grundrechten (und deren Schutzpflichten). Das Land ist nicht Träger von Grundrechten und auch nicht Sachwalter der grundrechtlichen Interessen der Betroffenen. Die Länder haben dem Bund gegenüber kein einforderbares Recht, dass dieser einen Verstoß gegen Grundrechtsbestimmungen unterlässt.[5] Ein allein hiermit argumentierender Organstreit wäre daher bereits unzulässig. Ist hingegen die Antragsbefugnis aus anderen Gründen zu bejahen, muss im Rahmen der Begründetheit Stellung dazu genommen werden, inwieweit die objektive Rechtswidrigkeit einer Weisung zugleich eine mögliche Rechtsverletzung des Weisungsempfängers bilden kann. Vgl. unten, B. III. 4.

des nicht von vornherein ausgeschlossen, also möglich. Aus der Relevanz der verfassungsrechtlichen Vorschriften zum Vollzug von Bundesgesetzen (Art. 83 ff. GG) ergibt sich schließlich auch, dass die mögliche Verletzung ein Recht aus einem den Bund und das Land umschließenden bundesstaatsspezifischen Verfassungsrechtsverhältnis betrifft. Die Antragsbefugnis ist insoweit gegeben.

V. Rechtsschutzbedürfnis

Anhaltspunkte für das Fehlen des Rechtsschutzbedürfnisses bestehen nicht.

VI. Form

Enthält der Sachverhalt zu einzelnen Aspekten keine Angaben, so sind diese „Lücken" nach Maßgabe der Lebenserfahrung im Sinne einer unproblematischen Lösungsvariante zu schließen. Daher ist insbesondere bei Form- und Fristanforderungen – sofern sich dem Sachverhalt nichts Entgegenstehendes entnehmen lässt – von deren Beachtung auszugehen.

Verfahrenseinleitende Anträge bedürfen gemäß § 23 Abs. 1 BVerfGG der Schriftform und sind zu begründen. Gemäß § 69 iVm § 64 Abs. 2 BVerfGG ist die Bestimmung des Grundgesetzes zu bezeichnen, gegen die durch die beanstandete Maßnahme oder Unterlassung des Antragsgegners verstoßen wird. Mangels gegenteiliger Angaben im Sachverhalt ist von der Einhaltung der Formvorschrift auszugehen.

VII. Frist

Der Antrag im Bund-Länder-Streit muss binnen sechs Monaten nach Bekanntwerden der beanstandeten Maßnahme gestellt werden, § 69 iVm § 64

---

5 BVerfGE 81, 310 (333 f.) – Kalkar II.

Fall 3: Weisungsbefugnisse

Abs. 3 BVerfGG. Von der Fristeinhaltung ist auszugehen.

VIII. Ergebnis zur Zulässigkeit

Der Antrag der Landesregierung ist im Rahmen des Bund-Länder-Streits vor dem Bundesverfassungsgericht zulässig.

B. Begründetheit

> Der Obersatz ist so zu formulieren, dass er zur konkreten Aufgabenstellung passt und zugleich die weiteren Prüfungsschritte jedenfalls grundsätzlich benennt.

Der Antrag der Landesregierung ist begründet, wenn der Minister durch die Weisung gegen das Grundgesetz verstößt und das Land hierdurch in seinen verfassungsrechtlichen Positionen verletzt hat. Die Weisung verstößt gegen das Grundgesetz, wenn sie nicht mit der verfassungsrechtlichen Kompetenzverteilung zwischen Bund und Ländern beim Vollzug der Bundesgesetze vereinbar ist, dh sie die Anforderungen des Art. 85 Abs. 3 GG an die Ausübung des Weisungsrechts missachtet.

Die Weisung ist demnach verfassungswidrig, wenn für sie bereits keine Ermächtigungsgrundlage gegeben ist (I.), oder entweder die formellen oder die inhaltlichen Schranken des Weisungsrechts nicht beachtet wurden (II. und III.).

I. Ermächtigungsgrundlage/Vorliegen einer Bundesauftragsverwaltung

Einschränkungen der grundsätzlich eigenverantwortlichen Verwaltung auch von Bundesgesetzen durch die Länder bedürfen ausweislich des Wortlauts des Art. 83 GG aE einer grundgesetzlichen Ermächtigungsgrundlage (sog. verfassungsrechtlicher Regelungsvorbehalt).[6]

Eine solche stellt Art. 85 Abs. 3 GG dar, wenn die nach dem (fiktiven) KDSG erforderliche Genehmigungserteilung durch die zuständigen Länderbehörden als Gesetzesvollzug im Auftrag des Bundes zu erfolgen hat. Ist dies nicht der Fall, ist eine diesbezügliche Weisung in jedem Fall unzulässig; es bleibt

---

[6] Vgl. *Haratsch*, in: Sodan (Hrsg.), GG, 4. Aufl. 2018, Art. 83 Rn. 8; sowie *Maurer*, Staatsrecht I, 6. Aufl. 2010, § 18 Rn. 9.

dann bei dem Grundsatz der Länderzuständigkeit gemäß Art. 83 GG.

Hier ist indes nach dem Bearbeiterhinweis von einem Fall der Bundesauftragsverwaltung auszugehen. Die Erteilung einer Weisung ist daher grundsätzlich auf Basis von Art. 85 Abs. 3 GG möglich.

Fraglich ist, ob die (übrigen) Voraussetzungen für eine rechtmäßige Weisung vorliegen.

II. Formelle Verfassungsmäßigkeit

1. Zuständigkeit für die Weisung

Weisungen im Rahmen des Art. 85 Abs. 3 GG können nur von der zuständigen obersten Bundesbehörde erteilt werden. Jedenfalls mangels entgegenstehender Anhaltspunkte ist der Bundesumweltminister als fachlich mit der Sachmaterie betraute Institution anzusehen, und damit als oberste Bundesbehörde zuständig.

2. Weisungsadressat

Dieser Aspekt kann auch als Aspekt der materiellen Verfassungskonformität geprüft werden.

Weisungen sind nach Art. 85 Abs. 3 S. 2 GG grundsätzlich, außer in Fällen besonderer Dringlichkeit, an die oberste Landesbehörde zu richten. Die Weisung richtete sich laut Sachverhalt an den zuständigen Landesminister. Die Anforderungen sind daher im vorliegenden Fall erfüllt.

3. Verfahrensrechtliche Anforderungen

a) Herleitung aus dem Grundsatz der Bundestreue

Besondere geschriebene Verfahrensvorschriften enthält das Grundgesetz für die Erteilung einer Weisung nach Art. 85 Abs. 3 GG nicht. Es könnten sich aber ungeschriebene Verfahrenspflichten aus dem Grundsatz des bundesfreundlichen Verhaltens ergeben.[7]

Dieser nicht ausdrücklich textlich fixierte Grundsatz wird dem Bundesstaatsprinzip (Art. 20 Abs. 1 GG) entnommen. Er verpflichtet sowohl den Bund als auch die Länder, bei der Wahrnehmung ihrer Kompetenzen die gebotene und ihnen zumutbare Rücksicht auf das Gesamtinteresse des Bundesstaa-

---

[7] Vgl. BVerfGE 81, 310 (337) – Kalkar II; 84, 25 (33) – Schacht Konrad.

tes und auf die Belange der Länder zu nehmen.[8] Im Sinne dieses Gebots der wechselseitigen Rücksichtnahme hat das Bundesverfassungsgericht im Hinblick auf die Erteilung von Weisungen gefordert, dass grundsätzlich dem Land Gelegenheit gegeben werden muss, seine Auffassung vor Weisungserlass darzulegen; diese Stellungnahme muss zudem vom Bundesminister erwogen werden. Außerdem ist das Land auf die Möglichkeit einer Weisung hinzuweisen.

b) Beachtung im konkreten Fall

Vorliegend ist eine Anhörung erfolgt. Das Land wurde zudem auf die Möglichkeit einer Weisung hingewiesen und konnte so die Tragweite des Konflikts abschätzen. Den aus dem ungeschriebenen Rücksichtnahmegebot zwischen Bund und Ländern folgenden Anforderungen an die Verfahrensgestaltung wurde damit Rechnung getragen.

III. Inhaltliche Schranken des Weisungsrechts

Inhaltliche Grenzen können sich hinsichtlich des Gegenstands der Weisung ergeben. Insoweit muss die konkrete Weisung zunächst dem Bestimmtheitsgrundsatz genügen. Darüber hinaus ist zu klären, ob das Land an eine gegen einfaches Recht verstoßende Weisung gebunden ist.

1. Gegenstand und Reichweite des Weisungsrechts

Durch die Weisung gemäß Art. 85 Abs. 3 GG übernimmt der Bund umfassend Verantwortung für das Treffen der Sachentscheidung (die Gesetzesanwendung). Gegenstand der bundesaufsichtlichen Weisung kann deshalb sowohl die nach außen wirksame Sachentscheidung selbst wie auch vorbereitendes internes Verwaltungshandeln sein, etwa die Art und Weise der Sachverhaltsermittlung und -bewertung. Nichts anderes gilt für die hier in Streit stehende Frage der Gesetzesauslegung als die normative Seite der Gesetzesanwendung. Die Festlegung auf eine bestimmte Gesetzesauslegung ist von der Weisungskompetenz mithin umfasst. Daher ist die

---

[8] BVerfGE 32, 199 (218) – Richterbesoldung II; 43, 291 (348) – numerus clausus II; 81, 310 (337) – Kalkar II.

an L gerichtete Weisung, die Genehmigung zu erteilen, grundsätzlich zulässig.

Zu klären bleibt aber, auf welche Bereiche sich das Weisungsrecht erstreckt.

Wie Art. 85 Abs. 3 und Abs. 4 GG zeigen, liegt die Kompetenz für die Beurteilung der Sach- und Rechtslage und den Inhalt der abschließenden Sachentscheidung nur solange beim Land, bis sie der Bund, durch Ausübung des Weisungsrechts, für sich in Anspruch nimmt. Auf diese Weise kann er sich bei Meinungsverschiedenheiten in sachlicher Hinsicht gegen das Land durchsetzen.[9] Diese Kompetenz zur Entscheidung in der Sache wird als *Sachkompetenz* bezeichnet; auf sie stützt sich das Weisungsrecht.

Unentziehbar steht hingegen dem Land (nur) die sog. *Wahrnehmungskompetenz* zu. Sie besagt, dass die Durchführung der Entscheidung nach außen gegenüber dem Bürger allein dem Land obliegt. Dem Bund steht nach Art. 85 GG kein sog. Selbsteintrittsrecht zu, das heißt er darf die betreffende Maßnahme nicht selbst, durch seine eigenen Behörden, durchführen.

Vorliegend hat der Bund das Land lediglich angewiesen, *wie* es zu entscheiden hat, er hat also nur die *Entscheidung in der Sache getroffen*, nicht aber die Entscheidung selbst – anstelle des Landes – *umgesetzt*. Die erforderliche Genehmigung erteilt das Land selbst. Der Bund hat somit nur die Sachkompetenz, nicht dagegen die Wahrnehmungskompetenz bezüglich der streitigen Frage in Anspruch genommen und daher die Reichweite seines ihm durch Art. 85 Abs. 3 GG verliehenen Weisungsrechts nicht überschritten.

2. Bestimmtheitsgrundsatz

Dem Prinzip der Bundestreue ist ferner das Gebot zu entnehmen, die Weisung hinreichend bestimmt zu fassen, damit das Land erkennen kann, welche Schritte von ihm erwartet werden. Andernfalls würde die Funktion der Weisung als Instrument der Verwaltungssteuerung verfehlt. Das Land muss

---

[9] Vgl. BVerfGE 81, 310 (332) – Kalkar II.

Das Gebot der Weisungsklarheit kann statt als Bestimmtheitsgrundsatz auch als formeller Aspekt verstanden werden und demnach innerhalb der formellen Verfassungsmäßigkeit geprüft werden.[10]

demnach unter Zuhilfenahme seiner Erkenntnismöglichkeiten den objektiven Sinn der Weisung ermitteln können, wofür auch vorausgegangene Kontakte von Bedeutung sein können.

Vorliegend wurde durch den Bundesminister dem Land deutlich gemacht, dass und mit welchem genauen Inhalt die Genehmigung erteilt werden soll. Mithin ist die Weisung ausreichend bestimmt.

3. Einzelfallbezogenheit

Wegen der erforderlichen Abgrenzung zu den allgemeinen Verwaltungsvorschriften, die nach Art. 85 Abs. 2 S. 1 GG nur durch die Bundesregierung mit Zustimmung des Bundesrats erlassen werden können, berechtigt Art. 85 Abs. 3 GG den zuständigen Bundesminister nur zu Weisungen, die auf einen konkreten Sachverhalt und in diesem Sinne auf einen Einzelfall bezogen sind. Zum Erlass allgemeiner Weisungen im Sinne abstrakt-genereller Vorgaben für den Vollzug berechtigt diese Norm hingegen nicht.[11]

Hier hat der Minister für einen konkreten Fall eine Weisung erteilt. Dem Gebot der Einzelfallbezogenheit wurde damit ebenfalls Genüge getan.

4. Rechtmäßigkeit des Weisungsinhalts

Fraglich ist schließlich, ob die Rechtmäßigkeit des Inhalts der Weisungsbefugnis eine weitere – ungeschriebene – Grenze bildet. Schon aufgrund der umfassenden Verfassungs- und Gesetzesbindung nach Art. 20 Abs. 3 GG darf der Bund keine Weisungen mit rechtswidrigem Inhalt erteilen.[12] Diese objektiv-rechtliche Verpflichtung bedeutet aber nicht automatisch, dass ein entsprechender Verstoß auch zur Begründetheit des Bund-Länder-Streitverfahrens führt. Letzteres ist vielmehr (nur) anzuneh-

---

10 Als Formaspekt prüfen es BVerfGE 102, 167 (173) – Bundesstraße B 75; *Geis*, Examens-Repetitorium Staatsrecht, 3. Aufl. 2018, § 1 Rn. 195 ff..; als Bestimmtheitsproblem thematisiert es beispielsweise *Hermes*, in: Dreier (Hrsg.), GG, 3. Aufl. 2018, Art. 85 Rn. 53.
11 *Trute*, in: v. Mangoldt/Klein/Starck, GG, 7. Aufl. 2018, Art. 85 Rn. 23 mwN.
12 Vgl. *Trute*, in: v. Mangoldt/Klein/Starck, GG, 7. Aufl. 2018, Art. 85 Rn. 30; *Hermes*, in: Dreier (Hrsg.), GG, 3. Aufl. 2018, Art. 85 Rn. 54. Ob damit auch die Weisung selbst rechtswidrig wird (so *Trute*, in: v. Mangoldt/Klein/Starck, GG, 7. Aufl. 2018, Art. 85 Rn. 30) ist nicht unumstritten. Teilweise wird angenommen, dass lediglich die Bindungswirkung entfällt, die Weisung rechtmäßig bleibt (so *Ossenbühl*, Weisungen des Bundes in der Bundesauftragsverwaltung, Der Staat 28 [1989], 31 [45]).

men, wenn ein Land, das im Rahmen der Bundesauftragsverwaltung eine inhaltlich fehlerhafte Weisung erhält, *gerade in seinen Rechten verletzt ist.*

Für die Annahme eines solchen subjektiven Rechts spricht der Wortlaut von Art. 93 Abs. 1 Nr. 3 GG, der Meinungsverschiedenheiten „bei der Ausführung von Bundesrecht durch die Länder" und „bei der Ausübung der Bundesaufsicht" als Hauptfall eines Bund-Länder-Streits nennt. Demnach sind hier besonders häufig Streitigkeiten zu erwarten.[13] Eine klare Aussage hinsichtlich der Betroffenheit subjektiver Rechtspositionen ist damit indes nicht verbunden.

Allerdings könnte Art. 30 GG als die grundlegende Norm für die Abgrenzung von Bundes- und Länderkompetenzen für die Annahme eines subjektiven Rechts sprechen. Die Formulierung des Art. 30 GG „Sache der Länder" deutet darauf hin, dass ihnen *subjektive* Kompetenzrechte zugewiesen sind; eine Einschränkung, wie sie jede Weisung darstellt,[14] ist nur zulässig, wenn das GG dies gesondert vorsieht (Art. 30 Hs. 2 GG). Die von diesem verfassungsrechtlichen Regelungsvorbehalt vorgesehenen Voraussetzungen für eine rechtmäßige Einschränkung dieser subjektiven Zuweisungen liegen aber nicht vor, wenn die Weisung inhaltlich rechtswidrig ist.[15]

Dieser Ansatz steht jedoch nicht in Einklang mit der oben dargelegten Unterscheidung zwischen Sach- und Wahrnehmungskompetenz. Deren konsequente Fortführung führt vielmehr gerade zum gegenteiligen Ergebnis. Die Frage nach der inhaltlichen Rechtmäßigkeit einer Weisung betrifft die Sachkompetenz. Steht die Sachkompetenz dem Land von vornherein nur unter dem Vorbehalt ihrer Inanspruchnahme (mittels Weisung) durch den Bund zu, ist im Fall der inhaltlich fehlerhaften Weisung gerade keine Position der Länder mehr

---

13 Vgl. *Winter*, Rechtsschutz gegen Weisungen in der atomrechtlichen Bundesauftragsverwaltung, DVBl. 1985, 993 (997); *Schulte*, Zur Rechtsnatur der Bundesauftragsverwaltung, VerwArch 81 (1990), 415 (427).
14 Vgl. *Pauly*, Weisungsabwehr in der Bundesauftragsverwaltung, DÖV 1989, 884 (886 f.).
15 Vgl. *Schulte*, Zur Rechtsnatur der Bundesauftragsverwaltung, VerwArch 81 (1990), 415 (426); *Pauly*, Weisungsabwehr in der Bundesauftragsverwaltung, DÖV 1989, 884 (887 f.).

vorhanden, die betroffen sein könnte, da ihnen ihre vormalige Sachkompetenz entzogen wurde.[16]

Zwar muss das Land insoweit im Rahmen des nach außen wirkenden Weisungsvollzugs für den Weisungsinhalt einstehen, als es bei gerichtlicher Überprüfung passivlegitimiert ist. Das ist allerdings nur eine Folge des Auseinanderfallens von Wahrnehmungs- und Sachkompetenz. Die parlamentarische Verantwortlichkeit für die Entscheidung in der Sache liegt dagegen beim zuständigen Bundesminister. Außerdem haftet der Bund ggf. dem Land für Schäden, die infolge einer rechtswidrigen Weisung beim Vollzug entstanden sind, nach Art. 104a Abs. 5 S. 1 Hs. 2 GG.[17] Diese Vorschrift stellt nach überwiegender Ansicht eine unmittelbare Anspruchsgrundlage dar.[18] Wenn demnach die Sachentscheidung dem Land weder politisch zugerechnet wird noch sich finanziell nachteilig auf es auswirkt, spricht dies dafür, dass die entsprechende Frage aus Sicht des Landes keine subjektiv-rechtliche Relevanz aufweist, also seine Rechtsposition nicht betrifft.

Entsprechendes gilt erst recht für die (zusätzlich) herangezogene Argumentation mit der den Bürgern gegenüber bestehenden (grundrechtlichen) Schutzpflicht. Auch insoweit kann auf das durch die Verteilung von Sach- und Wahrnehmungskompetenz bestehende Verantwortungsgefüge verwiesen werden. Die Bundesländer sind nicht etwa befugt oder gar verpflichtet, die Grundrechte ihrer Bürger gegen den Bund zu schützen; eine mögliche Grundrechtsverletzung durch den Bund hat keine Auswirkungen auf das föderale Verhältnis Bund-Land.

Der behauptete Verstoß gegen das KDSG wie gegen die Grundrechte ist also für die Frage einer Verletzung des Landes in eigenen Rechten irrelevant. Die Frage, ob eine solche Rechtswidrigkeit hier tatsäch-

---

16 Vgl. BVerfGE 81, 310 (333) – Kalkar II; *Trute*, in: v. Mangoldt/Klein/Starck, GG, 7. Aufl. 2018, Art. 85 Rn. 31; *Degenhart*, Staatsrecht I, 35. Aufl. 2019, Rn. 542.
17 Vgl. *Janz*, Das Weisungsrecht nach Art. 85 Abs. 3 GG, 2003, S. 495 ff.; *Loschelder*, Die Durchsetzbarkeit von Weisungen in der Bundesauftragsverwaltung, 1998, S. 92 f.; *Shirvani*, Informales Verwaltungshandeln und Bundesauftragsverwaltung, BayVBl. 2005, 164 (166 mit Fn. 16).
18 Vgl. *Hellermann*, in: v. Mangoldt/Klein/Starck, GG, 7. Aufl. 2018, Art. 104a Rn. 184 mwN.

lich vorliegt, braucht damit nicht entschieden zu werden.

Anerkannt ist allerdings, dass die Rechtmäßigkeit einer Weisung dann (höchst ausnahmsweise) beachtlich ist, wenn zu einem Tun oder Unterlassen angewiesen wird, das „im Hinblick auf die damit einhergehende allgemeine Gefährdung oder Verletzung bedeutender Rechtsgüter schlechterdings nicht verantwortet werden kann". Diese Grenze ergibt sich daraus, dass Bund und Länder „unbeschadet bestehender Kompetenzverteilungen (...) eine gemeinsame Verantwortung für den Bestand des Staates (...) tragen."[19]

Vorliegend kann sich allerdings der Minister auf die Sachverständigengutachten stützen. Es ist demnach nicht ersichtlich, dass insoweit eine völlig unvertretbare Position gegeben ist. Der Ausnahmefall einer Weisung zu schlechthin unverantwortbarem Verwaltungshandeln liegt somit nicht vor. Die möglicherweise gegebene objektive Rechtswidrigkeit der Weisung hat demnach auf die Frage der Verletzung der Rechte des Landes keinen Einfluss.

5. Zwischenergebnis

Die Weisung ist auch in materieller Hinsicht verfassungsrechtlich nicht zu beanstanden.

IV. Ergebnis zur Begründetheit

Die Weisung ist verfassungsgemäß. Der Antrag ist daher unbegründet.

C. Gesamtergebnis

Der Bund-Länder-Streit ist zulässig, aber unbegründet.

Vertiefungshinweise: *Kunig*, Bund und Länder im Streit vor dem Bundesverfassungsgericht, Jura 1995, S. 262 ff.; *Janz*, Inhalt, Grenzen und haftungsrechtliche Dimensionen des Weisungsrechts nach Art. 85 III GG, Jura 2004, S. 227 ff.

---

19 BVerfGE 81, 310 (334) – Kalkar II.

Fall 4: Selbstauflösung des Bundestags

Schwerpunkte: Organstreitverfahren, Selbstauflösungsrecht des Bundestags.

Sachverhalt

▶ Nach der letzten Bundestagswahl setzt sich der Bundestag aus Mitgliedern der Parteien X, Y und Z zusammen. X und Y stellen je 285, die Z-Partei zunächst 30 Abgeordnete. Nach schwierigen Koalitionsvereinbarungen vereinbaren Z und Y eine Zusammenarbeit. Mit den Stimmen der Abgeordneten dieser beiden Fraktionen wird K zum Bundeskanzler gewählt. Kurz darauf zerbricht die Z-Fraktion aufgrund eines heftigen innerparteilichen Richtungsstreits. Je 10 Abgeordnete der Fraktion schließen sich der X- bzw. der Y-Partei an. Die verbleibenden 10 Abgeordneten scheiden aus der Koalition aus und gründen eine neue Gruppe W. Diese Abgeordneten stimmen bisweilen für, bisweilen gegen die von der Minderheitsregierung des K vorgelegten politischen Projekte. Eine stabile politische Arbeit wird dadurch erschwert. Pattsituationen häufen sich.

Die Fraktionsvorsitzenden von X und Y wollen daher zur Wiederherstellung stabiler Mehrheitsverhältnisse möglichst rasch Neuwahlen abhalten. Beide erhoffen sich dabei den Zugewinn der Wählerstimmen der zerbrochenen Z-Partei. Sie sind der Auffassung, ein solches Selbstauflösungsrecht lasse sich, auch wenn es nicht explizit im Grundgesetz genannt sei, doch mit diesem vereinbaren. Das folge bereits aus der Parlamentsautonomie, wie sie v. a. in Art. 40 GG Ausdruck finde. Zudem stütze die Regelung des Art. 39 Abs. 3 GG, das Recht zur Selbstversammlung des Parlamentes, erkennbar das Recht zur Selbstauflösung. Denn letzteres sei nichts anderes als die verfassungsrechtliche Entsprechung des Selbstversammlungsrechts.

Die Abgeordneten der Gruppe W protestieren gegen dieses Vorhaben. Ein Selbstauflösungsrecht des Bundestages sei in das Grundgesetz bewusst nicht aufgenommen worden und diesem daher auch nicht im Wege der Auslegung zu entnehmen. Selbstversammlungs- und Selbstauflösungsrecht seien im Übrigen keineswegs zwei Seiten einer Medaille. Schließlich obläge die Entscheidung über das weitere Regieren dem Bundeskanzler, und dieser habe – was zutrifft – immer wieder betont, er könne auch in Zukunft mit „Bild, BamS, Glotze und wechselnden Mehrheiten im Parlament" sehr gut regieren. Der Bundestag teilt in seiner Mehrheit die Bedenken der W-Gruppe nicht und beschließt seine Auflösung.

Die Abgeordneten der W-Gruppe wollen den Beschluss nicht akzeptieren und beauftragen Sie mit der Anfertigung eines Gutachtens, in dem die Erfolgsaussichten eines gegen den Selbstauflösungsbeschluss gerichteten verfassungsgerichtlichen Verfahrens umfassend zu prüfen sind. ◀

Lösungsvorschlag:
Das Verfahren ist erfolgreich, wenn es zulässig und begründet ist.

A. Zulässigkeit

I. Zuständigkeit des Bundesverfassungsgerichts

Für das Begehren der Abgeordneten der W-Gruppe, den Auflösungsbeschluss des Deutschen Bundestages durch das Bundesverfassungsgericht auf seine Verfassungskonformität hin überprüfen zu lassen, kommt prozessual ein Organstreitverfahren in Betracht, für das das Bundesverfassungsgericht nach Art. 93 Abs. 1 Nr. 1 GG, §§ 13 Nr. 5, 63 ff. BVerfGG zuständig ist.

II. Parteifähigkeit

Parteifähig sind gem. Art. 93 Abs. 1 Nr. 1 GG, § 63 BVerfGG die obersten Bundesorgane, die entsprechend qualifizierten Teile dieser Organe oder „andere Beteiligte" iSv Art. 93 Abs. 1 Nr. 1 GG. Vorliegend wollen die *Abgeordneten* der W-Gruppe den Antrag stellen.

Angesichts der im Sachverhalt gemachten Angaben war von einem gemeinsamen Antrag der *Abgeordneten* auszugehen. Wegen § 10 Abs. 4 GOBT könnte allerdings auch die Parteifähigkeit der W-*Gruppe* selbst angenommen werden. Geht man dagegen davon aus, dass die Abgeordneten selbst als Antragsteller auftreten, ist es denkbar, dass technisch gesehen mehrere Anträge, nämlich jedes einzelnen Abgeordneten, vorliegen. Diese Anträge können jedoch gemäß § 66 BVerfGG zur gemeinsamen Entscheidung verbunden werden. Dieser Punkt wäre ggf. zwischen Zulässigkeits- und Begründetheitsprüfung knapp anzusprechen.

Nicht richtig ist es hingegen, als Antragsgegner die X- und Y-Fraktion zu bezeichnen; die im Vorfeld getroffene Vereinbarung ist, jedenfalls nachdem die Selbstauflösung beschlossen worden war, nicht erheblich.

Ob Abgeordnete als „Organteile" des Bundestags iSv § 63 BVerfGG angesehen werden können, ist zweifelhaft, kann hier aber offen bleiben, da Abgeordnete des Deutschen Bundestages gem. Art. 38 Abs. 1 S. 2 GG durch das Grundgesetz mit eigenen Rechten ausgestattet und insofern jedenfalls „andere Beteiligte" iSv Art. 93 Abs. 1 Nr. 1 GG sind. Ihre Parteifähigkeit ist daher zu bejahen.

Antragsgegner ist der Bundestag, der die Auflösung beschlossen hat. Er ist ein oberstes Bundesorgan und daher tauglicher Antragsgegner (Art. 93 Abs. 1 Nr. 1 GG iVm § 63 BVerfGG).

III. Streitgegenstand

Streitgegenstand des Organstreitverfahrens ist jede rechtserhebliche Maßnahme oder Unterlassung des Antragsgegners. Vorliegend wenden sich die An-

Fall 4: Selbstauflösung des Bundestags

tragsteller gegen den (Selbst-)Auflösungsbeschluss des Bundestages. Da dieser im Falle seiner Verfassungskonformität ohne weitere Umsetzungsakte rechtliche Auswirkungen hat, ist er rechtserheblich.

Der Beschluss ist daher ein tauglicher Streitgegenstand.

IV. Antragsbefugnis

Die Antragsteller müssten ferner gemäß § 64 Abs. 1 BVerfGG geltend machen, durch die gerügte Maßnahme in ihren Rechten verletzt worden zu sein. Zu dieser Geltendmachung genügt es, dass eine solche Verletzung möglich erscheint, also jedenfalls nicht sicher ausgeschlossen werden kann. Durch die vorzeitige Beendigung der Legislaturperiode werden den Abgeordneten Mitwirkungsrechte genommen. Deshalb ist zumindest nicht von vornherein auszuschließen, dass die Abgeordneten durch die Maßnahme des Bundestages in ihren ihnen durch Art. 38 Abs. 1 S. 2 iVm Art. 39 Abs. 1 S. 1 GG gewährten Rechtspositionen beeinträchtigt werden.

Vertretbar (angesichts der ständigen Rechtsprechung des Bundesverfassungsgerichts aber kaum empfehlenswert) ist es, anzunehmen, dass die Abgeordneten in Prozessstandschaft Rechte des Bundestages wahrnehmen können (§ 64 Abs. 1 BVerfGG).

Eine Antragsbefugnis liegt damit vor.

V. Rechtsschutzbedürfnis

Es müsste ferner ein Rechtsschutzbedürfnis der Antragsteller bestehen. Dieses ist durch die Geltendmachung der Verletzung (Antragsbefugnis) indiziert. Das Bestehen eines einfacheren Wegs zur Lösung der Streitfrage ist nicht ersichtlich, insbesondere war eine Durchsetzung der eigenen Position gegenüber der Mehrheit im Bundestag nicht möglich.

Das Rechtsschutzbedürfnis ist daher zu bejahen.

VI. Form und Frist

Die Abgeordneten müssten, entschließen sie sich zur Antragstellung, das Formerfordernis des § 23 Abs. 1 BVerfGG beachten und die (noch nicht abgelaufene) sechsmonatige Frist nach § 64 Abs. 3 BVerfGG wahren.

VII. Ergebnis zur Zulässigkeit

Das Organstreitverfahren ist zulässig.

B. Begründetheit

<small>Vgl. zu dieser „verwaltungsrechtlichen" Aufbauvariante und der ihr entsprechenden Formulierung des Obersatzes Kap. 1, I. 5. b) bb).</small>

Der Antrag ist begründet, wenn der von den Antragstellern zulässigerweise beanstandete (Selbst-) Auflösungsbeschluss des Bundestages formell oder materiell verfassungswidrig ist und hierdurch die Antragsteller in ihren Rechten verletzt sind.

I. Verfassungskonformität der Parlamentsauflösung

Die Auflösung des Bundestags ist verfassungskonform, wenn das Grundgesetz ein entsprechendes Recht des Parlaments auf Selbstauflösung ausdrücklich vorsieht oder es ihm zumindest durch (sonstige) Auslegung entnommen werden kann. Sofern eine solche Rechtsgrundlage grundsätzlich existiert, müssen zudem auch die durch die Norm selbst und gegebenenfalls durch weitere Verfassungsbestimmungen statuierten formellen und materiellen Anforderungen an die Ausübung dieses Rechts eingehalten worden sein.

1. Recht zur Parlamentsauflösung?

Dem Grundgesetz ist keine ausdrückliche Befugnis des Bundestages, sich selbst aufzulösen, zu entnehmen. Allerdings könnte sich ein solches Recht aus einer Zusammenschau der den Bundestag betreffenden Regelungen des Grundgesetzes oder aus einzelnen das Parlament betreffenden Vorschriften herleiten lassen.

a) Als normative Grundlage eines Selbstauflösungsrechts des Bundestages kommen die Geschäftsordnungsautonomie (Art. 40 Abs. 1 S. 2 GG) und das Selbstversammlungsrecht (Art. 39 Abs. 3 GG) in Betracht.

aa) Art. 40 Abs. 1 S. 2 GG verpflichtet den Bundestag einerseits, sich eine Geschäftsordnung zu geben, enthält andererseits aber keine inhaltlichen Vorgaben. Dem Parlament steht insoweit ein breiter Spielraum zu. Insoweit scheint es möglich, dass im Rahmen dieses Spielraums das Parlament sich auch das Recht zur Parlamentsauflösung einräumen könnte. Allerdings betreffen die Regelungsgegenstände einer Geschäftsordnung den innerparlamentarischen Bereich. Die Geschäftsordnung entfaltet daher nur mittelbar Außenwirkung. Ein Recht zur Selbstauflösung beträfe aber das gesamte, auch und gerade nach außen gerichtete staatliche Handeln. Eine Selbstauflösung kann deshalb nicht (allein) in der Geschäftsordnung geregelt werden. Folglich kann der Bundestag erst recht keine (bislang in der Geschäftsordnung nicht enthaltene) Auflösungskompetenz im Einzelfall aus Art. 40 Abs. 1 S. 2 GG ableiten. Eine solche deutlich stärkere Befugnis lässt sich der bloßen Geschäftsordnungsautonomie aus Art. 40 Abs. 1 S. 2 GG nicht entnehmen. Dieser bietet daher keine taugliche Grundlage für ein Selbstauflösungsrecht.

bb) Möglicherweise kann aber Art. 39 Abs. 3 GG zur Stützung eines solches Rechts herangezogen werden. Das wäre der Fall, wenn das Recht zur Selbstauflösung des Bundestags als „Kehrseite" des Rechts zur Selbstversammlung und daher in dessen Regelung mitenthalten anzusehen wäre.

Allerdings kann diese Betrachtung nicht überzeugen. Ein Selbstauflösungsrecht stellt keineswegs die bloße Kehrseite des Selbstversammlungsrechts dar. Beide Rechte betreffen gänzlich unterschiedliche Sachbereiche. Geht es bei diesem nur um den Schluss und Wiederbeginn der Sitzungen innerhalb einer Sitzungsperiode, soll jenes sehr viel weiter gehend die Wahlperiode selbst betreffen. Aus der ausdrücklichen Einräumung des schwächeren ist aber nicht auf dem Wege einer Analogie auf die Gewährung eines deutlich stärkeren Rechts zu schließen.

Mithin bietet auch Art. 39 Abs. 3 GG keine taugliche Grundlage für die Annahme eines Selbstauflösungsrechts.

b) Stützen demnach die ausdrücklichen Regelungen zu den Rechten des Bundestages eine Selbstauflösung nicht, so wäre es denkbar, das Selbstauflösungsrecht aus einer dem Parlament eingeräumten umfassenden Autonomie im Sinne einer Herrschaft in allen es selbst betreffenden Angelegenheiten abzuleiten. Das setzt voraus, dass eine solche umfassende Autonomie dem Bundestag durch das Grundgesetz zugestanden wird. Eine allgemeine Vorschrift dieses Inhalts enthält das Grundgesetz jedoch nicht. Wie gesehen, sind die parlamentsrechtlichen Bestimmungen aufgegliedert in eine Mehrzahl detaillierter Einzelregelungen. Diese Bestimmungen lassen sich zwar als Ausprägungen des allgemeinen Autonomiegedankens verstehen. Ihre ausdrückliche einzelne Aufführung verlöre jedoch ihren Sinn, wenn man aus ihnen zugleich eine allgemeine Befugnis auch in anderen, nicht geregelten Bereichen ableiten könnte. Ein umfassendes Recht des Bundestags hinsichtlich der Regelung seiner eigenen Angelegenheiten lässt sich den parlamentsrechtlichen Vorschriften des Grundgesetzes somit gerade nicht entnehmen. Auf einen allgemeinen Autonomiegedanken kann daher das Recht zur Selbstauflösung nicht gestützt werden.

Außerdem benennen die ausdrücklich im Grundgesetz enthaltenen Spezialregelungen zur vorzeitigen Auflösung des Bundestags (Art. 63 Abs. 4 S. 3 Alt. 2, 67, 68 GG) jeweils spezifische Voraussetzungen, von deren Vorliegen die Rechtmäßigkeit einer Parlamentsauflösung abhängt. Auch diese Regelungen würden durch ein zusätzlich eingeräumtes allgemeines Selbstauflösungsrecht in ihrem Sinn und Zweck konterkariert. Im Umkehrschluss folgt demnach aus diesen Bestimmungen, dass ein weiter gehendes allgemeines Selbstauflösungsrecht im grundgesetzlichen System gerade nicht vorgesehen ist. Das Grundgesetz sieht ein allgemeines Selbstauflösungsrecht des Bundestags somit weder ausdrücklich vor noch lässt sich ihm ein solches durch Interpretation entnehmen. Die dennoch erfolgte Selbstauflösung erfolgte mithin im Widerspruch zu den grundgesetzlichen Regelungen.

2. Formelle und materielle Verfassungskonformität im Übrigen?

Da es vorliegend bereits an einer hinreichenden verfassungsrechtlichen Rechtsgrundlage für ein entsprechendes Auflösungsrecht fehlt, entfällt die Prüfung weiterer formeller oder materieller Anforderungen.

3. Zwischenergebnis

Die Auflösung des Bundestags verstößt damit objektiv gegen die Verfassung.

II. Verletzung einer Rechtsposition der Antragsteller

Der Auflösungsbeschluss ist also verfassungswidrig. Erfolg hat der Organstreit als kontradiktorisches Verfahren indes nur, wenn hieraus auch eine Rechtsverletzung auf Seiten der Antragsteller resultiert.

In Betracht kommt eine Verletzung des Statusrechts aus Art. 38 Abs. 1 S. 2 GG. Durch eine Auflösung des Bundestages verlieren die Abgeordneten ihr Mandat und damit ihren Status. Die in Art. 39 Abs. 1 S. 1 GG festgelegte Dauer der Wahlperiode zeigt aber gerade, dass der einzelne Abgeordnete grundsätzlich einen Anspruch auf seinen Status für den Zeitraum hat, für den er gewählt wurde. Art. 39 Abs. 1 S. 1 GG bringt nämlich nicht nur zum Ausdruck, in welchen Abständen die Wähler erneut demokratische Legitimation (Art. 20 Abs. 2 S. 2 GG) verleihen müssen, sondern dient der effektiven Aufgabenerfüllung des Bundestages und damit mittelbar auch dem Status des einzelnen Abgeordneten. Die (hier) grundgesetzwidrige Verkürzung der laufenden Wahlperiode greift daher zugleich in den vom Grundgesetz gewährleisteten Status des Abgeordneten ein. Auch eine Rechtsverletzung der Antragsteller durch die verfassungswidrige Parlamentsauflösung ist demnach gegeben.

III. Ergebnis zur Begründetheit
Das Organstreitverfahren ist daher begründet.
C. Gesamtergebnis
Der Organstreit ist zulässig und begründet.

Vertiefungshinweis: *Philipp*, Die vorzeitige Bundestagsauflösung als verfassungsrechtliches Problem, Jura 2005, S. 512 ff.

Fall 5: Der Sitzungsausschluss

Schwerpunkte: Organstreitverfahren (insbes. Aufbau der Begründetheitsprüfung), Abgeordnetenstatus.

Sachverhalt

▶ A ist Abgeordneter des Deutschen Bundestages und Mitglied der rechtsextremen N-Fraktion. In der Vergangenheit leitete er seine parlamentarischen Redebeiträge mehrfach mit der Anrede „Volksgenossen, Blutsgenossen, Kameraden" ein. Daraufhin ersuchte ihn der Bundestagspräsident, eine übliche, politisch unbelastete Anrede zu verwenden. Unter Verweis auf seine Rechte als frei gewählter Abgeordneter und die grundgesetzliche Garantie der Meinungsfreiheit verweigerte A dies. Nachdem er in einer Bundestagssitzung erneut diese Anrede verwendet hatte, sprach der Bundestagspräsident für das Verhalten des A, mit dem dieser zum wiederholten Mal die Würde des Hohen Hauses verletzt habe, eine „Rüge" aus.

In der darauffolgenden Sitzung warnte der Bundestagspräsident, als A das Wort ergreifen wollte, A unter Androhung eines Ordnungsrufes vor einer Wiederholung der Anrede. Als A dennoch seine Rede mit der beanstandeten Formulierung begann, schloss ihn der Bundestagspräsident gem. § 38 Abs. 1 GOBT unter Hinweis auf die Würde des Hohen Hauses „für die Dauer der Sitzung" von den noch anstehenden Beratungen und Abstimmungen aus. A verlässt empört den Sitzungssaal.

Am folgenden Tag legt er gegen den Sitzungsausschluss Einspruch ein, der vom Bundestag mit den Stimmen aller Fraktionen – mit Ausnahme der N-Fraktion – zurückgewiesen wurde. Daraufhin beantragt A beim Bundesverfassungsgericht die Feststellung, dass die Rüge und der Sitzungsausschluss verfassungswidrig waren.

Ist der Antrag begründet? ◀

Dieser Obersatz (und die ihm folgende Prüfungsstruktur) entspricht dem oben, Kap. 1, unter I. 5. b) aa), als „Verfassungsbeschwerde-Aufbau" bezeichneten Aufbautypus.

Lösungsvorschlag:

Der Antrag ist begründet, wenn die angegriffenen Maßnahmen, dh die Rüge und die Verweisung aus dem Sitzungssaal, A in seinen verfassungsmäßigen Rechten verletzen. Eine Verletzung liegt vor, wenn eine Rechtsposition des A besteht, die durch eine der beiden Maßnahmen in einer Weise beeinträchtigt wurde, die verfassungsrechtlich nicht gerechtfertigt ist. Insofern ist zwischen den beiden Maßnahmen zu differenzieren.

A. Verletzung verfassungsmäßiger Rechte des A durch die Rüge

I. Bestehen einer verfassungsrechtlichen Rechtsposition

1. Art. 5 Abs. 1 GG

Zunächst könnte aus Art. 5 Abs. 1 S. 1 GG eine (beeinträchtigte) Rechtsposition des A folgen. Durch diese Norm wird die allgemeine Meinungsfreiheit geschützt. In personeller Hinsicht gilt dieser Schutz jedoch nur dem Staatsbürger gegenüber dem Staat, nicht hingegen dem Abgeordneten. Dieser ist Amtsträger und in dieser Eigenschaft bei der Ausübung seines Amts nicht durch Grundrechte geschützt.

Diese Vorschrift kann vorliegend demnach nicht verletzt sein. Eine Betroffenheit des Art. 5 Abs. 1 GG scheidet damit aus.

2. Art. 38 Abs. 1 S. 2 GG

A könnte daher jedoch in seinem durch Art. 38 Abs. 1 S. 2 GG gewährleisteten Abgeordnetenstatus verletzt sein. Der Bundestag übt als „besonderes Organ" (Art. 20 Abs. 2 GG) die vom Volk ausgehende Staatsgewalt aus. Die Gesamtheit seiner Mitglieder repräsentiert das Volk („Vertreter des ganzen Volkes", Art. 38 Abs. 1 S. 2 GG). Jeder Abgeordnete hat daher das Recht und die Pflicht, an der Arbeit des Bundestags effektiv teilzunehmen. Hierzu zählt insbesondere das Recht, sich an den Plenardebatten des Parlaments zu beteiligen. Ohne Redefreiheit könnte ein Abgeordneter seine Aufgaben als Volksvertreter kaum wahrnehmen. Sie ist daher als notwendiger Bestandteil seines Status gemäß Art. 38 Abs. 1 S. 2 GG geschützt und durch das Privileg des Art. 46 GG, das für Art. 5 Abs. 1 GG nicht in entsprechender Weise existiert,[1] abgesichert. Da allen Abgeordneten gleichermaßen die Aufgabe der Repräsentation obliegt, garantiert Art. 38 Abs. 1 S. 2 GG zudem *gleiche* Mitwirkungsbefugnisse für alle Abgeordneten. A kann sich daher grundsätzlich auf sein Statusrecht aus Art. 38 Abs. 1 S. 2 GG berufen. Eine verfassungsrechtliche Rechtsposition des Antragstellers ist damit vorliegend gegeben.

II. Beeinträchtigung des Rechts durch die Maßnahme des Antragsgegners

Dieses Recht des Antragstellers müsste der Antragsgegner durch seine Maßnahme beeinträchtigt haben.

Das setzt voraus, dass die beanstandete Maßnahme, hier die Rüge, rechtserheblich war. Anderenfalls wäre eine *Beeinträchtigung* der Rechte des A von vornherein ausgeschlossen.

Rechtserheblich ist eine Maßnahme dann, wenn ihr rechtliche Wirkungen zukommen. Solche rechtlichen Auswirkungen wären etwa für eine bloß ungeschickte oder unhöfliche Verhandlungsführung durch den Bundestagspräsidenten zu verneinen; diese könnte daher nicht Gegenstand eines Organstreits sein. Die erteilte Rüge wäre daher (nur) dann rechtserheblich, wenn sie als Ordnungsruf iSd § 36 Abs. 1 S. 2 GOBT zu qualifizieren wäre. Denn dieser kann nach § 36 Abs. 2 GOBT zur Entziehung des Wortes führen, also rechtlich vorbestimmte Konsequenzen nach sich ziehen.

Fraglich ist daher, ob ein Ordnungsruf vorliegt. Dies ist indessen nur zu bejahen, wenn der Präsident seine Maßnahme als Ordnungsruf bezeichnet. Er muss demnach mindestens den Begriff „Ordnung" verwenden, etwa in der Form: „Ich rufe Sie zur Ordnung!". Diese strenge, formale Voraussetzung ist wegen der Folgen für den betroffenen Abgeordneten (§ 36 Abs. 2 GOBT) erforderlich. Nur wenn über den Rechtscharakter des Verhaltens des

---

[1] BVerfGE 60, 374 (380).

Bundestagspräsidenten Klarheit herrscht, kann der betroffene Abgeordnete sein (weiteres) Verhalten entsprechend einrichten, insbesondere kann er nur so absehen, ob ein Einspruch gemäß § 39 GOBT zulässig (und erforderlich) ist oder ihm, bei zweimaliger Wiederholung, eine Entziehung des Wortes droht (§ 36 Abs. 2 GOBT).[2]

Im vorliegenden Fall hat der Präsident diesem Formerfordernis nicht genügt. Er hat A lediglich für sein Verhalten gerügt, nicht dagegen ausdrücklich zur Ordnung gerufen. Die bloße Rüge ist damit kein Ordnungsruf gemäß § 36 Abs. 1 S. 2 GOBT. Sie ist vielmehr als eigenständige, nichtförmliche Ordnungsmaßnahme anzusehen – nach Auffassung der Literatur entweder auf parlamentarischem Gewohnheitsrecht oder auf Parlamentsbrauch beruhend –, die als mildestes Mittel des Eingreifens zur Aufrechterhaltung der Ordnung bei denjenigen Verstößen dient, die noch keine förmliche Maßnahme rechtfertigen.[3] Die Rüge hat nur präventiven, mahnenden Charakter und kann auch unter anderen Bezeichnungen (zB Ermahnung oder Missbilligung) ausgesprochen werden. Sie soll nur ein Hinweis für den Abgeordneten sein, dass sein Verhalten unparlamentarisch ist. Wegen dieses Hinweischarakters greift die Rüge noch nicht in Rechte des Abgeordneten ein; sie hat keinen Rechtsnachteil zur Folge, selbst wenn das Verhalten des Abgeordneten missbilligt wird (so dass es folgerichtig gegen die schlichte Rüge auch kein Einspruchsrecht nach § 39 GOBT gibt).

Eine Beeinträchtigung der aus Art. 38 Abs. 1 S. 2 GG resultierenden Redefreiheit des Abgeordneten A liegt daher mangels Rechtserheblichkeit der Maßnahme nicht vor.

III. Zwischenergebnis

Der Antrag ist damit (hinsichtlich der Rüge) unbegründet.

---

[2] BVerfGE 60, 374 (382).
[3] BVerfGE 60, 374 (381 f.).

B. Verletzung verfassungsmäßiger Rechte des A durch die Verweisung aus dem Sitzungssaal

I. Bestehen einer verfassungsmäßigen Rechtsposition des A

Auch vorliegend kommt als betroffene Rechtsposition Art. 38 Abs. 1 S. 2 GG in Betracht. Diese Bestimmung beinhaltet, wie gezeigt, insbesondere die Ausübung des Rederechts, darüber hinaus aber auch das Recht auf Teilnahme an der parlamentarischen Debatte, ein Stimm- und Antragsrecht sowie das Recht auf Beteiligung an der Ausübung des Frage- und Informationsrechts des Parlaments. Um die Ausübung dieser Abgeordnetenrechte im Plenum des Parlaments geht es A.

Damit ist seine verfassungsmäßige Rechtsposition aus Art. 38 Abs. 1 S. 2 GG betroffen.

II. Beeinträchtigung des Rechts durch die Maßnahme des Antragsgegners

Die Maßnahme des Bundestagspräsidenten müsste diese Rechtsposition beeinträchtigen.

A wurde vorliegend durch den Präsidenten „für die Dauer der Sitzung" von den noch anstehenden Beratungen und Abstimmungen ausgeschlossen. Er durfte daher nicht mehr an der Plenarsitzung des Bundestags teilnehmen und damit von seinen Mitwirkungsrechten gemäß Art. 38 Abs. 1 S. 2 GG keinen Gebrauch machen.

Die Verweisung bedeutet daher eine Beeinträchtigung seiner Abgeordnetenrechte aus Art. 38 Abs. 1 S. 2 GG.

III. Rechtfertigung der Beeinträchtigung

1. Einschränkbarkeit – keine absolute Rechtsstellung des Abgeordneten

Die Beeinträchtigung könnte aber gerechtfertigt sein. Das setzt zunächst voraus, dass die Abgeordnetenrechte von A überhaupt eingeschränkt werden dürfen. Andernfalls wäre eine Rechtfertigung von vornherein ausgeschlossen.

Gegen eine solche Einschränkbarkeit spricht auf den ersten Blick, dass Art. 38 Abs. 1 S. 2 GG seinem Wortlaut nach keine Einschränkungsmöglichkeiten vorsieht.

Allerdings gewährt das Grundgesetz dem Bundestag Geschäftsordnungsautonomie (Art. 40 Abs. 1 S. 2 GG). Diese Vorschrift trägt auch Beeinträchtigungen der in Art. 38 Abs. 1 S. 2 GG abgesicherten Rechte der Parlamentarier, weil ein Verständnis der Abgeordnetenrechte als unbeschränkbar jedenfalls dort zu untragbaren Ergebnissen führen kann, wo mehrere Abgeordnete betroffen sind. Die gleichzeitige Verwirklichung nicht aufeinander abgestimmter Abgeordnetenrechte bedrohte die Handlungsfähigkeit des Parlaments. Soweit es die notwendig gemeinschaftliche Ausübung der Mitgliedschaftsrechte aller Abgeordneten erfordert, unterliegen daher die Beteiligungsrechte des einzelnen Abgeordneten (immanenten) Beschränkungen.[4] Die Mitwirkungsrechte des Abgeordneten dürfen hierbei nicht grundsätzlich in Frage gestellt werden – die Geschäftsordnung kann nicht die Rechte und Pflichten des Abgeordneten gänzlich aufheben, sondern lediglich die Art und Weise ihrer Ausübung regeln. Maßstab bei der Ausgestaltung der Rechte und Pflichten des Abgeordneten bleibt mithin stets die grundgesetzlich gewährleistete Beteiligung aller Abgeordneten auf Grundlage des Repräsentationsprinzips.[5] Demnach ist eine Beschränkung der Abgeordnetenrechte jedenfalls grundsätzlich möglich.

2. Grenzen der Einschränkbarkeit

Die Begrenzung der Abgeordnetenrechte ist allerdings nur dann gerechtfertigt, wenn die dafür herangezogene Norm der GOBT formell wie materiell verfassungskonform ist und auch die Anwendung der Norm im Einzelfall den Anforderungen des Grundgesetzes angemessen Rechnung trägt.

a) Verfassungskonformität der Rechtsgrundlage

Zu klären ist demnach als erstes, ob die (hier relevanten) Regelungen der Geschäftsordnung, die dem Ausgleich der verschiedenen Abgeordneten

---

4 Vgl. hierzu auch *Ziekow*, Der Status des fraktionslosen Abgeordneten – BVerfGE 80, 190, JuS 1991, 28 (29 f.); *Trute*, Der fraktionslose Abgeordnete, Jura 1990, 184 (188).
5 Vgl. BVerfGE 80, 188 (219) – Wüppesahl.

Fall 5: Der Sitzungsausschluss

und ihrer Rechte dienen, konkret: § 38 GOBT, verfassungskonform sind.

aa) Formelle Verfassungskonformität

In formeller Hinsicht ist auf die Kompetenz des Bundestags zu verweisen, sich eine Geschäftsordnung zu geben, Art. 40 Abs. 1 S. 2 GG. Nach dem oben Gesagten umfasst diese Kompetenz grundsätzlich auch Begrenzungen der Freiheit des Abgeordneten gem. Art. 38 Abs. 2 S. 2 GG. Mangels entgegenstehender Hinweise ist auch von einem in verfahrensrechtlicher und formeller Hinsicht ordnungsgemäßen Zustandekommen der Norm auszugehen. Die formelle Verfassungskonformität ist damit zu bejahen.

bb) Materielle Verfassungskonformität

In materieller Hinsicht könnten der Norm Aspekte des Bestimmtheitsgebots einer- und des Übermaßverbots andererseits entgegenstehen.

(1) Die Norm enthält zwar mit der Tatbestandsvoraussetzung „gröbliche Verletzung der Ordnung oder der Würde des Bundestags" einen ersichtlich unbestimmten Rechtsbegriff; dieser ist jedoch vor dem Hintergrund der Zweckbestimmung der Norm, nämlich der Aufrechterhaltung der Funktionsfähigkeit des Parlaments und seiner Arbeit, hinreichend trennscharf auslegbar.

> Der Gedanke des Übermaßverbots bezieht sich ursprünglich auf das Verhältnis Staat-Bürger; bei rein staatsinternen Beziehungen wie im vorliegenden Fall könnte man daher zweifeln, ob er als Prüfungskriterium heranzuziehen ist. Allerdings entspricht die Situation des einzelnen Bundestagsabgeordneten, der sich auf seine Rechte aus Art. 38 Abs. 1 S. 2 GG beruft, strukturell weitgehend der Situation eines Grundrechtsträgers in den eingriffsabwehrrechtlichen Fällen. Das Übermaßverbot ist zudem nicht notwendig nur aus den Grundrechten herzuleiten und damit nur auf diese zu beziehen; es lässt sich auch als allgemeiner Gedanke aus dem Rechtsstaatsprinzip herleiten. Das spricht dafür, den Gedanken hier nicht nur der Sache nach, sondern sogar terminologisch greifen zu lassen.

(2) Auch dem Gedanken des Übermaßverbots ist noch hinreichend entsprochen. Mit Blick auf die Arbeitsfähigkeit des Parlaments ist nichts dagegen einzuwenden, wenn vorgesehen ist, dass der Bundestagspräsident bei „einer gröblichen Verletzung der Ordnung" den Störer des Sitzungssaals verweisen kann. Auf diese Weise wird sichergestellt, dass die Durchführung von Debatten, mögen sie auch gelegentlich hitzig und streitbar sein, sachbezogen und frei von (massiven) Störungen verlaufen kann. Die Regelung hebt die eingangs beschriebenen Rechte der Abgeordneten auch nicht gänzlich auf. Der Ausschluss erfolgt nur vorübergehend. Insofern wiegt die drohende massive Beeinträchtigung der Funktionsfähigkeit des Parlaments schwerer als die Beeinträchtigung der Rechte des Abgeordneten.

Zweifeln könnte man allerdings in prozeduraler Hinsicht, ob nicht, ähnlich wie gem. § 36 Abs. 2 GOBT, auch in den Fällen des § 38 Abs. 1 GOBT zuvor ein Ordnungsruf ergangen sein muss. Das würde aber bedeuten, dass eine „gröbliche Verletzung" des Parlaments nicht nur einmal, sondern mindestens zwei Mal erfolgen muss. Das ist nicht hinzunehmen. Im Übrigen ist wegen der Verwendung der unbestimmten Rechtsbegriffe „gröblich" und „Ordnung" sowie durch das dem Präsidenten eingeräumte Ermessen (*„kann* ... verweisen") eine verfassungskonforme Handhabung im Einzelfall möglich. Schließlich ist zu berücksichtigen, dass der Bundestag bei der Entscheidung, durch welche Regelungen er seine Funktionsfähigkeit sichern möchte, einen weiten Gestaltungsspielraum hat. Angesichts der vorstehenden Überlegungen ist nicht ersichtlich, dass er diesen mit § 38 Abs. 1 S. 1 GOBT überschritten hat.

Der zeitweilige Ausschluss von Abgeordneten von der Teilnahme an Sitzungen des Bundestags ist daher aufgrund der Geschäftsordnungsautonomie des Bundestages zulässig. Die Norm ist auch materiell verfassungskonform.

b) Rechtmäßige Anwendung der Rechtsgrundlage

Der verfassungskonforme § 38 Abs. 1 S. 1 GOBT müsste darüber hinaus auch im Einzelfall verfassungskonform angewendet worden sein. Dies ist nur der Fall, wenn erstens eine Beeinträchtigung der genannten Belange tatsächlich vorlag und zweitens die Verweisung aus dem Saal mit dem Grundsatz praktischer Konkordanz vereinbar ist. Die Maßnahme muss also einen möglichst schonenden Ausgleich zwischen den Rechten des Antragstellers und den gegenläufigen Positionen darstellen, dh die Intensität der Beeinträchtigung der Rechte des A darf nicht außer Verhältnis zu dem Gewicht der Beeinträchtigung der Belange des Parlaments stehen.

aa) Tatbestandsvoraussetzungen

Ein rechtmäßiger Sitzungsausschluss des A setzt demnach zunächst voraus, dass auch tatsächlich die tatbestandlichen Voraussetzungen des § 38

Fall 5: Der Sitzungsausschluss

Abs. 1 GOBT vorliegen. Die Äußerungen des A müssten daher zu einer „gröblichen Verletzung der Ordnung" geführt haben. Das ist etwa bei Handlungen mit klar erkennbarer Störungstendenz – etwa bei groben Beschimpfungen und Beleidigungen oder bewussten Unterbrechungen der Wortbeiträge anderer Abgeordneter – anzunehmen. Eine solche eindeutige negative Auswirkung auf den Sitzungsablauf besteht hier allerdings nicht.

Eine andere Auffassung ist hier mit Hinweis auf die hohe Bedeutung der Redefreiheit der Abgeordneten, die bei der Maßstabsbildung für die Auslegung des Begriffs der gröblichen Ordnungsverletzung zu berücksichtigen ist, vertretbar. Entscheidend ist, dass jedenfalls nicht eine politische Position wegen ihres Inhalts zur Anknüpfung für eine entsprechende Ordnungsmaßnahme genommen wird.

Allerdings ist zu berücksichtigen, dass sich die Ordnung nicht allein auf das formale, äußerliche Funktionieren des parlamentarischen Prozesses zu beziehen braucht. Vielmehr kann, wie es auch in der Bezugnahme des Präsidenten auf die „Würde" des Hauses zum Ausdruck gebracht wird, ebenso eine Beeinträchtigung der zugrunde liegenden Wertvorstellungen und das (bedrohte) Ansehen der Gesamtinstitution Berücksichtigung finden. „Der Begriff der parlamentarischen Ordnung kann somit nicht allein auf den äußeren Ablauf der Plenarsitzung und unmittelbare Störungen der Beratungen und der politischen Diskussion im Parlament begrenzt werden. Vielmehr sind weiter gehend auch die Werte und Verhaltensweisen zu berücksichtigen, die sich in der demokratischen und vom Repräsentationsgedanken getragenen parlamentarischen Praxis entwickelt haben und die durch die historische und politische Entwicklung geformt worden sind."[6] Vor diesem Hintergrund bestehen mit Blick auf das klar an den nationalsozialistischen Rassismus und die darauf gegründete Terrorherrschaft angelehnte Vokabular des A keine Bedenken, eine massive Störung des parlamentarischen Betriebs anzunehmen.

Zur Problematik s. o.

bb) Verhältnismäßigkeit

Die Maßnahme müsste ferner den allgemeinen Anforderungen des Übermaßverbots entsprechen.

---

[6] Landesverfassungsgericht Mecklenburg-Vorpommern, Urteil vom 29.1.2009, LVerfG 5/08, NordÖR 2009, 205 (207).

(1) Als *legitimer Zweck* ist die Funktionsfähigkeit des Parlaments anzusehen.

(2) Die *Geeignetheit* ist gegeben, wenn das eingesetzte Mittel zur Zielerreichung nicht von vornherein ungeeignet ist.

Hier werden durch den Ausschluss des A weitere Störungen verhindert, auch die Geeignetheit ist mithin zu bejahen.

(3) *Erforderlich* ist ein Mittel, wenn keine gleich wirksame, aber für den Betroffenen mildere Alternative zur Verfügung stand.

Insoweit ist zunächst auf das in der GOBT enthaltene abgestufte Sanktionensystem zu verweisen, das es ermöglicht, auf Ordnungsverstöße unterschiedlicher Schwere jeweils adäquat reagieren zu können. Dabei handelt es sich im Grundsatz um die Ordnungsmittel des Ordnungsrufs (§ 36 Abs. 1 S. 2 GOBT), der Wortentziehung (§ 36 Abs. 2 GOBT) und des Ausschlusses (§ 38 GOBT). Mit Blick auf den hohen Rang der Abgeordnetenrechte ist dabei im Einzelfall genau zu prüfen, ob nicht auch eine „mildere" Reaktion ausreichend ist. Das gilt namentlich für den Sitzungsausschluss als der schärfsten Sanktion. Er beeinträchtigt wesentliche Statusrechte des Abgeordneten, denn diesem wird nicht nur das Recht, sondern auch das Recht zur Teilnahme an Abstimmungen genommen. Diese Folgen können, da ein Einspruch keine aufschiebende Wirkung hat, nicht wieder rückgängig gemacht werden. Deswegen kann der Ausschluss lediglich „ultima ratio" sein.

Eine andere Auffassung ist im Hinblick auf das bisherige Ignorieren der Rügen in der Vergangenheit vertretbar.

Wer die Erforderlichkeit annimmt, müsste dann im Rahmen der *Angemessenheit* Stellung dazu nehmen, ob die – relativ geringe – Beeinträchtigung der Funktionsfähigkeit des Bundestages die – vergleichsweise massive – Beeinträchtigung der Rechte des A ausgleicht.

Hier zielte der Sitzungsausschluss darauf, eine Störung durch die mit NS-Terminologie versetzte Rede des A zu verhindern. Als mildere Maßnahme kommt die Wortentziehung für die laufende Sitzung in Betracht. Diese Maßnahme müsste allerdings auch gleich geeignet sein; das wäre sie insbesondere dann nicht, wenn mit einer kontinuierlichen Zuwiderhandlung des A zu rechnen war. Es ist indes nichts dafür ersichtlich, dass A einer solchen Anordnung keine Folge geleistet hätte und

Fall 5: Der Sitzungsausschluss

deshalb vorsorglich sogleich aus der Sitzung entfernt werden musste.

Problematisch daran ist allerdings, dass für eine solche Entziehung des Worts bei gröblicher Verletzung des Parlaments, aber ohne zuvor erfolgte Ordnungsrufe, die GOBT offenbar keine einschlägige Rechtsgrundlage enthält: Weder § 36 Abs. 2 noch § 38 Abs. 1 GOBT lassen sich unmittelbar heranziehen. Angesichts der gravierenden Folgen für den einzelnen Abgeordneten lässt sich aber vertreten, dass gewissermaßen als „Minus-Maßnahme" gegenüber der Verweisung auch eine Entziehung des Wortes auf § 38 Abs. 1 GOBT gestützt werden kann.

Da diese für A mildere und zur Zweckerreichung gleich effektive Maßnahme vorliegend möglich war, aber nicht ergriffen wurde, ist die Erforderlichkeit der Maßnahme zu verneinen.

3. Zwischenergebnis

Der Sitzungsausschluss ist somit unverhältnismäßig und damit materiell verfassungswidrig. Er verletzt daher A in seinen Rechten aus Art. 38 Abs. 1 S. 2 GG.

C. Ergebnis

Der Antrag des A ist hinsichtlich der Rüge unbegründet, hinsichtlich des Sitzungsausschlusses begründet.

Vertiefungshinweise: BVerfGE 60, 374 ff. – Abelein; *Versteyl*, Der Bundestagspräsident und die parlamentarische Disziplinargewalt, NJW 1983, S. 379 ff.

Fall 6: Hufbeschlag

Schwerpunkte: Verfassungsbeschwerde, Gesetzgebungsverfahren, Einschätzungsprärogative des Gesetzgebers, Berufsfreiheit (Art. 12 Abs. 1 GG), Drei-Stufen-Lehre.

Sachverhalt

▶ Im Januar 2011 beschließt der Deutsche Bundestag ein neues „Hufbeschlaggesetz" (HufBeschlG), mit dem die bis dahin getrennten Tätigkeiten der Hufpfleger, der Huftechniker und der Hufbeschlagschmiede zu einem einheitlichen Berufsbild zusammengeführt werden. Das Gesetz tritt zum 1.2.2011 in Kraft. Gem. § 2 Nr. 1 iVm § 3 Abs. 1 HufBeschlG dürfen nunmehr nicht wie bislang allein der Eisenbeschlag von Pferdehufen, sondern sämtliche Verrichtungen am Huf, die dem Schutz, der Gesunderhaltung, der Korrektur oder der Behandlung dienen, und damit auch die Barhufpflege (dh die Pflege des unbeschlagenen Hufes) sowie die Hufversorgung mit alternativen Hufschutzmaterialien (v. a. Kunststoff) nur noch durch umfassend qualifizierte, staatlich anerkannte Hufbeschlagschmiede ausgeführt werden. Für die Anerkennung als Hufbeschlagschmied sieht das Gesetz in § 6 HufBeschlG eine umfangreiche, mehrjährige Ausbildung an staatlich anerkannten Ausbildungsstätten vor. Verstöße gegen die gesetzliche Neuregelung werden gemäß § 9 HufBeschlG als Ordnungswidrigkeit geahndet. § 10 HufBeschlG statuiert eine Übergangsfrist bis zum 31.12.2011.

B betreibt seit Jahren eine „Praxis für Hufpflege", an der kein Eisenbeschlag vorgenommen wird. Eine Zulassung als Hufbeschlagschmied hat sie deswegen bislang für nicht erforderlich gehalten. Sie sieht sich durch die Neuregelung in ihrer wirtschaftlichen Existenz bedroht und erhebt daher im November 2011 gegen das Gesetz Verfassungsbeschwerde. Durch das Gesetz sei sie in ihrer Berufsfreiheit verletzt. Eine mehrjährige Ausbildung sei für sie unzumutbar. Die Übergangsfrist sei zu kurz. Der Gefahr unsachgemäßer Hufbehandlungen könne ebenso gut durch behördliche Kontrollmaßnahmen entgegengetreten werden.

Die Bundesregierung erklärt dagegen für den Bund, die Regelung sei notwendig und angemessen. Sie diene dem Schutz eines besonders wichtigen Gemeinschaftsguts, nämlich dem Tierschutz. Nur durch eine Hufversorgung, die von vornherein das gesamte Spektrum möglicher Behandlungsoptionen, also auch den Eisenbeschlag, umfasse, werde dem Wohl des Tieres angemessen Rechnung getragen.

Die als Sachverständige herangezogenen Amtstierärzte V und U erklären, der Eisenbeschlag sei keine ideale Form der Hufpflege. Vielmehr bestehe in der Wissenschaft Einigkeit, dass für das Wohl des Tieres eine Barhufpflege optimal sei. Ein Eisenbeschlag könne allenfalls in Ausnahmefällen einmal als „notwendiges Übel" erforderlich werden. Von einer gravierenden Gefährdung der Tiergesundheit durch Hufpfleger oder Huftechniker ohne Zulassung zum Eisenbeschlag könne daher keine Rede sein.

Hat die Verfassungsbeschwerde des B Erfolg? ◀

Bearbeiterhinweis:

Es ist ein Gutachten zu allen im Rahmen der Fallfrage aufgeworfenen Rechtsfragen zu entwerfen. Die formelle Verfassungskonformität des Gesetzes ist zu unterstellen.

Fall 6: Hufbeschlag

Lösungsvorschlag:[1]
Die Verfassungsbeschwerde hat Erfolg, wenn sie zulässig und begründet ist.

A. Zulässigkeit

Die Anforderungen an die Zulässigkeit der Verfassungsbeschwerde ergeben sich aus Art. 93 Abs. 1 Nr. 4a GG, §§ 13 Nr. 8a, 90 ff. BVerfGG.

I. Zuständigkeit des Bundesverfassungsgerichts

Die Zuständigkeit des Bundesverfassungsgerichts für Verfassungsbeschwerden ergibt sich aus Art. 93 Abs. 1 Nr. 4a GG iVm §§ 13 Nr. 8a, 90 ff. BVerfGG.

II. Beschwerdefähigkeit

Beschwerdefähig ist nach Art. 93 Abs. 1 Nr. 4a GG, § 90 Abs. 1 BVerfGG „jedermann", dh jeder, der Träger eines Grundrechts oder grundrechtsgleichen Rechts sein kann. B ist als natürliche Person „jedermann" in diesem Sinne und damit beschwerdefähig.

III. Beschwerdegegenstand

Ausreichend ist hier ebenso eine Kurzversion: „Bei dem von B angegriffenen Gesetz handelt es sich um einen Akt der Legislative, also eine Maßnahme hoheitlicher Gewalt, die als solche gem. Art. 93 Abs. 1 Nr. 4a GG, § 90 Abs. 1 BVerfGG einen tauglichen Beschwerdegegenstand bildet."

Gegenstand einer Verfassungsbeschwerde kann jede Maßnahme öffentlicher Gewalt sein (vgl. Art. 93 Abs. 1 Nr. 4a GG, § 90 Abs. 1 BVerfGG). Entsprechend den Adressaten der Grundrechtsbindung gemäß Art. 1 Abs. 3 GG fallen darunter Maßnahmen aller drei Gewalten, also von Legislative, Exekutive und Judikative. Hier wendet sich B gegen das neu erlassene HufBeschlG, also eine Maßnahme der Legislative und damit einen Akt öffentlicher Gewalt. Ein tauglicher Beschwerdegegenstand liegt mithin vor.

IV. Beschwerdebefugnis

1. Möglichkeit einer Grundrechtsverletzung

Um beschwerdebefugt zu sein, muss B plausibel behaupten, durch das Gesetz in ihren Grundrechten verletzt zu werden, Art. 93 Abs. 1 Nr. 4a GG, § 90

---

[1] Der Fall ist zwei Entscheidungen des Bundesverfassungsgerichts nachgebildet, die zum selben Verfahrensgegenstand einmal im Wege des Eilrechtsschutzes und einmal als Hauptsacheverfahren ergangen sind: BVerfGE 117, 126; 119, 59.

Abs. 1 BVerfGG. Aus ihrem Tatsachenvortrag muss sich ergeben, dass eine solche Verletzung zumindest möglich ist, dh, sie darf nicht von vornherein ausgeschlossen sein.

B rügt ausdrücklich eine Verletzung ihres Grundrechts aus Art. 12 Abs. 1 GG. Es kann jedenfalls nicht ausgeschlossen werden, dass in der gesetzlichen Neuregelung, die eine Fortführung der Praxis von B ohne die nunmehr erforderliche Zulassung als Hufbeschlagsschmied verbietet, eine unverhältnismäßige Beschränkung der Berufsfreiheit liegt. Die Möglichkeit der Grundrechtsverletzung ist daher zu bejahen.

2. Eigene, gegenwärtige und unmittelbare Beschwer

Da vorliegend eine Rechtssatzverfassungsbeschwerde zu prüfen ist, sind die Punkte der eigenen, gegenwärtigen und insbesondere der unmittelbaren Betroffenheit ausführlicher zu untersuchen, als dies bei einer Urteilsverfassungsbeschwerde der Fall wäre. Denn der Adressat eines gegen ihn als Partei im Gerichtsverfahren erlassenen Urteils ist regelmäßig selbst, gegenwärtig und unmittelbar betroffen.

Des Weiteren müsste B auch selbst, gegenwärtig und unmittelbar betroffen sein. Sie macht die Verletzung eigener Rechte geltend und ist demnach selbst betroffen. Durch das bereits in Kraft getretene und damit wirksame Gesetz, das B trotz der Übergangsvorschrift bereits zum gegenwärtigen Zeitpunkt zu bestimmten Verhaltensdispositionen zwingt, ist sie auch gegenwärtig betroffen.

B müsste ferner auch unmittelbar betroffen sein. Das ist der Fall, wenn die gesetzliche Regelung keines weiteren zwischengeschalteten Aktes bedarf, um ihre Regelungswirkung zu entfalten. Hier bestimmt bereits das Gesetz selbst die Qualifikationserfordernisse für die Zulassung als Eisenbeschlagsschmied; verbleibende Handlungsspielräume der Verwaltung bei der Anwendung der Norm sind nicht ersichtlich. Geboten ist nur die Kontrolle möglicher Verstöße. Deshalb sind echte Umsetzungsakte nicht zu erwarten.

Im Übrigen bildet aber die Erforderlichkeit eines weiteren Vollzugsakts lediglich ein wichtiges Indiz für die Unmittelbarkeit. Maßgebend ist eine Wertung, die danach fragt, ob dem Beschwerdeführer das Abwarten des Vollzugsaktes zumutbar ist. Eine solche Zumutbarkeit bezüglich des Abwartens eines Verwaltungsaktes ist zu verneinen, wenn der Vollzugsakt straf- oder bußgeldbewehrt ist. Das HufBeschlG sieht ausdrücklich eine Ausgestaltung der Verstöße gegen die Neuregelung als Ordnungswidrigkeiten vor. Das Abwarten einer derartigen Sanktionierung ist demnach für die Beschwerdeführerin unzumutbar. Ihre Betroffenheit durch das Gesetz ist damit auch unmittelbar.

B ist mithin beschwerdebefugt.

V. Form und Frist

Von der Einhaltung der Schriftform gemäß §§ 23 Abs. 1, 92 BVerfGG ist mangels anderweitiger Angaben im Sachverhalt auszugehen. Da das Gesetz am 1.2.2011 in Kraft getreten ist, ist auch die Jahresfrist gem. Art. 93 Abs. 3 BVerfGG zum Zeitpunkt der Beschwerdeerhebung im November 2011 gewahrt.

VI. Rechtswegerschöpfung/Subsidiarität der Verfassungsbeschwerde

Bei einer Rechtssatzverfassungsbeschwerde steht kein unmittelbarer Rechtsweg zur Verfügung. Die Problematik verlagert sich damit auf die Prüfung der sog. materiellen Subsidiarität.

Gem. § 90 Abs. 2 S. 1 BVerfGG muss der Beschwerdeführer vor Einlegung der Verfassungsbeschwerde den zulässigen Rechtsweg erschöpfen. Gegen formelle Gesetze wie das HufBeschlG steht dem Bürger jedoch ein unmittelbarer Rechtsweg iS einer prinzipalen Normenkontrolle zu den einfachen Gerichten nicht zur Verfügung. Eine Rechtswegerschöpfung gem. § 90 Abs. 2 S. 1, 2 BVerfGG ist damit hier weder möglich noch erforderlich.

Das Bundesverfassungsgericht geht in seiner Auslegung des § 90 Abs. 2 S. 1 BVerfGG jedoch noch über diese Möglichkeit eines direkten Vorgehens gegen die angegriffene Maßnahme mittels eines explizit eingeräumten Rechtsweges hinaus und entnimmt der Regelung ferner den Grundsatz der (materiellen) Subsidiarität. Danach muss der Bürger insbesondere bei Rechtssatzbeschwerden unter Umständen auch auf indirektem Wege gegen die gerügte Norm vorgehen. Das verlangt etwa, zunächst einen Umsetzungsakt der Verwaltung abzuwarten, um sodann diesen vor den Verwaltungsgerichten rügen und auf diese Weise eine implizite Normenkontrolle ereichen zu können.

Auch ein solches Abwarten des Umsetzungsaktes steht jedoch – in einer entsprechenden Anwendung des § 90 Abs. 2 S. 2 BVerfGG – unter dem Vorbehalt der Zumutbarkeit. Unzumutbar ist es insbesondere, wenn der Beschwerdeführer durch den Umsetzungsakt irreversible Nachteile erleidet. Entsprechendes gilt wegen des damit verbundenen Prozessrisikos und der drohenden sozialen Stigmatisierung auch für die (grundsätzlich reversible) Belastung durch einen Umsetzungsakt in Form eines Straf- oder Bußgeldbescheides.

Hier sieht § 9 HufBeschlG bei Verstoß gegen das Gesetz ein Ordnungswidrigkeitenverfahren vor. Das Abwarten eines solchen Verfahrens kann B nicht zugemutet werden. Auch der Grundsatz der (materiellen) Subsidiarität ist damit erfüllt.

> Auch hier ist eine knappere Formulierung vorstellbar: „B müsste ferner den in § 90 Abs. 2 S. 1 BVerfGG niedergelegten Grundsatz der Subsidiarität beachtet haben. Gegen formelle Gesetze wie die vorliegend angegriffene Bestimmung steht kein formeller Rechtsweg zur Verfügung. Dem Prinzip der formellen Subsidiarität ist somit Genüge getan. Der Beschwerdeführerin ist aber in entsprechender Anwendung des § 90 Abs. 2 S. 2 BVerfGG auch ein Abwarten eines in Form eines Ordnungswidrigkeitsverfahrens erfolgenden Umsetzungsaktes und ein gerichtliches Vorgehen hiergegen nicht zumutbar. Auch dem Grundsatz der materiellen Subsidiarität ist daher genügt."

VII. Ergebnis zur Zulässigkeit

Die Beschwerde ist mithin zulässig.

B. Begründetheit

Die Verfassungsbeschwerde ist begründet, wenn B durch die gesetzliche Neuregelung in ihren Grundrechten verletzt ist. Eine Grundrechtsverletzung liegt vor, wenn in den Schutzbereich eines Grundrechts ohne verfassungsrechtliche Rechtfertigung eingegriffen wird. In der Neuregelung des HufBeschlG könnte für B eine Verletzung der Berufsfreiheit gem. Art. 12 Abs. 1 GG liegen.

I. Schutzbereich

1. Eröffnung des persönlichen Schutzbereichs

> Die Beeinträchtigung der Berufsfreiheit stand hier klar im Vordergrund. Bezüglich einer denkbaren Thematisierung einer Betroffenheit von Art. 14 GG enthält der Sachverhalt in Bezug auf die Praxis von B dagegen zu wenig Hinweise.

Art. 12 Abs. 1 S. 1 GG gewährleistet „allen Deutschen" die freie Berufswahl und -ausübung, ist also ein Deutschengrundrecht. Mangels entgegenstehender Hinweise im Sachverhalt ist davon auszugehen, dass B deutsche Staatsbürgerin iSd Art. 116 Abs. 1 GG ist. Der persönliche Schutzbereich ist demnach eröffnet.

Fall 6: Hufbeschlag

Auf den ersten Blick erfasst Art. 12 Abs. 1 GG unterschiedliche, separate Teilbereiche: Satz 1 betrifft die – schrankenlos gewährleistete – freie Wahl des Berufes, der Ausbildungsstätte und des Arbeitsplatzes. Satz 2 stellt demgegenüber die Berufsausübung unter einen einfachen Gesetzesvorbehalt.

Von diesem wortlautgetreuen Verständnis hat sich das Bundesverfassungsgericht indes schon früh gelöst. Mit dem Argument, es handele sich um sachlich untrennbar zusammengehörige Teilaspekte eines folglich als Einheit zu erfassenden Schutzbereichs, hat es die Geltung eines übergreifenden, einheitlichen Grundrechts der Berufsfreiheit angenommen und den Regelungs- oder Gesetzesvorbehalt des S. 2 auch auf S. 1 erstreckt.[2] In der Tat steht die Berufswahl in einem überaus engen Reziprozitätsverhältnis zur Berufsausübung: Jene ist ohne diese ebenso wenig vorstellbar wie diese ohne jene. Nur die Gewähr, den gewählten Beruf auch ausüben zu können, lässt die Wahl sinnvoll erscheinen. Und in der täglichen Berufsausübung wirkt die einmal getroffene Berufswahl fort und wird kontinuierlich bestätigt. Deshalb trifft es zu, dass eine trennscharfe Grenzziehung zwischen den beiden Bereichen nicht immer möglich ist, sondern im Gegenteil vielfältige Überschneidungsmöglichkeiten bestehen. Nur fragt es sich, ob eine *contra constitutionem* erfolgende Ausweitung des Regelungsvorbehalts gegenüber einer falladäquaten Anwendung des Wortlauts vorzugswürdig ist. Die Stufenlehre lässt sich so als – allerdings weitgehend gelungener – Versuch verstehen, die Überdehnung des Regelungsvorbehalts an anderer Stelle wieder auszugleichen.

Für die Fallbearbeitung spielt dies indes keine Rolle. Aus den genannten Gründen sollte auf der Schutzbereichsebene nicht zwischen Berufswahl und -ausübung unterschieden werden; eine Differenzierung erfolgt nach zustim-

2. Eröffnung des sachlichen Schutzbereichs

In sachlicher Hinsicht ist der Schutzbereich eröffnet, wenn es sich bei der Tätigkeit des Hufpflegers um einen Beruf handelt.

Unter einem Beruf iSd Art. 12 Abs. 1 GG wird eine Tätigkeit von gewisser Dauer verstanden, die der Schaffung und Erhaltung einer Lebensgrundlage dient.[3] Von der Berufsfreiheit geschützt sind nicht nur traditionell oder gesetzlich fixierte Berufsbilder, sondern auch aufgrund der fortschreitenden technischen, sozialen oder wirtschaftlichen Entwicklung neu entstandene Berufe.[4] Funktionell erstreckt sich der Berufsbegriff sowohl auf selbstständige als auch auf unselbstständige Tätigkeiten. Beruf iSd Art. 12 Abs. 1 GG sind ferner sowohl Haupt- als auch Zweit- und Nebenberufe. Unter die Berufsfreiheit fällt auch das Recht, mehrere Berufe zu wählen und parallel auszuüben. Zeitlich wird der gesamte berufsrelevante Lebensvorgang von der vorgelagerten Entscheidung, einen Beruf zu ergreifen, über dessen Wahl und Ausübung bis hin zur Berufsbeendigung erfasst.

---

2 BVerfGE 7, 377 (401 f.) – Apotheken-Urteil; st. Rspr.

mungswürdiger Ansicht erst im Rahmen der Verhältnismäßigkeitsprüfung. Zudem ist der Regelungsvorbehalt des Art. 12 Abs. 1 S. 2 GG nicht nur auf die Berufsausübung, sondern auch auf die Berufswahl zu beziehen.

B betreibt hier seit Jahren ihre Praxis für Hufpflege und bestreitet damit offensichtlich auch ihren Lebensunterhalt. Damit handelt es sich bei der ausgeübten Tätigkeit um einen Beruf iSv Art. 12 Abs. 1 GG. Auch der sachliche Schutzbereich des Art. 12 Abs. 1 GG ist somit eröffnet.

II. Eingriff

Die gesetzliche Neuregelung in § 6 HufBeschlG, wonach nunmehr eine umfangreiche Ausbildung erforderlich ist, um die Tätigkeiten von (vormaligen) Hufpflegern, -technikern oder -beschlagschmieden auszuüben, müsste einen Eingriff in Art. 12 Abs. 1 GG darstellen. Ein Eingriff in ein Grundrecht liegt vor, wenn dem Einzelnen ein Verhalten, das vom Schutzbereich eines Grundrechts umfasst ist, gegen den Willen des Grundrechtsträgers durch den Staat verwehrt wird. Anders formuliert: Ein Eingriff ist die Verkürzung des tatbestandlich Gewährleisteten gegen den Willen des Grundrechtsträgers.

Speziell in Bezug auf die Berufsfreiheit ist zudem erforderlich, dass die staatliche Maßnahme eine *(objektiv) berufsregelnde Tendenz* aufweist.[6]

Relevanz gewinnt das Merkmal der *objektiv berufsregelnden Tendenz* nur in Verbindung mit dem modernen Eingriffsbegriff, der – anders als der klassische Eingriffsbegriff – insbesondere auf die Kriterien der Finalität und Unmittelbarkeit verzichtet. Staatliche Maßnahmen, die erkennbar einem anderen Zweck dienen und lediglich entfernte mittelbare Auswirkungen auf die Berufsfreiheit haben (und deren mittelbare Folgen sich daher nur als sog. *bloßer Reflex* darstellen),[5] sind mangels berufsregelnder Tendenz nicht als Eingriff zu qualifizieren.

Da berufsbezogene Eingriffe unterschiedliche Wirkungsintensität besitzen können, ist es vorstellbar, bereits im Rahmen der Eingriffsprüfung eine Eingriffsqualifizierung anhand der

Hier wird B durch die Neuregelung die Möglichkeit genommen, ihre bislang ausgeübte Tätigkeit ohne die nun erforderliche zusätzliche zeitaufwendige Ausbildung auszuführen. Diese Beschränkung

---

3 Siehe nur BVerfGE 102, 197 (212) – Spielbankengesetz Baden-Württemberg.
4 Vgl. BVerfGE 97, 12 (25 f.) – Patentgebühren.
5 Vgl. BVerfGE 116, 202 (222) – Tariftreueerklärung.
6 Vgl. BVerfGE 13, 181 (186); 82, 209 (223 f.); hierzu näher *Dietlein*, in: Stern, Staatsrecht IV/1, 2006, S. 1842 ff.

Fall 6: Hufbeschlag

vom Bundesverfassungsgericht entwickelten drei Eingriffsmodi, denen entsprechend dem typisierten Gewicht der Beeinträchtigung jeweils unterschiedliche Schutzintensitäten zugeordnet sind (Stufenlehre, dazu sogleich), vorzunehmen.[7] Unter prüfungssystematischen Gesichtspunkten sinnvoller erscheint indes eine Behandlung der Stufenlehre erst auf der Ebene der Rechtfertigung (Schrankenschranken – materielle Verfassungskonformität des Gesetzes). Denn für die Eingriffsprüfung genügt es, festzuhalten, dass überhaupt eine Verkürzung des tatbestandlich Gewährleisteten gegen den Willen des Grundrechtsträgers vorliegt. Wie sehr sie ihn beeinträchtigt, ist erst für die Frage der verfassungsrechtlichen Rechtfertigung von Interesse.

der bislang zulässigen Praxis durch den neuen Zulassungszwang ist auch gerade Zweck der gesetzlichen Maßnahme (*objektiv berufsregelnde Tendenz*). Ein Eingriff in die Berufsfreiheit ist damit zu bejahen.

III. Verfassungsrechtliche Rechtfertigung

1. Gesetzesvorbehalt

Das Grundrecht der Berufsfreiheit ist nicht vorbehaltlos gewährt, sondern „durch und aufgrund Gesetzes" einschränkbar. Dem Wortlaut des Art. 12 Abs. 1 S. 2 GG nach bezieht sich dieser Regelungsvorbehalt allerdings nur auf die Berufsausübung. Ausgehend vom Verständnis des Art. 12 Abs. 1 GG als eines einheitlichen Grundrechts gilt die Regelungsbefugnis über den Wortlaut hinaus aber auch für den Wahlaspekt der Berufsfreiheit.

Das Bundesverfassungsgericht verneint einen Verfassungsverstoß nach zweistufiger Prüfung, wenn erstens eine berufsregelnde Norm kompetenzgemäß erlassen worden ist und sie zweitens (materiell) „durch hinreichende, der Art der betroffenen Betätigung und der Intensität des jeweiligen Eingriffs Rechnung tragende Gründe des Gemeinwohls gerechtfertigt wird und dem Grundsatz der Verhältnismäßigkeit entspricht."[8] Auch hier ist deshalb im Prinzip der klassische Aufbau von Schranken und Schrankenschranken einzuhalten. Eingriffe durch ein seinerseits verfassungsmäßiges Gesetz sind demnach grundsätzlich hinzunehmen.

Eine berufsregelnde Norm liegt mit der Neufassung des HufBeschlG hier vor. Diese müsste sowohl formell wie materiell verfassungskonform sein.

2. Formelle Verfassungsmäßigkeit des Gesetzes

Laut Bearbeiterhinweis ist die formelle Verfassungsmäßigkeit zu unterstellen.

3. Materielle Verfassungsmäßigkeit des Gesetzes

Ebenso zulässig ist es, die Stufenlehre an anderer Stelle, etwa bereits im Rah-

Die gesetzliche Grundlage müsste allerdings auch materiell verfassungsmäßig sein. Zweifelhaft ist in-

---

[7] In diese Richtung gehend *Kingreen/Poscher*, Grundrechte – Staatsrecht II, 35. Aufl. 2019, Rn. 953 ff.
[8] BVerfGE 115, 276 (304).

men des Eingriffs, innerhalb der Prüfung des legitimen Zwecks oder als einen eigenen, der Verhältnismäßigkeitsprüfung vorgeordneten Punkt darzustellen. Die innere Verbindung und zumindest partielle Identität mit dem Verhältnismäßigkeitsgrundsatz sollte dabei aber deutlich werden.

Teilweise wird bereits an dieser Stelle eine Auseinandersetzung mit der Stufenlehre erwartet.[9] Hiergegen lässt sich anführen, dass die umfassende Qualifizierung des Eingriffstypus eigentlich nichts mit der Frage zu tun hat, ob eine Maßnahme überhaupt einem billigenswerten, dh nicht verfassungswidrigen Zweck dient. Stattdessen genügt zunächst jeder legitime, dh nicht von vornherein verfassungsrechtlich unzulässige Zweck.

Soweit – anders als hier – der Sachverhalt keine expliziten Hinweise zum Gesetzeszweck enthält oder das Gesetz selbst diesen nicht ausdrücklich benennt, sind die verfolgten Ziele aus dem Regelungszusammenhang zu erschließen.

sofern nur, ob die in Frage stehende gesetzliche Regelung den Erfordernissen des als Konkretisierung des Rechtsstaatsprinzips gem. Art. 20 Abs. 3 GG zu verstehenden Übermaßverbotes genügt. Die Anforderungen dieses allgemeinen Grundsatzes werden berufsfreiheitsspezifisch durch die sog. *Stufenlehre* konkretisiert.

a) Legitimer Zweck

Dazu müsste das Gesetz zunächst einen legitimen Zweck verfolgen.

Zweck des HufBeschlG ist es, den Tierschutz durch die Sicherung der Qualität der Hufversorgung zu fördern. Die Tiere sollen vor körperlichen Schmerzen, Leiden und Schäden durch unsachgemäß hergestellten und unqualifiziert angebrachten Hufschutz sowie unzulänglich gepflegte Hufe bewahrt werden.[10] Darin liegt ein legitimes, gem. Art. 20a GG sogar mit Verfassungsrang ausgestattetes Regelungsziel.

b) Geeignetheit

Unter dem Gesichtspunkt der Geeignetheit ist zu prüfen, ob mithilfe des berufsrelevanten Eingriffs der erstrebte legitime Zweck erreicht oder zumindest gefördert werden kann. Ein Mittel – also hier das Gesetz – ist bereits dann im verfassungsrechtlichen Sinne geeignet, wenn mit seiner Hilfe der gewünschte Erfolg gefördert werden kann. Die Möglichkeit der Zweckerreichung genügt.[11] Verfas-

---

9 So zB *Heckmann*, Die Zwischenprüfung im Öffentlichen Recht, 2. Aufl. 2015, S. 114 f. Auch das BVerfG verfährt in der dem Fall zugrunde liegenden Entscheidung so, wenn es unmittelbar feststellt, der Gesetzgeber verfolge mit der Neuregelung „wie zur Rechtfertigung subjektiver Berufswahlbeschränkungen erforderlich (...) auch das Ziel, ein besonders wichtiges Gemeinschaftsgut zu schützen", BVerfGE 119, 59 (83).
10 Vgl. BVerfGE 119, 59 (83) – Hufbeschlag.
11 S. BVerfGE 67, 157 (175) – G 10; 103, 293 (307) – Urlaubsanrechnung.

Fall 6: Hufbeschlag

sungswidrig sind also nur schlechthin ungeeignete Mittel.

Mit der gesetzlichen Fixierung eines einheitlichen Berufsbilds und insbesondere mit der Einführung umfassender Ausbildungs- und Prüfungsstandards ist es jedenfalls möglich, eine qualifizierte Hufversorgung sicherzustellen und damit einen verbesserten Schutz der Tiergesundheit zu erreichen.[12] Das Gesetz ist daher zur Zweckerreichung geeignet.

c) Erforderlichkeit

Erforderlich ist die gesetzliche Regelung, wenn kein anderes, zur Zweckerreichung gleich wirksames, aber die Berufsfreiheit weniger beeinträchtigendes Mittel zur Verfügung steht. Der Eingriff darf also in sachlicher, räumlicher, zeitlicher und personeller Hinsicht nicht weiter gehen als notwendig,[13] dh nicht weiter, als es die rechtfertigenden Gemeinwohlbelange erfordern.[14] Das Bundesverfassungsgericht gesteht dem Gesetzgeber allerdings bei der Beurteilung dessen, was er zur Verwirklichung der von ihm verfolgten Gemeinwohlzwecke für erforderlich hält, einen nur beschränkt überprüfbaren Einschätzungs- und Prognosespielraum zu.[15] Dieser ist (erst) dann überschritten, wenn die gesetzgeberischen Erwägungen so fehlsam sind, dass sie vernünftigerweise keine Grundlage für derartige Maßnahmen abgeben können.[16]

Zur näheren Bestimmung der Erforderlichkeit kann dabei die vom Bundesverfassungsgericht entwickelte sog. Stufenlehre herangezogen werden.

Mit der Stufenlehre hat das Bundesverfassungsgericht speziell für die Berufsfreiheit ein differenziertes, aber auch pauschaliertes System abgestufter Gewährleistungsdichte entwickelt. Entsprechend der typisierten Schwere der Beeinträchtigung sind

Da Berufsausübungsregelungen grundsätzlich weniger einschneidend wirken als Berufswahlregelungen, sind diese nicht erforderlich, wenn jene den gesetzgeberischen Zweck ebenso gut erfüllen. Insgesamt ist die Erforderlichkeit zu verneinen, wenn der angestrebte Zweck ebenso gut auf einer niedrigeren Stufe hätte verwirklicht werden können. Für den Fallaufbau bedeutet das: (Spätestens) an dieser Stelle muss die Stufenlehre angesprochen werden.

---

12 Vgl. BVerfGE 119, 59 (84 f.) – Hufbeschlag.
13 *Höfling*, Grundrechtstatbestand – Grundrechtsschranken – Grundrechtsschrankenschranken, Jura 1994, 169 (172).
14 Vgl. BVerfGE 106, 216 (219) – Singularzulassung.
15 BVerfGE 77, 84 (106) – Arbeitnehmerüberlassung; 100, 271 (286) – Lohnabstandsklausel. *Sachs*, Grundrechte, 3. Aufl. 2017, A 10 Rn. 42.
16 Vgl. BVerfGE 110, 141 (157 f.) – Kampfhunde mwN; vgl. auch *Sachs*, Grundrechte, 3. Aufl. 2017, A 10 Rn. 42; ähnlich *Schlink*, in: FS 50 Jahre BVerfG II, 2001, S. 445 (458), der auf die Vertretbarkeit der Prognosen des Gesetzgebers abstellt.

Es ist zu prüfen, ob es sich bei dem berufsregelnden Eingriff um eine Regelung/Maßnahme handelt, die den Wahlaspekt der Berufsfreiheit tangiert, oder ob es sich lediglich um eine Berufsausübungsregelung handelt.

Zwar hat sich die verfassungsgerichtliche Rechtsprechung mittlerweile von der Fixierung auf starre, intensitätsindizierende Schutzebenen zugunsten einer situationsbezogenen Einzelfallbewertung gelöst.[17] Entsprechend ist auch in der Klausur nicht schematisch an der auf Basis der Stufenlehre gefundenen Lösung festzuhalten, sondern bedarf diese der Ergänzung durch eine allgemeine Verhältnismäßigkeitsprüfung. Gleichwohl sollte – gewissermaßen in einem Zwischenschritt – die Einordnung in die klassische Stufenlehre behandelt werden. Die gute Klausur zeichnet insoweit aus, einerseits die traditionelle Prüfung zu beherrschen, andererseits aber auch deren Schwächen zu kennen und sie einzelfalladäquat weiterzudenken.

den „Stufen" jeweils unterschiedliche Schutzintensitäten und Rechtfertigungsanforderungen zugeordnet.[18] Zu unterscheiden sind demnach (bloße) Berufsausübungsregelungen und Berufswahlregelungen. Letztere werden je nachdem, ob eine Beeinflussung durch den Grundrechtsträger möglich ist bzw. sich die Regelung in dessen Verantwortungsbereich befindet, unterschieden in subjektive und objektive Zulassungsregelungen.

Weil die Erforderlichkeit nur gegeben ist, wenn der Eingriff nicht ebenso gut auf einer niedrigeren Stufe hätte erfolgen können, ist zunächst festzustellen, ob die gesetzliche Regelung nur Modalitäten einer allgemeinen Berufsausübung der Hufversorgung betrifft oder aber den Zugang zu einem eigenständigen Beruf regelt. Nach dem Sachverhalt und insbesondere mit Blick auf die Tätigkeit der Beschwerdeführerin handelt es sich bei der alternativen Hufversorgung ohne Vornahme von Eisenbeschlag offenbar um eine Tätigkeitsform, die so hinreichend verselbständigt ist, dass nicht mehr von einer bloßen Modifikation des allgemeinen Berufsbildes „Hufschmied" gesprochen werden kann. Somit handelt es sich bei der gesetzlichen Neuregelung nicht um eine bloße Berufsausübungsregelung, sondern um eine Berufszulassungsvoraussetzung.

Weiter ist zu klären, ob diese als subjektiv oder objektiv zu klassifizieren ist. Die entsprechende Differenzierung ist danach zu treffen, ob die Beschränkung aufgrund rein objektiver Gegebenheiten erfolgt oder in Anknüpfung an Umstände, die in der Person des Antragstellers liegen. Hier knüpft die Zulassungsbeschränkung an eine persönlich zu erbringende Qualifikation, nämlich die zu absolvierende spezielle Ausbildung, an. Es handelt sich somit um eine subjektive Berufszulassungsbeschränkung.

Damit bleibt zu klären, ob eine Maßnahme auf einer niedrigeren Stufe den erwünschten Erfolg in

---

17 Das führt zu einer Flexibilisierung der Rechtfertigungsanforderung auf den jeweiligen „Stufen". Zusammenfassend spricht das Gericht heute davon, „Eingriffszweck und Eingriffsintensität (müßten) stets in einem angemessenen Verhältnis stehen". Vgl. BVerfGE 103, 172 (183) – Kassenärzte, mit Verweis auf BVerfGE 101, 331 (347) – Berufsbetreuer; näher *Dietlein*, in: Stern, Staatsrecht IV/1, 2006, S. 1890 ff.
18 Grundlegend BVerfGE 7, 377 (407 ff.) – Apotheken-Urteil.

vergleichbar wirksamem Maße hätte herbeiführen können. Auszugehen ist von der gewählten gesetzgeberischen Konzeption, derzufolge mit Rücksicht auf die Tiergesundheit jeweils im Einzelfall eine Entscheidung für eine der verschiedenen Möglichkeiten aus dem gesamten Spektrum der Hufversorgung getroffen werden muss. In diesem Sinne ist es konsequent, wenn der Gesetzgeber den Tierhaltern verlässliche Berufsträger zur Verfügung stellen will, die umfassend kompetent beraten und sämtliche Korrektur-, Schutz- und Behandlungsoptionen zur Hufversorgung sicher beherrschen sowie tiergerecht anwenden können.[19] Nach der Stellungnahme der Sachverständigen ist die Vornahme eines Eisenbeschlags zwar nur in sehr seltenen Fällen eine aus tierärztlicher Sicht gebotene Therapieform. Zumindest in Ausnahmefällen aber kann eine solche Konstellation offenbar auftreten. Die Einschätzung des Gesetzgebers ist demnach nicht evident fehlsam und damit auch für das Verfassungsgericht verbindlich.

Eine mildere, zur Erreichung des Zwecks des Tierschutzes gleich geeignete Maßnahme könnten aber Berufsausübungsregeln – etwa gerichtet auf Sorgfalt, technische Ausstattung uÄ – sein, deren Einhaltung von den Behörden im Einzelfall zu überwachen wäre. Dagegen spricht jedoch, dass konkrete Missstände den Behörden regelmäßig erst dann bekannt werden, wenn es zumindest in einem Fall zu beruflichen Fehlleistungen gekommen ist. Eine solche nachträgliche Kontrolle setzt voraus, dass zumindest einzelne Tiere bereits Schmerzen und möglicherweise auch gesundheitliche Schäden erleiden mussten. Dem ließe sich allenfalls durch eine umfassende präventive Kontrolle des Tierbestands zumindest teilweise entgegenwirken. Eine derart strenge Überwachung wäre jedoch mit einem hohen Kostenaufwand verbunden. Diesen konnte der Gesetzgeber im Rahmen seiner Einschätzungsprärogative als unzumutbar ansehen.[20] Ein gezieltes Vorgehen der zuständigen Behörden zur Bekämpfung von in Einzelfällen unsachgemäßer Hufversor-

---

19 Vgl. BVerfGE 119, 59 (86) – Hufbeschlag.
20 Vgl. BVerfGE 119, 59 (86) – Hufbeschlag.

gung stellt daher kein in gleicher Weise geeignetes, jedoch weniger belastendes Mittel dar.
Die gesetzliche Bestimmung ist in diesem Sinne auch als erforderlich zu qualifizieren.

d) Angemessenheit

Schließlich muss die berufsrelevante Beeinträchtigung dem Gebot der Verhältnismäßigkeit im engeren Sinne (Angemessenheit) entsprechen. Bei dieser Beurteilung ist zwischen der Schwere des Eingriffs und dem Gewicht der ihn rechtfertigenden Gründe abzuwägen. Der Eingriff ist für die Adressaten nur dann zumutbar, wenn er in einem angemessenen Verhältnis zum verfolgten Zweck steht.

Diesem allgemeinen Gedanken gemäß hat der Gesetzgeber bei der normativen Fixierung eines Berufsbilds im Wege der Vereinheitlichung mehrerer Berufe darauf zu achten, dass er keine Regelung trifft, die sich als eine übermäßige, unzumutbare Belastung darstellt.[21] Das Maß der den Einzelnen treffenden Belastung muss noch in einem vernünftigen Verhältnis zu den der Allgemeinheit erwachsenden Vorteilen stehen.[22]

Berufsfreiheitsspezifisch ist dabei im Sinne der zweiten Anwendung der Stufenlehre auf die besonderen, der Eingriffsstufe angepassten Zulässigkeitsvoraussetzungen einzugehen. Nach der Rechtsprechung des Bundesverfassungsgerichts ist die Aufstellung subjektiver Zulassungsvoraussetzungen nur „zum Schutze eines besonders wichtigen Gemeinschaftsgutes" statthaft.[23] Hinsichtlich des hier als Gesetzeszweck vorliegenden Tierschutzes verpflichtet jedoch bereits die Verfassung selbst durch Art. 20a GG dazu, geeignete Vorschriften mit dem Ziel des Tierschutzes zu erlassen.[24] Vom Vorliegen eines hinreichend bedeutenden Gemeinschaftsguts als Schutzobjekt des Gesetzes ist damit auszugehen.

Fraglich bleibt aber, ob nicht dennoch im konkreten Fall die Intensität des Eingriffs in die Berufswahlfreiheit außer Verhältnis zu den Vorteilen, die

---

21 Vgl. BVerfGE 75, 246 (267) – Abschaffung des Rechtsbeistandes.
22 Vgl. BVerfGE 76, 1 (51) – Familiennachzug.
23 Siehe etwa BVerfGE 117, 126 (138) – Hufbeschlag (eA).
24 Vgl. BVerfGE 117, 126 (138) – Hufbeschlag (eA); 119, 59 (83) – Hufbeschlag.

mit der Zusammenführung beider Berufe zugunsten eines durch die Sicherung der Qualität der Hufversorgung verbesserten Tierschutzes erreicht werden können, steht. Dafür spricht der Gesichtspunkt, dass die Maßnahme einen überschießenden Regelungsgehalt insofern beinhaltet, als der Aspekt einer optimalen Auswahl der möglichen Therapieformen auch auf anderem Wege, etwa durch theoretische Schulungen, denkbar wäre.[25] Jedenfalls wäre angesichts des nach der sachverständigen Einschätzung der Tierärzte tatsächlich sehr geringen Risikos für das Tierwohl eine längere Übergangsfrist geboten gewesen, die die Nachqualifizierung unter Fortführung der bisherigen beruflichen Tätigkeit erlaubt. Dass das Gesetz dies nicht vorsieht, lässt seine Regelung als unverhältnismäßige Belastung der Beschwerdeführerin erscheinen.

Die Regelung ist demnach als unangemessen und somit materiell verfassungswidrig zu qualifizieren.

IV. Ergebnis zur Begründetheit

Der Eingriff ist nicht gerechtfertigt. Das Gesetz verletzt die Berufsfreiheit gem. Art. 12 Abs. 1 GG.

C. Gesamtergebnis

Die Verfassungsbeschwerde ist zulässig und begründet und hat Erfolg.

Vertiefungshinweise: *Nolte/Tams*, Grundfälle zu Art. 12 I GG, JuS 2006, S. 31 ff., S. 130 ff., S. 218 ff.; *Gusy*, Die Freiheit von Berufswahl und Berufsausübung, JA 1992, S. 258 ff.; *Kaiser*, Das Apotheken-Urteil des BVerfG nach 50 Jahren – Anfang oder Anfang vom Ende der Berufsfreiheit?, Jura 2008, S. 844 ff.; *Kment/Fechter*, Art. 12 I GG und die Beschränkung des beruflichen Zusammenschlusses von Freiberuflern im Lichte des deutschen Grundgesetzes, JA 2016, S. 881 ff.

---

25 So BVerfGE 119, 59 (88) – Hufbeschlag.

Fall 7: Das verunglimpfte Staatssymbol

Schwerpunkte: Verfassungsbeschwerde, Rechtfertigung bei Eingriff in vorbehaltlos gewährte Grundrechte, Kunst- und Meinungsfreiheit, Wechselwirkungslehre, Staatssymbole.

Sachverhalt

▶ Lehrer L unterrichtet Kunst an einem Gymnasium. Aus seinen bewegten Studentenzeiten hat er sich die Grundüberzeugung bewahrt, Kunst müsse engagiert sein, dh politisch Stellung beziehen. Als im Jahr 2009 die Vorbereitungen für die offiziellen Feierlichkeiten anlässlich des zwanzigjährigen Jubiläums der deutschen Wiedervereinigung beginnen, beschließt L, mit seinem Leistungskurs Kunst gegen den, wie er meint, kollektiven nationalen Wahn ein Zeichen des Widerstands zu setzen. Gemeinsam mit dem Kurs entwirft und gestaltet er ein Objekt mit dem Titel „Germany 2009: blood, shit, and no tears". Es besteht aus drei rechteckigen, luftdicht abgeschlossenen Plexiglasbehältern. Der erste Behälter enthält von den Schülern eingesammelte Hundeexkremente, der zweite ist mit von L in einer Metzgerei erworbenem Schweineblut gefüllt, der dritte wurde von L und seinen Schülern in einer konzertierten Aktion mit eigenem Urin gefüllt. Übereinandergestellt geben die drei Behälter die Farben der deutschen Nationalflagge wieder. In dieser Form werden sie von L in der Vorhalle des Schulgebäudes gut sichtbar aufgebaut.

Als die zuständige Staatsanwaltschaft hiervon erfährt, erhebt sie gegen L Anklage wegen eines Verstoßes gegen § 90a Abs. 1 Nr. 2 StGB. Das Objekt, das eine Darstellung der Bundesflagge aus Exkrementen bilde, sei erkennbar nicht nur geeignet, sondern auch dazu gedacht, dieses Symbol des Staates zu verunglimpfen.

L ist empört. Die Staatsanwaltschaft missachte, dass es sich bei seinem Objekt um ein Kunstwerk handele, das dem besonderen Schutz des Art. 5 Abs. 3 GG unterstehe. Das Objekt stelle eine künstlerische Form der Auseinandersetzung mit jenen dunklen Kapiteln der deutschen Vergangenheit dar, die in der gegenwärtigen Bundesrepublik immer mehr verdrängt würden.

Die Staatsanwaltschaft ist dagegen der Auffassung, es sei bereits äußerst fragwürdig, ob dem Objekt überhaupt Kunstcharakter zugesprochen werden könne. Nach der gängigen Definition des Bundesverfassungsgerichts sei unter Kunst eine „freie schöpferische Gestaltung, in der Eindrücke, Erfahrungen und Erlebnisse des Künstlers durch das Medium einer bestimmten Formensprache zu unmittelbarer Anschauung gebracht werden", zu verstehen. Da diese Formel aber kaum fassbare Konturen ermögliche, müsse, so die Staatsanwaltschaft, zusätzlich ein formales Kriterium angelegt werden, ob nämlich das angebliche „Werk" einem bestimmten anerkannten Werktypus, etwa der Malerei oder Bildhauerei, zugeordnet werden könne. Das bloße Abfüllen von Fäkalien könne hierunter nicht gefasst werden. Unabhängig davon könne sich L ohnehin nicht auf Grundrechte berufen, da er als Beamter Teil des Staatsganzen sei. Das gelte jedenfalls dann, wenn L eine Betroffenheit bezüglich einer Tätigkeit rüge, die er ausdrücklich in seiner Eigenschaft als Lehrer vorgenommen habe. Selbst wenn man aber eine Betroffenheit der Kunstfreiheit des L annehmen wolle, müssten jedenfalls die Belange des Schutzes des Staates und seiner Ordnung vor den privaten Interessen des L Vorrang erhalten.

L wird daraufhin noch wütender. Der Staat dürfe sich keine Definitionskompetenz anmaßen, welche Kunstformen allein als kunstwürdig anzusehen seien. Die Verwendung von Fäkalien könne nicht nur nicht den Kunstcharakter verhindern, sondern im Gegenteil bereits

auf eine beachtliche Traditionslinie verweisen; das zeigten doch wohl Arbeiten wie Andy Warhols „piss paintings", Manzonis „Merda d'artista", Mark Quinns „shit head" und das Gemälde „Holy Virgin Mary" aus Elefantendung von Chris Ofili mit hinreichender Deutlichkeit. Ihm als mündigem Bürger seine Rechte vorzuenthalten, nur weil er im Staatsdienst beschäftigt sei, sei ein Rückfall in vorrechtsstaatliche Zustände des neunzehnten Jahrhunderts.
Ungerührt durch diese Ausführungen verurteilt das Amtsgericht L zu einer Geldstrafe. Selbst wenn es sich bei dem Objekt um ein Kunstwerk handeln sollte, müsse der Schutz der von L verunglimpften Bundesflagge vorgehen. Die von L eingelegten Rechtsmittel bleiben erfolglos. L legt nun Verfassungsbeschwerde gegen die Urteile ein.
Hat die Beschwerde Erfolg? ◄

Vermerk für die Bearbeiter:
Auf die Berufsfreiheitsgarantie ist nicht einzugehen.
§ 90a Abs. 1 StGB lautet:

> Wer öffentlich, in einer Versammlung oder durch Verbreiten von Schriften
> 1. die Bundesrepublik Deutschland oder eines ihrer Länder oder ihre verfassungsmäßige Ordnung beschimpft oder böswillig verächtlich macht oder
> 2. die Farben, die Flagge, das Wappen oder die Hymne der Bundesrepublik Deutschland oder eines ihrer Länder verunglimpft,
>
> wird mit Freiheitsstrafe bis zu drei Jahren oder mit Geldstrafe bestraft.

Lösungsvorschlag:
Die Beschwerde des L hat Erfolg, wenn sie zulässig und begründet ist.

A. Zulässigkeit

Die Anforderungen an die Zulässigkeit der Verfassungsbeschwerde ergeben sich aus Art. 93 Abs. 1 Nr. 4a GG, §§ 13 Nr. 8a, 90 ff. BVerfGG.

I. Zuständigkeit des Bundesverfassungsgerichts

Die Zuständigkeit des Bundesverfassungsgerichts für das Verfahren der Verfassungsbeschwerde folgt aus Art. 93 Abs. 1 Nr. 4a GG, §§ 13 Nr. 8a, 90 ff. BVerfGG.

II. Beschwerdefähigkeit

L muss beschwerdefähig sein. Beschwerdefähig ist gemäß § 90 Abs. 1 BVerfGG „jedermann", dh jeder, der Träger eines Grundrechts oder grundrechtsgleichen Rechts ist.
L ist als natürliche Person grundsätzlich Grundrechtsträger und damit prinzipiell beschwerdefähig. Etwas anders könnte jedoch gelten, weil L nicht (nur) als Privatperson, sondern zugleich in seiner

Stellung als Beamter betroffen ist und funktionell eine Aufgabe des Staates wahrnimmt. Als solcher wäre er nach der überkommenen *Lehre vom besonderen Gewaltverhältnis* „gewissermaßen Glied der Staatsorganisation, (...) das insofern dem Staat gegenüber keine selbstständige Existenz führte".[1] Aus der besonders engen Einbindung folgte demnach ein reduzierter (Grundrechts-)Schutz („Zustand verminderter Freiheit").[2] Hieraus ließe sich für die Beschwerdefähigkeit folgern, dass sich L nicht auf Grundrechte berufen könne.[3]

> Das Bundesverfassungsgericht hat sich mit dieser Figur des „besonderen Gewaltverhältnisses" in seiner berühmten „Strafgefangenen-Entscheidung" aus dem Jahr 1972 auseinandergesetzt. Es hat dabei deutlich gemacht, weshalb die Figur unter dem Grundgesetz keine Geltung mehr beanspruchen kann, vgl. BVerfGE 33, 1 ff.

Allerdings kann dies aus zwei Gründen nicht überzeugen. Erstens wird L von einem Strafgericht verurteilt, nicht aber von seiner übergeordneten (Schul-)Behörde sanktioniert. Er ist daher nicht ausschließlich in seiner funktionalen Stellung als Schulbeamter, sondern zumal als Privatperson betroffen. Daher ist schon zweifelhaft, ob besagter „Zustand verminderter Freiheit" – akzeptierte man ihn – auch gegenüber dem Strafgericht bestünde. Zweitens und vor allem kann unter der Geltung des Grundgesetzes eine bereichsbezogene *prinzipielle* Entbindung des Staates von Grundrechten nicht überzeugen.[4] Vielmehr widerspräche es der umfassenden Bindung der staatlichen Gewalt iSv Art. 1 Abs. 3 GG, wenn in „besonderen Gewaltverhältnissen" Grundrechte ohne Rücksicht auf die sonst üblichen Vorgaben der Verfassung eingeschränkt werden könnten.[5]

> Die vorstehenden Ausführungen sind vergleichsweise ausführlich; in Klausuren genügt ein kurzer Hinweis auf Art. 1 Abs. 3 GG. Das Problem kehrt allerdings v. a. bei der Begründetheitsprüfung wieder.

Unabhängig von der Frage, ob die bestehende besondere Beziehung des Beamten L zum Staat – als sog. „Sonderstatusverhältnis" – womöglich eine weiter gehende Einschränkbarkeit von Grundrechten rechtfertigen könnte, kommt deshalb jedenfalls eine kategorische Verneinung der Beschwerdebefä-

---

1 So die Beschreibung bei *Böckenförde/Grawert*, Sonderverordnungen zur Regelung besonderer Gewaltverhältnisse, AöR 95 (1970), 1 (7).
2 So klassisch die Bestimmung bei *O. Mayer*, Deutsches Verwaltungsrecht, 3. Aufl. 1924 (Nachdruck 1961), S. 102.
3 Ob das „wirklich" die Wirkung der alten Lehre von den Gewaltverhältnissen ist, wird berechtigterweise bezweifelt (s. die Nachweise bei *Stern*, Das Staatsrecht der Bundesrepublik Deutschland, Bd. III/1, 1988, S. 1378).
4 Ausführlich die instruktive Darstellung bei *Stern*, Das Staatsrecht der Bundesrepublik Deutschland, Bd. III/1, 1988, S. 1376 ff.; s. a. *Kempf*, Grundrechte im besonderen Gewaltverhältnis – BVerfG, NJW 1972, 811, JuS 1972, 701 ff.; *v. Kielmansegg*, Das Sonderstatusverhältnis, JA 2012, 881 ff.
5 BVerfGE 33, 1 (11) – Strafgefangene.

Fall 7: Das verunglimpfte Staatssymbol

higung von L nicht in Betracht. L ist mithin grundrechts- und damit beschwerdefähig.

III. Beschwerdegegenstand

Gemäß Art. 93 Abs. 1 Nr. 4a GG, § 90 Abs. 1 BVerfGG muss die behauptete Verletzung „durch die öffentliche Gewalt" erfolgen. Tauglicher Beschwerdegegenstand ist demnach jeder Akt der Exekutive, Judikative oder Legislative.

> Bei Unsicherheit bzgl. der prozessrechtlichen Zuständigkeitsregelungen – welches Gericht entscheidet über die eingelegten Rechtsmittel? –, die in der Sache entbehrlich sind (nicht *wer* entschieden hat, ist entscheidend, sondern *dass* entschieden wurde), bietet es sich an, sehr offene Formulierungen (auch mit Blick auf die Entscheidungsform: Urteil oder Beschluss) zu verwenden: also „die Gerichte" und „die Entscheidung", ggf. „die letztinstanzliche Entscheidung". Klarere Klassifizierungen, zB „das Urteil des Bundesgerichtshofs", bilden hier nur eine vermeidbare Fehlerquelle.

Hier richtet sich die Verfassungsbeschwerde gegen die letztinstanzliche Entscheidung (bzw. gegen sämtliche Urteile) und damit gegen einen Akt der Judikative. Ein tauglicher Beschwerdegegenstand ist daher gegeben.

IV. Beschwerdebefugnis

Weiterhin muss gem. § 90 Abs. 1 BVerfGG L beschwerdebefugt sein. Dabei genügt die vom Wortlaut nahegelegte pauschale Geltendmachung nicht; es ist mehr erforderlich als eine bloße, substanzlose Behauptung. Vielmehr muss die von L behauptete Verletzung in seinem Grundrecht aus Art. 5 Abs. 3 S. 1 Alt. 1 GG zumindest möglich sein.[6] Aus dem Vortrag des Beschwerdeführers muss sich danach zumindest ergeben, dass eine solche Grundrechtsverletzung nicht schlechthin ausgeschlossen ist. Die geltend gemachte Grundrechtsverletzung muss L darüber hinaus selbst, unmittelbar und gegenwärtig betreffen.

1. Möglichkeit der Grundrechtsverletzung

> An dieser Stelle genügt es, wenn die Möglichkeit auch nur *einer* Grundrechtsverletzung dargetan wird. In der Begründetheit ist dann aber auch auf die sonstigen ernsthaft in Betracht

L wurde eine Geldstrafe für eine Objektgestaltung auferlegt, deren Kunstcharakter jedenfalls nicht eindeutig ausgeschlossen werden kann. Folglich ist auch nicht von vornherein ausgeschlossen, dass ein

---

[6] Siehe nur BVerfGE 28, 17 (19) – Substantiierungspflicht; 52, 303 (327) – Liquidationsrecht; 89, 155 (171) – Maastricht.

kommenden Grundrechte einzugehen – hier sind dies die Meinungsfreiheit und prinzipiell auch die (indes dem Bearbeiterhinweis nach nicht zu prüfende) Berufsfreiheit.

Eingriff in Art. 5 Abs. 3 S. 1 Alt. 1 GG vorliegt, der nicht gerechtfertigt ist.

Allerdings ist (erneut) fraglich, ob sich aufgrund des Sonderstatusverhältnisses, in dem sich L als Beamter befindet, etwas ändert. Auch bei Ablehnung der historischen Lehre des besonderen Gewaltverhältnisses mit ihren weitreichenden Folgen kann die Angewiesenheit des Staates auf loyale Beamte, deren Verhalten und Einsatzmöglichkeiten nach Funktion und Aufgabenbedarf geregelt werden können muss, nicht geleugnet werden. Nicht zuletzt ist in Art. 33 Abs. 4 und 5 GG von einem „Treueverhältnis" und der „Berücksichtigung der hergebrachten Grundsätze des Berufsbeamtentums" die Rede. Es ist daher zu differenzieren. Im *Betriebsverhältnis*, also im Amtsbereich, sind Beamte keine Grundrechtsträger, sondern – im Gegenteil – als Amtswalter Grundrechtsverpflichtete. Sind sie hingegen im sog. *Grundverhältnis*, das die persönliche Rechtsstellung (Ernennung/Entlassung) aus dem Dienstverhältnis beschreibt, oder im *Privatverhältnis* betroffen, können sie sich auf Grundrechte berufen (wenngleich sie sich gegebenenfalls wegen Art. 33 Abs. 4, 5 GG besondere Beschränkungen gefallen lassen müssen).[7]

Fraglich ist, ob nach diesen Maßstäben eine Grundrechtsverletzung als von vornherein nicht möglich erscheint. Dagegen spricht indes, dass die strafgerichtliche Verurteilung zu einer Geldstrafe L in seinem *privaten* Vermögensbereich betrifft. Außerdem ist die fragliche Werkherstellung und -präsentation schwerlich ein *rein dienstliches* (Fehl-)Verhalten, sondern ist als künstlerisches Schaffen (auch) unmittelbarer Ausdruck der eigenen Persönlichkeit des L. Auch das Sonderstatusverhältnis steht somit der Möglichkeit der Grundrechtsverletzung nicht entgegen.

---

[7] Vgl. *Stern*, Das Staatsrecht der Bundesrepublik Deutschland, Bd. III/1, 1988, S. 1386 f. mit teilweise anderer Begrifflichkeit; *Epping*, Grundrechte, 8. Aufl. 2019, Rn. 698.

Fall 7: Das verunglimpfte Staatssymbol

2. Eigene, gegenwärtige und unmittelbare Beschwer

L ist als Adressat der strafgerichtlichen Verurteilungen in *eigenen* Grundrechten betroffen. Die gerichtlichen Entscheidungen belasten ihn zudem jetzt und immer noch, seine Beschwer ist daher auch *gegenwärtig*. Schließlich bedarf die Entscheidung keines weiteren Vollzugsakts; die Betroffenheit von L ist daher auch *unmittelbar*.

3. Zwischenergebnis

Bei Urteilsverfassungsbeschwerden ist die eigene, gegenwärtige, unmittelbare Betroffenheit unproblematisch, so dass alle drei Aspekte kurz (auch unter einer Überschrift) abgehandelt werden können.

L ist somit beschwerdebefugt.

Denkbar – aber eher unüblich – ist es, bereits an dieser Stelle die Frage nach der „Verletzung spezifischen Verfassungsrechts" zu stellen. Damit ist das Prüfprogramm des Bundesverfassungsgerichts umschrieben, das sich eben nur auf die unzureichende Beachtung von Verfassungsrecht, nicht dagegen auf einfachrechtliche Rechtsfehler erstreckt. Allerdings ist an dieser Stelle die Prüfung entweder redundant – weil nur knapp wiederholt wird, was eigentlich schon die Frage nach der „Möglichkeit einer *Grundrechts*verletzung" beinhaltet – oder aber es droht, bei ausführlicherer Thematisierung, eine „Überfrachtung" der Zulässigkeit mit Problemen der Begründetheitsprüfung. Richtigerweise ist die „Verletzung spezifischen Verfassungsrechts" daher erst in der Begründetheit darzustellen. Möglich ist es, dies gleich zu Beginn zu machen, empfehlenswert ist aber, die Frage nach dem verfassungsgerichtlichen Prüfprogramm erst unmittelbar vor der Prüfung der gerichtlichen Entscheidung aufzuwerfen, weil damit diese Prüfung in ihren Strukturen und Schwerpunkten vorgegeben werden kann.

V. Rechtswegerschöpfung und Subsidiarität

Gem. § 90 Abs. 2 S. 1 BVerfGG muss der Beschwerdeführer vor Einlegung der Verfassungsbeschwerde den zulässigen Rechtsweg erschöpfen. Laut Sachverhalt sind sämtliche Rechtsbehelfe des

L erfolglos geblieben. Der Rechtsweg ist damit erschöpft.

Möglichkeiten, die Grundrechtsverletzung auf andere Weise zu beseitigen, sind nicht ersichtlich. Auch dem durch extensive Auslegung des § 90 Abs. 2 S. 1 BVerfGG gewonnenen Grundsatz der Subsidiarität ist damit Rechnung getragen.

VI. Form und Frist

Von der Einhaltung der Monatsfrist, des Schriftlichkeits- und des Begründungserfordernisses nach §§ 23 Abs. 1 S. 1, 2, 93 Abs. 1 S. 1 und 2 BVerfGG ist mangels gegenteiliger Anhaltspunkte auszugehen.

VII. Ergebnis zur Zulässigkeit

Die Beschwerde von L ist somit zulässig.

B. Begründetheit

Die Beschwerde ist begründet, wenn L durch die letztinstanzliche Gerichtsentscheidung in seinen Grundrechten verletzt ist. Das ist der Fall, wenn die Entscheidung einen Eingriff in den Schutzbereich eines Grundrechts darstellt, der sich nicht rechtfertigen lässt.

In Betracht kommen hier als verletzte Grundrechte die Kunstfreiheit (Art. 5 Abs. 3 S. 1 Alt. 1 GG), die Meinungsfreiheit (Art. 5 Abs. 1 S. 1 Alt. 1 GG) sowie grundsätzlich auch die – hier allerdings dem Bearbeiterhinweis nach nicht zu prüfende – Berufsfreiheit des Art. 12 Abs. 1 GG.

I. Kunstfreiheit, Art. 5 Abs. 3 S. 1 Alt. 1 GG

Mit Blick auf die Kunstfreiheit ist zu klären, ob das Verhalten des L dem Schutzbereich unterfällt, ob ein Eingriff in diesen Schutzbereich vorliegt und ob dieser verfassungsrechtlich gerechtfertigt ist. Letzteres setzt insbesondere voraus, dass eine verfassungskonforme Rechtsgrundlage vorliegt und dass bei der Gesetzesanwendung der eventuelle Kunstcharakter angemessen gewürdigt sowie der Verurteilung eine grundrechtsangemessene Werkinterpretation zugrunde gelegt wurde.

Fall 7: Das verunglimpfte Staatssymbol

1. Schutzbereich
a) Sachlicher Schutzbereich

Damit der sachliche Schutzbereich der Kunstfreiheit eröffnet ist, muss es sich bei dem Werk von L um Kunst iSv Art. 5 Abs. 3 S. 1 Alt. 1 GG handeln. Das Grundgesetz definiert allerdings nicht, was es unter Kunst versteht. Das macht eine Auseinandersetzung mit unterschiedlichen Definitionsversuchen erforderlich.[8]

Nach einem engen **formalen Verständnis** umfasst die von Art. 5 Abs. 3 S. 1 Alt. 1 GG geschützte Kunst nur solche Werke, die sich einem der traditionell anerkannten Werktypen zuordnen lassen. Kunst ist danach nur das, was als Malerei, Bildhauerei oÄ qualifiziert werden kann.[9] Bei dem Werk des L fällt eine entsprechende klare Zuordnung schwer. In Betracht kommt wohl vor allem, es als Skulptur anzusehen. Allerdings erscheint zweifelhaft, ob das bloße Abfüllen bestimmter Stoffe in Behälter und das Arrangement dieser Behälter zueinander einer Skulptur im klassischen Sinne gleichgesetzt werden kann.

> Wie oft im grundrechtlichen Bereich kann eine historisch informierte Sichtweise dazu beitragen, den vom Grundgesetz intendierten Schutz zu verdeutlichen. Insbesondere die Abgrenzung gegenüber dem Nationalsozialismus – hier die staatliche Festlegung von „entarteter Kunst" – dient dazu, *ex negativo* das grundgesetzliche Verständnis schärfer zu konturieren. Das NS-Regime hat, so das Bundesverfassungsgericht ausdrücklich, für die verfassungsrechtliche Ordnung der Bundesrepublik eine „gegenbildlich identitätsprägende Bedeutung".[10]

Möglicherweise braucht aber diese Zuordnungsfrage nicht geklärt zu werden, weil sich der formale Kunstbegriff insgesamt als für ein angemessenes Kunstverständnis zu eng erweist. Er besitzt den unzweifelhaften Vorzug, unter Verwendung traditioneller Kriterien relativ trennscharfe Kategorien zu bieten, und er ermöglicht damit im Interesse der Rechtssicherheit eine vergleichsweise klare und einfache Grenzziehung. Dem steht aber der gewichtige Nachteil gegenüber, dass die Kunst auf einen historischen, letztlich kontingenten Formenkanon festgelegt wird. Eine Kunstdefinition, die sich der kontinuierlichen Fortentwicklung verschließt, die wiederum den in Anspruch genommenen Formenkanon erst hervorgebracht hat, erscheint in sich widersprüchlich und wenig überzeugend. Zumal vor dem historischen Hintergrund, dass die Kunstfreiheit als Schutz vor einer angemaßten staatlichen,

---

8 Vgl. dazu etwa *Kobor*, Grundfälle zu Art. 5 III GG, JuS 2006, 593 ff.; *Betzinger*, Grenzen der Kunstfreiheit, JA 2009, 125 ff., jeweils mwN.
9 Vgl. etwa BVerfGE 67, 213 (226 f.) – anachronistischer Zug; BVerfG, NJW 1990, 1982 (1983).
10 BVerfGE 124, 300 (328) – Wunsiedel.

Eine bereits schutzbereichsimmanent, nicht erst auf der Schrankenebene ansetzende Begrenzung der Kunstfreiheit könnte man allenfalls bei äußerst gravierenden Verletzungen der Grundrechte anderer Personen oder deren gezielter Herabwürdigung annehmen. Sonstige bloße Provokationen unterfallen grundsätzlich noch der Kunstfreiheit. Problematisch ist der Fall der Inanspruchnahme fremden Eigentums zur Herstellung eines eigenen Kunstwerks, namentlich in Gestalt von Graffiti:[12] Die Reichweite der Kunstfreiheit „erstreckt sich aber von vornherein nicht auf die eigenmächtige Inanspruchnahme oder Beeinträchtigung fremden Eigentums zum Zwecke der künstlerischen Entfaltung (sei es im Werk- oder Wirkbereich der Kunst)".

Insofern ist es, wenn man mit den überzeugenderen Gründen den engen formalen Kunstbegriff abgelehnt und die Kunsteigenschaft des Werks gemäß dem materialen Kunstbegriff bejaht hat, nicht mehr zwingend erforderlich, auch noch auf den sog. **„offenen" Kunstbegriff** einzugehen, der die Grenzen eher noch weiter zieht. Allerdings ist es im Sinne einer vollständigen Bearbeitung auch kein Fehler, auf diese Möglichkeit hinzuweisen.

Insgesamt dürfte es in der Klausur angesichts der Schwächen der einzelnen Kunstbegriffsbestimmungen empfehlenswert sein, die unterschiedlichen Ansätze nicht im Sinne eines Meinungsstreits zu verstehen, sondern sie

rückwärtsgewandten Deutungshoheit über das, was als künstlerisch wertvoll zu gelten habe, in das Grundgesetz eingefügt wurde, ist dieser enge Begriff daher abzulehnen.

Vielmehr ist eine **materiale, also inhaltliche Deutung** des verfassungsrechtlichen Kunstbegriffs zu versuchen, die der Kunst einen möglichst weiten Entfaltungsspielraum belässt. Insoweit kann man als Kunst die „freie schöpferische Gestaltung, in der Eindrücke, Erfahrungen und Erlebnisse des Künstlers durch das Medium einer bestimmten Formensprache zu unmittelbarer Anschauung gebracht werden",[11] verstehen.

L wollte hier durch die Gestaltung der Plexiglasboxen und deren spezifisches Arrangement auf eine bestimmte politische Situation aufmerksam machen und damit in einer spezifischen Ausdrucksform seine persönliche Einschätzung der bestehenden Zustände verdeutlichen. Für die Einordnung als Kunst kommt es dabei nicht darauf an, ob diese Einschätzung den Tatsachen entspricht. Kunst muss keineswegs realistisch sein. Ebensowenig kommt es darauf an, welches Material L zur Gestaltung seines Objekts verwendet hat. Auch die Verwendung von Fäkalien und der gezielte Einsatz von Ekelreaktionen auf Seiten des Publikums können Teil einer künstlerischen Gestaltung sein.

Bei dem Werk von L handelt es sich mithin um ein von Art. 5 Abs. 3 S. 1 Alt. 1 GG geschütztes Kunstwerk. Der sachliche Schutzbereich ist insoweit eröffnet.

---

11 BVerfGE 30, 173 (189) – Mephisto; 67, 213 (226) – anachronistischer Zug.
12 Vgl. dazu BVerfG, NJW 1984, 1293 (1294).

eher als unterschiedliche Möglichkeiten zu begreifen, den Kunstcharakter zu begründen. Ein ähnliches Vorgehen kennzeichnet auch die Rechtsprechung des Bundesverfassungsgerichts, das sich gerade nicht auf ein bestimmtes Kunstverständnis festgelegt hat.[13]

Zuletzt ist noch fraglich, welche Handlungen von der Kunstfreiheit geschützt werden. Geschützt wird nicht nur das fertige Kunstwerk, sondern auch die künstlerische Tätigkeit als solche, also die Herstellung des Werks. Das ist der sog. **Werkbereich**. Darüber hinaus wird auch der sog. **Wirkbereich** eines Kunstwerks geschützt, also die Präsentation des Kunstwerks in der Öffentlichkeit. Beide Bereiche bilden eine unlösbare Einheit. „Die Darbietung und Verbreitung des Kunstwerks sind sachnotwendig für die Begegnung mit dem Werk als eines ebenfalls kunstspezifischen Vorganges; dieser ‚Wirkbereich', in dem der Öffentlichkeit Zugang zu dem Kunstwerk verschafft wird, ist der Boden, auf dem die Freiheitsgarantie des Art. 5 Abs. 3 GG vor allem erwachsen ist."[14] L steht somit nicht nur bei der Herstellung, sondern auch bei der Präsentation seines Werks unter dem Schutz der Kunstfreiheit gemäß Art. 5 Abs. 3 S. 1 Alt. 1 GG.

b) Persönlicher Schutzbereich

Auf den Schutzbereich können sich aber nicht nur Künstler, sondern mit Blick auf den geschützten Wirkbereich auch die Personen berufen, die für die Verbreitung der Kunst eine unerlässliche „Mittlerfunktion" einnehmen, wie etwa Galeristen oder Verleger.[15]

Als mitverantwortlicher Künstler kann sich L ohne Weiteres auf das Jedermann-Grundrecht der Kunstfreiheit berufen.

2. Eingriff

Unter einem Grundrechtseingriff wird im herkömmlichen („klassischen") Sinne „ein rechtsförmiger Vorgang verstanden, der unmittelbar und gezielt (final) durch ein vom Staat verfügtes, erforderlichenfalls zwangsweise durchzusetzendes Ge- oder Verbot, also imperativ, zu einer Verkürzung grundrechtlicher Freiheiten führt".[16] Das moderne Ein-

---

13 Vgl. etwa BVerfGE 81, 278 (291) – Bundesflagge.
14 Vgl. BVerfGE 30, 173 (189) – Mephisto.
15 BVerfGE 30, 173 (189) – Mephisto.
16 BVerfGE 105, 279 (300) – Osho.

griffsverständnis verlangt hingegen lediglich die Verkürzung des tatbestandlich Gewährleisteten gegen den Willen des Grundrechtsträgers.[17]

Durch die strafrechtliche Verurteilung wurde die Ausstellung des Werks des L mit einer Sanktion verknüpft und damit verboten. Das Verbot erfüllt die Merkmale des klassischen und erst recht des modernen Eingriffsbegriffs. Ein Eingriff in den Schutzbereich des Art. 5 Abs. 3 S. 1 Alt. 1 GG liegt daher vor.

3. Verfassungsrechtliche Rechtfertigung

Der Grundrechtseingriff könnte jedoch verfassungsgemäß sein. Dazu müsste er von den Schranken der Kunstfreiheit gedeckt sein, also auf einer verfassungskonformen Schrankenregelung beruhen, die ihrerseits unter Beachtung aller verfassungsrechtlichen Anforderungen angewandt wurde.

Auch an dieser Stelle könnte man auf den besonderen Prüfungsmaßstab des Bundesverfassungsgerichts bei der Urteilsverfassungsbeschwerde eingehen, dh den Unterschied zu einer „Superrevisionsinstanz" verdeutlichen. Möglich ist es aber auch, wie hier diese Frage erst unmittelbar vor der Prüfung des Urteils als der Gesetzesanwendung zu behandeln.

a) Gesetzesvorbehalt

Art. 5 Abs. 3 S. 1 GG enthält keine ausdrückliche Schrankenregelung. Eine systematische Interpretation macht deutlich, dass es auch nicht zulässig ist, die eindeutig auf Art. 5 Abs. 1 GG bezogene Schrankenregelung des Art. 5 Abs. 2 GG erweiternd auch auf Art. 5 Abs. 3 S. 1 GG anzuwenden.[18] Art. 5 Abs. 3 S. 1 GG ist damit ein *vorbehaltlos* gewährleistetes Grundrecht.

Jedoch bestehen auch vorbehaltlos gewährleistete Grundrechte nicht schrankenlos. Trotz des Fehlens einer textlichen Einschränkungsmöglichkeit muss aber dann, *wenn* verschiedene *Verfassungs*güter kollidieren, ein ausgewogener Ausgleich der jeweiligen Güter stattfinden. Vorbehaltlose Grundrechte finden daher ihre Grenzen in den Grundrechten Dritter, aber auch in anderen „Verfassungsbestimmungen aller Art (…). (…) Denn ein geordnetes menschliches Zusammenleben setzt nicht nur die gegenseitige Rücksichtnahme der Bürger, sondern

---

17 *Kingreen/Poscher*, Grundrechte – Staatsrecht II, 35. Aufl. 2019, Rn. 294.
18 Vgl. *Wittreck*, in: Dreier (Hrsg.), GG, Bd. I, 3. Aufl. 2013, Art. 5 Abs. 3 (Kunst) Rn. 53; *Bethge*, in: Sachs (Hrsg.), GG, 8. Aufl. 2018, Art. 5 Rn. 197. Anders namentlich *Knies*, Kunstfreiheit, 1967, S. 257 ff.

Fall 7: Das verunglimpfte Staatssymbol

auch eine funktionierende staatliche Ordnung voraus, welche die Effektivität des Grundrechtsschutzes überhaupt erst sicherstellt."[19] Das gilt für alle Grundrechte, auch für vorbehaltlose.

Vorbehaltlose Grundrechte sind daher nicht in einem strengen Sinne vorbehaltlos gewährleistet, sondern unterliegen (nur, aber immerhin) sog. *verfassungsimmanenten Schranken*. Überdies muss der Grundsatz des Gesetzesvorbehalts beachtet werden, es bedarf also auch bei vorbehaltlosen Grundrechten (erst recht) einer gesetzlichen Grundlage für die Auflösung der Kollisionslage.[20]

Die Rechtfertigung bei vorbehaltlos gewährleisteten Grundrechten ist in folgendem Schema zu prüfen:
1. Gesetzesvorbehalt
   a) Feststellung der vorbehaltlosen Gewährleistung; Darstellung der Konsequenz (Einschränkbarkeit nur durch kollidierendes Verfassungsrecht, zugleich: Grundsatz des Gesetzesvorbehalts),
   b) Vorliegen eines formellen Gesetzes,
   c) dessen Zweck im Schutz eines von der Verfassung besonders geschützten Rechtsguts besteht.
2. Verfassungsmäßigkeit des Gesetzes;
3. (bei Urteilsverfassungsbeschwerden:) Verfassungskonformität der Gesetzesanwendung.

Als Schranke des Art. 5 Abs. 3 S. 1 GG ist somit ein Gesetz erforderlich, dessen Zweck in dem Schutz eines Verfassungsrechtsguts liegt.

Grundlage für das Gerichtsurteil ist hier § 90a StGB – also ein Gesetz. Das Gesetz müsste nun dem Schutz eines Verfassungsgutes dienen, das mit der Kunstfreiheit kollidiert/kollidieren kann.

Im vorliegenden Fall ist eine Kollision der Kunstfreiheit mit Grundrechten Dritter nicht ersichtlich. § 90a Abs. 1 Nr. 2 StGB schützt die Bundesflagge. Fraglich ist somit, ob diese als ein von der Verfassung besonders geschütztes Rechtsgut zu qualifizie-

---

[19] BVerfGE 81, 278 (292) – Bundesflagge.
[20] S. etwa BVerfGE 107, 104 (120) – JGG-Verfahren; 111, 147 (157 f.) – Versammlungsverbot; zum Ganzen auch *Epping*, Grundrechte, 8. Aufl. 2019, Rn. 78 ff.

ren ist, das somit als Beschränkung der Kunstfreiheit fungieren kann.

Als verfassungsrechtliche Grundlage kommt zunächst Art. 22 GG in Betracht, der die Flagge ausdrücklich erwähnt. Die Norm bestimmt aber lediglich ihre Farben; ein besonderer, verfassungsrechtlich garantierter Schutz lässt sich daher unmittelbar nicht aus Art. 22 GG ableiten. Allerdings ergibt sich eine verfassungsrechtliche Fundierung möglicherweise aus einer stärker funktionalen, dh auf den Zweck der Bundesflagge bezogenen Betrachtung. Art. 22 GG verweist auf das allgemeine Recht des Staates, sich zu seiner Selbstdarstellung bestimmter Symbole zu bedienen. In diesem Sinne repräsentieren die Staatssymbole und damit auch die Fahne das Ansehen des Staates sowie seine freiheitlich-demokratische Grundordnung. Das Grundgesetz nimmt dabei diese „von der Flagge ausgehende Wirkung nicht lediglich in Kauf. Als freiheitlicher Staat ist die Bundesrepublik vielmehr auf die Identifikation ihrer Bürger mit den in der Flagge versinnbildlichten Grundwerten angewiesen. Die in diesem Sinne geschützten Werte geben die in Art. 22 GG vorgeschriebenen Staatsfarben wieder. Sie stehen für die freiheitliche demokratische Grundordnung."[21] Das Verunglimpfen der Flagge beinhaltet insoweit eine Herabsetzung der von ihr symbolisierten Werte; sie beeinträchtigt damit die für den inneren Frieden erforderliche Autorität des Staates. Das lässt es angelegen erscheinen, ihr auch den besonderen Schutz der Verfassung zuzusprechen.

Der Schutz der Bundesflagge ist daher grundsätzlich ein hinreichendes kollidierendes Verfassungsgut zur Einschränkung der vorbehaltlos gewährleisteten Kunstfreiheit.

b) Verfassungsmäßigkeit des Gesetzes

Die gesetzliche Grundlage des § 90a StGB müsste verfassungsgemäß sein. Formelle Bedenken sind insoweit nicht zu erkennen. In inhaltlicher Hinsicht wäre die Verfassungskonformität insbesondere zu

---

21 BVerfGE 81, 278 (293 f.) – Bundesflagge.

Fall 7: Das verunglimpfte Staatssymbol

verneinen, wenn durch die Norm selbst eine unverhältnismäßige Beeinträchtigung der Kunstfreiheit zugunsten des Schutzes der Bundesflagge bestimmt würde.

Das Gesetz verfolgt ein legitimes Ziel, da es, wie gesehen, dem Schutz eines Verfassungsguts dient. Geeignet ist der im Gesetz wurzelnde Eingriff auch, weil mit seiner Hilfe der gewünschte Erfolg – der Schutz der Flagge als Dokument der freiheitlichen demokratischen Grundordnung – zumindest gefördert werden kann. Strafrechtlicher Schutz fördert den Respekt vor der Bundesflagge (oder zumindest das Unterlassen von beeinträchtigenden Handlungen). Der Eingriff ist zudem erforderlich, weil ein gleich geeignetes, aber milderes Mittel nicht ersichtlich ist.

Damit bleibt die Frage der *Angemessenheit* der Regelung zu klären. Das Gebot der Verhältnismäßigkeit im engeren Sinn beinhaltet, dass die Schwere des Eingriffs bei einer Gesamtabwägung nicht außer Verhältnis zu dem Gewicht der ihn rechtfertigenden Gründe stehen darf. Vorliegend ist dabei von entscheidender Bedeutung, dass die Regelung keine strikten, zwingenden Folgen für ein genau bestimmtes Verhalten vorschreibt, sondern den Gesetzesanwendern einen Auslegungsspielraum belässt. § 90a StGB lässt den Strafrichtern bei der Urteilsfindung hinreichend Raum, einen *angemessenen* Ausgleich zwischen den betroffenen Verfassungsgütern vorzunehmen. § 90a StGB ist also zumindest verfassungskonform auslegbar.

Seine Verfassungsmäßigkeit ist daher zu bejahen.

Die Prüfung einer bestehenden Norm können Sie, sofern der Sachverhalt keine entgegenstehenden Hinweise enthält, relativ kurz fassen. Das gilt insbesondere dann, wenn die Norm so offen formuliert ist, dass jedenfalls mittels einer verfassungskonformen Interpretation die Verfassungsmäßigkeit der Norm (bei der Anwendung) sichergestellt werden kann. Ganz weglassen sollte man den Prüfungspunkt aber selbst in Evidenzfällen nicht, weil die Vorgehensweise hilfreich ist, um sich noch einmal den gesamten Prüfungsaufbau zu vergegenwärtigen.

c) Verfassungsmäßigkeit der Entscheidung

Fraglich ist damit schließlich noch die Rechtmäßigkeit des Urteils selbst.

aa) Prüfungsmaßstab des Bundesverfassungsgerichts

Diesbezüglich ist zunächst der Prüfungsmaßstab des Bundesverfassungsgerichts zu verdeutlichen.

Es entspricht dessen besonderer Stellung im Institutionengefüge der Gerichte, dass es keine weitere Kontrolle am Maßstab des einfachen Rechts vornimmt, sondern auf die Überprüfung bestimmter Rechtsverletzungen, nämlich von Grundrechten und grundrechtsgleichen Rechten beschränkt ist (vgl. Art. 93 Abs. 1 Nr. 4a GG). Folglich kann mit der Verfassungsbeschwerde nicht eine nochmalige umfassende Überprüfung der ursprünglichen Entscheidung anhand des einschlägigen Sachrechts verlangt werden.

Das Bundesverfassungsgericht prüft lediglich, ob durch die Instanzgerichte eine Verletzung *spezifischen Verfassungsrechts* vorliegt. Dies ist nicht schon dann zu bejahen, wenn eine Entscheidung objektiv fehlerhaft ist. Der Fehler muss gerade in der Nichtbeachtung oder Verkennung von Grundrechten oder grundrechtsgleichen Rechten liegen. Eine Verletzung spezifischen Verfassungsrechts ist anzunehmen, wenn die Auslegung des einfachen Rechts auf einer grundsätzlich falschen Anschauung von der Bedeutung eines Grundrechts beruht und der Auslegungsfehler in seiner materiellen Bedeutung für den konkreten Rechtsfall von einigem Gewicht ist.[22] Das ist der Fall, wenn entweder ganz übersehen worden ist, dass bei der Auslegung der verfassungsmäßigen Vorschriften des einfachen Rechts Grundrechte zu beachten waren, wenn der Schutzbereich der zu beachtenden Grundrechte unrichtig oder unvollkommen bestimmt worden ist, zu Unrecht ein Eingriff verneint wurde oder wenn ihr Gewicht unrichtig eingeschätzt worden ist, so dass darunter die Abwägung der möglicherweise konfligierenden Rechtspositionen im Rahmen der

---

22 Vgl. BVerfGE 18, 85 (93).

einfachrechtlichen Regelung leidet, und die Entscheidung des Gerichts auf diesem Fehler beruht.[23]

Das Ausmaß der Kontrolle hängt im konkreten Fall von der Intensität der Grundrechtsbetroffenheit ab. Je stärker die einfachgesetzlichen Regelungen ihrerseits als Konkretisierungen bzw. ausdrückliche Schrankenbestimmungen von grundrechtsgeschützten Positionen anzusehen sind, desto höher ist die Kontrolldichte des Verfassungsgerichts.[24]

Mit Blick auf die intensive Beeinträchtigung durch eine strafgerichtliche Verurteilung (sei es zu einer Geld-, oder sogar zu einer Freiheitsstrafe) wegen des mit ihr verbundenen Unwerturteils, die Öffentlichkeitsbezogenheit der Kunstfreiheit sowie die einschüchternde Wirkung, die staatliche Eingriffe gerade in Kommunikationsgrundrechte – worunter auch die Kunstfreiheit fällt – auf Einzelne wie die Öffentlichkeit haben können, ist eine besonders wirksame verfassungsrechtliche Kontrolle angezeigt.

Das Bundesverfassungsgericht prüft daher „nicht nur, ob die inkriminierte Lebensäußerung in den Schutzbereich des Grundrechts fällt und dessen Umfang in der angegriffenen Entscheidung grundsätzlich richtig erkannt worden ist; es untersucht auch, ob das Gericht das Werk anhand der der Kunst eigenen Strukturmerkmale beurteilt (...), und auf dieser Grundlage die der Kunst gesetzten Schranken im einzelnen zutreffend gezogen hat".[25]

bb) Die Kontrolle der angegriffenen Gerichtsentscheidung

Erforderlich ist damit ein Dreischritt:
1. muss festgestellt werden, dass das Gericht die Grundrechtsrelevanz überhaupt gesehen hat;
2. muss es die Reichweite des Grundrechtsschutzes sowohl abstrakt wie im Hinblick auf die Betroffenheit im konkreten Fall richtig bestimmt haben,

Damit bleibt zu klären, ob vorliegend die gesetzliche Grundlage in verfassungskonformer, dh der Bedeutung des Art. 5 Abs. 3 S. 1 Alt. 1 GG zureichend Rechnung tragender Weise angewendet wurde. Zu prüfen ist insofern, ob das Gericht bei seiner Anwendung des § 90a StGB den Kunstcharakter des Werkes überhaupt gesehen (1) und im Weiteren

---

23 Vgl. BVerfGE 101, 361 (388) – Caroline von Monaco II; vgl. a. BVerfGE 95, 28 (37) – Werkszeitungen; 97, 391 (401) – Mißbrauchsbezichtigung. Ausführlich zum Prüfungsumfang bei der Urteilsverfassungsbeschwerde *Schlaich/Korioth*, Das Bundesverfassungsgericht, 11. Aufl. 2018, Rn. 280 ff.
24 BVerfGE 61, 1 (6) – Wahlkampfäußerungen; 75, 302 (314) – Präklusion II.
25 BVerfGE 81, 278 (289) – Bundesflagge.

a) im Hinblick auf die verfassungskonforme Interpretation der gesetzlichen Grundlage (Auslegungsebene),
b) im Hinblick auf ein möglichst grundrechtsfreundliches Verständnis des in Rede stehenden Kunstwerks (Deutungsebene, „Wechselwirkungslehre");
3. schließlich muss das Gericht die Abwägung zwischen dem insoweit zutreffend bestimmten Grundrecht und dem kollidierenden anderen Verfassungsrechtsgut zutreffend vorgenommen haben.

Diese zusätzliche, von der verfassungskonformen Interpretation der gesetzlichen Grundlage zu unterscheidende Deutungsebene ist vor allem aus dem Kontext der Meinungsfreiheit bekannt.[26] Sie wird dort unter dem Topos „Wechselwirkungslehre" behandelt. Es handelt sich aber nicht um eine auf Art. 5 Abs. 1 S. 1 Alt. 1 GG begrenzte, sondern um eine verallgemeinerungsfähige Überlegung. Demnach müssen überall dort, wo unterschiedliche Deutungen in Betracht kommen, diese umfassend geprüft werden. Im Zweifel ist dann derjenigen auch angemessen gewürdigt, dh das Werk im Lichte der Kunstfreiheit „richtig" interpretiert hat (2). Erst im Anschluss hieran kann das Strafgericht beurteilen, ob ein anderer (gegenläufiger) Verfassungswert beeinträchtigt wird, und entschieden werden, wie der Konflikt aufzulösen ist (3).

(1) Die Staatsanwaltschaft hat hier bereits den Kunstcharakter des Werks insgesamt in Frage gestellt. Allerdings hat sie auch zusätzlich Erwägungen zur Rechtfertigung angestellt. Jedenfalls haben aber die Strafgerichte die Einschlägigkeit des Art. 5 Abs. 3 S. 1 Alt. 1 GG nicht ausgeschlossen, sondern grundsätzlich anerkannt. Damit wurde die Grundrechtsrelevanz des Falls zumindest nicht vollständig verkannt.

(2) Zugleich jedoch haben die Gerichte betont, dass es sich bei dem Werk von L um eine Verunglimpfung der Bundesflagge handele. Damit folgen sie der Auffassung der Staatsanwaltschaft, die eine andere Deutung als jene, darin eine allgemeine Verächtlichmachung des Staates zu erblicken, als nicht möglich bestimmt hat. Angesichts dieser starken Beeinträchtigung des Ansehens des Staates müsse die Kunstfreiheit zurücktreten.

Es fragt sich, ob diese Deutung des Kunstwerks der Kunstfreiheit gerecht wird. Das wäre (jedenfalls) der Fall, wenn eine andere, nicht auf eine Verächtlichmachung hinauslaufende Deutung ausgeschlossen ist.

---

26 Vgl. etwa BVerfG, NJW 2009, 908 (909) mwN.

Fall 7: Das verunglimpfte Staatssymbol

Deutungsvariante der Vorzug zu geben, die „grundrechtsfreundlicher" ist, also keine Veranlassung für staatliche Sanktionen bietet. (Steht hingegen eine Verurteilung zur Unterlassung *künftigen* Verhaltens in Rede, gilt diese Zweifelsregelung bei mehrdeutigem Verhalten nicht.)[27]

An dieser Stelle sind selbstverständlich beide Auffassungen gut vertretbar. Es kam darauf an, die Möglichkeit einer alternativen Deutung überhaupt zu sehen und die eigene Entscheidung mit entsprechenden Argumenten zu stützen. Klausurtaktisch war es aber empfehlenswert, die Verunglimpfung anzunehmen. Denn nur auf dieser Basis kann die abschließende Überprüfung der Abwägung erfolgen.

Vorliegend hat L dargelegt, dass es sich bei seinem Objekt um „eine künstlerische Form der Auseinandersetzung mit jenen dunklen Kapiteln der deutschen Vergangenheit" handele, „die in der gegenwärtigen Bundesrepublik immer mehr verdrängt würden". Nach diesen Ausführungen ist das Werk somit nicht als Angriff gegen die gegenwärtige demokratische Ordnung der Bundesrepublik zu verstehen, sondern lediglich als Hinweis darauf, welche Gefahren auch diesem Gemeinwesen aufgrund einer unbewältigten Vergangenheit noch drohen. Begreift man auch die Absetzung vom Unrechtssystem des Nationalsozialismus, auf das L mit seinen Äußerungen offenkundig anspielen möchte, als einen Teil des staatlichen Selbstverständnisses unter dem Grundgesetz,[28] könnte somit das Werk von L nicht als unmittelbare Schmähung dieser verfassten Ordnung der Bundesrepublik Deutschland oder der Staatlichkeit überhaupt begriffen werden. Das Gericht hätte daher seiner Abwägungsentscheidung eine unzutreffende Interpretation des Werkes zugrunde gelegt und insoweit der Bedeutung der Kunstfreiheit nicht angemessen Rechnung getragen.

Allerdings kann man sich fragen, ob diese Deutung tatsächlich durch die unmittelbare Wirkung des Werkes gestützt wird. Das Werk selbst lässt nämlich einen solchen Vergangenheitsbezug nicht erkennen, auch nach seinem Titel („Germany 2009: blood, shit, and no tears") bezieht es sich vielmehr auf die Gegenwart. Zumal die drastische Wahl der Gestaltungsmittel könnte für einen unbefangenen, objektiven Be-

---

27 BVerfGE 114, 339 ff. – Stolpe.
28 Zuletzt BVerfGE 124, 300 (328) – Wunsiedel: „Das bewusste Absetzen von der Unrechtsherrschaft des Nationalsozialismus war historisch zentrales Anliegen aller an der Entstehung wie Inkraftsetzung des Grundgesetzes beteiligten Kräfte".

trachter die Annahme einer Verunglimpfung näherliegend erscheinen lassen als die positive Stellungnahme zur Bundesrepublik (als Folge einer scharfen Abgrenzung zum Nationalsozialismus). Zudem lässt gerade die Anknüpfung an die in langer demokratischer Tradition[29] stehenden Bundesfarben eine Auseinandersetzung mit der problematischen Historie nicht erkennen; die Flagge ist insoweit ein denkbar ungeeigneter Anknüpfungspunkt, um eine Kontinuität mit den monarchischen und totalitären Herrschaftsformen aufzuzeigen.

Die Deutung des Kunstwerks durch die Gerichte ist daher nicht zu beanstanden.

(3) Fraglich ist aber, ob die Gerichte die konfligierenden Güter im Einzelnen angemessen gegeneinander abgewogen haben. Der Kunstfreiheit des L steht hier der Schutz der Bundesflagge iSv Art. 22 GG gegenüber, verstärkend hinzu treten die beamtenrechtlichen Pflichten gem. Art. 33 Abs. 5 GG. Hinsichtlich der Intensität der Beeinträchtigung ist zu berücksichtigen, dass einerseits die strafrechtliche Verfolgung für L eine gravierende Beschneidung seiner Freiheitsrechte bildet. Andererseits kann vor dem Hintergrund der jedenfalls denkbaren, insofern für das Gericht nicht gänzlich außer Acht zu lassenden positiveren Deutungsmöglichkeit des Werkes die Beeinträchtigung der staatlichen Autorität, die L als Beamter in besonderem Maße zu achten hat, als eher geringfügig erscheinen.

Es ist hier daher davon auszugehen, dass das Interesse des L an der Ausstellung seines Werkes die staatlichen Interessen überwiegt. Die strafrechtliche Verurteilung stand damit in keinem angemessenen Verhältnis zu dem verfolgten Zweck.

---

29 S. *Weigert*, Einiges zur Geschichte von Schwarz-Rot-Gold, BayVBl. 2007, 363 f.; *Burkiczak*, Geschichte und Rechtsgrundlagen der deutschen Staatssymbole, Jura 2003, 806 ff.

Fall 7: Das verunglimpfte Staatssymbol

cc) Entscheidungserheblichkeit der Abwägungsentscheidung

Die angegriffenen Entscheidungen müssten schließlich auf dem festgestellten Verfassungsverstoß beruhen.[30] Ersichtlich hätte hier eine angemessene Gewichtung der grundrechtlichen Belange zu einem anderen Ergebnis geführt; mithin beruhen die getroffenen Entscheidungen auf der fehlerhaften Abwägungsentscheidung.

4. Zwischenergebnis

Der Eingriff war damit unverhältnismäßig und rechtswidrig; L ist in seinem Grundrecht aus Art. 5 Abs. 3 S. 1 Alt. 1 GG verletzt.

Methodisch sauber(er) ist es auch, bereits bei der unzureichenden Deutung durch das Gericht den Rechtsanwendungsfehler zu verorten und somit der Abwägung kein eigenständiges Gewicht mehr beizumessen. Hier wird, gewissermaßen hilfsweise, dennoch zusätzlich darauf verwiesen. Jedenfalls sollte die Lösung nicht so verstanden werden, dass das entscheidende Gericht die ihm angemessen erscheinende Auslegung frei wählen könnte. Insofern ist vielmehr, entsprechend zu den Erwägungen im Bereich der Meinungsfreiheit, zunächst die Auslegungsvariante zu wählen, die der Kunstfreiheit möglichst großen Raum gewährt: *in dubio pro libertate*.

II. Meinungsfreiheit, Art. 5 Abs. 1 S. 1 Alt. 1 GG

Neben der Verletzung der Kunstfreiheit könnte zusätzlich auch eine Verletzung der Meinungsfreiheit nach Art. 5 Abs. 1 S. 1 Alt. 1 GG vorliegen. Von vornherein ausgeschlossen wäre dies indes, wenn die Kunstfreiheit als das speziellere Grundrecht die Meinungsfreiheit (realkonkurrierend) verdrängte.[31] Allerdings liegt ein solcher Fall echter Spezialität nicht vor. Für die parallele Anwendbarkeit spricht namentlich, dass damit das Zensurverbot (Art. 5 Abs. 1 S. 3 GG) auch für künstlerische Meinungsäußerungen gilt.[32]

---

30 Vgl. etwa *Michael/Morlok*, Grundrechte, 7. Aufl. 2020, Rn. 979.
31 Vgl. BVerfGE 81, 278 (291) – Bundesflagge.
32 So auch *Sachs*, Grundrechte, 3. Aufl. 2017, A 17 Rn. 104; näher *Höfling*, Fälle zu den Grundrechten, 2. Aufl. 2014, Fall 10.

1. Schutzbereich

Damit der Schutzbereich eröffnet ist, müsste das Kunstwerk (auch) als Meinungsäußerung einzuordnen sein. Kennzeichnend für diese ist es, dass sie ein Element der Stellungnahme, des Dafürhaltens, der Beurteilung enthält.[33] Vorliegend ist – wie gesehen – mit dem Kunstwerk gerade eine solche (negative) Stellungnahme gegenüber den herrschenden Zuständen verbunden. Auch insoweit kommt es (auf Schutzbereichsebene) nicht auf den scharfen oder sogar verletzenden Inhalt an;[34] Art. 5 Abs. 1 S. 1 Alt. 1 GG unterscheidet nicht nach der Begründetheit, Werthaltigkeit oder Richtigkeit der Meinungsäußerung.[35] Somit unterfällt das Aufstellen der „Skulptur" der Meinungsfreiheit.

2. Eingriff

Wie gezeigt liegt in der Verurteilung ein Eingriff; das gilt auch mit Blick auf die Meinungsfreiheit.

3. Verfassungsrechtliche Rechtfertigung

Der Eingriff in die Meinungsfreiheit könnte jedoch gerechtfertigt sein. Hierfür müsste er sich auf eine den Vorgaben des Art. 5 Abs. 2 GG entsprechende Schranke stützen können, und es müssten bei der Normanwendung die Anforderungen der sog. Wechselwirkungstheorie bzw. des Übermaßverbots beachtet worden sein.

a) § 90a StGB als allgemeines Gesetz iSd Art. 5 Abs. 2 GG?

Erneut ist § 90a StGB als gesetzliche Grundlage heranzuziehen. Zu klären ist allerdings, ob die Norm als Schrankenklausel iSd Art. 5 Abs. 2 GG anzusehen ist. Letzterer unterscheidet zwischen den Vorschriften der allgemeinen Gesetze, den gesetzlichen Bestimmungen zum Schutz der Jugend und dem Recht der persönlichen Ehre. § 90a StGB dient ersichtlich weder dem persönlichen Ehr- noch dem Jugendschutz; mithin kann es sich allenfalls um ein

---

[33] BVerfGE 61, 1 (8) – Wahlkampfäußerungen. Vgl. ferner nur *Stern*, Das Staatsrecht der Bundesrepublik Deutschland, Bd. IV/1, 2006, S. 1391 f. mwN.
[34] Vgl. BVerfGE 61, 1 (7) – Wahlkampfäußerungen; 85, 1 (14 f.) – Bayer-Aktionäre; 90, 241 (247) – Auschwitzlüge.
[35] Vgl. etwa BVerfG, NJW 2009, 908; BVerfGE 33, 1 (14 f.) – Strafgefangene; 93, 266 (289) – Soldaten sind Mörder; näher *Stern*, Das Staatsrecht der Bundesrepublik Deutschland, Bd. IV/1, 2006, S. 1390 f.

allgemeines Gesetz handeln. Zur Bestimmung der allgemeinen Gesetze iSd Art. 5 Abs. 2 GG werden unterschiedliche Ansätze verfolgt: Einigkeit besteht dabei zumindest dahin gehend, dass die Allgemeinheit mehr umfassen muss als die „normale" Eigenschaft, sich an einen unbestimmten Adressatenkreis zu richten. Vielmehr ist nach der sog. *Sonderrechtslehre* die Allgemeinheit auf den Gesetzeszweck bezogen; dieser darf sich also nicht gegen die Meinungsfreiheit als solche richten. Demgegenüber definiert die sog. *Abwägungslehre* allgemeine Gesetze dadurch, dass sie Ziele verfolgen, die gegenüber der Meinungsfreiheit vorrangig sind. Die bundesverfassungsgerichtliche Judikatur, die lange eine sog. *Kombinationsform* verwendete, scheint neuerdings in Richtung der sog. Sonderrechtslehre zu neigen.[36] Dem ist mit Blick auf die Systematik des Art. 5 Abs. 2 GG zuzustimmen. Denn die dort separat genannten Bereiche des Rechts der Ehre und des Jugendschutzes bilden jeweils „Sonderrecht". Eine demgegenüber selbstständige Bestimmung der „Allgemeinheit" hat diese im Sinne der Wahrung von Meinungsneutralität zu verstehen. Auf diese Weise ist zu verhindern, dass die „Wertlosigkeit" oder „Schädlichkeit" von Meinungsinhalten zum Anknüpfungskriterium staatlicher Eingriffe wird.[37]

Auf Basis dieses Verständnisses könnten Bedenken dagegen bestehen, § 90a StGB als allgemeines Gesetz einzustufen. Zwar hat das Bundesverfassungsgericht die Allgemeinheit bejaht, weil § 90a StGB gerade nicht an eine bestimmte politische Überzeugung anknüpft.[38] Das verkennt aber, dass diesseits der allgemeinen Motivation doch eine konkrete Meinungsäußerung untersagt wird. Vorstellbar ist es insoweit höchstens, § 90a StGB deshalb als (noch) allgemein anzusehen, weil die Vorschrift vor allem auf die (verunglimpfende) Form, weniger auf den Inhalt der Meinungsäußerung abstellt.[39] Indes

---

[36] Zum letzteren siehe BVerfGE 111, 147 (155) – Versammlungsverbot; BVerfGE 124, 300 (321 ff.) – Wunsiedel; zu den Schranken der Meinungsfreiheit etwa *Kingreen/Poscher*, Grundrechte – Staatsrecht II, 35. Aufl. 2019, Rn. 687 ff.; *Michael/Morlok*, Grundrechte, 7. Aufl. 2020, Rn. 648 ff.; *Sachs*, Grundrechte, 3. Aufl. 2017, A 17 Rn. 54 ff.
[37] *Kingreen/Poscher*, Grundrechte – Staatsrecht II, 35. Aufl. 2019, Rn. 695.
[38] Siehe BVerfGE 47, 198 (232) – Wahlwerbesendungen.
[39] So *Kingreen/Poscher*, Grundrechte – Staatsrecht II, 35. Aufl. 2019, Rn. 702.

braucht diese Frage nicht entschieden zu werden, wenn eine Schrankenregelung auch abseits des Art. 5 Abs. 2 GG gefunden werden kann. Hier ist zu berücksichtigen, dass sich Schranken der Meinungsfreiheit auch aus kollidierendem Verfassungsrecht ergeben können.[40] Dementsprechend kann vorliegend mit Blick auf das bereits zu Art. 22 Abs. 2 GG und die dahinterstehende verfassungsrechtliche Grundposition Ausgeführte von einem hinreichenden, die Einschränkung der Meinungsfreiheit rechtfertigenden Verfassungswert ausgegangen werden. Insoweit stellt sich § 90a StGB als einfachgesetzliche Umsetzung dieses verfassungsrechtlichen Wertes dar.

b) Meinungsfreiheitskonforme Gesetzesanwendung

Für die Frage der verfassungskonformen Gesetzesanwendung kann auf die Ausführungen zur Kunstfreiheit verwiesen werden; auch insoweit wurde – selbst wenn man eine die Bedeutung der Meinungsfreiheit berücksichtigende, zutreffende Deutung des Aussagegehalts des Kunstwerks des L annimmt – jedenfalls auf der Abwägungsebene die Schwere der Beeinträchtigung der Meinungsfreiheit durch die Verurteilung unzureichend berücksichtigt.

4. Zwischenergebnis

Auch mit Blick auf die Meinungsfreiheit liegt ein nicht gerechtfertigter Eingriff vor.

III. Ergebnis zur Begründetheit

Die Verurteilung verletzt L in seinen Grundrechten aus Art. 5 Abs. 3 S. 1 Alt. 1 und Art. 5 Abs. 1 Alt. 1 GG; die Beschwerde ist somit begründet.

C. Gesamtergebnis

Die zulässige und begründete Verfassungsbeschwerde hat Erfolg.

Vertiefungshinweise: BVerfGE 81, 278 ff. – Verunglimpfung der Bundesflagge; BVerfGE 81, 298 ff. – Nationalhymne; VGH München, NVwZ 2002, 1000 ff. – Berufung auf Grundrechte durch einen Lehrer; *Roggemann*, Von Bären, Löwen und Adlern – zur Reichweite der §§ 90a und

---

40 Vgl. BVerfGE 66, 116 (136) – Springer/Wallraff.

b StGB, JZ 1992, 934 ff.; *Burkiczak*, Der straf- und ordnungswidrigkeitsrechtliche Schutz der deutschen Staatssymbole, JR 2005, 50 ff.

Fall 8: Blutentnahme

Schwerpunkte: Verfassungsbeschwerde, Grundrecht der körperlichen Unversehrtheit und der Freiheit der Person (Art. 2 Abs. 2 GG), Bestimmtheitsgrundsatz, verfassungsrechtliche Grenzen der Auslegung von einfachen Gesetzen, Grundrechtsschutz durch Verfahren.

Sachverhalt

▶ An einem lauen Sommerabend wird H auf der Fahrt mit seinem PKW von zwei Polizisten angehalten, denen das Fahrzeug zuvor aufgrund heftig schlingernder Lenkbewegungen aufgefallen war. Nachdem die beiden Beamten bei H zudem einen starken Alkoholgeruch feststellen, erklären sie ihm, er müsse sich einem Blutalkoholtest unterziehen. H weigert sich mit der Begründung, erstens habe er kaum etwas getrunken, und zweitens sei doch auch ein Atemalkoholtest ausreichend. Die Polizisten erläutern ihm daraufhin, ein Atem-Test sei sehr ungenau und daher – was zutrifft – kein verlässliches, im Gerichtsprozess anerkanntes Beweismittel. Falls er nicht freiwillig kooperiere, könnten sie ihn zur Blutentnahme zwingen. H weigert sich standhaft. Die Polizisten verbringen ihn daraufhin gegen seinen Willen in das nächstgelegene Krankenhaus. Dort wird H durch die diensthabende Oberschwester – ein Arzt ist gerade nicht verfügbar – sogleich eine Blutprobe entnommen; danach kann H das Krankenhaus wieder verlassen.

H ist über dieses aus seiner Sicht klar gesetzeswidrige Verfahren empört. Die von ihm dagegen eingelegten Rechtsbehelfe bleiben jedoch sämtlich erfolglos. Die Gerichte sind der Auffassung, es habe ein hinreichender Verdacht für die Anordnung der Blutentnahme bestanden. Alkoholmissbrauch am Steuer sei ein gewaltiges gesellschaftliches Problem, vor dem die Polizei die Bevölkerung effektiv schützen müsse. Das Interesse an einer ordnungsgemäßen Strafpflege gehe insofern den Einzelinteressen vor. Auch die Durchführung der Entnahme selbst sei rechtlich nicht zu beanstanden. Denn die der Maßnahme zugrunde liegende Rechtsgrundlage (§ 81a StPO) müsse teleologisch so verstanden werden, dass bei einem gewissen Zeitdruck auch Blutentnahmen durch das nicht-ärztliche medizinische Personal zulässig seien.

H hält die Anordnung und die Durchführung der Blutentnahme weiterhin für rechtswidrig. Schließlich sei ihm seine körperliche Unversehrtheit sogar grundgesetzlich garantiert. Die Blutentnahme aufgrund eines vagen Verdachts bezüglich des doch eher geringfügigen Delikts der Trunkenheit am Steuer stehe gänzlich außer Verhältnis zum ihn außerordentlich belastenden Eingriff. Überdies hätte doch wohl der Atemtest ausgereicht. Zudem erstrecke sich der grundrechtliche Schutz auch auf die medizinisch einwandfreie Entnahme durch approbierte Ärzte.

H legt daher frist- und formgerecht Verfassungsbeschwerde ein.
Hat die Verfassungsbeschwerde Erfolg? ◀

Vermerk für die Bearbeiter:

§ 81a StPO lautet:

> „(1) Eine körperliche Untersuchung des Beschuldigten darf zur Feststellung von Tatsachen angeordnet werden, die für das Verfahren von Bedeutung sind. Zu diesem Zweck sind Entnahmen von Blutproben und andere körperliche Eingriffe, die von einem Arzt nach den Regeln der ärztlichen Kunst zu Untersuchungszwecken vorgenommen werden,

Fall 8: Blutentnahme

ohne Einwilligung des Beschuldigten zulässig, wenn kein Nachteil für seine Gesundheit zu befürchten ist.

(2) ¹Die Anordnung steht dem Richter, bei Gefährdung des Untersuchungserfolges durch Verzögerung auch der Staatsanwaltschaft und ihren Ermittlungspersonen (§ 152 des Gerichtsverfassungsgesetzes) zu. ²Die Entnahme einer Blutprobe bedarf abweichend von Satz 1 keiner richterlichen Anordnung, wenn bestimmte Tatsachen den Verdacht begründen, dass eine Straftat nach § 315a Absatz 1 Nummer 1, Absatz 2 und 3, § 315c Absatz 1 Nummer 1 Buchstabe a, Absatz 2 und 3 oder § 316 des Strafgesetzbuchs begangen worden ist.

(3) Dem Beschuldigten entnommene Blutproben oder sonstige Körperzellen dürfen nur für Zwecke des der Entnahme zugrundeliegenden oder eines anderen anhängigen Strafverfahrens verwendet werden; sie sind unverzüglich zu vernichten, sobald sie hierfür nicht mehr erforderlich sind."

Von der formellen Verfassungsmäßigkeit dieser Norm ist auszugehen. Nehmen Sie ferner an, dass die handelnden Polizeibeamten Ermittlungspersonen der Staatsanwaltschaft waren (vgl. § 152 GVG).

Lösungsvorschlag:
Die Verfassungsbeschwerde hat Erfolg, wenn sie zulässig und begründet ist.

A. Zulässigkeit

Die Anforderungen an die Zulässigkeit der Verfassungsbeschwerde ergeben sich aus Art. 93 Abs. 1 Nr. 4a GG, §§ 13 Nr. 8a, 90 ff. BVerfGG.

I. Zuständigkeit des Bundesverfassungsgerichts

Die Zuständigkeit des Bundesverfassungsgerichts für das Verfahren der Verfassungsbeschwerde folgt aus Art. 93 Abs. 1 Nr. 4a GG, §§ 13 Nr. 8a, 90 ff. BVerfGG.

II. Beschwerdefähigkeit

> Auf die Prozessfähigkeit ist im vorliegenden (unproblematischen) Fall nicht einzugehen.

Beschwerdefähig ist gemäß § 90 Abs. 1 BVerfGG „jedermann", dh alle Personen, die – abstrakt – Träger eines der in § 90 Abs. 1 BVerfGG genannten Rechte sein können. Die Beschwerdefähigkeit folgt also der Grundrechtsfähigkeit. Demnach ist grundsätzlich jede *natürliche* Person beschwerdefähig, mithin auch der Beschwerdeführer H.

III. Beschwerdegegenstand

Gemäß Art. 93 Abs. 1 Nr. 4a GG, § 90 Abs. 1 BVerfGG muss die behauptete Verletzung „durch die öffentliche Gewalt" erfolgen. Wie Art. 1 Abs. 3 GG zeigt, ist damit tauglicher Beschwerdegegenstand jeder Akt der Exekutive, Judikative oder Legislative.

Hier richtet sich die Verfassungsbeschwerde gegen die letztinstanzliche Entscheidung und damit gegen einen Akt der Judikative. Ein tauglicher Beschwerdegegenstand ist daher gegeben.

IV. Beschwerdebefugnis

Weiterhin muss H beschwerdebefugt sein. Entgegen dem Wortlaut des § 90 Abs. 1 BVerfGG genügt die bloße Behauptung einer Grundrechtsverletzung zur Annahme der Beschwerdebefugnis nicht. „Behauptung" ist vielmehr als „plausible Geltendmachung" zu verstehen. Aus dem Vortrag des Beschwerdeführers muss sich danach zumindest die *Möglichkeit* einer Grundrechtsverletzung ergeben, dh eine sol-

Fall 8: Blutentnahme

che darf nicht schlechthin ausgeschlossen erscheinen (1.). Die geltend gemachte Grundrechtsverletzung muss H darüber hinaus *selbst, gegenwärtig und unmittelbar* betreffen (2.).

1. Möglichkeit einer Grundrechtsverletzung

> Die Erwähnung der zweiten möglicherweise betroffenen Grundrechtsposition ist streng genommen nicht erforderlich; die Beschwerdebefugnis ließe sich bereits allein aufgrund der ersten festgestellten möglichen Grundrechtsverletzung bejahen.

H wurde durch die Maßnahme der Polizisten, die von den Gerichten gebilligt wurde, gezwungen, eine Blutentnahme zu dulden. Dass dieses Handeln einen Eingriff in die durch Art. 2 Abs. 2 S. 1 Alt. 2 GG geschützte körperliche Unversehrtheit, der zumindest wegen Unverhältnismäßigkeit nicht gerechtfertigt sein könnte, darstellen kann, ist nicht schlechthin auszuschließen.

Ebenfalls nicht auszuschließen ist mit Blick auf die gleichfalls gerichtlich gebilligte zwangsweise Verbringung des H ins Krankenhaus durch die Polizei eine Verletzung in Art. 2 Abs. 2 S. 2 GG (Freiheit der Person).

Eine Grundrechtsverletzung ist daher möglich.

2. Eigene, gegenwärtige und unmittelbare Beschwer

> Vgl. zur Prüfung der Betroffenheit bei Urteilsverfassungsbeschwerden auch die Anmerkung in Fall 7: Das verunglimpfte Staatssymbol.

H ist durch die gegen ihn selbst ergangene Gerichtsentscheidung in seinen *eigenen* Grundrechten betroffen. Die rechtskraftfähige Entscheidung belastet ihn zudem jetzt und immer noch, seine Beschwer ist daher auch *gegenwärtig*. Die Entscheidung bedarf ferner keines weiteren Vollzugsakts. Die Betroffenheit von H ist daher auch *unmittelbar*.

3. Zwischenergebnis

H ist beschwerdebefugt.

V. Rechtswegerschöpfung und Subsidiarität

Gemäß § 90 Abs. 2 S. 1 BVerfGG muss der Beschwerdeführer vor Einlegung der Verfassungsbeschwerde den zulässigen Rechtsweg erschöpfen. Laut Sachverhalt sind sämtliche Rechtsbehelfe des H erfolglos geblieben. Der Rechtsweg ist damit erschöpft. Möglichkeiten, die Grundrechtsverletzung auf andere Weise zu beseitigen, sind nicht ersichtlich. Auch dem Grundsatz der Subsidiarität ist damit Rechnung getragen.

VI. Form und Frist

H hat seine Beschwerde form- und fristgerecht entsprechend den Anforderungen der §§ 23 Abs. 1 S. 1, 93 Abs. 1 S. 1 BVerfGG erhoben.

VII. Ergebnis zur Zulässigkeit

Die Verfassungsbeschwerde ist zulässig.

B. Begründetheit

Die Beschwerde ist begründet, wenn H durch die beschwerdegegenständliche Gerichtsentscheidung in seinen Grundrechten verletzt ist. Das ist der Fall, wenn die Entscheidung einen Eingriff in den Schutzbereich eines Grundrechts darstellt, der sich nicht rechtfertigen lässt. In Betracht kommen hier als verletzte Grundrechte zum einen das Recht auf körperliche Unversehrtheit gemäß Art. 2 Abs. 2 S. 1 Alt. 2 GG, zum anderen die Freiheit der Person gemäß Art. 2 Abs. 2 S. 2 GG.

I. Art. 2 Abs. 2 S. 1 Alt. 2 GG

1. Eingriff in den Schutzbereich

> Da der Schutzgegenstand der grundrechtlichen Verbürgung die körperliche Integrität des Grundrechtsträgers ist, fällt es schwer, Schutzbereich und Eingriffshandlung klar voneinander zu trennen. Mit Blick auf den Aufbau einer entsprechenden Fallbearbeitung mag es sich insofern hier abweichend von dem üblichen dreigliedrigen Schema Schutzbereich–Eingriff–Rechtfertigung anbieten, zweistufig zunächst den „Eingriff in den Schutzbereich" und sodann dessen mögliche Rechtfertigung zu prüfen.

Körperliche Unversehrtheit im Sinne von Art. 2 Abs. 2 S. 1 Alt. 2 GG meint vor allem die menschliche Gesundheit im biologisch-physischen Sinne, umfasst aber auch das psychische Wohlbefinden.[1]

In diesen so bestimmten Schutzbereich müsste eingegriffen worden sein.

Unter einem Grundrechtseingriff wird im herkömmlichen („klassischen") Sinne „ein rechtsförmiger Vorgang verstanden, der unmittelbar und ge-

---

[1] S. *Jarass*, in: Jarass/Pieroth, GG, 16. Aufl. 2020, Art. 2 Rn. 83. Ausführlich *I. Augsberg*, Grundfälle zu Art. 2 II 1 GG, JuS 2011, 28 ff. und 128 ff.

Fall 8: Blutentnahme

zielt (final) durch ein vom Staat verfügtes, erforderlichenfalls zwangsweise durchzusetzendes Ge- oder Verbot, also imperativ, zu einer Verkürzung grundrechtlicher Freiheiten führt".[2]

Die Anordnung der Beamten, die Blutentnahme zu dulden, stellt (als Verwaltungsakt) ein solches Gebot dar. Die (sogar vollstreckte) Anordnung ist darauf gerichtet, eine wenn auch geringfügige Verletzung bei der Einführung der Kanüle zur Blutentnahme zuzufügen.

Ein Eingriff in den Schutzbereich des Art. 2 Abs. 2 S. 1 GG ist daher schon auf Basis des klassischen Eingriffsbegriffs zu bejahen. Erst recht gilt dies, wenn man mit dem modernen Eingriffsverständnis nur danach fragt, ob eine Grundrechtsgewährleistung gegen den Willen des Grundrechtsberechtigten verkürzt wurde.

2. Rechtfertigung

Der Aufbau der Urteilsverfassungsbeschwerde ist demnach dreigliedrig:
1) Bestimmung der Schrankenregelung/Ausfüllung durch ein den Eingriff ermöglichendes Gesetz;
2) Verfassungskonformität des Gesetzes im Übrigen;
3) Verfassungskonformität der Gesetzesanwendung.[3]

Der Grundrechtseingriff könnte jedoch verfassungsgemäß sein. Das ist der Fall, wenn er von dem Schrankenvorbehalt des Grundrechts auf körperliche Unversehrtheit gedeckt ist, die diesen Vorbehalt ausfüllenden gesetzlichen Schranken auch im Übrigen verfassungsgemäß sind sowie schließlich auch unter Beachtung aller verfassungsrechtlichen Anforderungen angewandt wurden.

a) Gesetzesvorbehalt

Art. 2 Abs. 2 S. 3 GG enthält einen einfachen Gesetzesvorbehalt. Aufgrund der Intensität, die typischerweise mit Eingriffen in die körperliche Unversehrtheit verbunden ist, bedarf es gemäß der Wesentlichkeitslehre als Ermächtigungsgrundlage regelhaft eines Gesetzes im (auch) *formellen* Sinne.

Eine Norm in diesem Sinne ist § 81a StPO, auf die das Urteil gestützt wurde. § 81a StPO ist ein formelles Gesetz, das ausdrücklich die unfreiwillige Blutentnahme erlaubt.

---

[2] BVerfGE 105, 279 (300) – Osho.
[3] Vgl. zum entsprechenden dreigliedrigen Aufbau einer Urteilsverfassungsbeschwerde näher oben Kap. 1 III. 4. a).

Grundsätzlich denkbar ist es, bereits hier zu fragen, ob nicht eine gesetzliche Grundlage für das Handeln der Krankenschwester gerade fehlt. Näher liegt es jedoch, diese Problematik im Rahmen der Überprüfung der Gesetzesanwendung zu untersuchen.

Eine Ermächtigungsgrundlage, die dem Gesetzesvorbehalt des Art. 2 Abs. 2 S. 3 GG Genüge tut, liegt damit vor.

b) Verfassungsmäßigkeit des Gesetzes

Um den Eingriff tragen zu können, muss § 81a StPO selbst formell und materiell verfassungsgemäß sein.

aa) Formelle Verfassungsmäßigkeit

Von der formellen Verfassungsmäßigkeit des Gesetzes ist nach Maßgabe des Bearbeitervermerks auszugehen.

bb) Materielle Verfassungsmäßigkeit

§ 81a StPO muss weiter auch materiell verfassungsgemäß sein.

Denkbar ist insofern ein Verstoß gegen den rechtsstaatlichen Bestimmtheitsgrundsatz gemäß Art. 20 Abs. 3 GG sowie eine Verletzung des ebenfalls aus dem Rechtsstaatsprinzip und namentlich den Grundrechten resultierenden Übermaßverbots.

(1) Bestimmtheitsgrundsatz nach Art. 20 Abs. 3 GG

§ 81a StPO könnte gegen das Bestimmtheitsgebot gemäß Art. 20 Abs. 3 GG verstoßen.

(a) Verhältnis zu Art. 103 Abs. 2 GG

Fraglich ist aber, ob unmittelbar eine Prüfung dieses allgemeinen Bestimmtheitsgebotes erfolgen kann. Art. 103 Abs. 2 GG ist eine Ausprägung des allgemeinen Bestimmtheitsgrundsatzes und hierzu *lex specialis*.[4] Wo diese Norm einschlägig ist, ist sie daher vorrangig zu prüfen.

§ 81a StPO bringt jedoch keine missbilligende hoheitliche Reaktion auf ein Verhalten zum Ausdruck.[5] Es handelt sich um eine Norm des Strafverfahrensrechts, nicht hingegen des (materiellen) Strafrechts. Da Art. 103 Abs. 2 GG aber nur letzte-

---

[4] S. *Pieroth*, in: Jarass/Pieroth, GG, 14. Aufl. 2020, Art. 103 Rn. 61.
[5] S. zu Art. 103 Abs. 2 GG auch Fall 3: Personenbeförderung.

re betrifft, findet er vorliegend keine Anwendung.⁶ Es bleibt daher bei der Prüfung des allgemeinen Bestimmtheitsgebots als einer Konkretisierung des Rechtsstaatsprinzips.

(b) Inhalt des Bestimmtheitsgrundsatzes

Allgemein gilt, dass in dem zum Eingriff ermächtigenden Gesetz der Anlass, der Zweck und die Grenzen des Eingriffs bereichsspezifisch, präzise und normenklar festgelegt werden müssen. Dabei hängen die Anforderungen von der Grundrechtsrelevanz der jeweiligen Vorschrift und den Eigenschaften des jeweiligen Regelungsbereiches ab.⁷ Dadurch soll sichergestellt werden, dass der betroffene Bürger sich auf den Eingriff einstellen kann, dass die gesetzesausführende Verwaltung für ihr Verhalten steuernde und begrenzende Handlungsmaßstäbe vorfindet und schließlich, dass die Gerichte die Rechtskontrolle durchführen können.

(c) Anwendung auf § 81a StPO

Legt man diese Maßstäbe zugrunde, so erscheint die Bestimmtheit des § 81a StPO klärungsbedürftig. Denn das Gesetz umschreibt die Voraussetzungen für einen Eingriff nur mittels unbestimmter Rechtsbegriffe und benennt insbesondere nicht einen konkreten erforderlichen Grad an Tatverdacht als Voraussetzung für den Eingriff.⁸

Allerdings ist dem rechtsstaatlichen Bestimmtheitsgebot „kein von vornherein für alle Konstellationen feststehendes Maß an inhaltlicher Bestimmtheit von Normen zu entnehmen".⁹ Es ist zu berücksichtigen, dass vor allem abstrakt-generelle Normen ein gewisses Maß an Unbestimmtheit aufweisen müssen, damit bei der Normanwendung angemessene Einzelfallentscheidungen getroffen werden können. Entscheidend ist jeweils, dass die Norm hinreichend auslegungsfähig, das heißt im

---

6 BVerfGE 112, 304 (315) – GPS.
7 S. BVerfGE 110, 33 (53) – Zollkriminalamt.
8 S. hierzu schon *Sax*, Grundsätze der Strafrechtspflege, in: Bettermann/Nipperdey/Scheuner (Hrsg.), Grundrechte III/2, 1959, S. 973 ff., insbes. 983 ff.; *Sarstedt*, in: Löwe/Rosenberg, StPO, 21. Aufl. 1962, Anm. 1 zu § 81a.
9 *Grzeszick*, in: Maunz/Dürig, GG, Art. 20 VII Rn. 59 (Stand: Dezember 2016).

Wege der juristisch geschulten Auslegung hinreichend konkretisierbar ist.[10]

Daher ist auch für § 81a StPO zu berücksichtigen, dass das Strafverfahrensrecht für eine Vielzahl von Fällen abstrakt-generelle Vorschriften benötigt, um den elementaren Bedürfnissen des Strafrechts gerecht zu werden. Das erfordert u.U. besondere Eingriffe gegenüber dem Beschuldigten. Der Gehalt der unbestimmten Begriffe kann dabei durch Auslegung – auch unter Beachtung der Wertmaßstäbe des Grundgesetzes – erschlossen werden. Außerdem besteht mittlerweile eine langjährige, eine hinreichende Bestimmtheit gewährleistende Rechtsprechungspraxis.[11]

Insgesamt sind damit die unbestimmten Rechtsbegriffe einer verfassungskonformen Auslegung zugängig. Es ermangelt der Norm daher nicht an der erforderlichen Bestimmtheit.

(2) Übermaßverbot

Zweifeln kann man schließlich aber an der Verhältnismäßigkeit der Regelung. Sie muss ein legitimes Ziel verfolgen, geeignet, erforderlich und verhältnismäßig im engeren Sinne sein.

(a) Legitimes Ziel

Die Norm (und der durch sie ermöglichte Grundrechtseingriff) dient der Wahrheitsermittlung im Strafverfahren – zur Überführung von Straftätern ebenso wie zur Entlastung Unschuldiger – und damit der Effektivität der Strafverfolgung. Diese stellt einen wesentlichen Auftrag eines rechtsstaatlichen Gemeinwesens dar.[12] Damit verfolgt die Regelung einen *legitimen Zweck*.

(b) Geeignetheit

Der Eingriff muss zur Erreichung des genannten Zwecks geeignet sein. Geeignet in diesem Sinne ist ein Grundrechtseingriff dann, wenn mit seiner Hilfe der gewünschte Erfolg zumindest gefördert wer-

---

10 S. BVerfGE 50, 205 (216) – Bagatelldelikte; 103, 21 (33 f.) – Genetischer Fingerabdruck I.
11 Allgemein hierzu BVerfGE 49, 89 (134) – Kalkar I; 76, 1 (74) – Familiennachzug.
12 Vgl. etwa BVerfGE 125, 260 (316 f.) – Vorratsdatenspeicherung; 109, 279 (336) – Großer Lauschangriff.

Fall 8: Blutentnahme

den kann, die Zielerreichung also nicht von vornherein aussichtslos ist.

Das Gesetz ermöglicht eine Blutentnahme. Diese kann den positiven Beweis der Alkoholisierung des Täters erbringen. Damit wird die Erreichung des Zwecks gefördert. Die Maßnahme ist daher geeignet.

(c) Erforderlichkeit

Der Eingriff ist erforderlich, wenn kein gleich geeignetes Mittel existiert, das mit einer geringeren Eingriffsintensität verbunden ist.

Ein solches zur Erreichung des Zwecks der Sicherung der Strafrechtspflege gleich wirksames, aber milderes Mittel könnte hier in Gestalt des den Betroffenen weniger belastenden Atemalkoholtests zur Verfügung stehen.

Typischerweise bildet diese Prüfung der gleichen Geeignetheit des milderen Mittels das eigentliche Problem der Erforderlichkeitsprüfung. Denn mildere Mittel werden sich leicht finden lassen – letztlich auch dadurch, dass der Eingriff als solcher schlicht unterbleiben könnte. Fraglich ist aber, ob auf diese Weise das angestrebte Ziel gleich effektiv erreicht werden könnte. Das dürfte meist zu verneinen sein.

Allerdings besitzt der Atemalkoholtest, wie der Sachverhalt ausdrücklich feststellt, keine der Blutalkoholkontrolle vergleichbare Verlässlichkeit. Er ist deshalb kein geeignetes Beweismittel in einem sich eventuell anschließenden Strafverfahren. Damit fehlt es gegenüber dem Blutalkoholtest an der erforderlichen gleichwertigen Geeignetheit der milderen Maßnahme. Ein Blutalkoholtest ist zur Sicherung des Gesetzeszwecks mithin auch erforderlich.

(d) Verhältnismäßigkeit im engeren Sinne

Damit bleibt die Verhältnismäßigkeit (im engeren Sinne) zu klären. In diesem Sinne *angemessen* ist die Regelung des § 81a StPO (nur) dann, wenn die Schwere des Eingriffs bei einer Gesamtabwägung nicht außer Verhältnis zu dem Gewicht der ihn rechtfertigenden Gründe steht.

Das Gesetz trägt diesem Aspekt bereits insofern ausdrücklich Rechnung, als es Eingriffe nur unter dem Vorbehalt für zulässig erklärt, dass dem Betroffenen keine bleibende Beeinträchtigung daraus entsteht.

Im Übrigen belässt es dem Normanwender hinreichend Spielraum, um den verfolgten Zweck in ein angemessenes Verhältnis zur Intensität der Betroffenheit des Grundrechtsträgers zu setzen. Dabei können insbesondere Kriterien wie die Schwere der Tat und des Tatverdachts hinreichend berücksichtigt werden.

Schließlich stellt der Gesetzgeber durch den Richtervorbehalt des § 81a Abs. 2 S. 1 1. Hs. StPO eine vorbeugende unabhängige Kontrolle sicher. Diese Bestimmung bildet eine eigenständige prozedurale Garantie für die Einhaltung des Übermaßverbots. Denn von einem Richter kann eine besonders sorgfältige Entscheidung erwartet werden.

Allerdings sieht das Gesetz von dem Grundsatz der richterlichen Entscheidung seit jeher für Eilfälle (§ 81a Abs. 2 S. 1 2. Hs. StPO) und neuerdings auch für die praktisch bedeutsamen Straßenverkehrsdelikte Ausnahmen vor (§ 81a Abs. 2 S. 2[13]). Der im vorliegenden Fall einschlägige § 81a Abs. 2 S. 2 StPO weist – nach dem ausdrücklichen Willen des Gesetzgebers[14] – den Ermittlungspersonen grundsätzlich eine eigene Anordnungskompetenz zu, die gegenüber derjenigen der Staatsanwaltschaft nicht nachrangig ist.[15]

Fraglich ist, ob die genannten Ausnahmen vom Richtervorbehalt der Norm ihre Verhältnismäßigkeit nehmen. Immerhin erhöht sich das Risiko einer „interessengeleiteten" Fehlbeurteilung der Tatbestandsvoraussetzungen, wenn es die Ermittlungsbehörden selbst sind, die über die Anwendung der Befugnis entscheiden dürfen. Allerdings enthält das Grundgesetz ausdrückliche Richtervorbehalte nur für Wohnungsdurchsuchungen (Art. 13 Abs. 2 GG) und Freiheitsentziehungen (Art. 104 Abs. 2 Satz 1 GG), nicht aber für Eingriffe in die körperliche Unversehrtheit (Art. 2 Abs. 2 Satz 1, 3 GG). Dieser systematische Befund spricht dafür, den in § 81a S. 1 1. Hs. StPO im Grundsatz vorgesehenen Richtervorbehalt „nicht zum rechtsstaatlichen

---

13 Eingeführt durch Art. 3 Nr. 5 des Gesetzes zur effektiveren und praxistauglicheren Ausgestaltung des Strafverfahrens vom 17.8.2017, BGBl. I 3202; vgl. BT-Drs. 18/12785. S. a. *Kreuz*, Gesetzesentwurf zur Änderung der Anordnungskompetenz bei körperlichen Eingriffen nach § 81a StPO, KriPoZ 2017, 184 ff.
14 BT-Drs. 18/12785, S. 51: „Es wird nochmals hervorgehoben, dass die Ausnahme der in der Vorschrift genannten Straßenverkehrsdelikte von dem Erfordernis einer vorherigen richterlichen Anordnung eine grundsätzlich gleichrangige Anordnungskompetenz von Staatsanwaltschaft und Polizei zur Folge hat."
15 Anders ist das im Falle des § 81 Abs. 2 S. 1 2. Hs. StPO, vgl. BVerfG NJW 2010, 2864 (2865).

Mindeststandard zu zählen"[16]. Zudem ist der Eingriff in seiner Intensität nicht mit Eingriffen in Art. 13 Abs. 1 GG und Art. 2 Abs. 2 S. 1 GG vergleichbar. Vor diesem Hintergrund nimmt auch die doppelte Einschränkung des Richtervorbehalts der Norm nicht ihre verfassungsrechtliche Zulässigkeit (aA möglich).

Insgesamt ist § 81a StPO jedenfalls einer entsprechenden verfassungskonformen Auslegung im Einzelfall zugänglich und damit auch als verhältnismäßig ieS zu qualifizieren.

cc) Zwischenergebnis

§ 81a StPO ist mithin als verfassungsgemäß zu qualifizieren.

c) Verfassungsmäßigkeit der Entscheidung

Damit steht aber noch nicht die Verfassungsmäßigkeit des Grundrechtseingriffs insgesamt fest. Auch die die Norm anwendende Gerichtsentscheidung muss ihrerseits verfassungsgemäß sein, dh die Ermächtigungsgrundlage in einer den Vorgaben des Grundgesetzes entsprechenden Weise angewandt haben.

aa) Prüfungsmaßstab des Bundesverfassungsgerichts

Diesbezüglich ist zunächst der Prüfungsmaßstab des Bundesverfassungsgerichts zu verdeutlichen.

Dem Bundesverfassungsgericht kommt im Institutionengefüge der Gerichte eine besondere Rolle zu. Es ist auf die Überprüfung bestimmter Rechtsverletzungen, namentlich von Grundrechten und grundrechtsgleichen Rechten, beschränkt (vgl. Art. 93 Abs. 1 Nr. 4a GG). Folglich kann mit der Verfassungsbeschwerde nicht eine nochmalige umfassende oder auch nur kursorische Überprüfung der ursprünglichen Entscheidung anhand des einschlägigen einfachen Rechts verlangt werden. Es handelt sich, kurz gefasst, beim Bundesverfassungs-

---

16 BVerfGK 14, 107 (113); s. a. BVerfG NJW 2015, 1005 (1006).

gericht gerade nicht um eine „Superrevisionsinstanz".

In diesem Sinne prüft es lediglich, ob durch die Instanzgerichte eine Verletzung *spezifischen Verfassungsrechts* vorliegt. Dies ist nicht schon dann zu bejahen, wenn eine Entscheidung objektiv fehlerhaft ist. Der Fehler muss vielmehr gerade in der Nichtbeachtung oder Verkennung von Grundrechten oder grundrechtsgleichen Rechten liegen. Eine Verletzung spezifischen Verfassungsrechts ist insbesondere anzunehmen, wenn die Auslegung des einfachen Rechts auf einer grundsätzlich falschen Anschauung von der Bedeutung eines Grundrechts beruht und der Auslegungsfehler in seiner materiellen Bedeutung für den konkreten Rechtsfall von einigem Gewicht ist.[17] Das wiederum ist der Fall, wenn ganz übersehen wurde, dass bei der Auslegung der verfassungsmäßigen Vorschriften des einfachen Rechts Grundrechte zu beachten waren, wenn der Schutzbereich der zu beachtenden Grundrechte unrichtig oder unvollkommen bestimmt oder zu Unrecht ein Eingriff verneint wurde. Eine Verletzung spezifischen Verfassungsrechts kann schließlich auch darin liegen, dass das Gewicht grundrechtlicher Belange unrichtig eingeschätzt wurde, so dass darunter die Abwägung der möglicherweise konfligierenden Rechtspositionen im Rahmen der einfachrechtlichen Regelung leidet. In jedem Fall muss aber die Entscheidung des Gerichts auf diesem Fehler beruhen.[18]

Das Ausmaß der verfassungsgerichtlichen Kontrolle hängt allerdings von der Intensität der Grundrechtsbetroffenheit ab. Je stärker die einfachgesetzlichen Regelungen ihrerseits als Konkretisierungen oder ausdrückliche Schrankenbestimmungen von grundrechtsgeschützten Positionen anzusehen sind, desto höher ist die Kontrolldichte des Verfassungsgerichts.[19] Mit Blick auf die typischerweise besonders intensive Beeinträchtigung der körperlichen Unversehrtheit prüft das Bundesverfassungsgericht

---

[17] Vgl. BVerfGE 18, 85 (93) – Spezifisches Verfassungsrecht.
[18] Vgl. BVerfGE 101, 361 (388) – Caroline von Monaco II; ausführlich zum Prüfungsumfang bei der Urteilsverfassungsbeschwerde *Schlaich/Korioth*, Das Bundesverfassungsgericht, 11. Aufl. 2018, Rn. 280 ff.
[19] BVerfGE 61, 1 (6) – Wahlkampfäußerungen; 75, 302 (314) – Präklusion II.

insofern bei der Kontrolle der Anwendung des § 81a StPO auch, ob ein hinreichender Tatverdacht bezüglich einer hinreichend gewichtigen Straftat vorgelegen hat. Das erfordert der Verhältnismäßigkeitsgrundsatz.[20]

bb) **Die Kontrolle der angegriffenen Gerichtsentscheidung**

(1) **Tatverdacht und Schwere der Tat (Verhältnismäßigkeit)**

Vorliegend hat das Gericht grundsätzlich erkannt, dass Grundrechtspositionen des H in Frage stehen. Zu klären ist aber, ob es die Bedeutung dieser Positionen hinreichend gewichtet, das heißt die Bedeutung der konkret betroffenen körperlichen Unversehrtheit des H in ein angemessenes Verhältnis zum in concreto bestehenden Interesse des Staats an einer effektiven Strafverfolgung gesetzt hat. Das betrifft insbesondere die Frage, ob bereits aufgrund des vorhandenen Tatverdachts eine Grundrechtsbeeinträchtigung hätte vorgenommen werden dürfen. Hier bestand aufgrund der Fahrweise des H und dem Alkoholgeruch ein hinreichender Verdacht für eine Trunkenheitsfahrt gemäß § 316 StGB. Dieses Delikt ist wegen seines die Allgemeinheit gefährdenden Charakters auch als hinreichend schwer zu erachten, um eine Anordnung der Blutprobe und damit den Eingriff in das Recht aus Art. 2 Abs. 2 S. 1 GG zu rechtfertigen. Insofern ist auf Seiten des Gerichts keine Verkennung der grundrechtlichen Bedeutung des Falls zu erkennen.

Dass zur Erreichung des Gesetzeszwecks der Atemalkoholtest kein gleich wirksames, aber milderes Mittel bietet, wurde bereits oben dargestellt. Der Blutalkoholtest war zur Sicherung des Gesetzeszwecks mithin auch erforderlich. Auch insofern war die gerichtliche Bewertung der grundrechtlichen Situation mithin nicht fehlerhaft.

---

20 BVerfGE 16, 194 (202) – Liquorentnahme; 17, 108 (117) – Hirnkammerluftfüllung.

(2) Verfassungsrechtliche Grenzen der Auslegung von einfachen Gesetzen

(a) Wortlautgrenze

Problematisch ist aber, dass der Eingriff hier in dem Wortlaut des Gesetzes widersprechender Weise von einer Krankenschwester und nicht einem approbierten Arzt vorgenommen wurde. Das wirft die Frage auf, ob die gerichtliche Auslegung, ein solches Vorgehen sei in Eilfällen akzeptabel, im Lichte des Verfassungsrechts toleriert werden kann. Dabei ist zwischen der Auslegungsmethodik und dem Auslegungsergebnis zu unterscheiden.

Hier könnten verfassungsrechtliche Bedenken bereits im Blick auf die Auslegungsmethodik bestehen. Das setzte allerdings voraus, dass erstens die von den Gerichten vorgenommene Interpretation die Grenzen zulässiger Auslegungsmethodik überschritte – in Betracht käme insoweit eine Missachtung des Wortlauts als Grenze. Zweitens müsste ein solcher Verstoß verfassungsgerichtlich überprüfbar sein. Zumindest letzteres ist hier fraglich. Denn auch wenn man den Topos vom „Wortlaut als Grenze" der zulässigen Auslegung akzeptiert,[21] ist doch zweifelhaft, ob auf dieser Basis eine verfassungsgerichtliche Kontrolle erfolgen kann. Soweit an dieser Stelle mit der Gesetzesbindung der Dritten Gewalt argumentiert wird, muss die Gefahr gesehen werden, auf diesem „Umweg" letztlich doch eine dem System verfassungsgerichtlicher Kontrolle widersprechende Überprüfung am Maßstab des einfachen Gesetzesrechts vorzunehmen. Deshalb bleibt es dabei, dass „die Auslegung des einfachen Gesetzesrechts einschließlich der Wahl der hierbei anzuwendenden Methode (...) Sache der Fachgerichte und vom Bundesverfassungsgericht grundsätzlich nicht auf ihre Richtigkeit hin zu untersuchen" ist.[22] Ein verfassungsgerichtlich feststellbarer Rechtsfehler kann vor diesem Hintergrund nur dann angenommen werden, wenn das Verfahren

---

21 Kritisch etwa *Otto Depenheuer*, Der Wortlaut als Grenze, 1988. Vgl. zur Auslegung über die Wortlautgrenze hinaus etwa auch *Larenz*, Methodenlehre der Rechtswissenschaft, 6. Aufl. 1991, S. 322 f.; speziell zur Auslegung des § 81a StPO durch die Strafrechtswissenschaft *Senge*, Karlsruher Kommentar zur StPO, 8. Aufl. 2019, § 81a Rn. 7.
22 BVerfG, NJW 2003, 196 (197).

Fall 8: Blutentnahme

der Instanzgerichte gänzlich unmethodisch, das heißt willkürlich erscheint.

Dies erscheint vorliegend jedoch zweifelhaft, da die vom Gericht zur Begründung seiner Norminterpretation gegebenen Hinweise auf die Normteleologie einer anerkannten Auslegungsmethode entsprechen.

Letztlich kann diese Frage aber dahinstehen, wenn jedenfalls das gefundene Auslegungsergebnis nicht verfassungskonform ist.

(b) Auslegungsergebnis: Grundrechtsschutz durch Verfahren

Zu fragen ist somit, ob inhaltliche Bedenken gegenüber einem Normverständnis bestehen, das aus Gründen der Effektivität als „Arzt" auch eine Krankenschwester einordnet. Das erscheint problematisch: Jenseits der methodischen Argumente lässt sich nämlich der Arztvorbehalt als prozeduraler Aspekt des durch Art. 2 Abs. 2 S. 1 GG verbürgten Grundrechtsschutzes verstehen (Grundrechtsschutz durch Verfahren). Der Arztvorbehalt soll sicherstellen, dass der Grundrechtseingriff *lege artis* durchgeführt wird und damit mögliche Risiken des Eingriffs für den Betroffenen minimiert werden.

Eine instanzgerichtliche Auslegung, die es aus teleologischen Gründen für rechtmäßig hält, die vom Gesetzgeber für kompetent gehaltene Person durch eine andere Person zu ersetzen, verkennt diese verfahrensrechtliche Schutzdimension und dehnt die Ermächtigungsnorm zulasten des Grundrechtsträgers aus.

Angesichts der Qualifikation einer Krankenschwester ist diese Argumentation allerdings wohl nicht zwingend. Sieht man in ihr angesichts der eher einfachen – und im Krankenhausalltag typischerweise durch das Pflegepersonal ausgeführten – Tätigkeit des Blutabnehmens eine mit dem Arzt insoweit gleich qualifizierte Person an, wäre der verfahrensrechtliche Schutzgedanke zumindest dann nicht verkannt, wenn die Gerichte diese Überlegung auch tatsächlich anstellen.

Daher ist unter diesem Aspekt die vorliegend gewählte Auslegung im Lichte der Grundrechte als fehlerhaft und damit verfassungswidrig anzusehen.

cc) Zwischenergebnis

Die Gerichtsentscheidung muss auch unter Zugrundelegung der weiteren verfassungsgerichtlichen Kontrollmaßstäbe als fehlerhaft qualifiziert werden. Der Eingriff in Art. 2 Abs. 2 S. 1 GG ist damit nicht gerechtfertigt.

Die Beschwerde ist mithin insoweit begründet.

II. Art. 2 Abs. 2 S. 2 GG

1. Eingriff in den Schutzbereich

Die Freiheit der Person im Sinne von Art. 2 Abs. 2 S. 2 GG meint *körperliche* Bewegungsfreiheit. Umfasst wird das Recht, jeden beliebigen Ort aufzusuchen oder ihn zu meiden.[23]

In diesen so bestimmten Schutzbereich müsste eingegriffen worden sein.

H wurde gegen seinen Willen in das Krankenhaus gebracht und dort ebenfalls gegen seinen Willen für die Dauer der Blutentnahme festgehalten. Der rein tatsächlichen Vollstreckung geht eine (mindestens Duldungs-)Anordnung voraus, die ein Gebot im Sinne des bereits oben beschriebenen „klassischen" Grundrechtseingriffs darstellt und darauf gerichtet ist, die Freiheit, einen bestimmten Ort nicht aufsuchen zu müssen, zu beeinträchtigen. Darin liegt eine Einschränkung der durch Art. 2 Abs. 2 S. 2 GG gewährleisteten körperlichen Bewegungsfreiheit. Angesichts der Kürze des erzwungenen Krankenhausaufenthalts wird allerdings der Grad einer Freiheitsentziehung nicht erreicht.[24]

Ein Eingriff in den Schutzbereich ist somit zu bejahen.

2. Rechtfertigung

Der Grundrechtseingriff könnte jedoch *verfassungsgemäß* sein.

---

23 S. *Epping*, Grundrechte, 8. Aufl. 2019, Rn. 717.
24 Vgl. zur Abgrenzung *Jarass*, in: Jarass/Pieroth, GG, 16. Aufl. 2020, Art. 2 Rn. 114 und Art. 104 Rn. 11 ff.

Fall 8: Blutentnahme

Zum Verhältnis von Art. 2 Abs. 2 S. 2 GG und Art. 104 GG:
Nach Art. 2 Abs. 2 S. 2 GG richtet sich, ob und in welchem Umfang eine Freiheitsbeeinträchtigung verfassungsrechtlich zulässig ist, **Art. 104 GG** stellt vor allem verfahrensrechtliche Voraussetzungen auf, ohne deren Beachtung der Eingriff in Art. 2 Abs. 2 S. 2 GG nicht gerechtfertigt ist.

a) Gesetzesvorbehalt

Art. 2 Abs. 2 S. 3 GG enthält einen einfachen Gesetzesvorbehalt. Bezüglich der Begrenzung des Art. 2 Abs. 2 S. 2 GG ist jedoch der qualifizierte Gesetzesvorbehalt des Art. 104 GG als *lex specialis* zu Art. 2 Abs. 2 S. 3 GG zu beachten.[25] Danach erfordert eine Einschränkung der Freiheit der Person ein *förmliches* Gesetz.

Diese *gesetzliche Eingriffsgrundlage* könnte hier wiederum die gesetzliche Norm sein, auf die das Urteil gestützt wurde, also § 81a StPO. Bei dieser Vorschrift handelt es sich um ein förmliches Gesetz im Sinne von Art. 104 Abs. 1 S. 1 GG. Problematisch ist jedoch, dass sich der Norm unmittelbar ein Recht zum Festhalten oder Verbringen an einen bestimmten Ort nicht entnehmen lässt. Fraglich ist damit, ob sich die Ermächtigung zum Festhalten zumindest durch eine verfassungsrechtlichen Anforderungen genügende Auslegung der Norm ermitteln lässt.

Die zwangsweise körperliche Untersuchung wird regelhaft nicht nur gegen die körperliche Unversehrtheit, sondern zumindest für einen kurzen Zeitraum auch gegen die Freiheit der Person verstoßen. Würde § 81a StPO insofern nicht auch die Befugnis umfassen, den Beschuldigten für die Dauer der Maßnahme festzuhalten oder an den Untersuchungsort zu verbringen, könnte sich der Betroffene ohne Schwierigkeiten der Maßnahme entziehen. Eine sinnvolle Anwendbarkeit der Norm ist daher nur dann gewährleistet, wenn man über die Befugnis zur körperlichen Untersuchung hinaus darin zugleich eine Ermächtigung zu den diese ermöglichenden entsprechenden freiheitsbeschränkenden Handlungen sieht. In diesem Sinne bildet § 81a StPO zumindest auch eine Ermächtigungsnorm für Freiheitsbeschränkungen[26] i.S.v Art. 2 Abs. 2 S. 2 GG iVm Art. 104 Abs. 1 GG.[27]

---

25 *Kingreen/Poscher*, Grundrechte – Staatsrecht II, 35. Aufl. 2019, Rn. 494.
26 Im vorliegenden Fall nicht erörterungsbedürftig ist die Frage, ob § 81a StPO auch Freiheitsentziehungen rechtfertigen kann. Dies ist durch die Einfügung des § 81a Abs. 2 S. 2 StPO zweifelhaft geworden; der bisherige Gleichlauf von § 81a StPO und Art. 104 Abs. 2 GG hinsichtlich des Richtervorbehalts ist nicht mehr gewährleistet.

b) Verfassungsmäßigkeit der Schranke
aa) Formelle Verfassungsmäßigkeit

An der formellen Verfassungsmäßigkeit bestehen keine Zweifel (s. o.).

bb) Materielle Verfassungsmäßigkeit
(1) Bestimmtheitsgrundsatz

§ 81a StPO verstößt nicht gegen das Bestimmtheitsgebot gemäß Art. 20 Abs. 3 GG, weil jedenfalls eine verfassungskonforme Interpretation unter Berücksichtigung der gefestigten Rechtsprechung die Anforderungen an die Bestimmtheit erfüllt, s. o.

(2) Verhältnismäßigkeitsprinzip

Der in § 81a StPO liegende Eingriff ist auch mit Blick auf die Beeinträchtigung der körperlichen Bewegungsfreiheit gemäß Art. 2 Abs. 2 S. 2 GG verhältnismäßig, weil das Interesse an einer effektiven staatlichen Strafverfolgung die zeitlich eng begrenzte und damit den Betroffenen nur gering belastende Beeinträchtigung der Bewegungsfreiheit eindeutig überwiegt.

c) Verfassungsmäßigkeit der Normanwendung

Unter Anwendung des Prüfungsmaßstabs des Bundesverfassungsgerichts sind auch bezüglich des Festhaltens keine Rechtsanwendungsfehler ersichtlich.

d) Zwischenergebnis

Der Eingriff in die Freiheit der Person ist daher gerechtfertigt.

III. Ergebnis zur Begründetheit

Die Verfassungsbeschwerde ist bezüglich des Eingriffs in Art. 2 Abs. 2 S. 1 GG begründet.

C. Gesamtergebnis

Die Verfassungsbeschwerde ist zulässig und begründet. Sie hat daher Erfolg.

---

27 Vgl. *Ritzert*, in: Graf, BeckOK StPO, 27. Edition, Stand: 01.01.2017, § 81a Rn. 18; s. a. *Schmitt*, in: Meyer-Goßner/Schmitt, StPO, 63. Aufl. 2020, § 81a Rn. 29 mwN.

Fall 8: Blutentnahme

Vertiefungshinweise: *I. Augsberg*, Grundfälle zu Art. 2 II 1 GG, JuS 2011, S. 28 ff.; 128 ff.; *von Mutius*, Der Mülheim-Kärlich-Beschluß des BVerfG – Grundrechtsschutz durch Verfahren, Jura 1984, S. 529 ff.

Fall 9: Widerstand gegen den „Business Improvement District"

Schwerpunkte: Formerfordernis bei der Verfassungsbeschwerde, Grundrechtsbindung Privater, einstufiger Aufbau der Begründetheitsprüfung in Drittwirkungskonstellation, Versammlungsfreiheit.

Sachverhalt

▶ Im Januar 2007 verabschiedet der Landtag des Bundeslands X ein „Gesetz zur Verbesserung der Geschäftsnutzung in Innenstadtbereichen" (GVGI). Nach § 4 GVGI ist es den in X gelegenen Kommunen künftig möglich, durch Satzung sog. „Business Improvement Districts (BID)" in den Innenstädten auszuweisen. Dabei handelt es sich um bestimmte räumlich abgegrenzte Bereiche, bei denen die Grundeigentümer des betreffenden Gebiets sich verpflichten, für einen begrenzten Zeitraum Maßnahmen zur Umfeldverbesserung, wie die Straßenreinigung, aber auch bauliche Maßnahmen, etwa bzgl. der Instandhaltung und des Ausbaus von Bürgersteigen, zu finanzieren. Im Gegenzug zu diesem privaten finanziellen Engagement kann gem. § 5 Abs. 1 GVGI die Stadt im Satzungsbeschluss den privaten Grundeigentümern den Gemeingebrauch an den Straßen im betreffenden BID überlassen. Dazu ist es jedoch erforderlich, dass von den Grundeigentümern ein privater Trägerverein gegründet wird, der eine Benutzungsordnung für das Gebiet festlegt. Nach § 5 Abs. 2 GVGI soll diese Benutzungsordnung so ausgestaltet werden, dass ein Gebrauch der Wege für die Allgemeinheit weiterhin gewährleistet ist. Geschäftsspezifische Erfordernisse können nur in diesem allgemeinen Rahmen berücksichtigt werden.

Der Stadtrat der Stadt S ist von dieser Möglichkeit begeistert. Er möchte die als Fußgängerzone ausgestaltete Haupteinkaufsstraße in S, die K-Straße, als einen solchen „BID" ausweisen und beginnt daher Vorgespräche mit den dortigen Grundeigentümern. Diese erklären sich mit dem Vorhaben einverstanden und gründen zugleich einen der gesetzlichen Regelung entsprechenden Trägerverein. Der Verein legt eine Benutzungsordnung für das Gebiet fest, nach deren § 4 Demonstrationen in der K-Straße unter Genehmigungsvorbehalt stehen und generell, unabhängig von einer tatsächlichen Störung des Geschäftsverkehrs, das Verteilen von Handzetteln oÄ verboten ist. Daraufhin fasst der Stadtrat in einer Sitzung im September 2007 einen Satzungsbeschluss, in dem das Gebiet der K-Straße als „BID" ausgewiesen und der Gemeingebrauch dem Trägerverein übertragen wird.

B ist ein engagierter Bürger in S, der den aus seiner Sicht mit der Einrichtung des BID verbundenen „Ausverkauf öffentlicher Interessen" mit Argwohn beobachtet. Gemeinsam mit 20 Gleichgesinnten möchte er gegen die Einrichtung öffentlich protestieren. Am ersten Samstag nach Einrichtung des „BID" ziehen daher B und seine Mitaktivisten mit Trillerpfeifen und Transparenten ausgestattet in die K-Straße, um dort eine „Kundgebung gegen die Privatisierung des öffentlichen Raums" sowie eine Unterschriftenaktion gegen die Ausweisung der K-Straße als „BID" zu veranstalten. Der Vorstand des Trägervereins erklärt daraufhin, eine derartige den Geschäftsverkehr stark beeinträchtigende Veranstaltung widerspreche der Benutzungsordnung und sei daher auf dem privaten Gelände unzulässig. Als die Demonstranten darauf nicht reagieren, erteilt der Verein ihnen ein „Platzverbot" und lässt sie durch einen privaten Sicherheitsdienst vom Gelände des „BID" verweisen.

B sieht sich durch dieses Verhalten in seinen Grundrechten verletzt und geht daher gegen das Verbot gerichtlich vor. Seine vor den ordentlichen Gerichten angestrengten Klagen bleiben jedoch sämtlich erfolglos. Die Gerichte sind der Auffassung, es bestehe kein Zugangsanspruch hinsichtlich des in Frage stehenden Bereichs. Insofern könne dahingestellt blei-

Fall 9: Widerstand gegen den „Business Improvement District"

ben, ob sich B gegenüber dem privaten Betreiber des „BID" überhaupt auf seine Grundrechte berufen könne. Jedenfalls müsse das wirtschaftliche Interesse der Geschäftsinhaber im konkreten Fall Vorrang genießen vor dem Interesse des B an einer Veranstaltung in der K-Straße. Schließlich stünden in S zahlreiche andere, öffentliche Straßen zur Verfügung, auf denen B demonstrieren könne.
B empfindet auch diese Rechtsprechung als Verletzung seiner ihm verfassungsrechtlich verbürgten Rechte. 28 Tage nach Erhalt des letztinstanzlichen Urteils legt er daher per E-mail Verfassungsbeschwerde in Karlsruhe ein.
Hat die Beschwerde Erfolg? ◀

Lösungsvorschlag:
Die Verfassungsbeschwerde von B hat Erfolg, wenn sie zulässig und begründet ist.

A. Zulässigkeit

Die Anforderungen an die Zulässigkeit der Verfassungsbeschwerde ergeben sich aus Art. 93 Abs. 1 Nr. 4a GG, §§ 13 Nr. 8a, 90 ff. BVerfGG.

I. Zuständigkeit des Bundesverfassungsgerichts

Gemäß Art. 93 Abs. 1 Nr. 4a GG, § 13 Nr. 8a BVerfGG ist das Bundesverfassungsgericht für die Entscheidung über Verfassungsbeschwerden zuständig.

II. Beschwerdefähigkeit

Beschwerdefähig ist gemäß § 90 Abs. 1 BVerfGG jedermann, dh jeder, der Träger eines Grundrechts oder grundrechtsgleichen Rechts sein kann. B ist als natürliche Person Träger von Grundrechten und damit beschwerdefähig.

III. Beschwerdegegenstand

Beschwerdegegenstand kann gemäß § 90 Abs. 1 BVerfGG jeder Akt der öffentlichen Gewalt sein, dh im Sinne der umfassenden Grundrechtsbindung nach Art. 1 Abs. 3 GG alle Maßnahmen von Exekutive, Legislative und Judikative.

Die Verfassungsbeschwerde des B richtet sich gegen die letztinstanzliche Gerichtsentscheidung, also gegen eine Maßnahme der Judikative. Diese bildet einen tauglichen Beschwerdegegenstand.

IV. Beschwerdebefugnis

Beschwerdebefugt ist B gemäß § 90 Abs. 1 BVerfGG nur, wenn er behaupten kann, durch das angegriffene Urteil in einem seiner Grundrechte verletzt zu sein.

1. Einschlägige Grundrechte

B geht es hier um eine Veranstaltung, die er als Versammlung im Sinne des Grundgesetzes versteht. Das diesen Lebensbereich abdeckende Grundrecht ist die Versammlungsfreiheit gem. Art. 8 GG.

2. Möglichkeit einer Grundrechtsverletzung

Entgegen dem Wortlaut des § 90 Abs. 1 BVerfGG genügt die bloße Behauptung einer Grundrechtsverletzung zur Annahme der Beschwerdebefugnis nicht. „Behauptung" ist vielmehr iSv „plausible Geltendmachung" zu verstehen. Aus dem Vortrag des Beschwerdeführers muss sich zumindest die *Möglichkeit* einer Grundrechtsverletzung ergeben,[1] dh eine solche darf jedenfalls *nicht schlechthin ausgeschlossen* erscheinen.[2] Mit Blick auf die Umstände des Falles ist es durchaus denkbar, dass es sich bei der Veranstaltung um eine Versammlung iSv Art. 8 GG gehandelt und insofern das Gericht die daraus resultierende besondere Schutzwürdigkeit der Veranstaltung falsch eingeschätzt hat.

Vorliegend ist aber die Besonderheit zu beachten, dass B seine Versammlung nicht durch den Staat, sondern durch den privaten Trägerverein verletzt sieht.

Vorliegend handelt es sich um einen rein privaten Verein. Weil keine Hoheitsträger beteiligt sind, stellt sich auch nicht das Problem, ob und inwieweit (staatlich-privat) gemischtwirtschaftliche Unternehmen und andere juristische Personen des Privatrechts mit staatlicher Beteiligung grundrechtsverpflichtet sind.[3]

Dass zwischen Privaten keine unmittelbare Grundrechtsgeltung besteht, ist mittlerweile weithin anerkannt. In einer Klausur kann die Auseinandersetzung daher auch knapper ausfallen.

Hieran ändert auch die Tatsache nichts, dass als Beschwerdegegenstand letztlich doch ein staatliches Handeln, nämlich das Urteil der ordentlichen Gerichte, fungiert. Als Teil der Staatsgewalt sind die Gerichte zwar gemäß Art. 1 Abs. 3 GG unmittelbar an die Grundrechte gebunden. Ihre Urteile beschränken sich allerdings auf die Feststellung der zwischen den privaten Beteiligten bestehenden Rechtslage. Da nach überwiegender Auffassung zwischen Privaten keine unmittelbare Grundrechts-

---

1 Vgl. nur BVerfGE 28, 17 (19) – Substantiierungspflicht; 52, 303 (327) – Liquidationsrecht; 65, 227 (232 f.) -Wahlwerbespot; 89, 155 (171) – Maastricht.
2 Vgl. nur BVerfGE 52, 303 (327 – Liquidationsrecht.
3 Vgl. zuletzt BVerfG Urt. v. 22.2.2011 – Az. 1 BvR 699/06 – Fraport, Rn. 51 ff. (NJW 2011, 1201 [1203 f.]).

geltung anzunehmen ist (Umkehrschluss nach Art. 9 Abs. 3 S. 2 GG), sondern die Grundrechte primär Abwehrrechte des Bürgers gegen den Staat bilden, könnte demnach in einem solchen Konflikt zwischen Privaten bereits grundsätzlich die Möglichkeit einer Grundrechtsverletzung zu verneinen sein.

Es ist jedoch anerkannt, dass die Grundrechte zumindest mittelbare Drittwirkung zwischen Privaten haben können. Demnach sind die Zivilgerichte verpflichtet, auch die Vorschriften des Privatrechts, insbesondere die Generalklauseln und die unbestimmten Rechtsbegriffe, im Lichte der Grundrechte als objektive Wertordnung auszulegen und anzuwenden.[4] Vorliegend wäre also eine Grundrechtsverletzung zumindest dann möglich, wenn die Gerichte diese Ausstrahlungswirkung der Grundrechte auf das Privatrecht verkannt hätten. Dass die ordentlichen Gerichte bei ihrer Entscheidungsfindung die Bedeutung der Versammlungsfreiheit des B nicht hinreichend beachtet haben, kann zumindest nicht gänzlich ausgeschlossen werden. Die grundsätzliche Möglichkeit der Betroffenheit ist demnach zu bejahen.

3. Eigene, gegenwärtige und unmittelbare Beschwer

> Bei einer Urteilsverfassungsbeschwerde ist es zulässig, diese – in aller Regel völlig unproblematischen – Prüfungspunkte knapp abzuhandeln. Das gilt jedenfalls dann, wenn – wie hier – andere Fragen eingehenderer Erörterung bedürfen.

Der Beschwerdeführer ist durch das gegen ihn selbst als Partei des Verfahrens ergangene Urteil auch in seinen eigenen Grundrechten betroffen. Das Urteil belastet ihn zudem schon jetzt und immer noch, die Beschwer ist daher auch gegenwärtig. Schließlich bedarf das Urteil keines weiteren Vollzugsakts. Die Betroffenheit von B ist mithin auch unmittelbar.

4. Zwischenergebnis

Die Beschwerdebefugnis von B ist somit zu bejahen.

V. Rechtswegerschöpfung und Subsidiarität

Gemäß § 90 Abs. 2 S. 1 BVerfGG kann die Verfassungsbeschwerde erst nach Erschöpfung des

---

4 BVerfGE 7, 198 (205) – Lüth.

Rechtswegs erhoben werden. B hat hier den Instanzenzug erfolglos durchlaufen; der Rechtsweg ist somit erschöpft. Eine anderweitige Möglichkeit, der Grundrechtsverletzung abzuhelfen, ist nicht ersichtlich. Mithin wurde auch dem Grundsatz der Subsidiarität der Verfassungsbeschwerde genügt.

VI. Frist

Gem. § 93 Abs. 1 S. 1 BVerfGG beträgt die Frist zur Einlegung einer Urteilsverfassungsbeschwerde einen Monat. Die Frist bemisst sich analog § 222 ZPO iVm §§ 187 ff. BGB.[5] Sie beginnt mit der Zustellung, formlosen Mitteilung oder sonstigen Bekanntgabe der Entscheidung an den Beschwerdeführer (Art. 93 Abs. 1 S. 2, 3 BVerfGG) und endet mit Ablauf desjenigen Tages des Folgemonats, der durch seine Benennung dem Anfangstag der Frist entspricht, § 188 Abs. 2 BGB analog. Hier hat B die Beschwerde 28 Tage nach Erhalt des letztinstanzlichen Urteils eingelegt. Die Monatsfrist ist damit eingehalten.

VII. Form

> Die Bearbeiter sollten an dieser Stelle zumindest Problembewusstsein und Argumentationsvermögen zeigen. Auch wer das Problem nicht kennt, kann hier mittels der allgemeinen Interpretationskriterien – Wortlaut, Teleologie – versuchen, eine in sich schlüssige Begründung zu liefern.

Gem. §§ 23 Abs. 1, 92 BVerfGG ist die Beschwerde schriftlich einzureichen. Fraglich ist insofern, ob die Einreichung via E-Mail diesem Schrifterfordernis Genüge tut. Der Normwortlaut steht dem jedenfalls nicht zwingend entgegen. Deshalb ist weiter zu fragen, welchem Zweck das Formerfordernis dient. Die Schriftform soll (nur) gewährleisten, dass die Beschwerde den Inhalt der Erklärung sowie die Person, von der sie ausgeht, hinreichend zuverlässig erkennen lässt. Ferner soll deutlich werden, dass es sich nicht um einen bloßen Entwurf, sondern um ein wissentlich und willentlich dem Gericht zugeleitetes Schriftstück handelt.[6] Hierfür bedarf es nicht der handschriftlichen Unterzeichnung durch den Beschwerdeführer; es genügt vielmehr auch die Übersendung mittels Telefax.[7] Das könnte dafür sprechen, auch E-Mail-Korrespondenz ausreichen zu lassen. Allerdings kann mit die-

---

5 Vgl. *Zuck*, BVerfGG, 8. Aufl. 2019, § 93 Rn. 3.
6 *Puttler*, in: Umbach/Clemens/Dollinger, BVerfGG, 2. Aufl. 2005, § 23 Rn. 5.
7 Vgl. BVerfG (K), NJW 2001, 3473; BVerfG (K), NJW 2000, 574.

Fall 9: Widerstand gegen den „Business Improvement District"

ser – insoweit anders als bei einer Telefax-Übersendung von Schriftsätzen – dem Unterschrifterfordernis nicht entsprochen und somit der Beschwerdeführer nicht sicher identifiziert werden.[8] Demnach hat hier der Beschwerdeführer die erforderliche Form nicht eingehalten.

VIII. Ergebnis zur Zulässigkeit

Ein Urteil wäre an dieser Stelle beendet, weil die Voraussetzungen für die Sachentscheidung fehlen. Im Gutachten ist dennoch weiterzuprüfen. Zur Klarstellung sollte jedoch hervorgehoben werden, dass dies nur „hilfsgutachtlich" geschieht.[9]

Die Verfassungsbeschwerde ist demnach mangels Erfüllung des Formerfordernisses unzulässig.

Die weitere Prüfung der Begründetheit der Beschwerde erfolgt *hilfsgutachtlich*.

B. Begründetheit

An dieser Stelle erfolgt die entscheidende Weichenstellung für den weiteren Gutachtenaufbau. Prinzipiell kommen unterschiedliche Aufbauvarianten in Betracht, die sich bereits in einer entsprechenden Formulierung des Obersatzes niederschlagen.[10] Nachfolgend wird dabei der dritten Variante gefolgt und einstufig nach der Verfassungsmäßigkeit des Urteils gefragt. Demnach ist direkt zu untersuchen, ob das Urteil der Bedeutung und Tragweite der Grundrechte des Beschwerdeführers hinreichend Rechnung getragen hat. Auf diese Weise lässt sich die sonst erforderliche problematische Anpassung des Eingriffsbegriffs und der gesetzlichen Eingriffsgrundlage vermeiden. In der Sache müssen die damit verbundenen Probleme aber, ebenso wie die Frage der Schutzbereichseröffnung, inzident geprüft werden.

Die Verfassungsbeschwerde des B ist begründet, wenn er durch das beschwerdegegenständliche Urteil des Gerichts in seinen Grundrechten verletzt ist. Das ist der Fall, wenn die Entscheidung einen Eingriff in den Schutzbereich eines Grundrechts darstellt, der sich nicht rechtfertigen lässt. Infrage kommt hier als verletztes Grundrecht die Versammlungsfreiheit gemäß Art. 8 GG.

I. Überprüfbarkeit der Entscheidung

1. Drittwirkung der Grundrechte

Ähnlich wie bzgl. der Thematisierung im Rahmen der Beschwerdebefugnis gilt auch hier, dass die Darstellung des allgemeinen Problems der Drittwirkung auch knapper gehalten werden könnte.

Klärungsbedürftig ist zunächst vorab, ob in den Rechtsbeziehungen zwischen Privaten die Grundrechte überhaupt zur Anwendung kommen können. Hier lässt sich an das im Rahmen der Beschwerdebefugnis Gesagte anschließen: Grundrechte sind klassisch Eingriffsabwehrrechte gegenüber

---

8 Vgl. *Puttler*, in: Umbach/Clemens/Dollinger, BVerfGG, 2. Aufl. 2005, § 23 Rn. 7.
9 Vgl. zur Rolle und Funktion des Hilfsgutachtens oben Kap. 2, III. 4.
10 Vgl. oben Kap. 1 III. 4. d); ferner schon *I. Augsberg/Viellechner*, JuS 2008, 406 ff.

dem Staat; dieser bildet den primären Adressaten der Vorschriften. Private dagegen sind Rechtsträger, nicht Rechtsverpflichtete. Neben die subjektiv-abwehrrechtliche Dimension tritt aber eine objektivrechtliche Funktion der Grundrechte.[11] Die Grundrechte bilden in diesem Verständnis, das maßgeblich im Lüth-Urteil des Bundesverfassungsgerichts[12] entwickelt worden ist, eine übergreifende Wertordnung, die für das gesamte Rechtssystem und somit auch das Privatrecht Maßstäbe setzt und von der alle Teile der Staatsgewalt Richtlinien und Impulse empfangen. In diesem Sinne entspricht es der Verfassungsbindung der Justiz, bei der Auslegung (auch) des Zivilrechts die betroffenen Grundrechte zu berücksichtigen, damit ihr wertsetzender Gehalt für die Rechtsordnung auch auf der Rechtsanwendungsebene zur Geltung kommt.[13] „Einbruchstellen" der Grundrechte in das Zivilrecht sind dabei insbesondere die zivilrechtlichen Generalklauseln und die unbestimmten Rechtsbegriffe.[14] Auf diese Weise kommt den Grundrechten in den Rechtsbeziehungen zwischen Privaten eine sog. „mittelbare Drittwirkung" zu. In diesem Rahmen ist ihre Anwendbarkeit auch im Privatrecht zu bejahen.

2. Prüfungsumfang des Bundesverfassungsgerichts

Das Bundesverfassungsgericht ist andererseits keine „Superrevisionsinstanz". Dem Sinn der Verfassungsbeschwerde und der besonderen Aufgabe des Bundesverfassungsgerichts würde es nicht gerecht, wenn dieses Gerichtsentscheidungen unbeschränkt nachprüfte, weil eine unrichtige Entscheidung möglicherweise Grundrechte des unterlegenen Teils berührt. Das Bundesverfassungsgericht nimmt seine Prüfungskompetenz daher insofern zurück, als es die Gestaltung des Verfahrens, die Feststellung und Würdigung des Tatbestands, die Auslegung des einfachen Rechts und seine Anwendung auf den einzelnen Fall grundsätzlich den ordentlichen Gerich-

---

11 Vgl. nur den Überblick bei *Gostomzyk*, Grundrechte als objektiv-rechtliche Ordnungsidee, JuS 2004, 949 ff.
12 BVerfGE 7, 198 (205) – Lüth; s. ferner BVerfGE 30, 173 (187 f.) – Mephisto; 35, 202 (219) – Lebach.
13 BVerfG, JZ 1995, 152 (153 mwN).
14 BVerfGE 7, 198 (205) – Lüth.

ten und den Fachgerichten überlässt. Vielmehr überprüft es Gerichtsentscheidungen nur auf die „Verletzung spezifischen Verfassungsrechts".[15] Das konkrete Ausmaß der Kontrolle wird allerdings durch die im Einzelfall bestehende Intensität der Grundrechtsbetroffenheit beeinflusst. Je stärker die einfachgesetzlichen Regelungen als Konkretisierungen bzw. ausdrückliche Schrankenbestimmungen von grundrechtsgeschützten Positionen anzusehen sind, desto höher ist die Kontrolldichte des Verfassungsgerichts.[16]

II. Verfassungsmäßigkeit des Urteils

Demnach überprüft das Bundesverfassungsgericht vorliegend lediglich, ob die Zivilgerichte bei der Entscheidung, dass das Platzverbot rechtmäßig war, die Bedeutung von Grundrechten des B grundlegend falsch eingeschätzt haben und dieser Auslegungsfehler entscheidungsleitend war. Als verletztes Grundrecht kommt die Versammlungsfreiheit gem. Art. 8 Abs. 1 GG in Betracht.

1. Gewährleistungsgehalt der Versammlungsfreiheit

Anstelle der klassischen Redeweise vom „Schutzbereich" findet sich in jüngeren Entscheidungen des Verfassungsgerichts vermehrt eine neue Terminologie, die zugleich ein verändertes Grundverständnis der Grundrechte zum Ausdruck bringen soll. In Absetzung von einer traditionell weiten **Schutzbereichsbestimmung**, die sich als Beweislastregel zulasten des gestaltenden Staates lesen lässt, wird stärker auf die aktive Ausgestaltung spezifischer „Gewährleistungsgehalte" gesetzt.[17] Damit soll einer Entwicklung Rechnung getragen werden, derzufolge verstärkt asymmetrische Machtkonstellationen, wie sie für das Verhältnis Bürger-Staat typisch sind, auch in Beziehungen der Privaten untereinander zu beobachten seien. In diesen Kon-

Fraglich ist demnach, ob die Veranstaltung von B von dem Gewährleistungsgehalt der Versammlungsfreiheit erfasst wird. Diesbezüglich sind vor allem zwei Fragen zu untersuchen: Geklärt werden muss zum einen, ob sich B überhaupt auf dieses Grundrecht berufen kann. Dafür müsste er persönlich Grundrechtsträger der Versammlungsfreiheit sein und seine Veranstaltung eine Versammlung iSd Art. 8 Abs. 1 GG darstellen (a). Zum anderen ist zu prüfen, inwieweit sich B auf den daraus möglicherweise resultierenden besonderen Schutzstatus auch gegenüber dem privaten Trägerverein berufen konnte (b).

---

15 BVerfGE 18, 85 (92) – Spezifisches Verfassungsrecht.
16 BVerfGE 61, 1 (6) – Wahlkampfäußerungen; 75, 302 (314) – Präklusion II.
17 Zur entsprechenden Diskussion vgl. *Hoffmann-Riem*, Enge oder weite Gewährleistungsgehalte der Grundrechte?, in: Bäuerle ua (Hrsg.), Haben wir wirklich Recht?, 2004, S. 53 ff.; *Kahl*, Vom weiten Schutzbereich zum engen Gewährleistungsgehalt, Der Staat 43 (2004), 167 ff.; *Hoffmann-Riem*, Grundrechtsanwendung unter Rationalitätsanspruch, Der Staat 43 (2004), 203 ff.

stellationen bedürfe der unterlegene Bürger eines besonderen, grundrechtlich konstituierten Schutzes.

Eine genauere Diskussion des verfassungsrechtlichen Versammlungsbegriffs – etwa hinsichtlich der verfassungsrechtlich gebotenen Mindestanzahl an Versammlungsteilnehmern oder der Frage der Einwirkung auf den politischen Meinungsbildungsprozess – ist nur dann erforderlich, wenn sie fallentscheidende Relevanz hat. Im Übrigen kann das jeweils engste Verständnis zugrunde gelegt werden.

a) Einschlägigkeit der Versammlungsfreiheit

Art. 8 Abs. 1 GG schützt in personeller Hinsicht nur deutsche Staatsbürger. Mangels entgegenstehender Angaben ist bei B davon auszugehen, dass er Deutscher iSd Art. 116 GG und damit vom personellen Geltungsbereich der Versammlungsfreiheit erfasst ist.

Wann eine Versammlung in diesem Sinne vorliegt, ist umstritten. Selbst nach der engsten hierzu vertretenen Auffassung genügt allerdings das Zusammenkommen mehrerer Personen zum Zwecke der gemeinsamen Meinungsbildung und -äußerung in Bezug auf eine Thematik, die im öffentlichen Interesse liegt.[18] Dabei wird nach der wiederum restriktivsten Auffassung als Mindestanzahl von Teilnehmern eine Zahl von sieben oder mehr Personen genannt.[19]

Hier wollte B mit seiner Veranstaltung auf einen seiner Ansicht nach bestehenden politischen Missstand, nämlich den seines Erachtens mit der Errichtung des „BID" verbundenen „Ausverkauf öffentlicher Interessen" öffentlich protestieren. Damit verfolgte er die Absicht, in Bezug auf eine im öffentlichen Interesse liegende politische Thematik die Meinungsbildung der Passanten zu beeinflussen. Demnach ist auch nach dem engen, inhaltlich qualifizierten Definitionsansatz eine Versammlung gegeben. Da B gemeinsam mit 20 Mitstreitern demonstrieren wollte, hat er auch die Bedingung einer Mindestteilnehmeranzahl erfüllt. Da sie auch das Kriterium der Friedlichkeit und Waffenlosigkeit erfüllt, kann der Veranstaltung von B demnach insofern der Status einer schutzwürdigen Versammlung iSv Art. 8 GG zugesprochen werden.

Geschützt wird durch Art. 8 GG nicht nur die bloße Möglichkeit des Sich-Versammelns überhaupt, sondern auch dessen konkrete Modalitäten, so

---

18 Vgl. näher *Höfling*, in: Sachs, GG, 8. Aufl. 2018, Art. 8 Rn. 13 ff.
19 Vgl. dazu nur *Kunig*, in: v. Münch/Kunig, GG, 6. Aufl. 2012, Art. 8 Rn. 13 mwN.

Fall 9: Widerstand gegen den „Business Improvement District"

auch der frei gewählte Ort und die Zeit der Versammlung.

b) Die Grundrechtsbindung des Beklagten

Im Unterschied zur oben thematisierten allgemeinen Frage der Grundrechtswirkung im Privatrecht geht es nun um die Frage, inwieweit der konkrete Beklagte grundrechtsverpflichtet ist.

Damit bleibt klärungsbedürftig, ob sich der Beschwerdeführer auch gegenüber dem Beklagten auf diesen Versammlungsbegriff berufen durfte. Infrage steht damit, inwieweit man von einer Grundrechtsbindung des privaten Vereins sprechen kann. Grundsätzlich stellen Grundrechte Eingriffsabwehrrechte gegenüber freiheitsverkürzendem Handeln des Staates dar. Private sind demnach im Grundsatz zwar grundrechtsberechtigt, nicht aber grundrechtsverpflichtet. Die Grundrechte dienen gerade nicht dazu, die Beziehungen zwischen Privaten rechtlich zu reglementieren.

aa) Unmittelbare Grundrechtsverpflichtung des Trägervereins?

Eine unmittelbare Grundrechtsverpflichtung Privater wird auch in der jüngsten verfassungsgerichtlichen Entscheidung zur Geltung der Versammlungsfreiheit im Bereich des Frankfurter Flughafens nicht postuliert.[20] Das Gericht begründet die bezüglich der „Fraport AG" bejahte unmittelbare Bindung an die Grundrechte vielmehr damit, dass es sich um ein *gemischtwirtschaftliches* Unternehmen handele, das von der öffentlichen Hand beherrscht werde. Die bloße äußere Rechtsform des Zivilrechts – AG – entbinde insofern nicht von der Grundrechtsverpflichtung.

Allerdings nimmt das Gericht auch mit Blick auf Grundstücke Privater eine räumliche Ausweitung des Geltungsbereichs der Versammlungsfreiheit auf „Orte allgemeiner Kommunikation" (bzw. öffentlicher Foren) an. Das Grundrecht erfasst demnach auch „Stätten außerhalb des öffentlichen Straßenraums, an denen in ähnlicher Weise ein öffentlicher Verkehr eröffnet ist und Orte der allgemeinen Kommunikation entstehen." Ausdrücklich wird insoweit aber an die mittelbare Drittwirkung angeknüpft; nur in die-

B könnte sich somit nur dann *unmittelbar* gegenüber dem Trägerverein auf die Versammlungsfreiheit berufen, wenn dieser funktional dem Staat gleichzustellen und deswegen als direkt Grundrechtsverpflichteter anzusprechen wäre. Dafür ließe sich anführen, dass der Verein mit der Übernahme der Infrastrukturverantwortung für die Straße eine zuvor staatliche Aufgabe wahrnimmt. Das könnte dafür sprechen, ihm auch die staatliche Grundrechtsbindung aufzuerlegen. Auf der anderen Seite wird aber der private Verein mit der Übernahme des „BID" nicht bereits selbst integraler Bestandteil des staatlichen Verwaltungsapparats – mit der Folge, dass die Zivilgerichte bereits unzuständig wären. Seine Verpflichtung bleibt vielmehr durch die gesetzliche Bestimmung des § 5 Abs. 2 GVGI mediatisiert. Die Existenz dieser gesetzlichen Bestimmung zeigt, dass unmittelbar grundrechtsgebunden allein der Staat bleibt. Ihm kommt insoweit eine Gewährleistungsverantwortung hinsichtlich des angemessenen Grundrechtsschutzes zu. Dem privaten Verein dagegen obliegt (nur) die Beachtung des einfachen Rechts.

---

20 Vgl. dazu und zum folgenden BVerfG Urt. v. 22.2.2011 – Az. 1 BvR 699/06 – Fraport, Rn. 68 ff. (NJW 2011, 1201 [1204 f.]).

sem Rahmen soll es ersichtlich auf die konkrete Ausgestaltung der Nutzungs- und Beschränkungsvorgaben nicht ankommen: „Grundrechtlich ist auch unerheblich, ob ein solcher Kommunikationsraum mit den Mitteln des öffentlichen Straßen- und Wegerechts oder des Zivilrechts geschaffen wird. (...) Dort wo öffentliche Kommunikationsräume eröffnet werden, kann der unmittelbar grundrechtsverpflichtete Staat nicht unter Rückgriff auf frei gesetzte Zweckbestimmungen oder Widmungsentscheidungen den Gebrauch der Kommunikationsfreiheiten aus den zulässigen Nutzungen ausnehmen: Er würde sich damit in Widerspruch zu der eigenen Öffnungsentscheidung setzen."[21]

Eine verstärkte Grundrechtsbindung von in Privatrechtsform betriebenen Infrastrukturunternehmen wird seit einem Kammerbeschluss des Bundesverfassungsgerichts aus dem Jahr 1989[22] diskutiert. Anders als im vorliegenden Fall ging es bei der vom Verfassungsgericht damals zu entscheidenden Konstellation allerdings um ein Unternehmen mit öffentlicher Mehrheitseignerschaft. Zudem wurde damals lediglich die inverse Frage nach der Grundrechts*fähigkeit* eines solchen Unternehmens beantwortet. Das Gericht verneinte sie. Entscheidend könnte insofern aber sein, dass das Gericht in seiner Argumentation die formale Rechtsform für weniger gewichtig erachtete als die faktischen Einwirkungsmöglichkeiten des staatlichen Mehrheitseigners. Der bloße Wandel der Rechtsform sollte nicht dazu führen, einem solchen Unternehmen den grundrechtlichen Schutz zusprechen zu können. Eine scharfe formale Abgrenzung zwischen öffentlichem und privatem Handeln wird damit verabschiedet. In diese Richtung ist auch die jüngste Entscheidung zur Geltung der

bb) Mittelbare Drittwirkung

Eine Bindungswirkung könnte demnach nur mittelbar bestehen, insofern die Versammlungsfreiheit im Rahmen der Auslegung des einfachen Rechts durch die Zivilgerichte zu beachten wäre. Dabei ist auf die konkrete Fallkonstellation zu achten.

---

21 BVerfG Urt. v. 22.2.2011 – Az. 1 BvR 699/06 – Fraport, Rn. 68 ff. (NJW 2011, 1201 [1204 f.]).
22 Vgl. BVerfG (K), NJW 1990, 1783; dazu *Pieroth*, Die Grundrechtsberechtigung gemischt-wirtschaftlicher Unternehmen, NWVBl 1992, 85 ff.; kritisch *Kühne*, Zur Frage, ob und inwieweit juristische Personen grundrechtsfähig sind, JZ 1990, 335 ff. Zum Problem ferner BVerfGE 115, 205 – Betriebs- und Geschäftsgeheimnis; *Lang*, Die Grundrechtsberechtigung der Nachfolgeunternehmen im Eisenbahn-, Post- und Telekommunikationswesen, NJW 2004, 3601 ff.

Versammlungsfreiheit im Bereich des Frankfurter Flughafens zu verstehen.

Vorliegend ließe sich insoweit argumentieren, dass, wenn der Staat ursprünglich durch ihn selbst direkt wahrgenommene Aufgabenbereiche durch (Teil-)Privatisierung auf private Unternehmen überträgt, dies nicht zu einer schleichenden Aushöhlung des Grundrechtsschutzes führen darf. Die Aufgabenübertragung muss vielmehr gewährleisten, dass für die betroffenen Bürger eine angemessene Wahrung ihrer grundrechtlich geschützten Interessen möglich bleibt. Dazu kann die Möglichkeit des Sich-Versammelns auf öffentlich frei zugänglichen Plätzen gehören, auch wenn diese Plätze nun von privaten Unternehmen betrieben werden. Insofern könnten die Grundrechte auch im Privatrechtsverkehr subjektive Rechte gegenüber anderen Privatpersonen vermitteln.[23]

Mit Blick auf den vorliegenden Fall spricht für eine solche Auffassung insbesondere die einfachgesetzliche Regelung des § 5 Abs. 2 GVGI. Dieser Bestimmung zufolge soll die Benutzungsordnung des privaten Trägervereins so ausgestaltet werden, dass ein Gebrauch der Wege für die Allgemeinheit weiterhin gewährleistet ist. Nur in diesem Rahmen sollen geschäftsspezifische Erfordernisse berücksichtigt werden können. Demnach soll nach dem Gesetzeszweck kein substantieller Unterschied bezüglich des Gebrauchs der öffentlich zugänglichen Flächen vor und nach der Privatisierung gegeben sein. Zu dem herkömmlichen Gemeingebrauch öffentlicher Straßen und Plätze zählt anerkanntermaßen aber auch der kommunikative Gemeingebrauch. Diesem lässt sich ua auch das Versammlungsrecht zuordnen.[24] Insofern kann hier die Frage dahingestellt bleiben, ob möglicherweise eine diesen Aspekt des Gemeingebrauchs ausschließende Privatisierung öffentlicher Plätze verfassungsrechtlich akzeptabel ist. Denn die angegebene Gesetzesvorschrift ermöglicht es jedenfalls in einer den Vorgaben des Grundgesetzes entsprechenden Lesart,

---

23 S. BVerfGE 128, 226 (252 ff.) – Fraport; ähnlich schon *Fischer-Lescano/Maurer*, Grundrechtsbindung von privaten Betreibern öffentlicher Räume, NJW 2006, 1393 (1394 f.).
24 *Höfling*, in: Sachs, GG, 8. Aufl. 2018, Art. 8, Rn. 40 ff.

auch nach dem Vollzug der Privatisierung den kommunikativen Gemeingebrauch für die Allgemeinheit sicherzustellen. Die Regelung kann in diesem Sinne als einfachgesetzliche Ausprägung einer verfassungsrechtlich gebotenen staatlichen Gewährleistungsverantwortung gelesen werden. Im Lichte des Grundgesetzes muss die Vorschrift so ausgelegt werden, dass sie eine hinreichende Berücksichtigung der Versammlungsfreiheit auch gegenüber dem privaten Betreiber ermöglicht. Dessen etwaig bestehende zivilrechtliche Unterlassungsansprüche sind demnach im Lichte dieses zu gewährleistenden Grundrechtsschutzes zu beurteilen.

Demnach muss der private Trägerverein jedenfalls mittelbar die Versammlungsfreiheit von B respektieren. Bei der Überprüfung der entgegenstehenden privaten Rechtspositionen haben die Gerichte die Besonderheiten dieser mediatisierten Grundrechtsbindung zu beachten.

2. Verfassungsrechtliche Kontrolle des Urteils

Damit stellt sich die Frage, ob und inwieweit das zivilgerichtliche Urteil auf einer Fehlberücksichtigung der insoweit konkretisierten Grundrechtsposition beruht. Diesbezüglich kann zunächst davon ausgegangen werden, dass sich das Gericht in seiner Entscheidung auf eine verfassungskonforme zivilrechtliche Norm gestützt hat. Diese müsste es allerdings auch in verfassungskonformer Weise angewendet haben.

Das Gericht hat vorliegend die Relevanz der Versammlungsfreiheit nicht ausdrücklich verneint, sondern lediglich zum Ausdruck gebracht, dass aus seiner Sicht diese Frage dahinstehen könne, weil jedenfalls die Interessen des Trägervereins Vorrang genössen. Diese Aussage lässt sich zugunsten des Gerichts dahin gehend verstehen, dass es bei seinem Verfahren die Möglichkeit von B, sich auf die Versammlungsfreiheit auch dem Verein gegenüber zu berufen, zunächst einmal unterstellt hat, dann aber im Wege der Abwägung mit den entgegenstehenden Interessen des privaten Vereins für weniger gewichtig erachtet hat. Eine Art „Ermessensausfall", bei der eine entscheidende Grundrechtspositi-

Fall 9: Widerstand gegen den „Business Improvement District"

Auf die Frage, inwieweit die Benutzungsordnung als solche mit Art. 8 GG vereinbar ist, kam es insofern nicht an; den alleinigen Untersuchungsgegenstand bildete das gerichtliche Urteil, das sich insoweit nicht erkennbar nur auf den formalen Verstoß gegen die Benutzungsordnung stützt, sondern selbst materiell argumentiert.

on des Beschwerdeführers überhaupt nicht in den Abwägungsprozess eingebracht worden wäre, kann demnach ausgeschlossen werden.

Denkbar bleibt damit aber eine Fehlgewichtung der entgegenstehenden (Grund-)Rechtspositionen. Das Gericht hat insofern zunächst zutreffend die Bedeutung der wirtschaftlichen Interessen des Vereins herausgestellt. Es hat zugleich die Betroffenheit des B als geringfügig erachtet, weil diesem für seine Veranstaltung genügend anderer, öffentlicher Raum zur Verfügung stehe. Nicht erkannt hat es dabei, dass es für den Protestzweck des B gerade darauf ankam, seine Demonstration gegen derartige „Business Improvement Districts" in unmittelbarer Nähe zu dem ersten neu gegründeten „BID" durchzuführen. Für die kommunikative Wirkung der Versammlung, die als solche von Art. 8 GG mitgeschützt ist, war es keineswegs belanglos, ob die Demonstration gerade an dem ausgesuchten Ort stattfinden durfte. Diese kommunikative Wirkung hat das Zivilgericht nicht beachtet und insofern den Schutzbereich der Versammlungsfreiheit des B fehlerhaft bestimmt. Es hat damit in von Verfassungs wegen zu kritisierender Weise die Tragweite und Bedeutung der Grundrechte bei seiner Urteilsfindung verkannt und damit Grundrechtspositionen des B verletzt.

III. Ergebnis zur Begründetheit

Die Beschwerde ist demnach begründet.

C. Gesamtergebnis

Die Beschwerde ist demnach wegen Nichteinhaltung des Schriftformerfordernisses bereits unzulässig. Sie wäre im Übrigen jedoch begründet.

Vertiefungshinweise: BVerfGE 128, 226 (252 ff.) – Fraport; *Kersten/Meinel*, Grundrechte in privatisierten öffentlichen Räumen, JZ 2007, S. 1127 ff.; *Fischer-Lescano/Maurer*, Grundrechtsbindung von privaten Betreibern öffentlicher Räume, NJW 2006, S. 1393 ff.

Stichwortverzeichnis

Abgeordnete generell 168, 175–177
Abgeordnetenrechte 179, 180
Abgeordnetenstatus 173, 175, 176
Abstrakte Normenkontrolle 40, 45, 130
Abwägungslehre 221
Allgemeine Gesetze 220, 221
Amtsträger 56
Anspruchsaufbau 35, 82, 86
Arztvorbehalt 239
Auflösungskompetenz 171
Ausländische Beschwerdeführer 56
Auslegungsmethoden 119
Ausstrahlungswirkung 91, 247

Begründetheit 47
Begründetheit der Verfassungsbeschwerde 64
Begründetheitsprüfung bei Freiheitsrechten 65
Berufsfreiheit 95
Beschlussverfahren 145
Beschwerdebefugnis 59, 60
Besonderes Gewaltverhältnis 202, 204
Bestimmtheitsgebot 141, 150, 181
Bestimmtheitsgrundsatz 224, 230, 242
Betriebsverhältnis 204
Bund-Länder-Streit 38, 44, 51, 155, 156
Bundesauftragsverwaltung 155, 157
Bundesflagge 200, 211, 216, 218
Bundesstaatsprinzip 157, 160
Bundestag 167, 175, 176, 182
Bundestagspräsident 175, 179, 181

Drei-Stufen-Lehre 95
Drittwirkung *siehe* mittelbare Drittwirkung
Drittwirkung der Grundrechte *siehe* mittelbare Drittwirkung

Einfacher Gesetzesvorbehalt 229, 241
Eingriff 64, 68
Eingriffsaufbau 86, 87
Einschätzungsprärogative 48, 49, 73
Einschätzungsspielraum *siehe* Einschätzungsprärogative
Erfolgsaussichten 26
Ermächtigungsgrundlage 33

Ermessensreduzierung auf Null 78
Ewigkeitsklausel 24
Föderalismusreform 130
Formaler Kunstbegriff 207
Formelle Rechtmäßigkeit 26, 33
Formelle Subsidiarität 61
Formerfordernis 244, 248
Fraktion 175
Freiheit der Person 224, 227, 240
Freiheitlich demokratische Grundordnung 212
Freiheitsbeeinträchtigung 36
Freiheitsgrundrechte 67
Freiheitsrecht 29
Funktion der Grundrechte 54
Funktionsfähigkeit des Parlaments 184

Geisteskranke 56
Genetische Auslegung 120
Geschäftsordnung 181
Geschäftsordnungsautonomie 144, 170, 171, 180, 182
Gesetzesinitiative 142
Gesetzesvorbehalt 70, 211
Gesetzgebungskompetenz 128, 135
Gesetzgebungsverfahren 141, 142
Gewaltenteilung 30
Gleichheitsbeeinträchtigungen 36
Gleichheitsgrundrechte 73
Gleichheitsverletzung 74
Grundrechtsbindung 88, 89, 244
Grundrechtsdimension 54
Grundrechtsmündigkeit 58
Grundrechtsprüfung 64
Grundrechtsschranken 65
Grundrechtsschutz durch Organisation und Verfahren 85
Grundrechtsschutz durch Verfahren 224, 239
Grundrechtstypische Gefährdungslage 57
Grundsatz der Bundestreue 155, 160
Grundverhältnis 204
Gutachtenstil 112

259

Hilfsgutachten 124
Historische Auslegung 120
in dubio pro libertate 219
Jugendschutz 220
Juristische Personen 56
Klassischer Eingriffsbegriff 210, 229
Kollidierendes Verfassungsrecht 222
Kombinationsform 221
Kommunikationsgrundrechte 215
Kompetenzkontrollverfahren 128, 130
Konkurrierende Gesetzgebungskompetenz 135
Kontradiktorisches Verfahren 28, 33, 51
Körperliche Unversehrtheit 224, 227, 228
Kunstfreiheit 200, 206

lex specialis 109

Maßstabsbestimmung 74
Materialer Kunstbegriff 208
Materielle Rechtmäßigkeit 26, 33
Materielle Subsidiarität 62
Meinungsfreiheit 175, 176, 200, 219
Minderjährige 56
Mittelbare Drittwirkung 88, 91, 247, 250, 253, 254
Mitwirkungsbefugnis 177

Nichtigkeitsdogma 25, 50
Normanwendung 33
Normenhierarchie 23–25, siehe Normenhierarchie
Normenkollision 25
Normenkonkurrenzen 109
Normenpyramide 24

Oberstes Bundesorgan 37
Objektive Wertordnung 90, 247, 250
Objektives Beanstandungsverfahren 28, 33, 51
Objektives Klarstellungsinteresse 40
Offener Kunstbegriff 208
Öffentliches Forum 253
Ordnungsruf 175, 177, 182, 184, 185
Organstreitverfahren 36, 41, 51, 167, 168, 175
Organteil 37, 168

Parlamentsauflösung 170
Parteifähigkeit von Parteien 41
Postulationsfähigkeit 59
Praktische Konkordanz 73, 182
Privatverhältnis 204
Prozessfähigkeit 44
Prozessstandschaft 37, 43
Prüfungsmaßstab 27
Prüfungsmaßstab des Bundesverfassungsgerichts 48, 210, 214, 235
Prüfungsumfang des Bundesverfassungsgerichts 250

Recht der persönlichen Ehre 220
Rechtfertigung 64, 69
Rechtmäßigkeit 26, 27
Rechtskraft 63
Rechtssatzverfassungsbeschwerde 66
Rechtsverletzung 34
Rechtsverordnung 141, 148
Rechtswegerschöpfung siehe formelle Subsidiarität
Rederecht 179
Repräsentationsprinzip 180
Richtervorbehalt 234
Rüge 175, 178

Sachentscheidungsvoraussetzung 27, 29, 30
Sachurteilsvoraussetzungen siehe Sachentscheidungsvoraussetzungen
Schutzbereich 64, 68
Schutzbereichsimmanente Begrenzung 208
Schutzdimension der Grundrechte 81
Schutzpflicht 83, 94, 165
Schutzpflichtverletzung 86
Selbstauflösungsrecht 167, 170–172
Selbstversammlungsrecht 170, 171
self-executing 60
Sitzungsausschluss 175, 182, 184
Sonderrechtslehre 221
Sonderstatusverhältnis 202, 204
Spezifische Grundrechtsverletzung 61
Spezifisches Verfassungsrecht 79, 205, 214, 236, 251
Staatssymbole 200, 212
Stufentheorie siehe Drei-Stufen-Lehre
Subjektives Recht 28, 34

Stichwortverzeichnis

Subsumtion 116
Superrevisionsinstanz 79
Systematische Auslegung 120

Teleologische Auslegung 120

Übermaßverbot 65, 181
Ungleichbehandlung 29
Unmittelbare Grundrechtsverpflichtung 253
Untermaßverbot 84
Urteilsverfassungsbeschwerde 66, 75, 76, 78, 205, 227, 229, 247

Verfahrensart 30
Verfahrenstypen 30
Verfasssungsmäßigkeit des Urteils 77
Verfassungsbeschwerde 55, 200, 201, 224
Verfassungsimmanente Schranken 211
Verfassungskonforme Auslegung 78, 121, 213

Verfassungsmäßigkeit des Urteils 95
Verhältnismäßigkeit 70, 71
– Angemessenheit 72
– Erforderlichkeit 72
– Geeignetheit 72
– legitimer Zweck 71
Versammlungsfreiheit 244, 246, 251
Vorbehaltlos gewährleistete Grundrechte 210
Vorbehaltlos gewährtes Grundrecht 200

Wechselwirkungslehre 200, 216, 220
Weisungsrecht 155, 159
Werkbereich 209
Wesentlichkeitslehre 229
Wirkbereich 209
Wortentziehung 184
Wortlautauslegung 119

Zulässigkeit 29